Advanced Manufacturing

The New American Innovation Policies

William B. Bonvillian
and Peter L. Singer

先进制造

美国的新创新政策

［美］威廉姆·邦维利安
［美］彼得·辛格——著

沈开艳——等译

致　谢

作者对在编写本书时给予帮助和建议的人士深表感谢。

在行政部门负责制定先进制造业政策的菲利普·辛格曼(Phillip Singerman)、贾森·米勒(Jason Miller)、乔安娜·沃尔夫森(Johanna Wolfson)、梅甘·布鲁斯特(Megan Brewster)、阿黛尔·拉特克利夫(Adele Ratcliff)、史蒂芬·卢克斯基(Stephen Luckowski)和苏珊·辛格(Susan Singer),反复阅读了本书草稿并提出了非常有用的见解。来自制造业研究部门的人士,如先进复合材料制造创新研究所(IACMI)的克雷格·布卢(Craig Blue)、美国先进功能性纤维研究所(AFFOA)的约尔·芬克(Yoel Fink)和未来轻金属创新研究所(LIFT)的埃米莉·德罗科(Emily DeRocco),在帮助我们描述这些研究所的发展现状时特别提供了相关信息和细节。

衷心感谢麻省理工学院从事先进制造业研究的同事们为我们这项工作的成形出谋划策。其中包括苏珊娜·伯杰(Suzanne Berger)、马丁·施密特(Martin Schmidt)、克里斯蒂纳·范弗利特(Krystyn VanVliet)、伊丽莎白·雷诺兹(Elizabeth Reynolds)、戴维·奥特尔(David Autor)、桑杰·萨尔玛(Sanjay Sarma)、布莱恩·安东尼(Brian Anthony)、托马斯·科汉(Thomas Kochan)、戴维·明德尔(David Mindell)和菲利普·利佩尔(Philip Lippel),以及麻省理工学院林肯实验室的伊斯雷尔·索伊贝尔曼(Israel Soibelman)。麻省理工学院院长拉斐尔·赖夫(Rafael Reif)和苏珊·霍克菲尔德(Susan Hockfield)作为产业-大学先进制造业伙伴项目的联合主席在制造业问题上付出了辛劳,我们非常高兴能够在这些项目上与他们合作,向他们学习。来自麻省理工学院华盛顿办公室的研究人员娜塔莉·伯克尔特(Nathalie Bockelt)、凯瑟琳·纳齐米(Katherine Nazemi)和本·查曾(Ben Chazen)对麻省理工学院的"创新园圃"模型作了非常有益的研究;伊莱扎·艾迪森(Eliza Eddison)、玛吉·劳埃德(Maggie Lloyd)、凯瑟琳·休伊特(Katherine Hewitt)、丹尼尔·库纳(Daniel Kuhner)、张怡留(Yiliu Zhang)和阿尼许·安纳德(Aneesh Anand)在麻省理工学院承担了联邦项目测试和制造业研究,这对我们的工作也有帮助。所有这些均作为"政策资源"张贴在麻省理工学院华盛顿办公室的网站上。

特别感谢先进制造业合作伙伴项目中许多来自政府、产业部门和大学的专业人士,他们帮助创造新一代的制造业政策,并在这些项目形成期间提供了建议。那些来自政府部门的人员,除了上述提到的名字外,还包括国家经济委员会和科技政策办公室的J. J. 雷纳(J. J Raynor)、托马斯·卡利尔(Thomas Kalil)、戴维·哈特(David Hart)和斯瑞达·柯塔(Sridhar Kota),商务部的帕特·加拉格尔(Pat Gallagher)、苏珊·黑尔珀(Susan Helper)、格雷戈里·塔塞(Gregory Tassey)和迈克尔·莫尔纳(Michael Molnar),能源部的戴维·丹尼尔森(David Danielson)和马克·约翰逊(Mark Johnson),国家科学基金会的斯蒂芬·麦克奈特(Steven McKnight)和布鲁斯·克雷默(Bruce Kramer),国防部陆军制造技术项目的布雷特·兰伯特(Brett Lambert)和尼尔·奥林格(Neil Orringer),以及美国国防高级研究计划局的米克·马赫(Mick Maher)等,都提供了独特的见解。就先进制造业合作伙伴项目(AMP)的产业方面言,特别值得我们感谢的是来自陶氏公司的卡丽·赫特曼(Carrie Houtman)、高恬莎(Theresa Kotanchek)、拉维·尚卡(Ravi Shankar)和马克·约恩(Mark Jone),以及来自诺斯罗普·格鲁曼公司(Northrop Grumman)的约瑟夫·恩索(Joseph Ensor)和国家制造科学中心的瑞贝卡·泰勒(Rebecca Taylor),连同其他曾参与AMP报告的同事们。就先进制造业合作伙伴项目的大学方面而言,来自佐治亚州理工大学的罗伯特·诺茨(Robert Knotts)和汤姆·库费斯(Tom Kurfess)给予了我们特别的帮助。我们还要感谢美国参议院的克里斯·斯莱文(Chris Slevin)在立法问题上提供的观点,他参与过《振兴美国制造业和创新法案》(*Revitalize American Manufacturing and Innovation Act*)。特别感谢美国信息技术与创新基金会(ITIF)的罗伯特·阿特金森(Rober Atkinson)、史蒂芬·埃泽尔(Stephen Ezell)和他的同事们多年来在制造业方面所做的大量工作,他们的工作在本书中会得到体现。

感谢麻省理工学院出版社的编辑埃米丽·泰伯(Emily Taber)和新闻主管艾米·布兰德(Amy Brand)为本书所做的有益工作、建议和持续支持。本书作者还要感谢费城联邦储备银行高级经济分析师麦克·特雷宾(Mike Trebing)和美国信息技术与创新基金会经济政策分析师亚当斯·纳吉尔(Adams Nager),他们对这本作品进行了详细、周到和认真的评论，每一条建议都非常有助益，被我们纳入作品之中。

然而，必须强调的是，本书中所表达的观点由作者责任自负。

感谢《科学技术年鉴》的编辑阿尔伯特·林克(Albert N. Link)在该期刊上发表有关制造业的政策、制造研究所和创业公司的文章。感谢《科学和技术政策》刊物编辑凯文·芬纳兰(Kevin Finneran)、《创新》杂志编辑菲利普·奥尔斯瓦尔德(Phillip E. Auerswald)和经合组织科学与技术高级政策分析师阿利斯泰尔·诺兰(Alistair Nolan)，是他们最早发表了我们关于制造业理念的文章。本著作在文本注释中予以了特别感谢。

最后，还要感谢这项工作中给予各种方式支持的家人们。

威廉姆·邦维利安

彼得·辛格

目　录

第一章

引言

21 世纪的头十年,美国的制造业经历了重大的破坏。2007—2008 年的大衰退加速了这些变化,但这些结构性问题不仅仅是经济危机造成的,在就业、资本投资、产出、生产率和贸易方面,美国都遭遇了麻烦。

简要总结一下后文即将展开的实例。从 2000 年到 2010 年,美国的制造业就业人数减少了 580 万人。美国的制造业就业在 1965 年至 2000 年间一直相对稳定在 1 700 万左右,到 2010 年降至 1 200 万以下,到 2016 年仅为 1 230 万。美国制造业的固定资本投资在 2000 年下降了 1.8%,这是自 1947 年有数据记录以来的第一个下降的十年。这不是个别行业下降的结果,而是普遍存在的现象:在 19 个工业部门中有 15 个部门是下降的。2000 年至 2007 年,制造业产出仅增长了 0.5%;进而,在 2007 年至 2009 年的大衰退期间下降了 10.3%。虽然这个增长率目前正在缓慢回升,但 2016 年的实际水平仅略超经济衰退以前的一半。制造业生产率反映了产出增长的停滞。1989 年至 2000 年期间,制造业生产率水平每年增长 4.1%,但随后在 2007 年至 2014 年间下降至

1.7%的水平。并不像许多人认为的那样，生产率的提高是制造业就业下降的原因。这个行业一直在空心化。

这些破坏在制造业的贸易方式中得到了反映。2015年制造业产品的贸易赤字高达8 000亿美元。重要的是，其中高科技产品的贸易逆差达到了920亿美元。美国制造业的贸易逆差不会被美国服务贸易的顺差所抵消——服务业贸易额只是货物贸易水平的四分之一。

这种经济破坏导致了社会分化的加剧。[1] 虽然大多数美国人一直认为美国正在成为一个大的中产阶层社会，但一直面临着收入下降的工人阶层群体现在显而易见心怀不满。例如，高中学历（非大专学历）的男性的全年就业率从1990年的76%下降到2013年的68%。[2] 这些人群中完全没有工作的男性比例从1990年的11%上升到2013年的18%。重要的是，这些男性的中位数收入在1990年至2013年间下降了20%；拥有大学或大专文凭的男性的中位数收入下降了13%。[3] 美国制造业在21世纪初头十年的衰退对这个群体的打击尤为严重。总体而言，1999年至2014年间，无论是以中位数还是以平均值衡量的实际家庭收入均有所下降。[4] 重要的是，数据显示，家庭收入中位数——统计学上的中产阶层——与平均值之间的差距在越拉越大，这意味着上中等阶层和上等阶层的收入变得更高。[5] 这昭示着中产阶层的衰退。

这也意味着收入不平等的加剧。正如劳动经济学家理查德·弗里曼（Richard Freeman）所说的那样，“不平等现在处于第三世界水平”。[6] 自20世纪70年代中期以来，大学毕业率停滞不前：劳动力技能要求不断提高，但教育产出却未能跟上。[7] 获得教育的人拿到了工资溢价，那些没有它的人则相反。20世纪初普遍收入较高的制造业工作岗位减少了三分之一，这加剧了不平等分化。

制造业的巨大贸易不平衡严重影响了许多工业社区。经济学家戴维·奥特尔、戴维·多恩(David Dorn)和戈登·H.汉森(Gordon H. Hanson)在一篇题为“中国冲击”的文章中考察了700个城市的贸易影响。[8] 那些受到中国进口直接影响的地区的每个成年人平均收入减少了549美元。人均联邦调整援助的补偿仅为58美元。正如诺贝尔经济学奖得主迈克尔·斯宾塞(Michael Spence)所发现的那样，“全球化会伤害包括发达经济体在内的一些国家的一些子群体……结果是美国经济收入和就业差距日益扩大，受过高等教育的人员享有更多的就业机会，而受教育程度较低的人却面临着就业前景下降和收入的停滞不前。”[9]

鉴于这些新的现实，在大衰退之后，各行各业、联邦政府和州政府以及大学都作了努力。这是一些强有力地以创新重振美国制造业的努力。这些努力以“先进制造业”冠名，广为人知，正是本书所要讲述的故事。

然而，在我们能够讲述故事之前，我们需要处理关于这个任务的巨大困难的核心现实。制造业并不像信息技术这类经济的前沿领域那样，对创新具有磁铁般的吸引力。这是一个复杂的、已有的、传统的部门。传统行业的创新面临着众多的障碍，这些障碍加大了创新的挑战。这就是为什么这项任务不容易做。这也是为什么这个故事很复杂。

传统行业对制造业的挑战

信息技术和生物技术的兴起以及它们所创造的新经济部门，

往往使我们对复杂的、已有的、抵抗创新的传统经济部门的问题视而不见。[10]这个盲点致使我们忽视了一个问题：我们正在限制经济增长，并因此限制就业。几十年来创新政策领域的焦点一直集中在“死亡之谷”的问题上——研究与后期开发之间的裂隙，这些裂隙为前沿创新设置了障碍。研究人员没有清楚地看到一个挑战：即如何为传统行业带来创新。我们一直追随着“下一个重大事件”——下一个技术前沿——却忽视了现有经济部门的机会。这个前沿焦点忽略了传统行业，在这些行业，新技术理念被根深蒂固的范式所阻碍。

这些传统行业占美国经济的大部分。近来美国经济分析局的数据表明，[11]传统行业（如公用事业、土木工程、建筑、农业、运输、教育、医疗服务、矿业、金融、政府、教育、制造业等）占美国GDP的三分之二以上。加上零售和商业服务等重要部门，这个比例会增加得更高。相比之下，信息部门产值仅占美国经济的4.8%[12]，且该数据还包括有线电话及精装书等领域。传统部门仿佛是一头巨兽，我们却一直忽略这头在我们房间里的巨兽。在创新方面，美国倾向于继续前进，而不是回头看其传统产业。

因此，我们是依靠创造新的技术前沿来提高我们的增长率。信息技术革命在20世纪90年代确实如此，创造了十分显著的生产率增长和关联领域的增长。但如果我们仅将创新局限于前沿产业，那么我们其实是在削弱我们的经济增长速度。增长经济学家告诉我们，技术和相关创新是增长的主要因素。如果我们倾向于将创新，尤其是颠覆性创新，限制在前沿行业，并将其从传统行业中剥离出来，那我们是在限制我们的增长。尤其是眼下，我们都在对就业机会和收入不平等怨声载道之时，这的确是一个严重的问题。

美国现在最需要创新的是传统的经济部门，这些部门抵制可能改变它们既定的技术路线和商业模式的创新。最主要的例子有化石燃料能源、电网、医疗保健服务系统、高速公路密集型运输和投入密集型农业。[13]也许在这些例子清单的顶部就是制造业，因为它长期充当就业倍增器，并在2000年代急剧下降。在所有这些部门，特别是制造业，创新都能够超越以前沿为基础的增长，拓宽我们的经济增长基础。推进前沿科技并不是坏事——20世纪90年代信息技术革命带来的经济收益显示了创新浪潮的强大力量。问题是我们的创新应用没有更宽泛的基础，我们通常无法将我们的创新能力扩展到现有部门。

传统行业倾向于通过维持一个技术-经济-政治-社会的范式来保护自己免遭颠覆。也就是说，它们把自己关在现有技术的笼子里，推动自己提高效率和降低成本，以阻碍新进入者的竞争。它们锁定了经济和商业模式，以保护它们的收益和系统，并限制竞争对手的进入。它们建立了政治支持体系，锁定能够保护自己技术和系统的政策、补贴。它们建立了能确保劳动力供应和公众支持的社会体系。如果新的颠覆性创新要进入传统行业，则必须解决这些障碍。传统行业背后的技术通常运行良好，而且这些技术将会采取渐进式改善，从而满足行业的既定需求。如果新的创新有助于传统行业的现有经济模式，这些行业也会采用新的创新。例如，水力压裂技术很好地适应了传统的化石燃料行业。但传统行业的组织结构并不适应与传统系统元素相悖的颠覆性新进展。

如前面所述，已有的传统部门具有一系列的共同特征。[14]由于需要从一开始就对制造业创新的重要背景作简要阐述，因此后续两段的内容描述将非常紧凑。这些传统行业的特点包括以下方面：有利于在位者的不正当补贴和价格结构，却忽视了可持续性和健康等外部效应；既定的体制架构为了支持现有技术从而施加监管障碍或者其他政策障碍；强大的既得利益集团在政治上和其他方面保护他们的行业，并抵制技术引进；创新融资体系不支持传统行业通常所需的更长期、更高风险的技术；支持政策和政府支出偏向现有技术的公共习惯和期望；以现有技术需求为导向的知识和人力资源结构，如医疗、法律和技术领域的教育课程、培训、职业道路和职业标准；有限的公共和私人研究和开发——这限制了能用于实施的创新技术的可获得性。

由于一系列市场缺陷影响新技术的引入，现有技术的主导地位得到进一步加强。这体现在以下几个方面：网络经济（指传统行业的大规模技术网络只允许规模进入）；阈值（指引入新技术需要重大投资）；割裂的激励机制（指引进新技术的激励机制不能被开发商所采用）；集体行动（行业的经济参与者都具有规模小且资本不足的特点，这限制了他们吸收新技术的能力）；政府体制和监管结构（一种政府监管、活化或者激励的模式，该模式为现有技术提供支持）。

传统行业并不具备所有这些特点，但它们都有一些共同之处。制造业是一个传统行业，因此并不例外。有时传统行业中的一些甚至许多参与者都有兴趣接受变革，但它们仍然面临传统行业中抵制变革的诸多特征。制造业也是如此。

这些特征如何适用于美国制造业呢？有很多的例子都可以说明这个过程，但我们只介绍一些关键的例子。相对于那些低估本国货币价值的外国竞争对手，高价值美元区域通常倾向于高估其制造业产品的价值，因此美国制造业具有不正当的定价效应。同时，既有的创新融资体系，限制了中小企业和制造业初创公司获得创新支持。在制造业中，存在既得利益集团。例如，由于向海外市场扩张和生产的压力，跨国公司限制了它们在美国的生产投资。由于这些企业在国外已经拥有成本较低的生产设施，它们可能不愿意承受美国先进生产工艺的创新风险。或者，专注于国际回报模式的金融体系，放弃了历史上为小型制造商服务的本地银行业务。此外，还存在影响制造业的公共习惯和期望。例如，正如后面的章节所讨论的，过去公众和政治家认可的主流经济政策不再愿意关注制造业，或公众已不愿意鼓励下一代在制造业工作。现存的知识和人力资源结构支持高度分散的劳动力市场，并没有组织起来去培养未来制造业所需要的高技能劳动力。因为政府支持的研发从未专注于生产，美国制造业的研发受限。并且，由于激烈的全球竞争，美国大部分制造业的大多数中小公司根本无力承担研发的附加成本。这样的例子不胜枚举。

同时，美国制造业存在市场缺陷。制造业供应链的复杂性导致其难以渗透、重组、重建（如果它们已经败给国外竞争者），使得美国制造业市场存在网络经济问题。因为引进新的先进制造技术可能需要大量投资，中小型生产商难以承担这些资金，所以还存在阈值问题。它还存在激励机制割裂问题，因为引入新制造技术的激励机制可能不适用于鼓励美国制造业的开发；小型制造商缺乏相应的经费做这些事，大的跨国企业却致力于在国外低成本生产。例如，苹果公司现在将生产锁定在深圳，任何时候它都无法很快地将重要的生产返回到美国。美国制造业市场还存在一个集体行动的问题。大多数的中小型生产商规模比较小，且资本不足，这限制了它们吸收新的制造技术的能力——它们缺乏这样做的组织能力。最后还存在政府机构活力问题，即政府没有做好准备，应对制造业这样一个大型部门给公私组织带来的复杂创新挑战。

当然，美国制造业也存在系统失效问题。[15]这不是该传统行业的单个甚至是一组部件的失效。一个部件的失效问题，可以通过该部件的重新再造得以解决。相反，将美国制造业升级到更强大、更具有世界竞争力的愿景，其所面临的挑战似乎太宽泛了，我们需要将现状视为整个系统的失效。由于试图对传统部门施加新需求，所以也可称其为体系失效。[16]从广义上讲，制造业体系不仅仅是一套工程技术系统，还包括技术以及相关的经济、政治和社会系统。应用单一的创新模式并不能解决系统失效的问题，而是需要更全面的创新模式。

使用五种创新模式

正如我们早先作品所论述的那样，在不同背景下有五种基本模型是推动创新的力量：创新管道、诱导创新、延伸管道、制造业主导创新和创新组织。[17]

这些为解决美国制造业中的再创新和创造就业双重问题提供了一个框架。还需注意的是，创新并不是完全通过那只“看不见的手”来实现的，创新引入通常需要变革推动者的积极努力。考虑到传统行业创新所面临的重大障碍，变革推动者对于这个领域的创新尤为重要。

“管道”模式一直主导着美国的科技思维。它将发明和创新描绘成始于研究投资（主要来自以联邦为基础的研究支持）——在创新系统的“前端”——的流。因此，当这些研究被倒入了创新管道的一端，行业拾起了开发的时候，神奇的事情发生了，然后新产品出现了。万尼瓦尔·布什(Vannevar Bush)被认为是这种模式的发明者，因为在战后初期的管道模式创造中，他扮演了举足轻重的角色。[18]这种模式经常是重大突破性发明的起源。它是一种“技术供应”或“技术推动”模式——政府研究支持了技术的供应，后者被放入创新“管道”。在这里，变革推动者是研究人员、发明家和企业家，他们构想出技术理念，并将其变成突破性的新产品。“管道”模式供应了重大创新。

但大多数技术来自对市场机遇作出反应的私营公司，这是第二种模式，即“诱导创新”。弗农·拉坦(Vernon Ruttan)是一位发展经济学家，详细论述了“诱导创新”模式。[19]在这里，发起人通常是一家可以嗅出市场机遇或通过技术发展来填补市场空白的公司。这种技术进步是增量式的，而不是颠覆性的。这是一种“技术需求”或“技术拉动”模式——市场创造了需求并且拉动了科技发展。在“诱导创新”模式中，变革推动者主要包括企业，以及与之相关的企业家和发明家。政府决策者和行业标准制定者可能会影响市场信号和监管要求，进而影响到传统行业的诱导性创新。

第三种模式可以被称作为“延伸管道”。在这种模式中，一些美国研发组织，特别是国防部，推动创新在每个创新阶段的移动。这意味着研发组织不仅支持前端研发，而且支持每个接替的“后端”阶段，从先进原型到论证、实验平台，甚至经常进入初始市场创建阶段——国防部将购买第一批产品。政府在管道模式中的支持作用与创新系统的其他部分没有关联，但在延伸管道模式中，它们之间有深度的联系。过去四分之三世纪的主要创新浪潮，如航空、核能、电子、航天、计算机和互联网等，大多由这个系统演化而来。[20]延伸管道有助于弥合在先进研究和实用技术之间的“死亡之谷”。在这里，变革推动者包括寻求发展的政府实体。例如，美国国防高级研究计划局（Defense Advanced Research Projects Agency，DARPA）是计算机和互联网的关键变革推动者。

“制造业主导”创新是第四种创新动力。“制造业主导”创新是指基于制造业经验的专业知识带来的生产技术、过程和产品创新。这是通过应用研究和开发与生产过程相结合的方式产生的。制造业主导创新通常由行业主导，但具有政府的强大产业支持。德国、日本、中国、韩国等国家与地区都围绕“制造业主导”创新体系来构建自己的经济，但是在战后美国并没有这么做。这是美国创新体系中的一个重大缺口。

第五种模式“创新组织”与其他的模式都不相同。这种模式要求改进创新工作的途径、方法和组织，无论是在创新前端还是后端——它是一种组织模式。在这种模式中，创新系统支持创新全谱系，支持创新过程中的每个阶段。对比之前的模式，管道模型支持前端研发，制造业主导模型支持处于生产阶段的后端，创新组织模型则考虑了所有阶段。它超越了延伸管道模型，协调创新所需的体制和政策变化，不再仅为政府客户需求促进创新。其他模型描述了各种现有的创新方法；“创新组织”则描述了一种使能和加强创新的不同方法，即通过检查一个部门的创新环境，如内部的制度和所面临的障碍，评估其优势，评估改进方法，制定政策和步骤，以加强该体系并克服障碍。可以说，诸如制造业等主要传统行业中的复杂性和障碍需要这种全面的组织方法——它们不会因单一的创新动力而发生改变。

正如下一章将要描述的那样，当美国在战后时期构建其创新体系时，制造业主导创新只得到了很少的关注。19 世纪以来，它曾经一直是美国的创新力量，它创造了在赢得第二次世界大战中发挥核心作用的规模化生产体系。生产不是问题，美国在这个领域遥遥领先。相反，当时美国把重点放在了它的研究体系上，前端创新在战争期间已经初具规模，但仍需要保留和增强。正如罗斯福当和杜鲁门的科学顾问所关注的那样，这就是万尼瓦尔·布什的体系。其他一些摆脱战时混乱的国家——德国和日本——必须集中精力重建工业基础，发展和扩大制造业主导创新体系。随着日德等国家经济复苏，中国台湾地区、韩国和中国大陆地区开始建立自己的工业基础，并遵循了制造业主导创新之路。

具有讽刺含义的情况正在显现。以强大的制造业主导创新体系的国家，如日本、韩国、中国，现在看到创新体系必须得到更强大的前端和基于研发的创新支持。这些国家正在努力扩充他们的前端总量。美国在研发方面占国内生产总值的比例为 2.73％，日本的这个比例为 3.47％，韩国为 4.15％，中国台湾地区为 3.0％。[21] 中国大陆的研发总支出正在快速增加，现在为 3 335 亿美元，尽管相对于美国的 4 569 亿美元，中国还是差了一个等级。[22] 在这些国家正在角逐技术前沿阵地的时候，具有讽刺意味的是，美国在经历其制造部门生产下降的剧痛之后，开始意识到自己在制造业主导创新方面的弱点，着手努力本书的主题“先进制造”。每个地区都在弥补其在创新体系中的裂隙。

但是，如果“创新组织”模式是正确的，除了对制造业主导的新关注之外，美国还需要在制造业方面做得更多。它需要将其他模式应用于其生产系统。从历史上看，尽管美国具有强大的“管道”

模式，它仍需要让其研发机构把先进制造业纳入它的研究组合。如果行业开始看到先进制造技术（如3D打印或尖端材料）的新市场机遇，可以对其进行下一步的“诱导创新”。国防部一直领导着“延伸管道”模式。这些创新与美国工业基础的实力有着重大关系，国防部需要进一步应用工具组合来满足自身的技术需求，包括采购系统。所有这些都需要变革推动者来提供领导力，因为传统行业的技术创新需要他们。“创新组织”模式要求在公私部门之间协调这些努力。

一些核心思想

本书中的一个核心思想是，有些新生产范式可能会导致该部门的变革。我们看到过这些新的生产范式，比如：应用蒸汽动力在英国经营纺织工厂；开发可互换机制部件，然后在美国大规模生产；在日本开创高质量制造业。美国正在与低工资、低成本的生产者竞争，特别是在亚洲的。美国能否开发出新生产范式，提高生产效率并降低成本，从而在竞争中胜出？科学家和工程师现在告诉我们，突破——新范式可能会从一些领域获得，这些领域从根本上改变了我们生产复杂、高价值的技术和产品的方式，赋予我们极高的生产效率。反过来，新技术的进步必定伴随着实施它们的新流程和新商业模式。开发这种新范式是先进制造业的核心。当前对先进制造研究所作为一种路径去培育这些新范式的概念已经有了深入的探讨。

本书中的另一个核心思想是关于下一代的生产。美国越来越多地转向由风险投资支持的创业模式，发起新技术。该系统从支持计算机和半导体“硬”技术开始，推动了 20 世纪 80 年代和 90 年代的信息技术创新浪潮。近年来，它已经明显转向只需要很少的资金或基础建设的软件，后者没有实物产品，会迅速成功或者失败。除了生物技术，以及媒体娱乐等服务业之外，软件现在是风险投资的主要去向。这个系统并不支持需要实际制造的技术，因为这些技术有更长的回报周期和更高的风险。正如将要描述的那样，这意味着下一代创新生产技术和产品可能不会在美国生产。这对于美国创新和生产的长期走向具有重大影响。我们将探讨风险投资的可能替代方案，以支持需要扩大规模的创业公司。

这些只是两个例子。第二至九章中还有更多的思想模块，其他核心概念在第十章中进行了总结。

我们也应该在一开始就明确：创新不是美国制造业面临的唯一问题。有一系列重大的宏观问题——贸易、税收和货币——意义深远。世界各国采取各种实践来增强自身制造商的优势。例如，一些亚洲国家进行干预，低估其货币的价值，使其出口价格低于外国生产商。

这相当于对进口到美国的货物进行补贴——一些人估计它可能接近 25%。许多外国竞争者通过免税、为生产设施提供免费土地、降低公用事业费或提供补贴来为其制造商提供投资激励，所有这些都会降低其产品成本，形成成本优势。一些国家以低于实际生产成本的价格向美国“倾销”货物，以占领市场并打败美国竞争对手。虽然美国有反倾销和反补贴税等程序挑战这些做法[23]，但这些往往很慢并且被认为是不充分的。

口前的美国税收制度也被普遍认为会损害美国公司的竞争力。美国是世界上仅有的两个对其公司的海外收入征税的国家之一，这反过来促使其公司将这些利润投资到国外而不是在国内。目前的税法也存在漏洞，可能导致制造商的竞争不平等。2015 年税务基金会的一项研究发现，资本密集型制造商的有效税率在州之间变化高达 15％[24]，尽管企业收入的税率、利润和资本收益占美国 GDP 的百分比均低于经合组织平均水平[25]。2016 年大选后，增值税也成为一个有争议的话题。这些税收针对的是每个生产阶段增加的价值。当国内制造商出口商品时，会得到退税；反过来会对进口商品征税，增加其成本。若不采取这种方法，许多人认为美国实际上在补贴进口并对其出口征税，给予进口优惠的税收待遇，并阻碍出口。支持者认为，增值税或类似的边境调整税可能会重新调整这种平衡，尽管一些著名的经济学家对此表示质疑，主要是因为这种影响可能会随着时间的推移而被美元价值的上涨所抵消。[26]

总之，种种做法可能会给美国制造商带来沉重的负担，尽管其程度一直在长期争论。然而，本书的重点不在于这些仍然很重要的宏观问题，而在于一个基本问题，直到最近它仍然没有引起注意：仍然强大的美国创新体系未被纳入其制造系统。创新是美国制造业的新篇章。

未来的故事

接下去各章会有更多的有关制造和创新的故事。亮点如下：

第二章介绍了美国制造史上的一系列重要的发展。最后的故事说明了美国未能充分重视以制造业为主导的创新，从而给整体创新体系带来了裂隙。

第三章回顾了美国 21 世纪头十年制造业衰退的情况。该章从一系列维度来说明这一点，包括生产阶段与创新体系的其他部分之间的关键关系，这种关系在很大程度上被美国忽视了。美国制造业已经从“在这里创新，在这里生产”的体系转变到“在这里创新，到那里生产”。由于创新与生产相关，特别是一个复杂新技术的最初生产，因此美国会冒着“在那里生产/在那里创新”的风险，并承受对其核心能力——创新——的相应损害。

第四章考察了主流经济学随着时间变化对制造业的态度。它着眼于增长理论，然后是贸易理论，并注意到新增长理论与新贸易理论之间对生产率增长重视的联系——在生产率增长领域，制造业显得尤为重要。然而，主流经济学仍然在回避制造业。鉴于越来越多的经济学家在探讨社会动荡的不断加剧，对制造业创新的关注现在已经出现在经济学视野。

第五章着眼于金融危机后新政策如何关注先进制造业。它考察了一系列关键性研究，并评估所发现的制造业问题和相应的建议。它讲述了这些报告和早期政策出现的背景。

第六章评论了上一届政府的先进制造业政策，即先进制造研究所。这些机构是如何组织的，它们的任务是什么，从它们的成立过程中可以吸取什么经验教训，有哪些地方需要改进，以上这些问题会在该章得以解决。

第七章着眼于一个新的相关问题：初创公司规模扩大。那些开发“硬”技术的创业公司，在为生产扩大寻找融资方面，面临越来越大的问题。这些创业公司代表了美国技术生产的未来。当前创业风险投资系统主要关注于软件，对生物技术和各种服务部门也仍有支持。但由于需要生产的硬技术具有更高的风险和更长的开发周期，其获得的支持力度是最小的。该章将针对解决这个障碍的新机制进行详细论述。

第八章深入研究了制造业员工队伍。倘若缺乏高技能的工人，先进制造业将不会发展。新的培训模式，包括学徒制和社区学院新角色，都可以弥补这一差距。

第九章回到经济学，主要聚焦于经济学家所谓的“长期停滞”，并对创新、增长、中产阶级、生产率和相关投资的下降表示关注。这章将探讨制造业在解决这些问题中发挥的作用。它进一步考虑了关于技术取代的新争论，即信息技术革命正在取代就业，以及制造业在就业增长中的地位。

第十章是总结。这章包括对一些主要发现的总结。它系统地介绍了本书提出的众多新想法。

当前制造业的状况与 2008 年金融危机黑暗时期的不同，那时汽车行业崩盘，失业率达到 10％。失业率在经济衰退结束八年后终于有所改善，[27]但经济挑战依然严峻。正如下文将要讨论的那样，特别是在第九章中，国家（和其他发达国家）正面临着“长期停滞”：可能在一个漫长的时期里，保持较低的生产率、有限的技术创新进步、较低的资本投资，以及相应的较低国内生产总值——这意味着人均国内生产总值可能会糟糕地下降。例如，美国的整体生产率从 1995—2008 年的 2. 4％下降到 2008—2015 年的1. 2％。[28]固定设备和软件的私人投资占国内生产总值的比例，从 20 世纪 90 年代的平均 2％左右，下降到 2000 年的 1. 2％，现在为 1. 1％。[29]国内私人投资总额占 GDP 的比例从 2000 年第二季度的 20. 2％下降到 2016 年的 16. 2％。这部分投资下降反过来影响生产率，并且抵消储蓄的下降和消费的增长。事实上，储蓄从 GDP 的 4. 2％上升到 5. 7％，而同期的个人消费仅从 66％上升到68. 1％。[30]

这种超过投资的储蓄额有助于解释自衰退开始以来为什么联邦基金利率接近于零。GDP 增长在 2%的范围内，而不是历史上的 3%。经济学家罗伯特·戈登(Robert Gordon)认为，相比于 1870—1970 年的内燃机、现代通信、电力、化学制品、药品等方面，近几十年的信息技术创新浪潮在提供持久的、更高的生产率和增长率方面意义不大。[31]

与此同时，如上所述，对于未受过高等教育的工人而言，其平均收入已经下降了 15 年，高薪制造业岗位已经被低薪的服务工作所取代，经济不平等已经扩大会产生问题的级别。这份重大问题清单无法简单地通过短期的经济刺激措施或"填补坑洞"的基础设施维修来缩短。这些都是重大的结构性问题，需要结构性响应。美国似乎需要生产率的提高以恢复增长和提供高质量的就业机会。考虑到先进制造业在生产率和就业方面(系统范围)的潜力及其在创新体系中的核心作用，它似乎是解决国家经济困境的首要途径。所以，它行吗？美国制造业发生了什么？什么是先进制造？它从哪里来的？它能给我们带来什么？我们需要什么工具来建造它呢？

注释

1. William B. Bonvillian, Donald Trump's Voters and the Decline of American Manu-facturing, *Issues in Science and Technology* 32, no. 4 (Summer 2016), http://issues.org/32-4/donald-trumps-voters-and-the-decline-of-american-manufacturing/.
2. Melissa S. Kearney, Brad Hershbein, and Elisa Jacome, Profiles of Change: Employment, Earnings and Occupations from 1990 - *2013* (Washington, DC: Brookings Institution, 2015).

3. Kearney et al.，Profiles of Change.
4. Doug Short，Household Incomes：The Decline of the Middle Class，*Advisor Perspectives*，September 16，2016（Chart：Real Household Incomes：Cumulative Growth，based on Census Bureau and Bureau of Labor Statistics data；income stated chained in 2015 dollar values），https://www.advisorperspectives.com/dshort/updates/2016/09/19/household-incomes-the-decline-of-the-middle-class.
5. Ibid.（Chart：Real Household Incomes：The Growing Gap between Median and Mean）.
6. Richard B. Freeman，*America Works*：*The Exceptional U. S. Labor Market*（New York：Russell Sage Foundation，2007）.
7. Claudia Goldin and Lawrence F. Katz，*The Race between Education and Technology*（Cambridge，MA：Harvard University Press，2008）.
8. David H. Autor，David Dorn，and Gordon H. Hanson，The China Shock：Learning from Labor Market Adjustment to Large Changes in Trade，NBER Working Paper 21906，National Bureau of Economic Research，Cambridge，MA，January 2016，http://www.nber.org/papers/w21906.
9. A. Michael Spence，The Impact of Globalization on Income and Employment：The Downside of Integrating Markets，*Foreign Affairs* 90，no. 4（July-August 2011），28，41.
10. The legacy sector points discussed in this section are explored in depth in William B. Bonvillian and Charles Weiss，*Technological Innovation in Legacy Sectors*（New York：Oxford University Press，2015）.
11. Bureau of Economic Analysis（BEA），Value Added by Industry Group by Percentage of GDP（Table 5a）（Washington，DC：BEA 2013 data）.
12. Bureau of Economic Analysis（BEA），News Release BEA 17－02，— Value Added by Industry Group as a Percentage of GDP（Table 5a），January 19，2017，https://www.bea.gov/newsreleases/industry/gdpindustry/2017/pdf/gdpind316.pdf.
13. These sectors are explored in Bonvillian and Weiss，*Technological Innovation in Legacy Sectors*，67－87，112－117，170－176.
14. These characteristics are detailed in ibid.，55－66.
15. See the discussion of this point in ibid.，6－7.

16. The Defense Department developed system-of-systems engineering to integrate new and old engineering systems to meet significant new program requirements. See, for example, Mo Jamshidi, ed., *System of Systems Engineering* (Hoboken, NJ: John Wiley and Sons, 2009).
17. These models are discussed at length in Bonvillian and Weiss, *Technological Innovation in Legacy Sectors*, 23 - 30, 181 - 196.
18. Vannevar Bush, *Science, the Endless Frontier: A Report to the President on a Program for Postwar Scientific Research* (Washington, DC: U. S. Government Printing Office, July 1945).
19. Vernon Ruttan, *Technology Growth and Development: An Induced Innovation Perspective* (New York: Oxford University Press, 2001).
20. 虽然他没有使用"延伸管道"这个词,但弗农·拉坦(Vernon Ruttan)在探讨了关于发展这些技术方面的防御作用. See Vernon Ruttan, *Is War Necessary for Economic Growth? Military Procurement and Technology Development* (New York: Oxford University Press, 2006).
21. National Science Board (NSB), *Science and Engineering Indicators 2016*, International Comparisons of Gross Domestic Expenditures on R&D and R&D Share of Gross Domestic Product, 2013 or Most Recent Year, Table 4. 4 (Washington, DC: National Science Board, January 2016).
22. Ibid.
23. International Trade Commission, Antidumping and Countervailing Duty Investigations, as of March 30, 2017, https://www.usitc.gov/trade_remedy/731_ad_701_cvd/investigations.htm.
24. Jared Walczak, Location Matters: Effective Tax Rates on Manufacturers by State, Tax Foundation, Sept. 1, 2015, https://taxfoundation.org/location-matters-effective-tax-rates-manufacturers-state/.
25. Organization for Economic Co-operation and Development (OECD), Revenue Statistics — OECD countries: Comparative tables, *OECD. Stat*, as of April 10, 2017, https://stats.oecd.org/Index.aspx?DataSetCode=REV.
26. See, Paul Krugman, Border Tax Two-Step (Wonkish), *The New York Times*, Jan. 27, 2017, https://krugman.blogs.nytimes.com/2017/01/27/border-tax-two-step-wonkish/?_r=0; Greg Mankiw, Is a VAT good for exports?, *Greg Mankiw's Blog: Random Observations for Students of*

Economics, May 18, 2010, http://gregmankiw.blogspot.com/2010/05/is-vat-good-for-exports.html.

27. Bureau of Labor Statistics (BLS), Labor Force Statistics from the Current Population Survey, Unemployment Rate 2006 - 2016, October 2016, http://data.bls.gov/timeseries/LNS14000000. (This dataset does not account for problems of longerterm unemployment and workers who have left the workforce.)

28. Robert Atkinson, *Think Like an Enterprise: Why Nations Need Comprehensive Productivity Strategies* (Washington, DC: Information Technology and Innovation Foundation [ITIF], May 2016, e-book), 31, http://www2.itif.org/2016-think-like-an-enterprise.pdf?_ga=1.141453106.1482316035.1476207219.

29. Robert Atkinson, Restoring Investment in America's Economy, report (Washington, DC: Information Technology and Innovation Foundation [ITIF], June 13, 2016), 3, http://www2.itif.org/2016-restoring-investment.pdf?_ga=1.113675271.1482316035.1476207219.

30. Bureau of Economic Analysis (BEA), Shares of Gross Domestic Product: Gross Private Domestic Investment [A006RE1Q156NBEA]; Bureau of Economic Analysis (BEA), Shares of Gross Domestic Product: Personal Consumption Expenditures [DPCERE1A156NBEA]; Bureau of Economic Analysis (BEA), Personal Saving Rate [PSAVERT].

31. Robert Gordon, *The Rise and Fall of American Growth* (Princeton, NJ: Princeton University Press, 2015).

第二章
大背景：制造业的经济学史

第二章是关于历史概览和经验总结，即对美国制造业历史中关键时点的情景描述和生产政策的经验总结。在对18世纪的回溯中，我们捕捉到了詹姆斯·瓦特著名的格拉斯哥格林公园漫步[①]，然后我们会将镜头切换到19世纪的美国，看看那个通过早期美国陆军部技术政策培育出来的可互换机制部件的范例。机制部件这项技术进步向龙卷风般形成了大规模生产的风暴，席卷整个19世纪。它充分利用了世界上新大陆市场的规模优势成长起来。接下来故事转向国防创新体系——一个拥有巨额资金和作为国家安全依托的强大机构引发了一系列重大的经济创新浪潮，我们在这里总结了20世纪初的航空制造业作为案例研究。随后，国防创新体系孕育了20世纪下半叶发展起来的信息技术创新浪潮背后的基础技术。有趣的是，这个根植于生产的国防创新角色，在20世纪中期几乎完全聚焦在技术研发方面，而不是其后面的生产体

---

① 1765年，詹姆斯·瓦特在格拉斯哥格林公园散步时，无意间构思了蒸汽机独立冷凝器的想法，工业革命自此为起点。——译者注

系。这种创新-生产脱节对美国制造业产生了巨大的戏剧性的后续影响。

格林公园漫步

早在成为詹姆斯·瓦特的深切关注之前[1]，蒸汽机已经在英国矿山应用于抽水有50年之久。瓦特在苏格兰克莱德上游弗莱斯的兴旺的格里诺克海港长大。他18岁时，母亲去世了，父亲的健康也出现了问题，因此他决定去伦敦学习仪器制造工艺。一年后，他回到格拉斯哥开了一家铜制仪器商店。他想制作和修理导航仪里的平行尺、比例尺、气压计和望远镜的部件。但是格拉斯哥的锻工同业协会阻止了他；由于没有达到七年制学徒要求，瓦特无法继续他想从事的工作。

格拉斯哥大学解决了他的生计问题，因为格拉斯哥大学需要一个懂制造仪器的人为大学观测台制造天文仪器。随后瓦特以工匠的身份进入学院，并且结识了化学家瑟夫·布莱克(Joseph Black)和哲学家亚当·斯密。这位年轻的工匠开始受到基础科学的熏陶和训练。1759年瓦特开始研究纽科门蒸汽机，虽然此时距离热力学的理论支持还有一个世纪之遥，但他逐渐熟悉了潜热和热能之类的话题。1763年，瓦特被召去修理纽科门蒸汽机，他发现在每个活塞循环中都浪费了四分之三的热能。当时是把蒸汽注入汽缸内推动活塞，之后冷水被喷入缸内冷凝蒸汽；由此产生的压力真空将活塞吸回到其原始位置。然后，更多蒸汽被泵入活塞，再次向前推，接着继续由冷水来冷凝蒸汽。如此循环。在这个过程中，喷溅的冷水意味着大部分引擎的潜在机械能流失掉了。这是非常低效的。

此后，就在两个半世纪前的1765年，在一个春季安息日，瓦特在格拉斯哥的格林公园散步。当他生命的尽头来临之时，他终于告诉世人当时他在格林公园散步时脑海里闪过的灵感。当时他正穿过公园草地，有了一个将冷凝器分离的想法。它可以制造真空，吸入活塞，同时让汽缸保持恒定温度——不需要喷入冷水。“我当时还没有走到高尔夫之家就有了这个灵感，”那时候是在苏格兰，“整个想法都已经在我的脑海里成型了。”他在1813年回忆道。

没有等到安息日结束，他立刻做出了设想中的设备模型，并在四年后获得了专利。它将蒸汽机的机械效率提高了两倍。不再只是一种从煤矿或者锡矿中抽水的笨拙工具，新型蒸汽机成为推动工业革命的一种力量，一种推动增长的引擎。其实还有更多关于当时在格林公园散步时产生的思考，减少机械能流失只是其中之一。这之后几十年间，铁路将工厂和煤矿连成网络遍布英国，英国就此成为第一个工业强国。

瓦特需要资金，不仅仅是用于工作设计发明，他需要将蓝图变成一个大型发动机，并将发动机批量生产。著名的卡伦铁厂(Carron Iron Works)创始人约翰·罗巴克(John Roebuck)决定支持他，但是在一个铁匠时代，为了让活塞和汽缸高精度匹配，瓦特需要花费八年时间去进行精确测量，并承担部分土木工程师的工作，以达到目标。在罗巴克宣告破产不久之后，伯明翰附近拥有苏豪铁厂的马修·博尔顿(Matthew Boulton)雇用了一些当时最优秀的铁匠，来帮助瓦特解决问题。他们的团队攻破了精确度这一难关。到1776年，第一台工作发动机已经成功应用于商业化企业。同时，瓦特在此基础上不断完善更新。蒸汽指示器、平行运动机构、离心调速器，这些发明使原有技术得到显著改善。

工业革命初始时期对我们有着非常重要的经验启示。

经验启示一：“头脑和手”。瓦特集工匠和学者为一身，他最初是一个制造精密仪器的工匠，之后接受了正规科学教育。他拥有跨界专业知识，能将两个完全不同的学科完美结合起来。这种能力至关重要，因为创造力通常来自一个领域与另一个领域的碰撞。工业革命史学家威廉·罗森（William Rosen）提醒我们，哲学家伊曼努尔·康德说过，手是“心灵之窗”，这与神学家及医生查尔斯·贝尔（Charles Bell）的“天才之手”[2]概念遥相呼应。瓦特在做中学、在制造中学习，不断完善自己，即通过实践应用增强头脑思考力。学习和制造之间的这种关系是生产阶段重要性的关键组成部分。

经验启示二：制造与科学，实践与理论。第二个经验启示来自于瓦特采用了简单的纽科门引擎，这种引擎由一个富有想象力的铁匠（一位机修工）设计，瓦特运用他来之不易的专业知识度量出了该引擎的系统低效并加以改进。这其中展示了一种模式，即大部分工业上的革命都由那些一线的机修工引发，然后通过数学和科学的应用得到改良并完善。实践丰富了科学，科学反过来又丰富了实践，这种动态一直持续到19世纪，并延续到今天：爱迪生发明了电灯泡之后才有了电子理论，晶体管的出现导引出半导体物理学。科学可以成型脱胎于技术，同样技术也可以形成于科学——这是一条双向通道。制造一样东西最重要的方面是它有助于发展其背后的科学理论；制造与科学在一个连续统一体上，双向通道是必需的。

经验启示三：“专家行为”。瓦特在那天散步的“突发灵感”出现的六年之前就开始研究发动机，这说明没有速成的头脑风暴，灵感建立在多年的专注和学习积累之上。他的想法可能在去格拉斯哥高尔夫之家前就已经成型，在解开谜题的那一刻到来之前，瓦特已经经过多年的实践锤炼和大量的理论思考。正如威廉·罗森指出的那样，这是一种“专家行为”模式。这种灵感之所以会出现，是因为它只经由专业训练才能出现，在此之前有多年的用心实践作为基础。[3]

经验启示四：工业规模扩大。一项发明不会自动进入经济领域，它需要不懈的努力，通过高阶原型模拟、制作、论证、测试、试验结果反馈，以及最终试产来改进并完善。瓦特的灵感迸发是在1765年散步的时候；直到1776年，该项技术才在这些前期过程的基础上开始规模化。这需要非常复杂的努力——工程设计、再设计和应用新科学需要瓦特全身心投入。相比之下，我们现在所说的“研发”是远远不够的。

随着我们关于生产的故事不断展开，我们将看到以上这些规则一次次被印证。

可互换机制部件

关于制造业经济史的故事必须从瓦特开始讲起，我们现在快速将目光转向19世纪的美国，有一种方法带领美国走向了大规模生产的关键时期。

就像很多美国早期的故事中所描写的那样，1797年，为了武装美国这个新兴国家的小规模军队，乔治·华盛顿要从国外和私人武器承包商手里购买武器。其中的各种不可靠和腐败使他感到十分沮丧，于是他在马萨诸塞州的斯普林菲尔德和弗吉尼亚州的哈泊斯费里(后来的西弗吉尼亚州)建立了政府直辖管理的军工厂制造火枪,以取代私营部门。[4]当时,火枪主要由技术熟练的工匠手工制作,每支火枪的金属部件都需要用手工锉。因此没有两支枪是完全一样的,它们都是部件不能互换的手工制品,每一个部件更替都需要重新制作,而且价格非常昂贵。在殖民地威廉斯堡州长官邸入口的一个巨大圆形展台上,陈列着超过一百支火枪。展览中提到州长不仅有下达命令的权力,而且可以拥有惊人的财富,才能够支撑这种昂贵的展示。军队必须有军械师车队跟随,大篷马车载着铁匠、铁砧和重型装备,用以重新制造每个受损部件,逐个修复损坏的枪支。这些车队拖累了军队的行进速度。

我们再把目光转向精明的美国人伊莱·惠特尼(Eli Whitney)。他在1794年的轧棉机生意中受挫。轧棉机这个简单的设计被南方数百名机修工盗用,并大量复制,他的专利完全被忽视了。为此,他准备诉讼寻求法律的庇护,试图让棉花种植者和州政府酬劳他发明的机器带来的棉花财富。他濒临破产,但整个事件看起来毫无希望。怎么办?为什么政府没有施以援助?面对即将与法国发生的战争,1797年,华盛顿的约翰·亚当斯新政府展开了疯狂军备建设的计划。惠特尼仔细了解战情之后,这个以发明轧棉机出名的商人决定成为一名军火制造商。他动用了不少新英格兰的政治关系,向政府提议为其制造滑膛枪。1798年年中,他获得了一份制造1万支步枪的合同,但合约必须在短短两年内完成。他对制造枪支一无所知,这是一个大胆的孤注一掷的行为。美国没有哪个军火制造商曾经生产过如此大量的枪支,即使是政府的两个军工厂也是如此。

惠特尼将如何完成这项不可能的任务?首先,他打算使用水动力机械来进行“锻造、轧制、钻孔、研磨、抛光等生产程序”。[5]出生于康涅狄格州的财政部长小奥利弗·沃尔科特（Oliver Wolcott, Jr.）曾警示法国在这方面的想法。受到沃尔科特的启发，[6]惠特尼计划使用可互换的机制部件制作滑膛枪。他写信给沃尔科特说：“我的主要目标之一是将工具模型化，工具应该用来塑造产品，使每个零件符合尺寸。一旦完成，就会给予整个生产系统以长期、均质和精确……总之，我所考虑的工具类似于铸造钱币所需要的母版，由此可以铸造出无数完全相同的产品。[7]惠特尼的目标是开发被他儿子后来称为“同质系统，抑或使武器或机器的部件变成几乎相同，以至于可以不使用人工来进行装配”。[8]

一开始惠特尼根本无法使新系统运转。直到1801年，惠特尼仍没有成功制造过一支滑膛枪。但是，他被召唤到华盛顿，在总统亚当斯和总统当选人杰斐逊等一大批官员面前，解释他把纳税人的钱花在了哪里。他做了一场精彩的表演，当着众人的面组装了一把滑膛枪，他从随身携带的部件堆中随便挑选了一系列部件，将部件相互卡入拧紧，瞧！一支滑膛枪！杰斐逊对整个过程表现出了强烈的兴趣，并看到了系统化生产的意义。这次表演让惠特尼赢得了联邦的支持。然而，这个表演其实是蒙混过关的。他显然预先标记好了该使用哪个部件，在当时，部件之间还没有达到可以完全互换的水平。[9]

惠特尼很清楚技术上的挑战：“一支好的滑膛枪是一个难以制作和完成的复杂产品，这是因为大部分零件的构造都没有与之对应的规则几何图形。[10]他在工厂内劳动力严格分工方面取得了一些进展（亚当·斯密已经论述了实践是进步的动力），开发了重要的工厂管理实践，并且可能在铣床（一种削除金属的旋转刀具）上取得了进展。[11]但是，制造滑膛枪估计需要 195 个分立的步骤，29 部件需要单独进行成形、切割和热处理[12]，在生产制作过程中仍然有许多机器无法替代的工作需要手工完成。惠特尼用了 8 年时间才交付了 1 万支滑膛枪，不过这些枪支的零件并不是可以完全互换的。

但是思想长在土里，进步就会四处开花。1815 年前后开始建立的斯普林菲尔德军工厂成为全美国最先进的生产厂家之一，用大规模劳动分工形成了 100 多种专门职位。斯普林菲尔德军工厂率先使用了用于制造枪托的车床，这是一种复杂的机器，可以生产不规则形状的部件。

让我们将目光再转向约翰·霍尔(John Hall)，一位在波特兰经营木工和造船生意的缅因州美国人。他利用业余时间开发了一个后膛装弹步枪原型，对其进行了专利申请和加工改进，成功引起了美国陆军部的注意，并在 1813 年至 1819 年间向军方售出了一些枪支。陆军部发现他的步枪不仅比其他步枪表现更出色，而且他的步枪零件都可以互换，从而极大地简化了现场修理工作。[13]1819 年，陆军部长约翰·卡尔霍恩(John C. Calhoun)把霍尔带到哈泊斯费里军工厂担任助理军械师，请他制造后膛装弹步枪。第二年，霍尔被安排负责军工厂中的一个步枪厂，独立于陆军官僚机构，以免官僚们中伤他，并抽走他的资金。在政府的支持下，霍尔现在可以自由地开展机械工具和步枪生产。他使用水力驱动皮带和滑轮为机器提供动力，转速达到每分钟 3 000 转。他用切割锯切割金属，在铣床上钻研先进技术，并使用精密测量仪测试尺寸和符合度。[14]

1822 年 12 月 30 日，霍尔写信给卡尔霍恩说："我成功地建立了一种用普通工人之手制造完全一样武器的经济方法，能确保与任何既定模型保持完美一致。"[15]他的 1 000 支步枪合同于 1825 年完成，军械部官员来访时，对他的系统感到震惊。霍尔的"小型武器制造系统是"完全新颖的"，并可能产出"对国家最有利的结果，特别是如果大规模实施的话"。[16]生产率的提高是显著的，霍尔声称，"在这些机器的帮助下，一个男孩可以比十个成年人做更多的工作，而且具有更高的精度"。[17]没有技能的"普通之手"能够取代速度较慢的技能工匠。由于许多步枪厂的工人也参加了机床的开发工作，霍尔的哈泊斯费里工厂的步枪成本比斯普林菲尔德军工厂生产步枪的成本要高。然而，陆军的军械总长为霍尔强烈辩护，认为哈泊斯费里的管理是一个先进试验，高成本是合理的，并且可以通过全机械化生产在未来实现节约。[18]

换句话说，就像伊莱·惠特尼早期的实验一样，军方愿意长期投资，持续的、有耐心的资金支持使关键技术和过程改进得以实现，这种重要模式在整个美国技术史上不断重现。[19]

霍尔在机床方面的技术进步被陆军部移植到康涅狄格州米德尔敦的另一个创新枪械制造商西米恩·诺斯（Simeon North）。到1834年，诺斯生产的步枪部件能够与哈泊斯费里生产的步枪部件实现完全互换。两个完全分离工厂的机器制造的零件在功能上完全相同。霍尔的生产系统也被引入斯普林菲尔德军工厂，并迅速传播到康涅狄格河谷中其他早期简单机械制造商，因为在哈泊斯费里和斯普林菲尔德接受过培训的工人将他们的技能带到了其他企业。[20]19世纪50年代，当英国和欧洲的官员们访问这些美国制造基地时，对名闻天下的制造业"美国系统"[21]所取得的成就大为吃惊。虽然英国人首先为他们的纺织部门开发了大规模生产机器，但他们并没有将这个概念引入其他生产领域。[22]他们所震惊的是，他们长期以来一直将美国人视为不入流的殖民者，现在这些新贵居然领先于他们了。亚历山大·汉密尔顿是英国系统的崇拜者，也是美国制造业的早期倡导者。他认为他的新国家能在半个世纪内在经济上超过英国，[23]现在这一切开始发生。大规模生产的关键基础步骤已经到位，这里蕴含着另一个规则：

经验启示五：耐心的作用，政府长期的支持。技术开发是高风险和长期的，它需要相应的长期视野和资本投入。政府的这种支持，特别是来自国防部门的支持，对美国的技术进步起到至关重要的作用。这个作用从18世纪就已经开始。

经济巨兽

19世纪初发展起来的制造业“美国系统”不仅限于钟表和枪支等简单机械。到20世纪，制造业“美国系统”被引入更为复杂的机械制造，如汽车。但是，正如查尔斯·莫里斯(Charles Morris)指出的那样，这个思想延展到各类形式的生产，从加工食品到肥皂，到服装，再到铁路。[24]同样的方法也被用来创造产业化规模农业。这关系到了工业组织以及工业机械。

在19世纪，每经过一代人，美国人口就会翻番，这为大规模消费刺激大规模生产创造了机会。在欧洲国家，需要随着的时间推移逐步发展中产阶级；而在美国，定居者大部分是中产阶级，占主体的原本就是中产阶级。正如德·托克维尔(de Touqueville)理解的那样，美国从一开始就跳过了统治阶级的冷漠。[25]托克维尔是论述美国中产阶级能量主宰了每一个领域的第一人。1789年，联邦宪法的商业条款创建了一个共同市场，这个共同市场在19世纪迅速发展成为大陆规模的共同市场。大规模生产和大规模扩展可以应用于所有事物，并且都由大规模消费经济得以实现。不仅美国制造业体系如此，美国的一切体系都如此。所有的一切都在肆无忌惮地大规模扩张。

铁路是编织这个大陆共同市场的重要工具。1840 年，美国拥有 2 700 英里铁路，1860 年铁路里程达到 28 000 英里，1890 年达到 164 000 英里。[26]钢铁生产与铁路、建筑、土木工程和船舶同步增长。美国钢铁成为世界工业领先标准；19 世纪，美国钢铁生产领先全球。安德鲁 · 卡内基，这位钢铁制造商控制了美国钢铁产量的四分之一；仅卡内基的钢铁产量就占英国钢铁产量的一半。[27]能源生产是另一个推动因素。约翰 · D. 洛克菲勒的标准石油公司是一家从石油生产到炼油、从运输到产品的综合性垄断企业，以其庞大规模创造了美国石油工业，并成为第一个真正意义上的全球性企业。[28]美国巨兽经济领导力的最后一个组成力量在第一次世界大战期间成型，美国向欧洲列强放贷使华尔街主宰了世界金融业。

大规模生产

可互换机制部件通过亨利 · 福特过渡到真正意义上的大规模生产。[29]就像 20 世纪末到 21 世纪初的 IT 革命一样，生产革命在早期由政府支持技术开发播下种子，然后被私营部门的市场力量完全吸收。到了福特时代，私营部门成为了市场主力军。

福特是一位彻头彻尾的机械师，他对机械及其运行有着深刻的见解。他与他的工程师和经理团队一起开发了关于工厂布局、生产设计、质量控制以及零件和材料处理的新理念。这一切都有助于利用新的独立电动马达驱动工具来建立新的生产车间。电动马达取代了由中央轴和皮带驱动的工具，连接到固定工具位置上的静态装配线可以被连续的生产操作替代。1909年，福特用这些新创意在密歇根州的高地公园创建了新工厂。部件被分发到各个工作站，部件被送达的时间恰好在需要被送达之前。一条装配线在工作站间移动车辆，并在每个工作站添加一个组件，直到一个完成的产品出现在生产线终端。生产线早已经由柯尔特之类的19世纪创新企业装配好了，但福特公司实现了生产线自动化。福特描述了这个过程："大规模生产不仅仅是量产……也不仅仅是机械化生产。"大规模生产系统的本质，是使产品以事先设定好的工序在工厂内连续生产，部件被输送到工作站并安装到产品上，并将操作系统地分解为构件要素。福特明确指出，"每一个部件都必须一次性安装"到接收它的组件中，"在大规模生产中没有匹配工。"

福特的移动生产装配线得益于电动马达等技术的进步，以及新流程的进步，包括他在连续工作站上的分步操作。他还把他的装配线与一种新商业模式联系起来：生产系统的生产率提高使得真正意义上的廉价汽车以商品规模对大众普及，同时为福特员工提供了更高的工资。在早期，福特的生产工厂不得不提供庞大的停车场，以便生产福特汽车的工人们拥有停放自己福特汽车的地方。这就引出了下一个规则：

经验启示六：把技术、流程和商业模式结合起来。通过将技术进步与流程进步以及商业模式结合起来，生产范式就出现了。这不仅仅需要技术进步，变革性新生产系统，还需要流程改进和新的商业模式。

国防创新体系

我们在可互换机制部件的故事中瞥见了美国国防驱动的创新体系，但直到第二次世界大战前几年里，它才真正在美国大规模出现。莱特兄弟飞行器的第一个客户就是美国陆军，航空工业的发展是与军事力量紧密联系在一起的。

航空

军方对航空的支持模式也为其他部门树立了一个典范。军方支持航空研究和开发，系统地寻求和采购先进的飞机设计，而且资助了航空部门的早期发展。[30]在研发方面的支持机制是美国国家航空咨询委员会（NACA，于 1958 年改称 NASA）。NACA 成立于 1915 年，是一家独立的研究机构，它为航空业所做的一切，正如军工厂对制造业所做的一样：长期稳定地支持各种航空技术基础和应用研发试验。其管理委员会成员包括来自军事服务航空分支机构的代表，还有来自科学和工程界的专家代表。这是一个才华横溢的团体。例如，万尼瓦尔·布什是 20 世纪伟大的工程学代表人物之一，他曾在第二次世界大战期间受罗斯福总统委任统领国防研发，之后创建了战后联邦研发支持系统，并于 20 世纪 30 年代成为 NACA 主席。[31]

第一次世界大战之后，美国军事航空业由杰出的将领领导，比利·米切尔（Billy Mitchell）将军领导陆军航空，威廉·莫菲特（William Moffett）海军上将领导海军航空。两人都奉行系统化产业政策。例如，莫菲特建立了他的年度拨款资金申请项目，用于建立和维持持续增加的飞机和发动机制造商工业基础。[32]他清楚地认识到，军用航空必须拥有富有竞争力、富有支撑力的强大产业基础。面对德国、日本和英国飞机先进技术的全球竞争，军方在NACA研发部门的辅助下支持了一系列大胆的、不断改进的飞机原型。美国在第二次世界大战前非常有效地开发了第一架远程四引擎全金属轰炸机。在介入欧洲战区冲突之时，美国军用飞机的性能超过了德国军用飞机。美国航空工业基础占据了主导地位，在太平洋战争开始一年内，就超越日本在战斗机方面的领先地位，并且在所有其他机型方面都保持领先。德国生产出第一架喷气式飞机后，美国在英国设计师的帮助下，[33]在数月内就推出了能与之抗衡的机型。

第三个领域涉及支持新兴民用航空部门。第一次世界大战之后，政府通过发包大量航空邮件合同直接资助航空运输公司，以建立新的民用航空运输公司。20世纪30年代，政府通过创建民用航空委员会(CAB)这个友好的监管构架，确保新兴企业的利润，确保其市场份额，并保护它们免受不当竞争。由军方支持的技术开发也经常直接转移到民用航空运输设计。例如，美国开发远程轰炸机技术就直接惠及民用航空运输设计。

在航空业，军方进行研发来创新技术，支持原型阶段，进行论证和测试，用采购支持创建并维持初始市场。在美国，这是政府角色的一个新模式。它不仅提供了对生产的支持，而且为一个主要的新技术部门的发展提供了全方位的支持。航空是军队必须拥有的技术，但航空不是唯军事使用的，而是“双重使用”——它创造了一个平行的相互协同的民用航空部门。这可以称为“延伸管道”创新模式，贯穿整个创新管道，在整个创新流程中为每个阶段提供国防部门支持。[34]在20世纪下半叶，美国军方用这个模式创造出了一系列世界创新浪潮：航空、电子、核电、航天、计算机和互联网，以及相应的经济发展。

经验启示七：来自国防部门的支持对创新过程中的每个阶段都很重要。20世纪初期，防务机构在促进航空发展方面发挥了核心作用，关键的国防技术对非国防运输部门产生了巨大的溢出效应。陆军和海军支持了飞机及其嵌入式技术的研究、开发、原型、论证、测试和市场，培育并支撑一个新的经济部门。航空业的经验启示是，政府对研究到实现的每个阶段的支持都具有潜在的重要性。有别于国家科学基金会或国家卫生研究院对民用研发机构的支持，国防创新体系并非来自单一投入，而是一个综合性投入系统，有能力系统地支持创新的每个阶段。

结果是，联邦政府有两个平行的创新支持体系。第一种是仅对研究进行投入，之后由民用研发机构介入，这种模式可称之为"管道"模式，即政府支持研究，信任后续市场的演化。第二种是国防创新体系的综合投入系统，可称之为"延伸管道"模式，政府支持包括初始市场创建在内的每个阶段。[36]正是这种"延伸管道"系统带动引领了20世纪一系列的重大创新浪潮：航空、电子、核能、航天，以及不久前的计算机和互联网，是对民间机构研发的补充。

计算机和信息技术革命

计算机行业为这种延伸管道创新模式提供了另一个好的范例。信息技术革命成为20世纪后期最强大的席卷全球的创新浪潮，并一直持续到21世纪。始于第二次世界大战期间及战争刚刚结束后，在冷战过程中，国防部门领导创建和支持了电子计算、半导体、超级计算、软件、个人计算机和互联网。这些领域覆盖了庞大的经济范围，自身内部也有广阔的技术进步空间，因此值得特别关注。但有别于前面提到的“延伸管道”前体，如可互换的机制部件、航空业，计算机行业中有一个例外，那就是半导体制造技术联盟（Sematech）。半导体制造技术联盟较少关注生产技术、工艺流程和工业化。以下部分是对信息技术创新浪潮主要内容的剖析，以及政府支持在各行业所扮演角色的总结。

早期的大型计算机由军方资助建造以满足军事需求。由美国陆军支持的计算机——电子数字积分器和计算器（ENIAC），是约翰·莫克利（John W. Mauchley）和普鲁斯泊·埃克特（Prosper Eckert）在宾夕法尼亚大学开发的。该计算机的概念来自普林斯顿大学的约翰·冯·诺依曼（John Von Neumann）。ENIAC 用于协助陆军弹道实验室对精确火炮所需要的弹道射程和瞄准表的大量计算，比以前的机械式计算机快了 1 000 倍以上。氢弹和弹道导弹的发展需要更强大的计算能力，并导致了大型计算机的进步和模型化，即“冯诺依曼结构”——一个中央处理器、一个内存存储，以及能处理数据并将其返回到存储器的程序。这些变体创造了庞大的计算机。

但是计算机也需要实时运行，而不仅仅作为计算工具。第二次世界大战结束时隶属美国海军的海军研究办公室支持了麻省理工学院的旋风计算机的实时运行，以实现飞行模拟。正当美国海军即将削减资助时，苏联率先具备了携带原子武器的打击能力，可以通过飞越北极的新型远程轰炸机发动攻击。美国空军得知该信息后备受刺激。美国没有针对苏联这种攻击的防御能力。军方科学顾问、麻省理工学院教授乔治·威利（George Valley）敲响了警钟，并成功地施压空军组织了一个防卫系统。威利知道，他需要系统核心的计算能力，因此招募了杰伊·佛雷斯特（Jay Forrester）。佛雷斯特将他正在主持的旋风计算机项目转变成了 SAGE 防空体系的核心①。

接收来自遍布北极和北大西洋的雷达装置发出的传输信号，经由电话线传输后，分析这些信号，并在苛刻的时间范围内将之提供给战斗机和防空导弹作出反应，这要求实时计算。佛雷斯特主持了磁芯存储器的研发制造，这是第一个有效的计算机存储器系统，是实时运行的关键推动力量。正是通过旋风计算机和 SAGE，计算开始呈现出现代化的面貌，操作员坐在阴极射线管（显像管）前面，用键盘输入，并用显示屏幕显示数据。一台计算机是不够的。由于麻省理工学院不想自己生产其原型计算机，以装备整个 SAGE 系统，所以它招募了 IBM 来做这件事。SAGE 计算机成为 IBM 的第一个主要计算机产品线，即 7 000 系列。SAGE 系统随后成为美国计算机产业发展背后的主要推动力量。一项国家研究委员会的重要研究指出，在计算机关键的前 20 年发展过程中，这项新技术的前沿研究得到了军方的支持，包括支持大学研究，支持其他实验室和研究机构，以及支持私营部门从事研发和生产。

半导体和半导体技术联盟则以另一种方式出现。它们的演化基础是贝尔实验室的约翰·巴丁（John Bardeen）、沃尔特·布莱顿（Walter Brattain）和威廉·肖克利（William Shockley）于 1949 年开发的晶体管。集成电路在 1958 年由得克萨斯州仪器公司的杰克·基尔比（Jack Kilby）发明。仙童半导体公司（Fairchild Semiconductor）的

① SAGE 是美国第一个国家防空防御体系。——译者注

罗伯特·诺伊斯(Robert Noyce)几乎在同时也发明了集成电路。第三项重大进展，即微处理器，于1969年在英特尔公司的罗伯特·诺伊斯的领导之下开发出来(英特尔公司是仙童半导体的继承公司)。半导体的军事潜力立即就被认识到了，无论是用于军事上的计算需求，还是用于导弹的机载导引系统。开发后四年多时间里，集成电路的唯一客户是美国空军和美国宇航局。20世纪70年代，半导体需求继续受到军事需求的主导，这种军事需求包括导弹、计算、航天和核能。

随着美国国防高级研究计划局在1958年的史普尼克危机①中脱颖而出，解决了芯片问题的挑战，之后产生了更多的进步。美国国防高级研究计划局的设立是为了引领高风险、革命性的技术挑战，同时避免"技术突袭"。接下来，20世纪70年代中期，美国国防高级研究计划局的罗伯特·卡恩(Robert Kahn)看到当时一小批计算机公司正在渐进从拥有数千个晶体管的芯片转向数百万晶体管的芯片，以跟随残酷的计算机升级摩尔定律曲线，并保持更低成本。[37] 1977年，美国国防高级研究计划局启动了超大规模集成电路(VLSI)项目，以转型芯片设计。另外一个关键进步出现了。加州理工学院的卡佛·米德(Carver Mead)和施乐帕洛阿尔托研究所(Xerox PARC)的林恩·康威(Lynn Conway)在美国国防高级研究计划局的支持下开发了一套简单的设计原则和相应的"硅代工"模型，即许多芯片设计师提交可编辑到单个芯片上的设计，将之发送

① 苏联人造卫星史普尼克1号，是第一颗进入地球轨道的人造卫星，于1957年10月4日发射。此时正值冷战，卫星发射在美国引发了一连串事件，如史普尼克危机。自此美苏两国的太空竞赛开始。——译者注

到共享的代工厂，几周后就能发货，成本在网络上分摊。美国国防高级研究计划局据此产生的MOSIS项目激发了芯片设计的巨大创造力和大量试验，建立了一个更广阔的设计者社区，大大增强了更大规模芯片的集成过程。20世纪80年代，微型集成电路技术扫清了所有障碍。

这不是全部。美国半导体行业面临着来自日本企业的重大挑战，日本企业为获得芯片生产（特别是存储芯片）彼此努力协作。通过更高质量和更高效的生产，日本企业在里根政府视为关键的国防技术领域走在了前列。作为回应，罗伯特·诺伊斯领导的半导体产业于1987年组织了一个协作性公私合作伙伴关系，以大幅提高半导体制造质量和性能。美国国防高级研究计划局合作发起与资助了半导体制造技术联盟项目，[38]五年资助额达50亿美元。半导体设备制造商的关键制造改进以及微芯片的出现，恢复了美国在半导行业的领先地位。半导体制造技术联盟是一个重要的行业合作伙伴关系，但在1996年，政府退出了资助，半导体制造技术联盟的角色转变为一种行业领导者、一个资助团体，以及一个全球性联盟。半导体制造技术联盟是国防支持转型性生产改进的经典范例，并创建了一个对以后发展有巨大影响的合作伙伴关系模型。从政策角度来看，围绕制造业技术和流程创新，组织创建一个大型全行业协作模式可能比实际支持更为重要。

半导体制造技术联盟是先进制造业的标志性模型。在组建之初，它是一个由大大小小公司组成的联盟，包括半导体制造商和半导体设备设计者，旨在组织起来应对影响行业未来的重大技术挑战——开发更高质量的芯片以满足无情的摩尔定律，以更低的成本实现更强的功能。它与先进的技术机构美国国防高级研究计划局结盟，共同开展这项工作，并且整合了大学研究专家的工作。因此，这是一种围绕技术挑战组织起来的、成本共享的产业-政府-大学联盟合作模式。它的关注点是生产技术和流程，这些对于经济复苏和产业转型起到了关键作用。

经验启示八：半导体制造技术联盟展示了一个重要的跨行业-大学-政府的制造创新组织模式，可应对复杂的、基于生产的挑战，强化各自的优势。这是一个跨大中小型企业、政府和大学研究的公私合作项目，大家分摊成本并组织起来应对主要生产技术挑战，迅速扩大整个行业规模。将协作模型与挑战模型（下面讨论）结合起来，可以满足先进制造需求。这也是面对国外竞争时避免国内产业不必要损失的模式。

半导体制造技术联盟，是用一个创新组织方案来解决一系列重要制造问题的典型范例。对于我们下面要讨论的新一代先进制造研究所来说，半导体制造技术联盟显然是一个先驱。有趣的是，尽管半导体制造技术联盟取得了成功而且明显具有重要意义，国防部却放弃了该模式近 20 年，直到最近，才通过制造研究所重拾这个模式。

与半导体领域不同，超级计算仍是政府主导的部门，主要为满足国家安全需求。在 20 世纪 50 年代，服务于科学需求的计算机与服务于数据处理业务需求的计算机，被视为不同种类。[39] IBM 离开科学计算，转向后者，其 1964 年推出的 360 系列，在不同大小的计算机上使用了相同的程序。这时 IBM 的科学计算的领先地位被替代了。超越 IBM 的是数据控制公司（Control Data）西摩·克雷（Seymour Cray）领导的一个团队；之后是他在威斯康星州齐佩瓦瀑布的实验室；再往后的 1972 年，是他的下一代超级计算机公司克雷研究公司。克雷没有兴趣为科学计算和商业数据处理同时提供服务，他只对为科学计算提供最先进的计算机感兴趣。克雷在1976年的杰出发明创造只有五个真正的客户：国防部、美国宇航局、核武器实验室、国家大气研究中心以及气象局。洛斯阿拉莫斯国家实验室①购买了他的第一台计算机。

克雷研究公司建造了四代超级计算机，并采用了大规模并行计算模式，但一直没有什么客户，其继承者于1995年破产。西摩·克雷于1996年死于车祸。但克雷的名字在公司合并和分拆中被保留了下来，后继者在2005年成功地为桑迪亚能源实验室建立了新的“红色风暴”模型，之后在2009年和2012年又为能源实验室建造了新型超级计算机。为了满足能源实验室客户建立美国核储备状态模型的需求，IBM在2004年奋力推出了超级计算机蓝色基因模型，为新架构做出了贡献。截至2012年，IBM的红杉计划和克雷的泰坦计划分别运行于16和17浮点水平。日本和中国近期也进入了世界最快超级计算机领域。考虑到美国超级计算技术的领先地位，美国国防高级研究计划局推出了一系列新项目；在2015年，酝酿每秒能够计算百亿亿次的百万兆级计算机，总统宣布了实现这个目标的战略项目，这将是一项重大技术挑战。[40]在健康研究等新领域出于对“大数据”的兴趣，有望给予支持的同时，其市场机会正在浮现。而且，在安全机构的支持下，量子计算作为一个不同的方法也在不断发展。其中一个基本点仍然是核心：政府对国家安全的关注引领了超级计算机的发展。

软件提供了另一个范例，再一次说明国防体系的初始支持至

① 即核武器实验室。——译者注

关重要。第一台电子计算机通过重新布线来编程，计算机的冯·诺依曼架构则把这份工作交给了软件。[41]但是，硬件和软件仍然紧密相连。旋风计算机和SAGE计算机需要即时输入并持续更新，这迫使软件不断升级发展，导致了对大量早期程序员的培训。这可能是软件和硬件割裂的开始。当IBM创建360系列计算机时，软件和硬件之间的割裂加速，给独立的软件服务公司提供了开发产品并向用户推销产品的机会。微型计算机的发展增加了这样的机会。当IBM于1981年推出个人电脑时，它控制了硬件，却使用了独立的微软操作系统，并允许软件供应商提供软件产品。软件领域从此广泛开放。

然而，软件的早期开发是由国防需求驱动的，即使到了20世纪80年代初，国防仍占据了软件市场的一半以上。[42]大学的计算机科学系经常得到美国国防高级研究计划局的支持；到20世纪80年代中期，它们的研发工作有一半以上服务于美国国防部。[43]

在个人计算机（桌面或微型计算机）的发展中，国防部最初起了直接作用，稍后其作用不再直接但仍然很重要。J. C. R. 利克里德（J. C. R. Licklider）是麻省理工学院的心理学教授、声学工程师和计算机狂，他担任了美国国防高级研究计划局信息处理技术办公室（IPTO）第一任主任，是个人计算机的关键发起人。由于对批处理式、吞卡式、"大型计算器"式大型机的"无法干涉"等性质而感到十分沮丧，1960年他写了一篇开创性的文章，展望了个人计算机接下来将要发生的大部分事情。

利克里德的这篇文章非常清晰地将计算机描述为交互式计算的"人机共生"，它是一种机器与人共同作出贡献的、合作的统一体，计算机没有替代人类。他预见到具有丰富图形处理能力的计算机个人工作站、分时共享和计算辅助协作、网络和在线社区、即时检索和普遍接入的知识和信息在线图书馆、计算机语言赋能的新数字媒体表达、信息科学进化成为一个重要的新科学领域、为描绘和理解复杂数据提供新途径、将重复性工作和工作准备转移到计算机上等。[44]他独特地看到了计算机的富有趣味和令人兴奋的潜质。

1962年，利克里德受聘高级研究计划局（1969年成为国防高级研究计划局），并成立了一个新办公室，将行为与计算联系起来，用以解决美国国防高级研究计划局“指挥与控制”的挑战。[45]这是最为稀罕的创新时刻——技术梦想家获得了成为技术实施者所需的资源。早期的任务是“分时共享”。那时候计算机是大型机器，非常昂贵。至于小型机，数字设备公司（Digital Equipment Corporation，DEC）和其他一些公司刚刚才有些想法。分时共享使不同组的用户能够获得中央计算机处理时间的碎片，由此个人可以让计算机对自己的特定命令作出响应。这是一个交互式计算的早期版本，众多用户使用中央设备。美国国防高级研究计划局在麻省理工学院推出了MAC项目，在该项目中，分时共享程序实现了以下任务：第一个在线社区、在线公告栏、电子邮件、软件共享（免费软件）、早期电脑游戏，以及黑客。[46]

在利克里德的领导下，美国国防高级研究计划局资助了创新“伟大团队”[47]，即由他亲自选择的、全国各地的才华横溢的研究小组——随着时间的推移，他们将在个人计算机领域占据一席之地。美国国防高级研究计划局在利克里德和其他早期领导者的带领下，展现出一种独特的创新架构。创新在根本上是高度个人化的和面对面的，应复杂技术水平的需要，创新成员组成“伟大团队”。

这些团队需要创新生态系统中的机构提供支持。美国国防高级研究计划局独特地连接起了两端：在个人层面支持伟大团队（美国国防高级研究计划局本身就是一个伟大团队），同时在机构层面上运作，发展来自它支持团队的创新。[48]最令人骄傲的一个伟大团队的实例是斯坦福研究院的道格·恩格尔巴特（Doug Englebart）团队，他们开发了鼠标、屏幕窗口、超文本、全屏文字处理、协作实时编辑、图形和视频会议，并在 1968 年 12 月演示了早期的电脑会议——这场演示被后人称为“演示之母”。[49]虽然斯坦福研究院认为恩格尔巴特很古怪，但利克里德在美国国防高级研究计划局的 IPTO 任职期间开始支持他。美国国防高级研究计划局的利克里德团队成员鲍勃·泰勒（Bob Taylor）在利克里德之后继任 IPTO 主任，他于 1970 年前往施乐帕洛阿尔托研究所组建了一个伟大团队。这个小组每周坐在豆袋沙发上开会，从恩格尔巴特和其他美国国防高级研究计划局项目中获得了一些想法，并创建了第一台个人电脑 Alto。[50]尽管施乐这个著名的产品未能实现商业化，但苹果公司的史蒂夫乔布斯看到了 Alto 模型及其概念后创建了苹果电脑。美国国防高级研究计划局没有创建个人计算机，但是培养和支持了很多优秀团队，系统地建立了个人计算机基础。

互联网是个人计算机不可或缺的应用。利克里德预见到了互联网的发明。在 1963 年 4 月美国国防高级研究计划局给所资助的一个研究团体的备忘录中，他提到“星际计算机网络的成员和附属机构”，概述了通过计算机将它们全部连接到一个可以跨越大陆的单一网络的必要性。他想要一个电子公地作为“政府、研究所、公司和个人信息交互的主要的和必要的媒介”。它将支持电子商务、银行、数字图书馆、“专业化领域的信息传播，以及文化、体育和娱乐盛事的发布”，等等。[52]

利克里德建立了一个议题。在他的另一个继任者拉里·罗伯特(Larry Roberts)的领导下，美国国防高级研究计划局选定了 BBN(一家位于剑桥的麻省理工学院附属公司，利克里德早先开始其计算机研究的地方)与弗兰克·哈特(Frank Heart)手下的一个团队共同在 1969 年启动了 ARPAnet。它涉及了越来越多的美国国防高级研究计划局最早资助的大学计算机科学院系，随着新的互联网功能在美国国防高级研究计划局研究人员鲍勃·卡恩(Bob Kahn)和文顿·瑟夫(Vint Cerf)所贡献的基础网络协议 TCP/IP 之上被添加进来，用户社区规模迅速扩大。[53]随着美国国防高级研究计划局灵活地把 ARPAnet 分拆，形成了 NSFnet，以及负责 NSFnet 的经理史蒂夫·沃尔夫(Steve Wolff)作出了增加主干网的关键性决策，互联网的真正规模化到来了。沃尔夫和同事们帮助发展了“互联网服务提供商”商业模式，增加了主干网，最终在 1995 年分拆了 NSFnet。[54]之后，蒂姆·伯纳斯·李(Tim Berners Lee)将超文本和浏览器整合到万维网中，然后……

1990 年，在利克里德去世的时候，由“利克的孩子们”首先发起的计算机个人化革命全面展开，信息技术在 20 世纪末成为一波经济创新浪潮，正如本章开始所指出的那样，这是美国历史上最强劲的持续增长时期之一。很不错！

来自国防创新体系的一条重要的附加规则：

经验启示九：技术创新的挑战模式。由美国国防部机构领导的信息技术革命并非是由好奇心驱动的研究发展而来，而是演化自解决一系列相关部门在创新过程每个阶段精心构建的一系列技术挑战。这种“挑战”模式带来了非常显著的成果，并代表了围绕挑战组织创新的模式。

国防部在信息技术革命主线背后扮演的角色对制造业意味着什么？最重要的是，信息技术革命不是关于制造业的。数字技术肯定会影响制造业，但防卫研发的创新引擎（除了对半导体制造技术联盟的五年支持）不是针对制造业，而是针对新一代产品。

可以假设，制造业根本不在国防部的创新议程上。到19世纪末，美国已经取得了世界生产的领先地位，这种领先地位令美国不需要关注制造业。

因此，一个伟大的新创新引擎的创建，来自在第二次世界大战中为技术进步而创建的制度，来自万尼瓦尔·布什战后倡导的持续发挥联邦在研究领域的作用——联邦政府资助了研究型大学，也来自冷战防卫技术的投资。但美国眼中的创新并未涵盖生产技术和工艺流程。就像穷人和税收的关系一样，美国只是假定制造业总是与我们同在；制造业被排除在创新议程之外。这是理解美国制造业后来衰退历史的关键。

重申一下，当万尼瓦尔·布什创建以战后基础研究为主的战后联邦研发体系时，制造业不在这个议程上，因为美国已经有了惊人的制造业领先优势；美国已经开始大规模生产，在全球没有能够接近其生产规模的竞争对手。相反，布什希望继续建设前期研究——一个在美国相对较新的项目。这个项目在战争期间规模迅速扩大，创建了联邦资助的研究型大学模式和联邦资助的研发中心（FFRDCs）模式。当国防部在战后建立了与之平行的创新系统时，与民用部门研发机构相比，这个系统对创新后续阶段的关注度更高，但制造业仍不是要旨。[56]联邦研发体系的两个方面——国防和民用——侧重于科学和新技术领域的开发，制造业不在其中任何一个议程上。

丹·布雷兹尼茨(Dan Breznitz)和彼得·考伊(Peter Cowhey)认为,美国需要更好地把处于创新体系中心的联邦研发与生产创新联系起来。[57]美国的创新和突破性产品/技术创新系统包括由政府研发机构支持的大学研究——它通常被称为“管道”系统,并使用“技术推动”来实现进步。[58]美国工业追求一种渐进式创新系统,强调对产品和技术的工程改进,包括产品制造、销售和维修的方式;这是由产业主导和支配的。[59]研发和生产创新都是至关重要的,但目前美国的技术政策模式重视前者,而不是后者,第一个系统很少用来协助第二个系统。由于美国的制造业创新被交给工程/流程和产业主导,美国的制造业已经从历史上的第一梯队跌入第二梯队,尽管如上所述,过去的几十年已经反复证明,它也可以是全新的和突破性的。自 19 世纪初以来,制造业一直不是联邦政府重大研发工作的重点。这部分解释了为什么美国持续在技术上创新,但产品进化却发生在国外。

经验启示十: 生产与创新是相互联系的。认识到生产是创新的关键特征,并将生产整合到创新系统中,构成了我们一连串经验启示中的第十个。这正是本书其余部分的核心话题。

假设美国致力于整合这些创新系统和生产系统,并用前者中的卓越创新能力支持后者,就像对前者做的那样,结果会如何? 如果美国要引入一种新的制造技术范式,那么变革创新组织是美国必须要完成的任务之一。

注释

1. The account that follows is drawn from Robin McKie, James Watt and the

Sabbath Stroll That Created the Industrial Revolution, *The Guardian*, May 29, 2015, http://www.theguardian.com/technology/2015/may/29/james-watt-sabbath-day-fossil-fuel-revolution-condenser; William Rosen, *The Most Powerful Idea in the World* (New York: Random House, 2010), 115 - 134.

2. Rosen, *The Most Powerful Idea in the World*, 36.
3. Ibid., 116 - 117.
4. Merritt Roe Smith, *Harpers Ferry Armory and the New Technology* (Ithaca, NY: Cornell University Press, 1977), 28.
5. Letter, Eli Whitney, to Treasury Secretary Oliver Wolcott, Jr., May 1, 1798, Eli Whitney Collection, Yale University Archives, https://www.eliwhitney.org/7/museum/eli-whitney/arms-production.
6. Merritt Roe Smith, *Military Enterprise and Technology Change* (Cambridge, MA: MIT Press, 1985), 47.
7. Merritt Roe Smith, Eli Whitney and the American System of Manufacturing, in *Technology in America: A History of Individuals and Ideas*, 2nd ed., ed. Carroll W. Pursell, Jr. (Cambridge, MA: MIT Press, 1990), 47.
8. Letter of Eli Whitney, III, March 20, 1890, from New Haven, CT, reprinted in Edward Craig Bates, The Story of the Cotton Gin, *New England Magazine*, May 1890, republished by Westborough, Massachusetts Historical Society, 1899, 19, https://ia902308.us.archive.org/17/items/storyofcottongin00bate/storyofcottongin00bate.pdf.
9. Smith, Eli Whitney and the American System of Manufacturing, 48.
10. Eli Whitney, The Manufacture of Firearms, 1812 memoir, Eli Whitney Collection, Yale University Archives, https://www.eliwhitney.org/7/museum/eli-whitney/arms-production.
11. Eli Whitney Museum and Workshop, Arms Production at the Whitney Armory, Mechanization in the Early Period, The Factory, https://www.eliwhitney.org/7/museum/eli-whitney/arms-production, and https://www.eliwhitney.org/7/museum/about-eli-whitney/factory.
12. Eli Whitney Museum and Workshop, Arms Production at the Whitney Armory, Mechanization in the Early Period, https://www.eliwhitney.org/7/museum/eli-whitney/arms-production.
13. Smith, *Harpers Ferry Armory*, 201 - 202.

14. Merritt Roe Smith, John H. Hall, Simeon North and the Milling Machine: The Nature of Innovation among Antebellum Arms Makers, *Technology and Culture* 14, no. 4 (October 1973): 573 - 591.
15. Smith, *Harpers Ferry Armory*, 199.
16. Smith, John H. Hall, Simeon North and the Milling Machine, 578.
17. Ibid., 582.
18. Smith, *Harpers Ferry Armory*, 200 - 208.
19. See the discussion of the role of defense technology investment at Harpers Ferry and in twentieth-century sectors in Vernon Ruttan, *Is War Necessary for Economic Growth? Military Procurement and Technology Development* (New York: Oxford University Press, 2006).
20. Ibid., 25 - 27.
21. Nathan Rosenberg, ed., *The American System of Manufactures* (Edinburgh: University of Edinburgh, 1969).
22. An exception was the Brunel-Bentham factory in Portsmouth, which made wooden ship's blocks. It was operating by 1805 and involved 45 machines. See Charles R. Morris, *The Dawn of Innovation* (New York: Public Affairs, 2012), 70 - 74.
23. Ibid., x.
24. Ibid., x-xi.
25. Alexis de Tocqueville, *Democracy in America*, trans. Gerald Bevan, introduction by Isaac Kramnick (London: Penguin, 2003, originally published 1835 and 1840), pt. I, chaps. 2 - 3; Morris, *The Dawn of Innovation*, 284 - 286. Slavery created a tragic exception to the American middle class for African Americans.
26. Morris, *The Dawn of Innovation*, 189, 274.
27. Ibid., 280.
28. Ron Chernow, *Titan* (New York: Vintage, 1997).
29. This discussion of Ford's production system draws on Ruttan, *Is War Necessary for Economic Growth?*, 29 - 30.
30. Ibid., 33.
31. G. Pascal Zachary, *The Endless Frontier: Vannevar Bush, Engineer of the American Century* (Cambridge, MA: MIT Press, 1999), 85 - 86, 96 - 97, 98 -

101,103,106.

32. William F. Trimble, *William A. Moffett, Architect of Naval Aviation* (Annapolis, MD: U.S. Naval Institute Press/Bluejacket Books, 2007), 166 – 199.
33. David Zimmerman, *Top Secret Exchange: The Tizard Mission and the Scientific War* (Montreal: McGill-Queen's University Press, 1996), 119 – 120, 192. (Frank Whittle's turbojet engine designs were transferred to the U.S. Army Air Corps initially in 1940 through the Tizard Mission and through subsequent 1941 discussions.)
34. William B. Bonvillian and Charles Weiss, *Technological Innovation in Legacy Sectors* (New York: Oxford University Press, 2015), 9 – 11, 181 – 186, 244 – 246.
35. Robert D. Atkinson, *The Past and Future of America's Economy: Long Waves of Innovation That Power Cycles of Growth* (Cheltenham: Edward Elgar, 2004); Carlota Perez, *Technological Revolutions and Financial Capital: The Dynamics of Bubbles and Golden Ages* (Cheltenham: Edward Elgar, 2002).
36. Regarding models of innovation dynamics, see Bonvillian and Weiss, *Technological Innovation in Legacy Sectors*, 181 – 196.
37. The discussion of VLSI draws on M. Mitchell Waldrop, *The Dream Machine*, Sloan Technology Series (New York: Viking, 2001), 418 – 419.
38. Larry D. Browning and Judy C. Shetler, *Sematech: Saving the U. S. Semiconductor Industry* (College Station: Texas A&M Press, 2000); Leslie Berlin, *The Man behind the Microchip: Robert Noyce and the Invention of Silicon Valley* (New York: Oxford University Press, 2005), 281 – 305.
39. The discussion of supercomputing draws on Ruttan, *Is War Necessary for Economic Growth?*, 105 – 106.
40. President Barack Obama, Executive Order — Creating a National Strategic Computer Initiative, July 29, 2015, https://obamawhitehouse.archives.gov/the-press-office/2015/07/29/executive-order-creating-national-strategic-computing-initiative. See also Thomas Kalil and Jason Miller, Advancing U.S. Leadership in High Performance Computing, White House Blog, July 29, 2015, https://obamawhitehouse.archives.gov/blog/2015/07/29/advancing-us-leadership-high-performance-computing.

41. The discussion of software draws on Ruttan, *Is War Necessary for Economic Growth?*, 197 - 209.
42. David C. Mowrey, The Computer Software Industry, in *Sources of Industrial Leadership: Studies of Seven Industries*, ed. D. C. Mowrey and R. R. Nelson (Cambridge: Cambridge University Press, 1999), 145.
43. R. N. Langlois and David C. Mowrey, The Federal Government's Role in the Development of the U. S. Software Industry, in *The International Computer Software Industry*, ed. David C. Mowrey (New York: Oxford University Press, 1996), 71.
44. Waldrop, *The Dream Machine*, 175 - 187; J. C. R. Licklider, Man-Computer Symbiosis, *IRE Transactions on Human Factors in Electronics* 1 (March 1960): 4 - 11, http://groups. csail. mit. edu/medg/people/psz/Licklider. html.
45. Waldrop, *The Dream Machine*, 198 - 203.
46. Ibid., 4 - 5.
47. Warren Bennis and Patricia Ward Biederman, *Organizing Genius* (New York: Basic Books, 1997), 196 - 218.
48. William B. Bonvillian, The Connected Science Model for Innovation: The DARPA Model, in *21st Century Innovation Systems for the U. S. and Japan*, eds. Sadao Nagaoka, Masayuki Kondo, Kenneth Flamm, and Charles Wessner (Washington, DC: National Academies Press, 2009), 206 - 237.
49. Waldrop, *The Dream Machine*, 5.
50. Bennis and Biederman, *Organizing Genius*, 63 - 86.
51. Michael A. Hiltzik, *Dealers of Lightning: Xerox PARC and the Dawn of the Computer Age* (New York: HarperCollins, 1999); Douglas K. Smith and Robert C. Alexander, *Fumbling the Future: How Xerox Invented, Then Ignored, the First Personal Computer* (New York: William Morrow, 1988); Waldrop, *The Dream Machine*, 331 - 394, 407 - 410.
52. Waldrop, *The Dream Machine*, 5 - 6.
53. Ibid., 375 - 380.
54. Ibid., 462 - 465.
55. Ibid., 465.
56. William B. Bonvillian, The New Model Innovation Agencies: An Overview,

Science and Public Policy 41, no. 4(2014): 425 - 437.

57. Dan Breznitz and Peter Cowhey, America's Two Systems of Innovation: Recommendations for Policy Changes to Support Innovation, Production and Job Creation, report (San Diego, CA: Connect Innovation Institute, February 2012).
58. For a general discussion, see Peter L. Singer, Federally Supported Innovations: 22 Examples of Major Technology Innovations that Stem from Federal Research Support (Washington, DC: Information Technology and Innovation Foundation [ITIF], February 2014), http://www2. itif. org/2014-federally-supported-innovations. pdf? _ga = 1. 194445550. 2108411368. 1483563653.
59. Both systems are delineated in Bonvillian and Weiss, *Technological Innovation in Legacy Sectors*, 206 - 217. See also Charles Weiss and William B. Bonvillian, *Structuring an Energy Technology Revolution* (Cambridge, MA: MIT Press, 2009), 13 - 26.

第三章

国际竞争与美国制造业的衰落

美国为其创新系统中缺少对生产的关注付出了代价。我们首先必须了解的是,20世纪七八十年代日本的质量制造模式(quality manufacturing model)及其伴随的技术和工艺流程进步对美国制造产生了深刻挑战,严重扰乱了美国的生产实践。本章随后探讨了中国制造业经济的崛起,其创新的生产规模化方式在很短时间内就把美国排挤到了世界制造业产出的第二位。与中国制造业崛起并行且有关联的是美国企业分布式生产的崛起,即企业不同生产阶段的外包,以及外包带来的“在这里创新,在那里生产”问题,随之也可能导致“在那里生产,在那里创新”。本章的结尾部分讨论美国制造业的显著空心化(以及背后的因素)及其带来的社会干扰和破坏,尤其是在2000—2010年期间。

日本的质量制造模式

日本在20世纪70年代和80年代并没有和美国一样产生创新体系与生产的脱节。在战后的再工业化时期,日本在生产方面进行了重大创新,将制造业作为将其带入国际技术和经济竞争力前沿的一种手段。这种做法并不新鲜：19世纪美国在走向工业和经济霸权之路上与英国竞争时采用了同样方法。

新的质量-价格权衡

在追求大规模生产模式时，美国制定了"质量-价格权衡"方法。这是一种统计上的质量控制，即根据生产成本的考量找到一种可以接受的质量水平。然后在生产线末端应用这些统计量：质量检验员将一定比例的产品淘汰出去以符合这些统计要求。质量控制在这里意味着确保每个单位产品质量均等。重要的是保持生产线的运行，以持续维持大规模生产效率并将质量视为最终步骤。没有工人可以停止生产线。

在日本，由于受到爱德华兹·戴明（Edwards Demming）思想的影响[1]，丰田等公司终结了这种质量-价格权衡。新采用的方法是在生产过程的每一步都建立质量标准，而不再将其视为一种统计上的事后处理办法。任何工人都可以停下生产线来确保每个生产步骤上的质量。这被称为"全面质量控制"，并通过"全面质量管理"[2]得以实施。这种方法预见到了客户将为质量支付更高的价格以获得更可靠和耐久的产品，并会成为持久客户。反过来，更高质量实际上也可以作为一种低价策略。其方法是将旧的质量-价格权衡从平均质量和低价格转变为高质量，高质量不仅能补偿高价格，还能通过在每一生产步骤上实施严格的系统质量性能改进，最终实现低价格。这不是日本唯一的进步，它还结合了一系列其他重要步骤：质量小组（协作解决质量问题的员工团队）、即时库存（通过只接受用于实际生产需要的供应和货物的方法，提高效率和降低成本风险，削减现场库存）和供应链整合（为了提高生产效率，供应商和生产商之间保持紧密的安排和协调,而不是与供应商保持距离)。日本企业了解生产现场的重要性,工程师们会在工厂而不是在另外的产品设计室开展工作,这样,产品设计就更加充分地整合了生产设计。

并行工程设计

这种整合生产方法是被称为"并行工程设计"的重要成分。时间是一项生产成本,因此消除时间延迟就成为关键。

并行工程设计意味着对生产、软件和市场以及工程方面的产品设计诸多参与者进行同步协调,使用一个整合设计团队来构建一个新的并行设计管理系统,以更好地解决设计、生产、销售和产品生命周期要素的混合。这种新的基于质量的制造范式使日本企业在汽车和消费电子领域走向优势地位,把美国企业甩在后面疲于追赶。美国企业用一套精密的新生产技术、新流程和新商业模式混合体对其进行匹配和探索,才最终理解了日本企业做到了什么。[3]在理解了这些进步是如何被实现之后,美国公司复制了这个模式,并用他们自己的对等有效范式"六西格玛"(是一种消除生产缺陷的系统手段,最初由摩托罗拉和通用电气公司在 20 世纪 80 年代末和 90 年代研发)和"精益生产"[是一种不断消除生产时间浪费和成本浪费的系统,于 1988 年首先由麻省理工学院斯隆商学院的约翰·卡拉费克(John Krafcik)基于加利福尼亚一个丰田-通用汽车合资生产企业的经验提出]。[4]

这其中有一个重要的教训:经济创新浪潮可能源于制造技术和流程的突破。日本的生产质量革命相当于一个创新浪潮,席卷了 20 世纪 80 年代大部分关键经济部门,尤其是汽车和消费电子产品领域。美国曾经在19世纪采用过这种方法，但到20世纪中后期在美国却难觅其踪迹，这使美国在经济动荡中付出了巨大的代价。

不同的劳动模式

日本也制定了一个不同的劳动力-雇佣权衡模式，但美国公司并没有效仿这一步。尽管在随后的国际竞争压力下这种劳动模式有所松动，但日本仍将劳动力雇佣作为终身保障，这使劳动力成本成为企业的固定成本。作为对这种雇佣保障的回报，员工（以及工会）容许企业在管理的诸多方面具有很大的弹性，如工作内容定义、劳动规则更改，以及生产效率和生产率提高技术的引入等。因此日本的企业员工是持合作态度的。美国制造企业采用了相反的方式，即：劳动力被视为可变成本，雇主通过控制雇佣水平，使用裁员和解雇来适应商业周期的变化。作为回应，美国企业员工（特别是加入工会的员工）要求控制劳动规则的改变和生产率的增加，来"保护"员工免受工作多变和效率引入的影响。因此美国企业的员工是持敌对态度的。日本企业通过固定劳动力成本来确保雇佣，能够系统地提高生产率；大型美国公司通过招聘和解雇的手段把劳动力作为可变成本，就必须为提高生产率而战斗。

产业政策的作用

整个20世纪80年代，美国产业界在疲于学习和追赶之时，还不得不角力日本的"产业政策"模式。被视为政府干预支持模式标志的日本通产省[MITI，现在更名为经济产业省（METI）]的角色是协调产业和技术政策。相比之下，美国政府在制造业中扮演更加自由放任的不干预主义角色。日本的"企业集团"（keiretsu）模式将生产、资本、贸易和供应商企业整合到一个所有权交叉的连锁网络中，并围绕一系列产业部门的领先企业组织起来。这令美国公司感到畏惧，因为在美国，这类集团由于反托拉斯法的存在而无法生存。“企业集团”是第二次世界大战之前的“财阀集团”——财阀家族控制集团——的继承者，“财阀集团”的企业整合度比“企业集团”的更高。在冷战刚开始之前，美国占领力量只是部分解散拆分了这种财阀集团。为了提速日本经济，企业集团成为日本战后快速再工业化的一种工具。企业集团是由股东控制而非家族控制，但是用较为松散的联系将之前的财阀集团的精髓包含进来。对于企业集团，通产省在产业（而非研究型大学）研发、技术目标和战略，以及贸易管制和进口限制方面，给予了重要的政府支持。日本央行使用货币管制保持日元价值低于美元，以确保制造业产品的贸易竞争优势。这种产业政策组合加上新型的质量生产模式，展现出了所向披靡的战斗力。

美国的回应

美国是如何摆脱这个夹击的？为什么日本快速增长的 GDP 并没有持续下去，继而超过美国呢？在 20 世纪 80 年代，随着美国产业界和政策决策者认识到日本围绕生产质量推出了一种以创新为导向的新型制造体系，美国政治体系被迫作出反应。如前所述，日本的质量革命建立在生产技术的新精度基础之上，与新的生产流程和新型商业模式紧密联系。美国工业用了很长时间理解日本的创新并试图努力追赶，在此期间，美国失去了汽车和消费电子两大领域的创新领导力。正如肯特·休斯（Kent Hughes）所描述的那样，美国政治体系受到了焦虑和挫折的影响，尤其是在受日本新的高质量制造体系重创的中西部产业区——“锈带”[5]这个词就来源于此。这引起了政界的强力不满。

共和党的回应是围绕着它的传统资本供给口号：来自布法罗的国会议员杰克·坎普(Jack Kemp)和特拉华州的参议员比尔·罗斯(Bill Roth)提议进行边际税率的大力改变。[6]传统的民主党人则为当时被称为“产业政策”[7] 的改革大声呼吁。注意到日本通产省[8] 的行业干预政策，他们呼吁不放弃失败的企业和产业部门及其员工，以实现扭转。劳动力再培训、教育和援助是提案的一部分，尤其是民主党长期作为口号的以劳动力供应方式为核心。古典经济学又回来了，两党双方都锁定古典经济学增长理论中资本供给和劳动力供给这两个要素之一，将其长期嵌入他们的政治哲学解决方案中。但正如罗伯特·索洛(Robert Solow)所证明的，古典经济学缺乏合理的经济增长理论。[9] 因此，两党双方均缺乏可行的增长政策。他们错过了增长经济学(通常称为创新经济学)的出现。增长经济学由索洛首先提出并阐述。他发现技术和相关的创新是导致增长的主要因素。资金供应和劳动力供应仍然是增长的重要因素，但是其重要性远不如技术创新。

两党内部都认可了这种趋势。由于日本的挑战，罗纳德·里根总统任命了来自惠普(Hewlett Packard)的首席执行官约翰·杨(John Young)领导产业竞争委员会，即“杨氏委员会”(Young Commission)。杨氏委员会主张增加研发和新型公私合营伙伴关系，以加快技术进步。[10]委员会在 1984 年提出的建议在很大程度上被共和党政府忽视，但是其中的一些想法在国会 1988 年的综合性对外贸易和竞争法案中被提出。[11]包括参议员加里·哈特(Gary Hart)[12]和埃尔·戈尔[13](Al Gore)在内的一些“雅达利民主党人”

(Atari Democrats)开始关注朝阳产业增长的重要性。民主党众议院核心会议对这个“未来”观点的采纳,直接导致了1988法案和其他的法案。[14]这包括努力使基础研究更贴近市场,在美国半导体材料技术联合开发计划下成立的半导体材料技术联盟便是成果之一,它为美国半导体设备生产带来了重大进步。[15]

在追赶日本的生产进步的过程中,美国在20世纪80年代推出了一系列新的联邦项目,对其长期重视的基础研究进行补充:[16]

• 《拜杜法案》(*Bayh Dole Act*):于1980年通过的《拜杜法案》,是新一代竞争力法案中的第一个。在历史上,联邦政府拥有联邦所资助研究的成果权。由于联邦政府没有对这些技术成果予以推广实施,这些知识产权一直束之高阁。《拜杜法案》将联邦政府资助的研究成果所有权返还给研究出这些技术成果的大学,支持了大学把这些技术成果商业化,同时也激励了大学研究人员的创业。

• 制造业扩展伙伴关系(Manufacturing Extension Partnership, MEP)项目:基于长期的美国农业扩展计划的成功,制造业扩展伙伴关系项目于1988年获得批准。由于小型制造企业日益主导美国制造业,因此制造业扩展伙伴关系项目旨在将最新的制造技术和流程介绍给全国各地的小型制造商,并就制造业发展的最新成果向他们提供建议,以促进生产率的提高。制造业扩展伙伴关系项目在全美的每个州都设立了分支中心,由各州分摊费用,由商务部总部的人员提供支持,负责项目评估,同时将最佳的实施案例传递给分支中心。

• 小企业创新研究项目(Small Business Innovation Research, SBIR):目的是为小型创业公司提供富有竞争力的研发资金补贴,由 11 个最大的联邦研发机构对其进行管理。这些资金旨在确保高科技创新小型企业成为联邦政府研发工作的一部分。

- 先进技术项目（Advanced Technology Program，ATP）：于 1988 年由商务部的国家标准与技术研究院（NIST）设立，旨在资助由行业承担的高风险、高回报的一系列宽范围的研发。虽然先进技术项目成功地培育了新技术的后期开发项目，但国会在 20 世纪的头 10 年逐渐取消了该项目，并将其视为过度干预的联邦"产业政策"。[17]

- 半导体制造技术联盟：半导体制造技术联盟是由半导体制造商和设备制造商组成的联盟，这些企业在 20 世纪 80 年代后期由于来自日本的强大竞争差点消亡。正如前一章所讨论的那样，由于半导体技术是诸多防卫系统的关键，这项工作会影响到国家安全，美国国防高级研究计划局对这个行业配给了资金。半导体制造技术联盟致力于提高半导体制造的效率和质量改进；五年之后，由于半导体生产领先地位得到恢复，美国国防高级研究计划局于 1996 年结束了资助。半导体制造技术联盟继续作为一个关键技术规划组织，以保持半导体行业遵循摩尔定律路线图。半导体制造技术联盟模式，最为接近奥巴马政府在 2010—2012 年间考虑的组织创新方式。

美国政府逐渐采取了试图追上日本质量制造的政策。联邦政府推出了如上所列出的各种项目，但这些项目的资助力度适中，规模也十分有限。即便是半导体制造技术联盟，也只涉及一个产业部门。美国推出的几乎所有项目都致力于支持创新的开发阶段，而不是生产本身。美国在 80 年代的所有尝试也只是追赶日本，但仅靠这些项目不足以使生产占据领先地位。潜伏在 20 世纪七八十年代日本发起的质量制造创新浪潮之下的，是下一轮创新浪潮。创新引发的信息技术创新浪潮大获成功，冲刷掉了美国推出新制造业政策的政治需求。[18、19]信息技术浪潮使 20 世纪的 90 年代成为美国近代史上增长最为迅猛的十年之一，国内生产总值和生产率增长强劲。80 年代美国制造业被挑战的教训在很大程度上没有来得及被吸取。

日本政府对研发的支持更侧重于产业而不是大学研究；对产业的支持通常会产生渐进式技术进步。相比之下，美国政府通过大学和研究机构对基础研究提供支持，较少对产业进行支持，为跳跃式技术进步创造了更多的机会。虽然不是有意而为之，美国这种不同的研发支持模式，使得美国能够在突破性研究的基础上迈入颠覆性创新进程，使得出现的新技术能够取代现有技术，并产生新的商业模式。产业中的现有企业倾向于追求增量式的进步，向高端市场移动，并放弃低利润的低端市场；但颠覆性创新带来的新公司开创新市场，经常位于低端，在现有的竞争对手和客户之外。随着曾经占据主导地位的技术被新技术打乱并瓦解，这些新开创的市场不断升级演化。正如前面关于信息技术革命部分所讨论的那样，这是 20 世纪 90 年代美国通过数十年国防创新体系培育起来的大规模技术革命。受 1990 年开始的资产泡沫破裂以及政府无效反应导致的经济停滞的影响，日本在很大程度上错过了这次信息技术创新浪潮，这个时期被称为日本失去的十年。换句话说，日本应对激烈生产竞争的方法是提高质量，同时，围绕计算机和互联网发起新的创新浪潮。

总之，当美国错过日本在 70 年代和 80 年代发起的制造业浪潮时，处于一个产业衰退期，收入停滞，GDP 和生产率低增长，同时伴随着产业界的严重不满。信息技术革命后，一切都扭转过来。当信息技术浪潮刚开始大规模扩张时，1990年美国的GDP为5.9万亿美元，日本为3.1万亿美元；在美国领导的信息技术创新浪潮到2005年开始缓和时，美国的国内生产总值为13.1万亿美元，日本为4.6万亿美元。[20]如果你围绕着技术进步前沿的领先创新浪潮组织经济，却错过了另一个创新浪潮，后果可能是戏剧性的。

这场浪潮从美国自己的"产业政策"——防御创新体系——中演化而来。该体系如上所述，作用于从研发到创建初期市场的每一个创新阶段。[21]错过20世纪90年代的信息技术浪潮后，日本通产省内部不得不改革。正如格伦·方(Glenn Fong)所描述的，日本在战后与美国竞争时，经历了"追赶领先者"阶段、"跟随领先者"阶段，之后是"世界级竞争者"阶段。[22]尽管通产省的务实技术项目最初由日本高层政府领导人直接选择，但当日本的产业进入技术前沿时，复杂的新技术进步只能由那些开发新技术的人来把控。因此，行业研究领袖事实上成为技术战略的开发者。日本早期的技术靶向体系只关注少数几种技术，但到达技术前沿时，日本的体系必须扩大范围，由只关注少数几种技术转向更大范围的基础研究，从而扩大可供选择技术的范围。尽管通产省(MITI现更名为METI)曾经在技术领域自上而下选择领先企业，但一旦处于技术前沿，就变成了越来越多的企业参与者之间更自下而上的合作，以确保更广泛地寻求突破。前沿技术的复杂性需要更复杂、更去中心化的创新系统模式。因此，在美国主导的信息技术创新浪潮出现之后，日本不得不改变以前高度集中的产业政策模式，以更好地扮演其在创新前沿中的角色。

中国制造业的兴起

美国摆脱了日本和德国20世纪80年代的制造业竞争挑战，主要是因为美国在20世纪90年代改变了竞争主题：美国引发了信息技术革命。随着创新浪潮的强度在21世纪头十年逐渐减弱，美国猛然发现其制造业净产值占全球总产值的比例在2011年被中国超越。[23]其中的部分原因是对于生产的地缘政治视角的转变。[24]

中国和美国的生产地缘政治学

自亚历山大·汉密尔顿①为这个国家设定财政建筑模块，把美国转变为世界最大的商业经济体，制造业一直是美国地缘政治战略的核心。巴里·林恩（Barry Lynn）认为美国经历了三个演变阶段。从汉密尔顿时期到1945年，美国在制造业中追求国家自力更生，这是国家安全的关键。[25]汉密尔顿认为，在一个殖民化欧洲列强占统治地位的世界里，美国只有扩展自身的商业力量，才能在世界舞台上保持独立，而制造业是商业力量的关键组成部分。直到冷战初期，美国才通过第二次世界大战基本完成汉密尔顿的战略。从1945年到1991年冷战结束期间，面对与马克思主义经济模式的竞争，美国制定了一系列战后协议，这些协议将美国、欧洲和日本交织在以美国消费者市场和制造业为中心的、经济相互依赖的体系中。这个时期的地缘政治概念是，美国的国家安全将通过在

① 亚历山大·汉密尔顿（Alexander Hamilton），美国的开国元勋和宪法起草人之一，美国的第一任财政部长。——译者注

经济上拥抱冷战盟友而得到加强——这是一个经济互依的体系，构建起的经济实力足以抵御马克思主义地缘政治竞争者。

从1993年开始，美国在克林顿总统的领导下开始了第三个时期，并且涉及中国最终加入了世贸组织。这时的地缘政治的观念是将整个世界，而不仅仅是盟友，紧密联系在一个由开放贸易、金融一体化和联合制造组成的相互依赖的经济体系中。其目的是将中国融入世界经济，以确保和平，在方式上可与让·莫内(Jean Monnet)为确保欧洲和平而设计的共同市场相媲美。实际上，克林顿的观点是对制造业采取彻底的自由放任。制造一体化是为了确保世界经济一体化，早期的汉密尔顿的制造业确保国家安全的概念已被搁置。

与此同时，中国采取了另外一种方式，他们认为以创新为基础的增长对于中国作为超级大国的优势至关重要，并且使用一系列贸易政策[26]来实现这个目标。中国试图建立一个亚洲经济体圈，让这些经济体的出口和生产设施越来越依赖中国经济，同时通过与美国在制造业产品上创造巨额贸易顺差来产生资本，不仅为其内部增长提供资金，而且抵消了中国与亚洲经济体圈贸易产生的贸易赤字。经济学家卡尔·达尔曼(Carl Dahlman)将中国的这个战略描绘为，蓄意掏空发达国家竞争经济体，为其地缘政治崛起提供资金。[27]

贸易影响

保罗·萨缪尔森在2004年提出一个问题：尽管存在李嘉图的贸易“比较优势”理论，美国是如何在经济上被中国这样的低成本、低工资竞争对手击败的。[28]他指出，如果中国提高生产率和生产效率，加上低工资优势，就可以通过其生产率优势获得先前属于美国的一些比较优势。

然而，根据李嘉图的分析，在贸易中从来没有永远的失业，“所以，长远看并不是美国永远失去了就业机会；实际上是这种动态公平交易降低了新的劳动力市场实际结算工资”。换句话说，美国的工资将下降到中国的生产价格优势被抵消的程度。美国仍然受益于低价格商品，但现在出现了“新的对美国净有害的贸易条款”。他列举了这种现象的许多历史例子，从 20 世纪早期美国纺织工业从东北向东南方向的转移，到 19 世纪下半叶中西部的农业超过东部农业。萨缪尔森的分析也表明，与那些以资源为比较优势的国家不同，像美国这样以创新能力为基础建立比较优势的国家会面临一个问题：创新优势不一定是永恒的——当其他国家建立起他们自己的创新体系，他们也可以获得创新优势。

经济学家戴维·奥特尔、戴维·多恩和戈登·汉森验证了萨缪尔森的担忧。[29]通过研究市场被中国制造产品占领的美国地区的劳动力市场，他们发现了失业率上升和工资下降是普遍模式，受影响的不仅是制造业部门，也包括了大范围有依赖性和相关性的服务业和生产部门。他们发现，贸易增加所带来的收益被他们称为经济中的“重大损失”所抵消，特别是为了应对就业和实际工资下降所需的失业、健康和伤残保险及食品券等转移支付，这些都是补偿性的，而不是直接成为经济上的生产性投资。

在 2016 年随后的一篇文章中，通过对早期发现的进一步扩充，这些经济学家们发现，形成于 20 世纪 90 年代并在 2001 年中国加入世贸组织后正式承认的美中贸易关系，影响了大量美国劳动密集型产业，这些工作岗位大量转移到了中国。[30]他们的研究发现，这个转变对美国工人造成了严重损失，尤其是其中许多蓝领工作就此消失，他们就业的社区在经济上也遭受到了持续打击。这些发现与传统的关于贸易净收益的假设相反。该项研究发现，从1999年到2011年，来自中国的进口增长使美国的就业岗位减少了240万。其中约有985 000个是制造业工作岗位——这占了美国当时总损失的580万个制造业岗位中的很大比例。虽然贸易也能增加就业，但数据表明，这些贸易就业岗位增长并没有抵消中国进口竞争所减损的就业岗位。在受到中国竞争严重影响的美国地区，美国工人收到的净损失尤其严重。该研究调查了中国工业对700个美国城市地区（通勤地带）收入的直接影响，对比研究了受影响最严重的地区（受中国竞争的影响为75%）和受影响较小地区（受中国竞争的影响为25%）。他们发现，两个地区的成年人年收入差距是549美元，而来自联邦的援助使人均年收入仅增加了58美元。他们还发现，与中国的贸易增长往往使低技能工人的生活持续恶化。其他行业也没有出现相对“无摩擦”的经济调整，在不受“中国冲击”行业中，几乎没有看到补偿增长。实际情况是，工人的工资损失并没有得到补偿，他们所在的社区也进入了持续缓慢衰退状态。

安德鲁·福特（Andrew Foote）、麦克格·罗兹（Michel Grosz）和安·哈弗·斯蒂文斯（Ann Huff Stevens）2015年的论文[31]发现了类似的对工人及其社区的长期影响。通过研究受到大规模裁员影响的人，他们发现，很少有人会离开或放弃家庭、朋友或社区，因此他们承受着长期失业和低端工作。我们可以推测，工人从受影响的工作岗位转移到外地工作可能会因房产危机大衰退①的影响变得愈发困难，同时也由于类似工作机会的减少而加剧了外出工作

① 指2007年12月至2009年6月的美国房地产泡沫破裂。——译者注

的难度。丹尼·雅冈(Danny Yagan)在2016年关于区域影响的论文中说,在大衰退(包括引发的制造业衰退)之后的复苏进程中,受到严重影响的地区的就业依然低迷,这些地区的调整速度也十分缓慢。该篇论文发现一个现象,即"半个国家萧条就业的失去的十年",这种影响可能延伸到21世纪20年代。[32]与奥托尔及同行相比,以上两篇论文关注了更广泛的经济问题,他们同时强调了其调查结果所产生的影响。

正如先前指出的那样,诺贝尔经济学奖得主迈克尔·斯宾塞发现,"全球化会伤害包括发达经济体在内的一些国家的一些地区……结果是,整个美国经济的收入和就业差距越来越大,接受过高等教育的工人享有更多的机会,受教育程度较低的工人[33]面临就业前景暗淡和收入停滞。正如制造业就业是第二次世界大战后让受教育程度较低的工人进入中产阶级的关键一样,相应地,制造业工作机会的丧失也成为美国中产阶级在过去几十年中实际收入下降的一个关键因素。

中国生产能力的增长

核心问题是中国从2000年占全球制造业产出的5.7%上升到2011年的19.8%,如上所述,这种上升势头让中国在2011当年的产出超过美国。制造业生产力与创新联盟(MAPI)指出,中国现在是全球最大的制造业经济体,在2012年其制造业增加值的占比已增长至全球的22.4%,美国位居第二,占比为17.4%。[34]中国的人口是美国的四倍以上;作为发展中国家,中国2012年人均制造业增加值为1 856美元,已经很高,但仍远远落后于美国等发达国家(人均6 280美元)。根据制造业生产力与创新联盟发布的基于来自联合国的经济数据，2012 年中国的制造业增加值总额为 2.56 万亿美元，而美国为 1.99 万亿美元。[35]美国在世界制造业增加值中的份额从 2010 年的 18.1%下降到 2012 年的 17.4%，其下降的主要原因是中国份额的不断增长。2016 年上半年中国全球制成品出口额为 9 350 亿美元，比美国 5 550 亿美元的出口额高出 68%；这是非常惊人的增长，因为在 2000 年，美国的制成品出口额是中国出口额的三倍。[36]

到底是什么导致了如此惊人的快速转变？制造业生产力与创新联盟发现，中国通过价格上涨、汇率优势，特别是制造业增加值的实际极速增长，获得了全球产出排名第一的位置。制造业增加值极速增长的背后究竟是什么？

大多数人认为中国的崛起可以归因于包括廉价劳动力和廉价零部件在内的低生产成本。在美国还有一个假设，即制造业必定自然地转向低成本生产商，生产过程所需的知识含量相对较少且容易复制。但这两种情况都不是事实。此外，还有假设认为，生产所需的知识仅会通过跨国公司从外部流入中国，信息技术革命能把制造业与研发、产品定义、设计、品牌和市场营销等环节割裂开来，但中国仍利用了这一切。有人认为，部分原因在于中国的政策强制要求技术转移，并以低于成本的产品主宰了市场。知识产权缺乏保护也发挥了作用。最近的财政和市场政策还表明，西方低估了中国政府的经济控制力量。然而，正如乔纳斯·纳姆（Jonas Nahm）和爱德华·斯坦菲尔德（Edward Steinfeld）所主张的，这些都不足以解释中国的崛起。[37]他们发现，中国在流程创新和制造业之间建立了一种新的联系，这才是中国崛起的原因。

他们发现，中国创新制造业模式擅长快速扩大规模并降低成本。该模式整合了一种前所未有的技能，即同时管理速度、产量和成本，使生产迅速扩大规模，并大幅降低单位成本。这种能力使得中国甚至可以在高度自动化行业或非政府优先或支持的产业上扩张，尽管这些行业只存在有限的劳动力成本优势或政府补贴。所以，低廉的劳动力成本，以及政府的补贴和支持，并不足以解释中国在制造业上的成功。

中国还改进了先前在发达国家完全成熟并且不能进一步降低成本或进行技术改进的生产流程。这种创新生产流程的关键在于，中国企业通过广泛的、多向的企业间学习，利用跨国公司的国际专门知识并在此基础上进行发展，积累制造企业专业知识。例如，在风力涡轮机生产中，尽管也得到政府补贴帮助，但中国企业迅速吸收了国际竞争对手的经验教训，进行修改和重新设计来适应中国自己市场，创建了全生产能力的生产系统，培育了如航空航天高级叶片的尖端技术，从材料科学和系统工程学中吸取劳动密集和资本密集型生产知识，迅速扩大生产规模。[38]

乔纳斯·纳姆和爱德华·斯坦菲尔德总结出，中国新兴生产模式的要素包括：(1)反向设计——利用现有产品设计出更廉价的模型以适应低成本中国市场的能力；(2)利用国外设计与中国生产的合作关系，实现对生产的多向学习；(3)跨区域生产企业网络的技术吸收和协同发展，从而可以迅速扩大规模。[39]虽然补贴、低工资和新商业政策均是中国制造崛起的因素，但中国的这些创新能力是不容忽视的。

过去和现在的制造业竞争

如上所述，美国在20世纪七八十年代面临的日本不断增加的生产能力的激烈竞争挑战，可以归类为相似经济体之间简单、直接的竞争，而不是面临来自中国和印度这样的新兴国家的更为复杂的竞争。表3-1比较了美国与日本、中国竞争的竞争，展示了美国所面临的一些竞争格局的差异。

表3-1 过去和现在的制造业竞争

日本对美国(1970—1990年)	中国对美国(现在)
成为高成本、高工资、技术先进的经济体——可与美国相媲美	低成本、低工资、技术日益先进的经济体
美国有创业精神优势，日本有产业政策优势	创业精神，追求产业政策
有法律规范	有限的法律规范
知识产权保护	有限的知识产权保护
贸易：限制进口以创造出口贸易顺差；使用受保护的国内市场来交叉补贴出口	贸易：应用一系列新重商主义政策
补贴货币，并购买美国债券，以限制美国反对其贸易和货币保护	遵循日本的模式：补贴货币，同时是美国债务的最大持有者，利用主权财富基金的外汇储备获取美国资产
几十年的国家安全盟友	国家安全潜在的对等竞争对手

总而言之，日本和中国都是具有产业政策优势的先进技术经济体，它们通过债务融资和货币补贴进行竞争。但是与中国的贸易是很复杂的，因为中国有如下特征：(1)有限的知识产权保护；(2)法治有限；(3)是美国国家安全竞争者；(4)低工资的创业型经济体，且购买了大量美国资产。在与中国竞争的过程中，美国要面临比20世纪七八十年代与日本竞争更复杂的压力。与此同时，美

国基本上不注重或缺乏对美国历史上成功模式的认识，偏离了地缘政治战略，后者包含了围绕生产和创新领先建立战略经济优势的概念。创新能力和先进制造背后的地缘政治议题是意义深远且未经充分检验的。尽管在当代被有意无意地忽略，但一个世纪以来，这两个相互关联的元素在很大程度上决定了美国的国家安全优势。在理解美国制造业面临的挑战时，它们仍然是重要的元素。

转移先进技术部门

虽然过去许多经济学家都鼓吹美国应放弃低端制造业，用领先创新体系中出现的高端高附加值产品的成功来补偿这些损失[40]，但高技术部门的图景如此令人不安，以至于这个标准答案现在看起来颇有误导性。例如，加里·皮萨诺（Gary Pisano）和威利·史（Willy Shih）[41]对先进信息技术部门进行了考查，发现最新款的"Kindle"无法在美国制造。柔性电路连接器和控制器、锂聚合物电池、无线网卡和塑料外壳都是在中国大陆生产的，电泳显示器则是在中国台湾生产的。美国每一个品牌的笔记本电脑（苹果除外）和所有移动/手持设备现在都在亚洲设计。评估了在美国发明的先进技术面临向国外转移的危险之后，他们得出结论，先进材料、计算和通信、可再生能源技术和存储、半导体和显示器产业已经发生严重的转移现象，而且，每一领域的下一代技术都面临迫近的转移。这解释了为什么美国自 2002 年以来每年都出现先进技术产品贸易赤字，并且赤字每年均达到 1 000 亿美元。[42]继续声称美国将通过先进制造业弥补其制造业衰退，只是一种托辞，过去十年的经验说明那只是一场"假扮"游戏。美国的实际问题比我们承认的要严重得多。

克莱顿·克里斯坦森(Clayton Christensen)主张，面对颠覆性创新，老牌生产企业通常会停止低利润生产，并努力通过高利润生产中的增量(持续)进步来保持领先地位。但老牌生产企业最终也会放弃后者，因为随着时间的推移，通过降低成本和扩展客户捕获低端市场的颠覆性创新逐渐成熟和完善，亦捕捉了高端市场。[43]这个论断可能与美国制造业战略相关——美国可能正在面对未被认识到的颠覆性创新。如上所述，中国似乎并不仅仅追求其低成本生产优势，而是通过跨地区公司整合流程创新快速扩大生产规模，并加快生产速度，以节约成本。[44]也就是说，中国正在推行一项创新生产战略，以"制造业主导"的创新实现竞争优势。在中国凭借这种制造业主导的模式一步步攀登创新价值阶梯的同时，美国却默许了自己长期以来保持的生产领先地位的下滑，从而危及美国在重要技术领域的创新能力。

衰落的美国制造业

21 世纪的第一个十年

美国制造业在 2000—2010 年间经历了一个毁灭性十年，随后仅部分得到恢复。制造业的衰落可从四个层面来说明：就业、投资、产出和生产率。[45]

就业：过去五十年中，制造业占 GDP 的比重从 27%缩减至 12%。在此期间的大部分时间(1965—2000)，制造业就业人数大多保持在 1 700 万；在 2000—2010 年的十年间，制造业就业人数急剧下降了近三分之一，接近 1 200 万。[46]2000 年制造业就业人数为

1 730 万，到 2010 年减少到 1 150 万人，共减少了 580 万个就业岗位；到 2015 年初，制造业就业人数只恢复到 1 230 万。[47]全部制造业部门在 2000—2010 年间都出现了失业现象，但纺织业和家具业等容易受到全球化影响的低附加值部门受到的负面影响最大，分别损失了 70%和 50%的工作岗位。[48]

投资：自第二次世界大战结束有统计数据编制以来，制造业固定资产投资（工厂、设备和信息技术）在 21 世纪头十年的增速最低，占 GDP 百分比年增长低于 1.5%。[49]如果这个数值根据成本变化而调整，制造业固定资产投资在 2000 年代实际上是下降的（下降 1.8%）——这是自 20 世纪 50 年代开始收集数据以来的第一个下降的十年。相比之下，20 世纪 90 年代，制造业投资每年平均增长 5.5%。经济分析局的统计表明，19 个工业部门中有 15 个在 20 世纪第一个十年中投资下降。[50]截至 2012 年，自 20 世纪 80 年以来整体商业投资占 GDP 的比重下降了 3%。[51]在 2000—2013 年期间，约有 64 000 家制造业工厂关闭，此后只有少量得到了恢复。[52]

产出：尽管分析师根据政府公布的统计数据分析认为，美国制造业净产出占全球产出的份额一直保持稳定，仅在 2011 年才被中国超越，[53]但由于美国在此期间的产出停滞不前，这个看法似乎并不准确。劳工统计局的数据分析显示，尽管 2008 年后经济逐步复苏，但 2000—2007 年（大衰退之前）美国制造业产出年增长率仅为 0.5%，而 2007—2014 年的年增长率为零。[54]在大衰退时期，即 2007—2009 年，制造业产出大幅下降 10.3%，接下来是 60 年来速度最慢的经济复苏。制造业显然是大衰退的主要受害者，而美国制造业衰弱正是经济复苏缓慢的祸首。2000—2007 年间制造业产出增长率急剧下降是制造业就业大幅下降的重要原因；如果产出以20世纪90年代每年3.7%的速度增长，那么就业将在2000—2014年期间保持稳定。[55]

美国信息技术与创新基金会的一项报告[56]和其他经济评估[57]表明，在按部门考查产出时，2000年代头十年的产出数据被显著夸大了。官方的政府数据显示，19个制造业部门中有16个部门的净产出在21世纪有所下降，不少部门下降显著，但这些下降被计算机和能源两个部门的增长所抵消。[58]美国信息技术与创新基金会和其他经济学家提出了数据被夸大的三个原因。首先，美国制造产品中的外国零部件数量急剧增加，但这并没有被充分考虑进去，从而夸大了美国的产出。其次，尽管计算机生产部门的就业人数下降了43%，计算机生产大量转移到海外，而且美国计算机部门的名义工业出货量几乎没有增长，但政府提供的数据包含了因计算机质量和性能提高而导致的产出膨胀元素，所以计算机部门在20世纪的头十年的产出被过分夸大了。第三，能源部门的产出同样也被夸大了。在调整了这些夸大因素之后，美国信息技术与创新基金会发现，按部门考查的美国制造业净价值在2000年实际下降了11%。

生产率：正如麻省理工学院政治经济学家苏珊娜·伯杰所指出的那样，经济学家一直在把制造业与农业混为一谈。[59]农业的重点一直是生产率增长，即使用越来越少的劳动力来增加产量。虽然许多经济学家认为制造业就业近期的下滑是同一回事，但事实并非如此。由于产出是计算生产率的一个因素，以前关于制造业强劲生产率增长的假设也必须相应调低，尽管历史地看，制造业的生产率大大超过了服务部门的生产率。

劳工统计局最新数据显示，尽管1989—2000年间制造业的生产率年均增长为 4.1%，但在 2007—2014 年间，吸收了信息技术革命收益的制造业生产率却下降到年均增长 1.7%。[60]由于生产率和产出之间的关系，上述产出的下降和停滞是该时期生产率增长下降的主要原因。对其他 19 个主要制造业国家进行校准后进行比较，美国的生产率增长为第 10 位，净产出增长率为第 17 位。因此，生产率的提高并非是许多人认为的制造业就业下降的主要原因。[62]布鲁金斯学会的研究认为，随着时间的推移，整体就业增长的生产率增长的历史模式仍然有效。[63]这意味着我们必须关注行业本身的整体下滑，因为制造业在十年内失去了近三分之一的劳动力。

综上所述，美国制造业就业下降，制造业资本投资减少，制造业产出下降，制造业生产率也低于先前假设。总的来说，一个结论看起来很激进：美国制造业已经被掏空。“大衰退”以来的复苏并不足以扭转这个结论。这场经济衰退带来的制造业复苏是历史上速度最慢的，虽然有些制造业岗位和产出得到了恢复，但仍低于衰退前的水平。[64]制造业潜在的结构性问题需要解决方案。

制造业与贸易

在竞争激烈的世界中取得成功，给予那些生产并在国际贸易中销售复杂高附加值产品的国家和地区以回报。虽然世界服务贸易不断增长，但世界货物贸易仍然占比最高，是服务贸易的四倍。[65]复杂的高价值产品（包括生产资料、工业用品、能源技术、通信和计算机、交通运输工具和医药）占美国出口贸易总额的 80%以上，同时也是美国的主要进口产品。高价值货物是世界贸易的通货，并且将会一直如此。然而，2015 年美国制成品的总贸易逆差（进口超过出口的国际收支)为 8 320 亿美元。[66] 2015 年，这个总额里有 920 亿美元是高技术产品逆差。[67]

服务业的增长能抵消我们的制造业下滑吗？毕竟，服务业占美国经济总量的 80%，难道我们不可以保持这种趋势吗？问题在于，增长缓慢的服务业贸易顺差（2015 年为 2 270 亿美元）[68]，跟持续增长且规模庞大的货物逆差根本无法相提并论。在可预见的将来，前者在任何时候都不可能抵消后者。

鉴于贸易不平衡代表了国家财富的净转移，很难避免美国经济已经由生产主导型转变为消费主导型的结论。美国现在可以说是消费/生产失衡，这对于实现较高增长能力来说具有重大的长期经济后果。美国决策者在标准宏观经济理论的影响下，很大程度上不在乎美国制造业能力被侵蚀并转移到海外，因为他们相信知识和服务经济会轻易地替代因制造业流失所失去的工作和薪水。人们可以合理地推测，唐纳德·特朗普的候选资格以及它所暴露的美国社会中的强烈经济不满，是这种国家创新政策方法的一个结果。

宏观经济因素

如上文所论证的，发达经济体已从本质上变得高产，就像农业那样，可以在制造业就业数量下降的情况下增加产出，但这并不足以解释美国制造业就业的下降。1979 年，制造业就业人数达到顶峰，当时非农就业人数达到 22%，就业人数超过 1 900 万人。[69] 目前，这个数字为 1 230 万。美国的宏观政策可以解释一部分原因。近几十年来，美元对主要外汇货币的价值一直很高，在 1982—1987 年、1998—2004 年和 2014—2016 年间，[70] 各届美国财长和美联储主席普遍支持强势美元。[71]美国制造的产品在国外市场的竞争力相应较弱。与此同时，从 1981 年起，美国个人消费占 GDP 的比重开始持续上升，2011 年达到 69%，高于其他发达经济体。[72]很多人认为，强势美元推动美国走向与储蓄和投资不匹配的过度消费，生产与消费之间的不平衡不断增加。开放的贸易体制、一直强势的美元、高消费率、开放的金融市场，以及最近石油和天然气资产膨胀美元的作用，这些因素结合起来，给美国竞争者的出口创造了优势。

这为那些选择实施金融抑制政策的国家带来了特别的好处，例如日本。之后则是中国在尽力压低本国货币的同时增加储蓄和投资。德国也是如此，德国从加入欧元区中得益。与一个独立的德国货币价值相比，欧元可能被低估。正如我们指出的，美国的政策进一步为其国际竞争对手的出口带动增长开启了机会，因为尽管美国的一些贸易伙伴采用了新重商主义政策，美国却一直支持自由贸易政策。

因此，在评估美国制造业衰退时，部分可归因于美国的贸易政策。此外，发达经济体似乎并不存在固有的和不可避免的制造业就业下降或制造业部门衰退。德国就是一个明显的反例，德国因其持续强劲的制造业，一直创造着大规模的贸易顺差，即使在与中国贸易中也是如此。[73]

中美两国之间的情况证明了以下观点：美国运行了一个赤字严重的保守财政政策，中国则能够在储蓄率和投资达到创纪录的水平同时补贴和增加出口。有助于为财政赤字融资的导致美元升值的政策，以及保持开放的贸易体制，这些显然是制造业衰退的因素。但这些都是宏观因素，似乎并不能全面解释美国制造业的衰退。我们还必须看一看创新层面发生了什么情况。

“在这里创新，在那里生产”假设

自第二次世界大战以来，美国一直围绕世界领先的技术进步来组织经济。与其他国家相比，美国在创新方面发展了比较优势，美国引领了除 20 世纪的一个重大创新浪潮之外的所有重大创新浪潮。[74]美国在航空、电子、航天、计算机、互联网[75]和生物科技领域均引领了创新潮流，只在质量制造方面扮演了追赶者的角色。其运作假设是，美国会实施创新并把这些创新转化为产品。通过“在这里创新，在这里生产”，美国将在所有阶段实现全谱系的经济受益，从研发到开发，到论证和测试，到初始市场创建，到规模生产以及后续生命周期产品。这种“全谱系”获得了成功，美国成为有史以来全世界最富有的经济体。在过去三分之二的世纪里，美国一直在运用经济增长理论——经济增长的主要因素是技术和与技术相关的创新——并证实了该理论的有效性。

但近年来，随着经济全球化的到来，“在这里创新/在这里生产”模式不再成立。在一些产业部门，企业现在可以把生产和研发设计割离。针对软件控制生产设备制造产品的可编码信息技术标准使得这种“分布式”制造成为可能。[76]虽然制造曾经是一体化的而且是相当垂直的，但使用这种分布式模式的企业可以实现“在这里创新/在那里生产”。显然，这种分布式模式适用于诸多信息技术产品，也适用于其他商业产品。苹果公司是这种模式的标准制定者，一直引领着戏剧化般的信息技术创新，并将其全部生产事实上分布到亚洲。2012 年，美国进口额约为美国典型企业产值的 21%。[77]总的来说，制造业产品的国内需求中只有 53%是通过美国制造的产品提供的。大多数计算机和电子产品并非“美国制造”：这些产品国内需求的72%通过进口满足，包括苹果的iPhone。[78]

然而，分布式模式在很多产业部门中无法运作，这些部门仍然需要研发、设计和生产之间的密切联系。国内企业主要还是依赖国内的供应链。[79]生产资料、航空航天产品、能源设备和复杂制药都是这样。在这些领域，生产和研发设计是创新的阴阳两面。在本地，我们的生产基础设施为我们的研发、设计基础设施提供持续的反馈。当产品创新——渐进式进步——与制造过程联系紧密并彼此产生深刻理解时，效率最高。但是，如果研发、设计和生产必须紧密相连时，则创新阶段——研发和设计——有可能不得不跟随着生产转移至海外。“在那里生产，在那里创新”可能比“在这里创新，在那里生产”更具颠覆性。海外生产满足了美国对制成品的高需求，促成了这种演化。这些双重发展给美国以创新为基础的经济成功带来了问题。这意味着创新投资不会导致“全谱系”经济收益。纳税人可能会思考的是，如果大部分收益都流向了其他地区，那么拥有世界领先的创新体系有何益处？

创新视角

如果生产方面有问题，那么在这个方程式中的创新方面会如何？美国一直保持着自20世纪60年代以来所发展起来的相同国家创新强度（研发占GDP比例），而其他与之竞争的经济体的创新强度一直在稳步增加。[80]一群亚洲国家现在的研发投资总额超过了美国。[81]国家标准与技术研究院高级经济学家格雷戈里·塔塞认为，经济学中的“投入-产出”理论发挥作用了：如果冻结一项主要投入，那么增长率就是有限的，这正是美国一直在做的，美国的研发强度长期停滞不前。[82]

联邦研发投资GDP占比的投入强度几十年来一直在下降，从1965年的占GDP1.8%下降到2013年的占GDP0.7%；该数值的下降曾经被另一个数值的大幅增加所抵消——在同一时期，产业研发占GDP比从0.8%上升到接近1.8%。[83]然而，产业研发投资在2008—2013年的大衰退恢复期只增加了9%，[84]增长正在趋于平缓。趋于平缓的一个原因是美国制造企业在过去的十五年间大幅度地将其研发投资策略转向了全球化视角。它们的境外研发投资增长是国内研发支出的三倍。塔塞进一步指出，在竞争日益激烈的国际市场上，美国制造企业也将研发投资一揽子计划转向短期发展目标。[85]他认为，美国企业研发与后期开发之间的所谓"死亡之谷"障碍正在扩大，因为企业退出了对激进或突破性创新的投资，更多关注短期渐进式进步。

尽管如此，面对日益激烈的竞争，美国仍保持着世界上最强大的创新体系。任何先进制造战略必须从这种比较优势中寻求筹码。但是，应该认识到，美国过去的研发对于生产领先所需要的先进技术和流程的关注度非常有限。这与德国、日本、韩国和中国制造研发的方式形成了鲜明对比，这些国家采用了我们称之为"制造业主导"的创新。[86]虽然美国大型的跨国制造企业为国内大部分技术开发提供资金并且有能力跟上创新前沿，但是作为美国制造业主体的25万家中小型制造企业缺乏这种能力。中小型制造企业占美国制造业数量的86%，雇用了超过一半的制造业员工，生产了超过一半的制造业产出。[87]它们基本上不在我们的创新体系内。将创新体系延伸到这个领域将有助于填补美国制造能力方面的重要缺口，因此也成为先进制造业创新战略的关键因素。

制造业对美国经济的意义

制造业仍然是美国经济的主要部门：官方统计数据表明，制造业约占美国 GDP 的 12.1%，[88]为美国 17.3 万亿美元的经济体量贡献了 2.09 万亿美元，[89]在美国 1.5 亿总就业人口中，制造业就业人口有 1 230 万[90]。制造业工人的报酬远高于服务业工人，比非制造业高出 20%。[91]发展经济学家告诉我们，美国历史上 60%或以上的经济增长来自技术和相关创新；[92]作为创新的主要实施阶段，制造是创新系统的关键要素——尽管美国不这样认为。工业企业聘用了美国 64%的科学家和工程师，完成了 70%的产业研发。[93]因此，美国的制造实力与创新体系的优势直接相关。

了解生产企业重要性的另一种方法是将它们置于整个行业背景中。布鲁金斯学会的一项研究显示了美国先进工业的重要性：美国先进工业进行了大量研发，并雇用了份额远超比例的科学技术工程数学（STEM）人员。[94]这些公司分属于 50 个部门，占全国私营部门 89%的研发，并且产生了 80%的国家专利，因此成为提高生产率的各种技术进步的主要来源。[95]它们还创造了全国 60%的出口，并支付了高于其他部门的工资。在这 50 个部门中，70%由制造业企业组成。[96]

尽管制造业就业下降，制造业仍然是经济中主要的劳动力就业来源。官方统计测量的主要是生产阶段的工人，超过 8%。这个官方数据是在制造层面而不是在全公司层面收集的。我们是否应该将制造视角限制在生产的那个时段？为什么衡量制造业时只用工厂的数据？以上问题为看待制造业提供了另外一个视角。

相反，如果把制造业视为沙漏，我们可以更好地进行观察（见

图3－1）。在中心，沙漏的窄颈是生产时段。但是，不能简单地把生产时段视作全部的制造业就业。灌入生产时段的部分是一个更大的就业基数，其中包括从事资源工作的人员、大量供应商和零部件制造商雇用的人员以及创新人员。工业公司所雇用的科学家和工程师占有了很大的比例。从生产时段流出之后是另一个工作岗位群，包括那些在分销系统、零售和销售以及产品生命周期中工作的人员。沙漏顶部和底部的就业远远大于生产时段的就业。

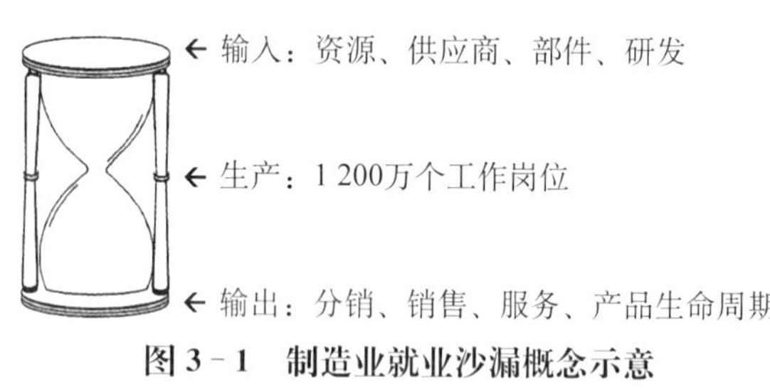

图3－1　制造业就业沙漏概念示意

当这些复杂的价值链被打乱时，很难将它们重新组合起来。这就是为什么在美国历史上，一个经济部门一旦失去，就很难复活——它不会再回来。在失去一个经济部门的同时，也失去了在该领域进行创新的潜力。我们没有收集有关美国工业部门价值链影响的数据；我们所掌握的最接近数据是就业乘数数据，它并不能说明全貌。通过沙漏及其内部的价值链了解制造业，可能为目前经济中面临的困境提供部分解释，包括失业、高质量就业创造，以及中位收入下降。

然而，制造业生产力与创新联盟基金会的一项新的研究开发了新的数据视角，让我们更多地看到了这个价值链的全貌。这项研究提供了一些关键的新发现。如下所示：[97]

• 制成品价值链加上为其他行业供应链的制造约占美国 GDP 和就业人数的三分之一。

• 美国国内制造业增加值乘数为 3.6，远高于传统计算。[98]用于最终需求的制成品的国内制造业增加值每增加 1 美元，经济中其他地方的增加值就会增加 3.6 美元。

• 制造业中为最终需求生产产品的每一个全职工作，会在非制造业中创造 3.4 个全职同等岗位；这个就业乘数远远高于其他任何部门。

• 用于最终需求的制成品的增加值的 54％都来自下游销售链，上游供应链占据了剩余 46％。

• 国内制造仅占最终需求制成品价值链的 22％。非制造业增加值占 53％，进口供应占其余的 25％。

• 相对于其他行业，制造业实现增加值的效率很高。制造业实现 100 万美元的增加值大约需要 5.8 个就业岗位，交通和服务业均需要 7.7 个就业岗位，零售贸易需要 16.9 个就业岗位。

该报告的核心发现是，目前对制造业占 GDP 份额的估计不仅是片面的，而且是严重低估的；当对制造进行全面考察时，制造业占美国经济的三分之一左右，而不是十分之一。[99]

这种分析方法当然存在一些问题：如果制造是在国外进行的，如上文分析以及制造业生产力与创新联盟研究认识到的，部分下游系统（沙漏的下半部分）被恢复；有些下游的工作岗位来自制造业进口。消费者也可以将用于制成品上的一些支出转移到服务上，例如，他们可以减少购买加工食品，而在提供当地食品的餐馆消费更多。长期的经济理论表明，经济趋向于充分就业，复杂价值链中复杂商品的需求损失可以随着时间的推移重新分配——美国就已经趋向于服务业。然而，如果经济学家观察到存在一个“长期停滞”时期——永久性的需求降低和就业减少——那么，在经济上就会成为问题。[100]上述安德鲁·福特、麦克格·罗兹和安·哈弗·斯蒂文斯及其同事有关工人及其所在地区受到持久不利影响的研究，倾向于支持制造业生产力与创新联盟关于制造业延伸范围广阔的结论，也支持对其严重性的担忧。

近几十年来，由于前文所论述的一系列固化经济理念让我们相信，制造业的下滑已经被经济中的其他收益所抵消，所以美国并没有认真地对待制造业。[101]国家失去制造业就业主要是由于生产率上升；生产经济自然会被服务经济取代；低工资、低成本的生产者不可避免地取代成本较高的生产者；不要担心失去商品生产，国家会保持生产高价值先进技术的领先地位；自由贸易的好处总是超过任何短期的不利影响；创新与生产不同，即使生产分布在全球范围，创新能力依然存在。不幸的是，这些结论没有一个被证明是正确的。下一章我们将深入探讨经济学如何处理制造业，包括把我们推向这条道路的主流经济学的发展。

这里有一个潜藏的社会瓦解故事。制造业在过去是受过高中教育的男性——尤其是白人男性——达到中等收入水平的主要方式。然而，对于白人男性高中毕业生来说，1996 年至 2014 年间人均收入下降了 9％。[102]相比之下，大学毕业的男性白人的收入同期增长了 22％以上。2014 年，高中毕业生的年收入仅为 36 787 美元，而大学毕业生年收入为 94 601 美元。[103]不仅是白人男性受到影响。20 世纪来自南方的散居非裔美国人在北方也主要从事制造业工作，制造业工作是他们进入中产阶级的重要途径。[104]随着制造业下滑，在城市生产中心摆脱贫困的重要途径也随之减少；底特律日前的空心化在很大程度上是讲述了这个故事。对于生活在美国南部的非裔美国人来说，他们主要通过纺织业和家具业等部门的工作摆脱贫困，但现在这些产业部门遭到了严重破坏。这些都是工人阶级衰落和社会不平等加剧的信号，而不是美国梦所应许的进步。[105]例如，美国前 20％的平均收入与最低 20％的平均收入之比已增长到 8∶1；在德国，它是 4∶1。[106]

2016 年的总统选举反映出美国工人阶级已经明白自己被远远地抛在后面。最近的研究证实，传统上依赖制造业的地区的贸易崩溃，导致了总统选举的反现状投票模式和意识形态分歧的加深。[107]社会混乱和崩溃的威胁成为改变制造业衰退现状的另一个关键原因。

回到我们的制造创新主题，这里有一个宏观经济的故事，还有一个创新系统的故事，后者是本书的重点。根据目前对制造业的估算来判断制造业的范围和作用，美国创新体系未能将生产阶段视为该体系的重要组成部分，这是有问题的；只有通过一个更大的价值链镜头来观察制造业，才能得到真正的结果。

注释

1. Rafael Aguayo, *Dr. Deming: The American Who Taught the Japanese about Quality* (New York: Simon and Schuster Fireside, 1991).
2. Kaoru Ishikawa, *What Is Total Quality Control? The Japanese Way* (Englewood Cliffs, NJ: Prentice-Hall, 1985).
3. 特别是以下两本书在帮助美国工业界和政策制定者理解日本的所作所为方面发挥了作用：James P. Womack, Daniel T. Jones, and Daniel Roos, *The Machine That Changed the World* (New York: Free Press, 1990); Michael L. Dertouzos, Richard K. Lester, Robert Solow, and the MIT Commission on Industrial Productivity, *Made in America: Regaining the*

Productive Edge (Cambridge, MA: MIT Press, 1989).

4. John F. Krafcik, Triumph of the Lean Production System, *Sloan Management Review* 30, no. 1(1998): 41 - 52.
5. 美国对日本质量制造模式的回应，详见 Kent Hughes, *Building the Next American Century — The Past and Future of American Economic Competitiveness* (Washington, DC: Woodrow Wilson Center Press, 2005), drawn on here.
6. Ibid., 60 - 61.
7. Ibid., 45 - 49.
8. Ibid., 50 - 51, 74 - 77, 85.
9. Robert M. Solow, *Growth Theory: An Exposition*, 2nd ed. (New York: Oxford University Press, 2000), ix-xxvi; Robert M. Solow, Nobel Prize Lecture, December 8, 1987, http://nobelprize.org/nobel_prizes/economics/laureates/1987/solow-lecture.html/.
10. Hughes, *Building the Next American Century*, 153 - 168.
11. Omnibus Foreign Trade and Competitiveness Act of 1988, Pub. L. No. 100 - 418, 19 U. S. C. § 2901 et seq. (1988).
12. Hughes, *Building the Next American Century*, 137 - 141.
13. Ibid., 290. Gore led passage of the High Performance Computing Act of 1991, Pub. L. No. 102 - 194, 105 Stat. 1594(1991), 15 U. S. C. § 5501 (1991), to support the emerging "information superhighway".
14. See Hughes, *Building the Next American Century*, 170 - 198. Technology legislation of the period is summarized in William B. Bonvillian, The New Model Innovation Agencies: An Overview, *Science and Public Policy* 41, no. 4(2014): 429 - 433.
15. Larry D. Browning and Judy C. Shetler, *Sematech: Saving the U. S. Semiconductor Industry* (College Station: Texas A&M Press, 2000).
16. 本小节所讨论的"发展"以及讨论来源，详见：Bonvillian, The New Model Innovation Agencies, 429 - 430.
17. 这种对"产业政策"担忧依然根植于美国政治党派的政治中. 尽管在2012—2016 年间创建的制造研究所(如下文所讨论的)可以被打上这种烙印，但这些研究所是以行业为主导的且分担成本的，再加上制造业就业和工厂倒闭的危机，这些因素倾向于克服对"产业政策"担忧. 2014 年通过了支持制造研究所模式的两党立法.

18. 这并不意味着关于制造业的研究和工作就被摒除了. 例如,国家标准与技术研究院继续与生产技术行业进行合作研究,国家标准与技术研究院的制造业扩展伙伴关系项目继续向小型企业提供"精益"生产技术,国防部的"制造技术"(Mantech)项目和能源部的工业效率项目继续进行,美国国防高级研究计划局进行一系列关于生产技术和效率的研究项目. 可参见 Defense Advanced Research Projects Agency (DARPA), Adaptive Vehicle Make (AVM) program website, http://www. darpa. mil/program/adaptive-vehicle-make. 然而,这些努力缺乏中心组织,而且规模不大.

19. Dale Jorgenson, U. S. Economic Growth in the Information Age, *Issues in Science and Technology* 18, no. 1 (Fall 2001), http://www. issues. org/18. 1/jorgenson. html.

20. Data derived from World Bank, Historical GDP — GDP (current U. S. $) (U. S. and Japan totals for 1990 and 2005), http://data. worldbank. org/indicator/NY. GDP. MKTP. CD? locations = US; http://data. worldbank. org/indicator/NY. GDP. MKTP. CD? locations = JP.

21. The dimensions of U. S. "industrial policy" are discussed in in Glenn R. Fong, Breaking New Ground or Breaking the Rules — Strategic Reorientation in US Industrial Policy, *International Security* 25, no. 2 (Fall 2000): 152 - 162; Glenn R. Fong, ARPA Does Windows: The Defense Underpinning of the PC Revolution, *Business and Politics* 3, no. 3(2001): 213 - 237.

22. Glenn R. Fong, Follower at the Frontier: International Competition and Japanese Industrial Policy, *International Studies Quarterly* 42, no. 2(1998): 339 - 366.

23. China Passes U. S. as Largest Manufacturer, *Wall Street Journal*, March 14, 2011, http://247wallst. com/2011/03/14/china-passes-the-us-as-largest-manufacturer/(citing *IHS Global Insight* report).

24. This section is drawn from William B. Bonvillian, Reinventing American Manu-facturing, *Innovations* 7, no. 3(2012): 101 - 104.

25. Barry C. Lynn, *End of the Line* (New York: Doubleday, 2005), 1 - 18.

26. Robert D. Atkinson, Enough Is Enough: Confronting Chinese Innovation Mercantilism, report (Washington, DC: Information Technology and Innovation Foundation [ITIF], February 2012), http://www2. itif. org/

2012-enough-enough-chinese-mercantilism. pdf; Adams Nager, Calling Out Chinese Mercantilism, *International Economy*, Spring 2016, 62 - 64, http://www. international-economy. com/TIE_Sp16_Nager. pdf. 这些手段包括货币操纵、贿赂、强制技术转让、工业补贴、强制合资要求、外国采购的控制、歧视性标准、弱专利保护和知识产权窃取. 另见 IP theft, Michael Riley and Ashlee Vance, It's Not Paranoia if They're Stealing Your Secrets, *Bloomberg Business Week*, March 19, 2012, 76 - 84. Compare Edward S. Steinfeld, *Playing Our Game: Why China's Rise Doesn't Threaten the West* (Oxford: Oxford University Press, 2010), 230 - 234, with Carl J. Dahlman, *The World under Pressure: How China and India Are Influencing the Global Economy and Environment* (Stanford, CA.: Stanford University Press, 2012), 182 - 205.

27. Dahlman, *The World under Pressure*.
28. Paul A. Samuelson, Where Ricardo and Mill Rebut and Confirm Arguments of Mainstream Economists Supporting Globalization, *Journal of Economic Perspectives* 18, no. 3(Summer 2004): 135 - 137, 144 - 145. http://www. nd. edu/~druccio/Samuelson. pdf. 正如下一章将探讨的那样，这项工作建立在他早期的斯托尔珀-萨缪尔森定理上. 其中有两种产品和两种生产要素——资本和劳动力——专业化尚不完整. 由于对国际贸易绝对开放，两个因素中更加稀缺的那个必然更糟糕. See Wolfgang Stolper and Paul A. Samuelson, Protection and Real Wages, *Review of Economic Studies* 9 (1941): 58 - 73.
29. David Autor, David Dorn, and Gordon Hanson, The China Syndrome: Local Labor Market Effects of Import Competition in the United States (MIT Economics paper, August 2011), http://economics. mit. edu/files/6613.
30. David Autor, David Dorn, and Gordon Hanson, The China Shock: Learning from Labor Market Adjustment to Large Changes in Trade, NBER Working Paper 21906, National Bureau of Economic Research, Cambridge, MA, January 2016, http://www. nber. org/papers/w21906.
31. Andrew Foote, Michel Grosz, and Ann Huff Stevens, Locate Your Nearest Exit: Mass Layoffs and Local Labor Market Response, NBER Working Paper 21618, National Bureau of Economic Research, Cambridge, MA, October 2015, http://www. nber. org/papers/w21618.

32. Danny Yagan, The Enduring Employment Impact of Your Great Recession Location, working paper, University of California — Berkeley, April 2016, https://sites.google.com/site/dannyyagan/greatdivergence.
33. A. Michael Spence, The Impact of Globalization on Income and Employment: The Downside of Integrating Markets, *Foreign Affairs* 90, no. 4 (July-August 2011): 28 - 41, http://www.viet-studies.info/kinhte/MichaelSpence_Globalization_Unemployment.pdf.
34. Dan Meckstroth, China Has a Dominant Share of World Manufacturing, MAPI paper, Manufacturers Association for Productivity and Investment (MAPI) Foundation, Washington, DC, January 2014, https://www.mapi.net/blog/2014/01/china-has-dominant-share-world-manufacturing.
35. Ibid., citing estimates in the United Nations National Accounts Main Aggregates Database, based on the international classification of manufacturing (ISIC D), http://unstats.un.org/unsd/snaama/resQuery.asp.
36. Ernie Preeg, Farewell Report on U.S. Trade in Manufactures (Washington, DC: Manufacturers Association for Productivity and Investment [MAPI] Foundation, August 15, 2016), https://www.mapi.net/forecasts-data/my-farewell-report-us-trade-manufactures.
37. Jonas Nahm and Edward Steinfeld, Scale-Up Nation: Chinese Specialization in Innovative Manufacturing (MIT working paper, March 12, 2012), 4 - 5, later published in Jonas Nahm and Edward S. Steinfeld, Scale-Up Nation: China's Specialization in Innovative Manufacturing, *World Development* 54 (2013): 288 - 300, http://dx.doi.org/10.1016/j.worlddev.2013.09.003; Daniel Breznitz and Michael Murphree, *Run of the Red Queen: Government, Innovation, Globalization and Economic Growth in China* (New Haven, CT: Yale University Press, 2011).
38. Nahm and Steinfeld, Scale-Up Nation, *World Development*, 289 - 300.
39. Nahm and Steinfeld, Scale-Up Nation, MIT paper, 10 - 19.
40. Catherine L. Mann, Globalization of IT Services and White Collar Jobs, International Economics Policy Briefs PB03 - 11 (Institute for International Economics, December 2003), http://www.iie.com/publications/pb/pb03-11.pdf.
41. Gary Pisano and Willy Shih, Restoring American Competitiveness, *Harvard*

Business Review, July-August 2009, 114 – 125, http://hbr.org/hbr-main/resources/pdfs/comm/fmglobal/restoring-american-competitiveness.pdf.

42. Census Bureau, Foreign Trade Statistics, Trade in Goods with Advanced Technology Products, 2015, https://www.census.gov/foreign-trade/balance/c0007.html#2015.
43. Clayton Christensen, *The Innovator's Dilemma* (Cambridge, MA: Harvard Business School Press, 1997).
44. Nahm and Steinfeld, Scale-Up Nation, MIT paper, 4 – 5.
45. The authors gratefully acknowledge that concepts and material first published in Bonvillian, Reinventing American Manufacturing, is drawn on in the following sections.
46. Bureau of Labor Statistics (BLS), Current Labor Statistics (CES) (Manufacturing Employment), http://data.bls.ces. See the detailed review of manufacturing job loss in Robert D. Atkinson, Luke A. Stewart, Scott M. Andes, and Stephen Ezell, Worse than the Great Depression: What the Experts Are Missing about American Manufacturing Decline (Washington, DC: Information Technology and Innovation Foundation, March 2012), 4 – 19, http://www2.itif.org/2012-american-manufacturing-decline.pdf.
47. Robert E. Scott, Manufacturing Job Loss: Trade Not Productivity Is the Culprit, report, Economic Policy Institute, August 11, 2015, http://www.epi.org/publication/manufacturing-job-loss-trade-not-productivity-is-the-culprit/ (citing BLS data).
48. BLS, CES (Manufacturing Employment).
49. Atkinson et al., Worse than the Great Depression, 47; Bureau of Economic Analysis (BEA), Fixed Assets Accounts Tables, Investment in Private Fixed Assets by Industry, Table 3.7ESI, revised Sept. 7, 2016, https://www.bea.gov/iTable/iTable.cfm?ReqID=10&step=1#reqid=10&step=3&isuri=1&1003=138&1004=2000&1005=2010&1006=a&1011=0&1010=x.
50. Ibid. See analysis in Atkinson et al., Worse than the Great Depression, 47 – 58.
51. Luke A. Stewart and Robert D. Atkinson, Restoring America's Lagging Investment in Capital Goods (Washington, DC: Information Technology and

Innovation Foundation [ITIF], October 2013), 1, http://www2.itif.org/2013-restoring-americas-lagging-investment.pdf.

52. Bureau of Labor Statistics (BLS), Databases, Tables & Calculators, Quarterly Census, Manufacturing Establishments 2001 – 2015, http://data.bls.gov/pdq/SurveyOutputServlet.
53. China Passes U.S. as Largest Manufacturer, *Wall St. Journal*, March 14, 2011.
54. Scott, Manufacturing Job Loss.
55. Ibid.
56. Atkinson et al., Worse than the Great Depression, 30 – 42.
57. Susan Houseman, Christopher Kurz, Paul Lengermann, and Benjamin Mandel, Offshoring Bias in U.S. Manufacturing, *Journal of Economic Perspectives* 25, no. 2 (2011): 111 – 132, http://pubs.aeaweb.org/doi/pdfplus/10.1257/jep.25.2.111; Susan Helper, Timothy Krueger, and Howard Wial, Why Does Manufacturing Matter? Which Manufacturing Matters? (paper, Metropolitan Policy Program, Brookings Institution, Washington, DC, February 2012), 7, http://www.brookings.edu/~/media/Files/rc/papers/2012/0222_manufacturing_helper_krueger_wial/0222_manufacturing_helper_krueger_wial.pdf; Michael Mandel, How Much of the Productivity Surge of 2007 – 2009 Was Real, *Mandel on Innovation and Growth* (blog), March 28, 2011, http://innovationandgrowth.wordpress.com/2011/03/28/how-much-of-the-productivity-surge-of-2007-2009-was-real/.
58. Atkinson et al., Worse than the Great Depression, Table 26 at 29, citing BEA data; BEA, Economic Industry Accounts, Percent Changes in Chain-Type Quantity for Value Added by Industry 2008 – 2013, Table E.1, July 2014 (and prior year tables), https://www.bea.gov/scb/pdf/2014/07%20July/Dpages/0714dpg_e.pdf.
59. Suzanne Berger and the MIT Task Force on Production and Innovation, *Making in America* (Cambridge, MA: MIT Press, 2013), 28 – 33.
60. BLS, Labor Productivity and Costs, Productivity Change in the Manufacturing Sector, http://www.bls.gov/lpc/prodybar.htm; Scott, Manufacturing Job Loss. See also Atkinson et al., Worse Than the Great Depress-

ion, 39.

61. Atkinson et al. , Worse than the Great Depression, 42 (adjusted from BLS data).

62. Scott, Manufacturing Job Loss; Atkinson et al. , Worse than the Great Depression, 39; A. Stettner, J. Yudken, and M. McCormack, Why Manufacturing Jobs Are Worth Saving, Century Foundation, June 2017, 1 - 2.

63. Helper, Krueger, and Wial, Why Does Manufacturing Matter?, 9 - 10. Compare Erik Brynjolfsson and Andrew McAfee, *Race against the Machine* (Lexington, MA: Digital Frontier, 2011).

64. Adams B. Nager and Robert D. Atkinson, ITIF, The Myth of America's Manufacturing Renaissance: The Real State of U. S. Manufacturing (Washington, DC: Information Technology and Innovation Foundation [ITIF], January 2015), 2 - 3, http://www2. itif. org/2015-myth-american-manufacturing-renaissance. pdf.

65. DG Trade Statistics, World Trade in Goods, Services, FDI, January 2016, http://trade. ec. europa. eu/doclib/docs/2013/may/tradoc_151348. pdf.

66. BEA, Foreign Trade, Exports, Imports and Balance of Goods by Selected NAICS-Based Product Code, Exhibit 1 in FT - 900 Supplement for 12/15, February 5, 2016, https://www. census. gov/foreign-trade/Press-Release/2015pr/12/ft900. pdf.

67. BEA, Trade in Goods with Advanced Technology Products, 2015, Exhibit 16, https://www. census. gov/foreign-trade/balance/c0007. html.

68. BEA, U. S. International Trade in Goods and Services, Exhibit 1, February 5, 2016, https://www. census. gov/foreign-trade/Press-Release/2015pr/12/ft900. pdf.

69. Global Macro Monitor, chart, U. S. Employment in Manufacturing, using BLS data, https://www. creditwritedowns. com/2012/05/chart-of-the-day-us-manufacturing-unemployment-1960-2012. html. Nonfarm payrolls in manufacturing peaked in 1979 at 22%, stabilized around the 17% level in the 1980s and 1990s, and then sharply declined in the following decade to 9% in 2012.

70. Federal Reserve Bank of St. Louis, Economic Research, Trade Weighted

U. S. Dollar Index: Major Currencies, updated May 9, 2016, https://research. stlouisfed. org/fred2/series/DTWEXM.

71. Compare Willem Butler and Ebrahim Rahbari, The "Strong Dollar" Policy of the U. S.: Alice in Wonderland Semantics vs. Economic Reality, *Vox*, *CEPR Economic Policy Portal*, July 28, 2011, http://voxeu. org/article/strong-dollar-policy-us.
72. World Bank, data, Household Final Consumption Expenditure (% of GDP), table, http://data. worldbank. org/indicator/NE. CON. PETC. ZS.
73. Michael Hennigan, Germany's Record Trade Surplus in 2015, *finfacts*, February 10, 2016 (citing Statistisches Bundesamt, Wiesbaden, 2015), http://www. finfacts. ie/Irish_finance_news/articleDetail. php? Germany-s-record-trade-surplus-in-2015-US-UK-France-in-deficit-520. See also, Statisti sches Bundesamt (Destatis), Foreign Trade, Ranking of Germany's trading partners in foreign trade — 2016, Wiesbaden, April 12, 2016, https://www. destatis. de/EN/FactsFigures/NationalEconomyEnvironment/ForeignTrade/Tables/OrderRankGermanyTradingPartners. pdf? _blob = publicationFile.
74. Robert D. Atkinson, *The Past and Future of America's Economy — Long Waves of Innovation That Power Cycles of Growth* (Cheltenham: Edward Elgar, 2004), 3 - 40. For a general discussion, see Carlota Perez, *Technological Revolutions and Financial Capital: The Dynamics of Bubbles and Golden Ages* (Cheltenham: Edward Elgar, 2002), 3 - 46. The quality manufacturing wave, discussed later, was led in the 1970s to 1980s by Japan.
75. Vernon W. Ruttan, *Is War Necessary for Economic Growth? Military Procurement and Technology Development* (New York: Oxford University Press, 2006).
76. Suzanne Berger, *How We Compete: What Companies around the World Are Doing to Make It in Today's Global Economy* (New York: Doubleday Currency, 2006), 251 - 277.
77. Jessica R. Nicholson and Ryan Noonan, What Is Made in America? (Washington, DC: Department of Commerce, Economics and Statistics Administration (ESA), 2014), http://www. esa. doc. gov/sites/default/files/whatismadeinamerica_0. pdf.

78. Ibid.

79. Susan Helper and Timothy Kruger, Supply Chains and Equitable Growth, report (Washington, DC: Washington Center for Equitable Growth, September 2016), 12 - 14, http://cdn. equitablegrowth. org/wp-content/uploads/2016/09/30134051/092816-supply-chains. pdf.

80. National Science Board (NSB), *Science and Technology Indicators 2016* (Washington, DC: National Science Foundation, January 2016), chap. 4, R&D: National Trends And International Comparisons, Highlights, https://www. nsf. gov/statistics/2016/nsb20161/#/report/chapter-4/highlights.

81. Ibid. , chap. 4, Highlights. According to this report, the largest global science and technology (S&T) major gains occurred in the "Asia-10" — China, India, Indonesia, Japan, Malaysia, Philippines, Singapore, South Korea, Taiwan, and Thailand — as those countries integrated S&T into economic growth. Between 2003 and 2013, the U. S. share of global research and development (R&D) dropped from 35% to 27%, whereas it grew from 27% to 40% in the Asian (East, Southeast, and South Asia) region during the same time.

82. Gregory Tassey, Rationales and Mechanisms for Revitalizing US Manufacturing R&D Strategies, *Journal of Technology Transfer* 35, no. 3 (June 2010): 297, http://hbr. org/hbr-main/resources/pdfs/comm/fmglobal/restoring-american-competitiveness. pdf.

83. National Science Foundation/National Science Board, *Science and Technology Indicators 2016*, Figure 4. 3, http://www. nsf. gov/statistics/2016/nsb20161/#/downloads/chapter-4.

84. National Science Board (NSB), *Science and Engineering Indicators 2016*, Table 4 - 7, Funds spend for business R&D performed in the U. S. : 2008 - 2013 (Washington, DC: National Science Board Jan. 2016), https://www. nsf. gov/statistics/2016/nsb20161/#/report/chapter-4/u-s-business-r-d.

85. Tassey, Rationales and Mechanisms for Revitalizing U. S. Manufacturing.

86. William B. Bonvillian and Charles Weiss, *Technological Innovation in Legacy Sectors* (New York: Oxford University Press, 2015), 206 - 217. See also Dan Breznitz, Why Germany Dominates the U. S. in Innovation, *Harvard Business Review*, May 27, 2014, https://hbr. org/2014/05/why-germany-

dominates-the-u-s-in-innovation/; Dan Breznitz and Peter Cowhey, America's Two Systems of Innovation: Recommendations for Policy Changes to Support Innovation, Production and Job Creation, report (San Diego, CA: Connect Innovation Institute, February 2012).

87. BLS, CES (Manufacturing Employment); President's Council of Advisors on Science and Technology (PCAST), Advanced Manufacturing Partnership, Capturing Domestic Competitive Advantage in Manufacturing, AMP report (Washington, DC: White House, May 2012), 26; Small Business Administration (SBA), Frequently Asked Questions About Small Business, Small Businesses Comprise What Share of the U. S. Economy (SBA Sept. 2012). https://www. sba. gov/sites/default/files/FAQ_Sept_2012. pdf; International Trade Administration (ITA), Trading Companies, One third of goods trade (by value) came from SMEs, http://www. trade. gov/mas/ian/build/groups/public/@tg_ian/documents/webcontent/tg_ian_005369. pdf.

88. Federal Reserve Bank of St. Louis, Economic Research, Manufacturing as a Percentage of GDP, Q3 2015, citing BEA data, https://research. stlouisfed. org/fred2/series/VAPGDPMA.

89. BEA, Value Added by Industry, Manufacturing Sector (2014 data), http://www. bea. gov/iTable/iTable. cfm? ReqID = 51&step = 1 # reqid = 51&step = 51&isuri = 1&5114 = a&5102 = 1.

90. BLS, Industries at a Glance, Manufacturing, NACIS 31 - 33, Workforce Statistics, March 2016, http://www. bls. gov/iag/tgs/iag31-33. htm # workforce.

91. Helper, Krueger, and Wial, Why Does Manufacturing Matter?, 4 - 5.

92. Solow, *Growth Theory*; Solow, Nobel Prize Lecture.

93. Tassey, Rationales and Mechanisms for Revitalizing US Manufacturing R&D Strategies, 290.

94. Mark Muro, Sid Kulkarni, Jacob Whiton, and David Hart, America's Advanced Industries: New Trends (Washington, DC: Brookings Institution, September 2016), 4.

95. Ibid., 5 - 6.

96. Ibid., 4, 7.

97. Dan Meckstroth, The Manufacturing Value Chain Is Bigger Than You Think,

report (Washington, DC: MAPI Foundation, February 16, 2016), 1 – 2, https://www. mapi. net/forecasts-data/manufacturing-value-chain-much-bigger-you-think.

98. The Bureau of Economic Analysis defines "value added of an industry, also referred to as gross domestic product (GDP)-by-industry," as "the contribution of a private industry ... to overall GDP. The components of value added consist of compensation of employees, taxes on production and imports less subsidies, and gross operating surplus. Value added equals the difference between an industry's gross out-put (consisting of sales or receipts and other operating income, commodity taxes, and inventory change) and the cost of its intermediate inputs (including energy, raw materials, semi-finished goods, and services that are purchased from all sources)." BEA, Frequently Asked Questions, What Is Industry Value Added, March 2006, https://www. bea. gov/faq/index. cfm? . faq_id=184.

99. Meckstroth, The Value Added Chain Is Bigger Than You Think, 11, 13.

100. Insights shared by Susan Helper, Carleton Professor of Economics, Case Western Reserve University, communication of April 15, 2016.

101. The authors gratefully acknowledge that concepts and material first published in William B. Bonvillian, Donald Trump's Voters and the Decline of American Manufacturing, *Issues in Science and Technology* 32, no. 4 (Summer 2016): 31, is drawn from here.

102. Jon Coder and Gordon Green, Comparing Earnings of White Males by Education, for Selected Age Cohorts, High School vs College Graduates (Annapolis, MD: Sentier Research, October 2016), 1, charts 1 and 2 at 7. http://www. sentierresearch. com/StatBriefs/Sentier_Income_Trends_WorkingClassWages_1996to2014_Brief_10_05_16. pdf (based on Census Bureau data).

103. Ibid., 1.

104. Nelson D. Schwartz, Small Factories Emerge as a Weapon in the Fight against Poverty, *New York Times*, October 28, 2016.

105. Stettner et al., Why Manufacturing Jobs, 2. Michael Handel notes that the first decade of the twenty-first century was not the first time a U. S. manufacturing decline resulted in working-class inequality effects; the rise in

Japan's manufacturing sector and the recession of the 1980s had similar effects. See Michael J. Handel, Northeastern University, Presentation on Skills, Job Creation and Labour Market, Conference on Smart Industry: Enabling the Next Production Revolution, OECD and Sweden Ministry of Enterprise and Innovation, Stockholm, September 18, 2016.

106. A. Michael Spence, The Impact of Globalization on Income and Employment: The Downside of Integrating Markets, *Foreign Affairs* 90, no. 4 (July-August 2011): 40.

107. Bradford Jensen, Dennis Quinn, and Stephen Weymouth, Winners and Losers in International Trade: The Effects on U. S. Presidential Voting (paper, Georgetown University, Washington, DC, June 10, 2016) (portions of the analysis conducted for the Census Bureau), http://cmepr.gmu.edu/wp-content/uploads/2016/10/jqw_trade_voting.pdf; David Autor, David Dorn, Gordon Hanson, and Kaveh Majlesi, Importing Political Polarization? The Electoral Consequences of Rising Trade Exposure, NBER Working Paper 22637, National Bureau of Economic Research, Cambridge, MA, September 2016, http://www.nber.org/papers/w22637.

第四章

制造业的经济学视角

引　　言

上一章回顾了美国制造业的发展历史及其在21世纪初的衰退，我们现在转向经济学理论如何解释制造业。本章包含深入的经济学理论内容，可能会让非经济学领域的普通读者感觉艰深。然而，至少自18世纪末亚当·斯密以来，经济学和制造业就已经相互联系起来。深入、纵向的经济学分析对全面充分理解制造业目前面临的机遇和挑战是必需的。制定制造业政策需要先解决制造业的经济学问题。虽然其中的关键概念，如生产率，两个多世纪以来一直保持原有意义，但整个学科在随着世界的变化不断发展。最近关于制造业衰退的讨论，要么主要集中于由生产率提高导致的经济增长，要么集中在贸易问题上。人们普遍认为，创新和新技术是增长的主要动力。但是，模拟新思想和新技术如何在经济中产生并进入经济领域还远未完成。这种裂隙已经为理解制造业带来了重大问题。这种裂隙具有重大的政策影响，特别是如果将生产与创新过程分开来看。我们认为,制造业实际上深深根植于创新过程,这意味着主流经济模式普遍低估了制造业衰退产生的经济损失。

近年来,除了增长,贸易一直是政治讨论的核心。自李嘉图在19世纪首次提出比较优势以来,贸易理论发生了重大变化。那些受益于贸易或受到贸易伤害的人和企业,具有越来越高的特异性。对于不同规模公司的研究,有助于解释为什么小型制造企业在国际市场上比大型企业更难生存。最终,还是大企业具有更高的生产率,获得成功,这可能是由于大企业有更强的投资研发能力;小企业容易失败,因为他们无法通过提高生产率或增加投资参与国际竞争。目前,旨在支持美国制造企业的方针陷入停滞,僵持在关于工业政策的争论上。例如,联邦是否应该在研究和开发方面投资支持制造业?支持制造业企业的数量和类型应该如何?理解制造业的创新本质有助于把创新理论和注重企业层面生产率的经济理论结合起来,形成更强有力的政策选择。

本章先是概述了制造业在经济学创建早期扮演的角色,之后经济学和贸易理论都开始应用于制造业,后者是一个相对较短,但公认复杂的时期。牢牢把握这些理论基础,是为未来的制造政策提供一个框架所必需的。这是未来讨论的路线图。本章首先关注技术增长理论,包括新增长理论及为了更好地建立增长模型所做的努力。因为这些模型仍然不完善,制造业的作用仍然没有被充分理解。但关于生产率的概念提供了另一个分析链:生产率水平不同的行业之间的非平衡增长理论有助于我们理解制造业在增长中的作用。之后我们的讨论转向贸易理论。新贸易理论聚焦于企业的创新能力和竞争能力。小企业在发展创新能力方面的弱点已经对整个制造业产生了影响。但是这些增长理论、生产率理论和贸易理论的发展以及它们在制造业中的应用在很大程度上被主流经济学所忽略。此后，我们的分析转向讨论主流经济学在制造业应用中的一些缺点。接下来是关于加强国家制造业创新体系的政策案例介绍。

制造业在早期经济学中的角色

经济学学科形成于工业革命时期。在工业革命这个历史时期，由于生活水平的不断提高，经济增长现象第一次被察觉到。在大部分有记录的历史中，生活水平的提高经过数代才能测量出。从 1300 年到 1700 年，英国人均国内生产总值翻一番花了 400 年时间。到 18 世纪，生活水平的提高在一个人的生命中开始变得明显。事实上，从 1700 年开始，人均国内生产总值再次翻番只需 160 多年，这是令人难以置信的增长速度。[1]在此期间，第一部关于经济学的开创性文本被撰写，奠定了理论概念。竞争、自由贸易和生产率这些重要的概念仍然是经济学这门学科的基础。在制造业进步的推动下，工业化是这个史无前例的增长时期的核心，这个时期一直延续到今天。

经济学作为一门学科的出现与 18 世纪末期的亚当·斯密和大卫·李嘉图等英国学者有关。然而，在几十年前的法国，以弗朗斯瓦·魁奈为代表的重农主义者开始有计划地反对当时重要的思想——重商主义。虽然农业是国家财富来源这个思想已经从主流经济学中消失，但他们的格言“laissez fair，laisser passer”（大意为自由竞争和自由贸易）仍然是讨论经济政策的支柱。[2]亚当·斯密熟识这些重农主义者，曾经在巴黎见过他们，但斯密在倡导自由市场方面稍有妥协。在提出看不见的手这个著名思想的同时，斯密警告说，“同业人士即使是为了娱乐、消遣也很少会面，他们的谈话通常会以共谋反对公众或串谋提价结束”。[3]除了对牺牲公众利益为代价形成寡头垄断倾向的指控，斯密还建议，在某些情况下，政府干预是必要的。其中一个例子是他支持政府参与教育以“防止大多数人的全面腐败和退化”[4]。当市场在公共物品方面失败时，斯密给政府干预留下了一个空间，这比“重农主义者”的观点更加开阔，同时仍然对重商主义持批评态度。由于1776年出版了著名的《国富论》，亚当·斯密通常被认为是古典经济学派的创始人。

《国富论》中最广为人知的例子可能就是针厂。令人惊讶的是，桑德姆(Sandmo)指出，针厂是亚当·斯密著作中唯一直接提及工业革命技术进步的地方。[5]在整本书中，“看不见的手”也仅被提及一次，但这完全没有削弱该思想的重要性。斯密使用制针的例子来突出分工。1个人可能每天只能制造20根针，甚至只能制造1根针，但是当把制针流程在10个工人中分成18个不同的步骤时，他们可以在一天中制造48 000根针，即每个人4 800根。[6]生产率的提高来自将工作减少至一两个简单任务并消除多个任务之间切换所浪费的时间。事实证明，更重要的是机器的进步。斯密指出，“每个人都一定明白通过适当地使用机器能够促进和减少多少劳动力。根本没有为此必要举一个例子”。[7]有趣的是，斯密称，劳动者改变或发明了能够提高生产率的新机器。[8]这是对制造业本身的创新本质的早期认识。

针厂的例子强调了当今大多数经济模型背后的一些重要思想。劳动分工或狭义的专业化是提高劳动生产率的直接例子。投入保持不变，如材料和劳动时间，但是联合产出增加。在这种情况下，人力资本的增加，即工人技能或知识的增加，是产出增加的原因。当然，这不是提高劳动生产率的唯一途径。例如，资本和机器的增加可以产生相同的结果，技术也可以。我们稍后将更全面地解释技术所扮演的角色。有趣的是，在斯密的工作中，他区分了生产性和非生产性工作。他将制造商定义为前者，而仆役们是后者。[9]虽然现在不再这样区分，但它强调了相比实物产品的生产，观察和计算服务业生产率的难度。

亚当·斯密所反对的一个重商主义理念是贸易保护主义政策。实际上，虽然目的是确保更多的出口而不是进口，以及由此产生的金币流入，但这些政策并未使国家更加富裕。斯密指出，在特殊情况下，一个国家的自然禀赋赋予它绝对的优势。他反问道，在苏格兰需要建造温室才能种植葡萄，是否应该禁止外国葡萄酒以鼓励苏格兰葡萄酒的生产。[10]四十年之后，关于自由贸易益处的最持久概念模型出版。1817年，大卫·李嘉图在斯密理论的基础上推出了《政治经济学及赋税原理》，引进了比较优势的概念。

法国在生产葡萄酒方面比苏格兰拥有绝对优势，因此在直觉上苏格兰应该从法国购买葡萄酒。但是比较优势的概念并不是这样。李嘉图列举了一个例子，使用了两种产品和两个国家：葡萄酒和布料、英国和葡萄牙。无论是生产布料还是葡萄酒，葡萄牙都比英国需要更少的劳动力。但是，与生产葡萄酒相比，英国相对更擅长生产布料；与生产布料相比，葡萄牙更擅长生产葡萄酒。如果每个国家都把生产的重点放在相对更擅长的产品上，那么葡萄酒和布料的总量将高于每个国家都试图生产这两种产品的总和。[11]然后，通过贸易，两国的经济状况都将好于没有贸易的情况。重要的是，李嘉图理论的前提是两国之间没有资本和劳动力的自由流动。李嘉图的比较优势理论仍然是新古典经济学的支柱。

自亚当·斯密奠定经济学框架以来的两个多世纪里，经济学领域呈现出指数级发展。已经创建了各种理论模型来描述市场的所有不同方面。正如丹尼·罗德里克（Dani Rodrik）所描述的，"经济学几乎所有问题的正确答案都是：视情况而定。每个模型都同样重要，它们提供了不同的答案"。[12]在今天的许多政策辩论中，斯密和李嘉图提出的那些概念仍然主导着辩论。然而，今天经济学家可以获得的数据和模型允许对市场机制有更细致的理解，尽管它还没有进入政治领域。在过去的几十年中，关于主流经济学能否解释制造业在美国经济中所扮演的关键角色这个问题越来越多地被讨论。[13]下面几节将概述几个著名的经济学模型和经验研究，以检验制造业萎缩是否会威胁到美国经济的长期健康。

技术、生产率和经济增长

古典经济学在19世纪中叶似乎碰了壁，因为有一种方法认为产品的价值是由生产成本决定的。到19世纪70年代，包括威廉·斯坦利·杰文斯（William Stanley Jevons）和莱昂·瓦尔拉斯（Leon Walras）在内的一些经济学家，开始从消费而不是生产的角度来研究这个问题。商品的价值从此以边际效用为基础，从某种意义上说，就是每增加一个单位商品带给消费者的价值。"边际革命"开创了新古典经济学派，现在被认为是主流经济学。然而，新古典经济学大多搁置了增长问题，一直到20世纪50年代才有所改变。1956年发表的两篇论文提出了长期增长问题。一篇由澳大利亚经济学家特雷弗·斯旺(Trevor Swan)撰写,另一篇由美国人罗伯特·索洛撰写。论文一经发表就引来目光,并持续获得了更多关注。

索洛的文章《对经济增长理论的贡献》是为了回应哈罗德-多马(Harrod-Domar)增长模型而写的,后者试图将凯恩斯的思想延伸至一个长期的增长模型。[14]索洛着手创建了一个模型,在这个模型中没有哈罗德-多马模型中的固定资本和劳动力供给假设,后者意味着经济需要在刀刃上保持平衡以实现增长。[15]除了劳动力和资本的可替代性以及要素价格的灵活性之外,索洛的模型还包含了一个技术进步的变量。在他的模型中使用柯布-道格拉斯函数,意味着它具有索洛所称的"圣诞老人属性"。

在"圣诞老人属性"中,不仅劳动力增广型技术进步(哈罗德中性)、资本增广型技术进步(索洛中性)和产出增广型技术进步(希克斯中性)之间的区分消失了,而且生产要素的收入份额也恒定了。[16]

索洛的观点是,很难假定大部分技术进步同时是哈罗德中性、索洛中性和希克斯中性的。另一个由索洛模型得出的有趣的结论是,长期增长与储蓄和投资率无关。例如,在短期内,较高的储蓄和投资可以提高增长速度,但资本与劳动力的比率因此增加,资本回报递减使经济恢复到相同的长期增长率。[17]尽管在这篇早期论文中很少讨论到技术,但技术是这个模型中经济增长的关键。

一年后,索洛在一篇论文中回到了技术和发展的问题。他采用了一种技术变革中性的模型,这意味着它会导致更高的产出,却不会导致资本或劳动力相互替代。[18]利用 1909 年至 1947 年的劳动力、资本和总产出数据,索洛计算了在扣除劳动力和资本因素后技术变革的相对剩余产出。这种技术变革的概念通常被称为索洛剩余、全要素生产率或多因素生产率。索洛得出结论认为，人均每小时总增加产出的87.5%是来自技术变革(剩余部分可以归咎于资本)。[19]这挑战了资本积累是增长的主要动力的观点。索洛的模型持续地被广泛使用，有时会加以修改，如曼昆(Mankiw)、罗默(Romer)和威尔(Weil)的模型。他们的研究发现，在生产函数中增加人力资本可以使该模型更好地解释各国生活水平的变化。[20]由于索洛模型的简单性、适应性和解释力，使得它在宏观经济学课程中被广泛传授，但它并非没有遭遇挑战。

自索洛的论文发表以来，全要素生产率的度量一直是个争论颇多的话题。各种各样的关于如何度量问题出现了。两种成本相同但性能不同的产品应该计算在一起吗？两位杰出的经济学家戴尔・乔根森(Dale Jorgenson)和兹维・格里利克斯(Zvi Griliches)最终站在辩论的同一方，认为技术剩余实际上更小，而约翰・肯德里克(John W. Kendrick)和爱德华・丹尼森(Edward F. Denison)站在了辩论的另一方。[21]生产率发展的核算对于确定经济是否健康十分有用。然而，它被视为一个外生变量，这意味着它独立于资本和劳动力变量。罗伯特・戈登在这个问题上指出：几十年来，经济学家们一直在讨论资本积累和技术变革作为经济增长源的相对重要性。但如果资本积累不是一个独立的增长来源，而是技术变革的副产品，那么这就是一种错误的二分法。[22]

将索洛的技术变革放到外生的"黑箱"中，即完全在经济外部，引发了一波试图将技术、学习或人力资本带回模型的新模型。

肯尼斯・阿罗(Kenneth Arrow)在认识到索洛增长模型的重要性的同时，力求解决其中的一些重要缺陷，包括缺乏可使该理论具有实际应用的政策变量。[23]阿罗不把技术作为外生变量，而是把学习作为内生变量。由于某些外生参数，该模型通常不被认为是完全内生的。[24]随着时间的推移，学习积累不断增加，新产品中融入了先进的技术，导致回报按比例增长。[25]这个模型只解释了生产过程中的学习情况，排除了在教育机构中的学习。[26]也许最常用的"做中学"的例子是第二次世界大战期间建造的 2 699 艘"自由轮"。在三年的时间里，一艘"自由轮"的生产时间从 6 个月下降到 30 天。[27]被人津津乐道的是，生产一艘这样的万吨级船舶甚至被缩减到 4 天 15 小时。[28]虽然人们相信大多数这种改善是"做中学"的结果，但彼得·汤普森(Peter Thompson)认为，早先的研究未能把资本深化考虑进去，从而错误地认为是学习把生产率提高了一倍。[29]但生产率的提高仍然十分巨大，证明了学习收益可以在制造过程中累积。

内生增长模型最初没能走向前台，直到 20 世纪 80 年代开始出现一种通常被称为"新增长理论"的新模型。保罗·罗默(Paul Romer)的模型是其中最知名的，展示了更高的增长潜力。当收益递减的基本假设被抛弃时，这就成为可能。如果没有新知识(被视为生产资料的一种形式)的限制，这是可能发生的，并且由于投资于研究的公司无法获得全部收益，知识会溢出到经济中，从而产生了更广泛的收益。[30]为了防止不现实的增长水平出现，罗默指出，尽管新知识增加了产出，但知识本身的生产会递减。如果情况并非如此，随着研究投资的增长不受限制，经济增长速度将加快。[31]许多与罗默模型类似的模型用人力资本取代知识变量存量，通常具有相似的正外部性。

显然，个人获得人力资本的方式很多。在 1988 年的一篇论文中，罗伯特·卢卡斯(Robert Lucas)在两种不同的模型中考虑了两种方法。一种是，人力资本通过教育获得，迫使个人离开劳动力队伍。另一种是做中学。在这两种模式中，结果都是无效率的，增长率太低，福利会损失。但每个模式都有一个政策解决方案；补贴教育和补贴生产——这就是工业政策。[32]虽然卢卡斯指出了工业政策提高福利的理论可能性，但他抛弃了这种方法，因为他认为这在实践上是不可行的。卢卡斯以及斯托克西（Stokey）和雷贝洛（Rebelo）还发现，在他们的内生模型中，税收可能对增长没有任何影响。[33]本质上，他们认为，政策考虑的关键问题是决定有关知识或人力资本的基本假设。

保罗·罗默在他的“使增长理论在经济学中内生”的项目中应用了传统的经济学竞争理念（一个人使用是否限制其他人的使用）和技术知识排他性（某个人是否有可能阻止其他人使用——这是专利系统的基础思想）。例如，使用“做中学”的模型必须将知识视为一种公共利益，是非竞争性且非排他性的。然而，在这种模式中，刻意投资研发的公司可能会出局，因为它无法获得收益。另一种可能是知识既是竞争性的又是排他性的[34]，这意味着要从完全竞争的模式转向企业拥有一定垄断能力的模式。这是指人们对一种产品的研究进行投资，然后以高于边际成本的价格出售该产品。在这种环境下，知识可以是非竞争性和排他性的。[35]并且，就像卢卡斯早些时候提到的那样，由于投资于研究的公司无法阻止它们的知识溢出到整个经济体，因此知识积累的社会收益高于私人收益。罗默提出了一个可能的政策作为部分补救措施，即使用补贴对研究进行激励。

增长理论的另一个领域，即熊彼特增长，与罗默后来的模型异曲同工。在奥地利出生的约瑟夫·熊彼特是著名的经济学家，撰写了大量关于资本主义动力学的文章。最著名的是他引入了“创造性破坏”这个名词，它描述了新技术取代旧技术或技术先进的企业把落后企业赶出市场，从而实现增长的过程。根据菲利普·阿吉翁(Philippe Aghion)、乌富克·阿克西吉特(Ufuk Akcigit)和彼得·豪伊特(Peter Howitt)说法，熊彼特增长有三个特征，分别是创新、保证垄断租金的能力和创造性破坏的能力。[37]基于质量阶梯，每一种新产品都试图是前体的改进，如果质量较高，则较低质量的产品会被排除在市场之外。[38]竞争是这个模型的核心，因为如果知识产权法律强大，就会增大研发，但如果没有可执行的规则到位，研发就不会相应增加。[39]这种模型，围绕知识产权保护提出了另一种可能的政策选择来刺激增长。

这一系列增长模型的简要概述所得出的是，技术和人力资本补充技术学习的首要地位。制造业显然是可以嵌入这些模型。但是，政府所起到的作用很大程度上依赖市场结构和知识性质。农业、制造业或服务业通常可以单独观察，也可以作为一个整体来观察。在索洛关于技术在增长中作用的计算中，农业被排除在外。为了对美国经济持续的结构变化进行深入了解，多部门模型是必要的：美国损失的制造业工作正被看似生产率较低的服务业工作所取代。从 1972 年到 1996 年，制造业平均劳动生产率增长比非制造业平均劳动生产率增长快两倍左右，到 2011 年继续以更快的速度增长。[40]

总而言之，索洛和他那些增长经济学的同道一直在向我们指出由相应的技术学习所支持的技术进步的增长意义。从历史上看，正如亚当·斯密首次在针厂的例子中建议的那样，这主要是通过在经济中的生产方面实施的。在很大程度上，通过生产过程，技术进步和生产率取得规模效应。正如之前讨论的，这意味着制造以及研发必须被视为创新系统的内在组成。换句话说，增长经济学把技术创新作为经济增长的主导因素。但新古典经济学很难把围绕创新的系统——包括制造——视为“内生”因素。“新增长理论”经济学家在创新内生化方面已经取得了很大进展，但这个努力尚未完成。到目前为止，经济学家还没有能够对创新体系进行建模，在其中包括制造业部分。这意味着经济学对制造业的理解仍然不完善。然而，关于生产率的诸多概念，为考虑制造业的增长理论提供了辅助框架。

让我们来比较一下生产率水平——不同部门的表现如何不同？然后，让我们看看就业——生产率的增加是否会导致就业基数下降？制造业是否与农业一样，生产率的提高伴随着就业的下降？非均衡增长理论（或结构转型）试图解释为什么会发生这种情况。

生产率与非均衡增长理论：制造业与农业

在19世纪和21世纪之间，农业就业在总就业中的份额急剧下降。最初，这些工作被服务业和制造业部门的工作所取代。近年来，制造业就业在达到顶峰后开始下降，而服务业继续吸收越来越大规模的就业。[41]达龙·阿西莫格鲁（Daron Acemoglu）和韦罗妮卡·圭列里（Veronica Guerrieri）提出了一个相当直接的两部门模型，为结构性转变提供了理论解释。如果两个部门的劳动力和资本的比例不同，例如分别为资本密集型和劳动密集型，那么资本深化将导致资本密集型部门的产出增加。尽管这个部门的产量增长速度加快，但其价值增长速度将比劳动密集型行业的价值增长速度慢。本质上，该部门的收益会递减，导致资本和劳动力转移到劳动密集型部门。[42]阿西莫格鲁和圭列里提出了一个理论模型，尽管他们没有用该模型来解释农业、制造业和服务业间的转移。然而，该模型似乎为就业从制造业（通常更多是资本密集型行业）向服务业的转移提供了经济理论基础，尽管它并未解释服务相对价格的增加。[43]相比制造业劳动力转移，阿西莫格鲁和圭列里的非均衡增长理论更好地解释了农业劳动力转移。

四十年前威廉·鲍莫尔（William Baumol）提出了一个类似的思路。鲍莫尔设想，在低生产率或停滞的部门将看到成本上涨，以及相对的产出增加。随着经济中停滞服务业的占比越来越大，经济全面增长最终会放缓。[44]这就是所谓的鲍莫尔的成本病（Baumol's cost disease）。威廉·诺德豪斯（William Nordhaus）检验了 1948 年至 2001 年期间的行业数据来寻找鲍莫尔病的迹象。虽然诺德豪斯承认数据不完善，但有大量证据显示生产率低下拖累了增长。[45]另一个有趣的发现是，制造业与其他行业不同，当生产率提高时，工作小时数增加了。[46]

相伴着 20 世纪 90 年代信息技术革命带来的增长加速，关于鲍莫尔病是否已经被"治愈"的讨论一直在继续。金融和批发/零售业等一些服务部门的生产率显著提高，但全行业的生产率肯定没有统一被提高。[47]这样看来，鲍莫尔病并没有被治愈，所谓的"治愈"不能完全解释战后美国制造业就业的变化。从 1948 年到 1972 年，制造业生产率增长平均比非制造业的高 0.5%。自 1972 年以来，制造业生产率一直保持平均 1%以上的增长，1996 年至 2004 年期间达到 2%的高峰。[48]这两个时期里，制造业就业比例平均每年下降的速度保持稳定。从 1996 年开始，下降速度加快，从 2004 年到现在,制造业就业比例每年下降速度进一步加快。[49]尽管鲍莫尔的发现为战后时期的部门就业转移提供了令人信服的解释,但就政策变化的有效性达成结论时,还需要包含其他一些因素予以分析。

尽管随着时间推移产生了很多如上提到的变化,鲍莫尔用于研究生产率及其支持数据的总体方法表明,制造业在经济中扮演着重要角色。这个方法源自亚当·斯密。如果生产率增加与向社会引入实际经济收益的能力相关联,那么相比由生产率常常更高的制造业占主导的经济,服务业占主导地位的经济产生的收益更少。这是一个非均衡增长理论。

还有一个关键问题:生产率增加与就业之间的关系是什么?我们在农业上的经验能应用到制造业上吗?我们来检视一个解释农业部门就业人数的大幅下降的模型。这种变化是相当戏剧性的:从1900年到2000年,农业部门从业人员的比例从41%下降到了1.9%,[50]其中最重要的贡献因素是生产率的提高,这是技术进步的结果。最初,就业下降来自拖拉机和哈伯-博施法①等技术进步,氮肥的工业化生产得以实现,从而使农作物产量相应增加。遗传学和植物育种方面的技术进步,以及第二次世界大战期间获得的化学技术进步在除草剂和杀虫剂方面的应用,带来生产率的进一步提高。如果农业就业的下降只是与生产率有关联,我们会在制造业看到与农业相同的模式。然而,这个模型的前提是,随着人们变得更富裕,他们的消费模式会改变,他们的服务消费的增加会与他们的农产品消费的增加不呈现比例性。在服务业就业和增加值提升时,农业中的就业和增加值减少,导致部门转移,农业就

① 也称为哈伯制氨法或合成氨法。——译者注

业被新的服务业就业所取代。[51]这个观点符合恩格尔定律，即随着收入增加，食品支出占比相对下降。数据也支持这个理念。1909年至2009年间，美国的人均食品消费量几乎没有变化。[52]相比之下，1999年至2016年间，耐用品和非耐用品的实际个人消费支出分别增长了约139%和40%（按2009年美元不变价计算）。[53]

一些经济学家认为，在20世纪第一个十年中制造业就业的急剧下降不应该成为一个需要关注的问题，因为它与农业就业中由生产率驱动的就业下降类似——就业减少但生产率提高。[54]但根据食品和工业制成品消费模式的区别，制造业的部门变化不应该等同于农业的历史变化。

斯旺和索洛建立的外生增长模型既简单又具有高度解释力。这些模型的问题是，如果经济增长唯一一个最重要的因素是技术进步，为什么它是一个外生变量？新的内生模型试图弥补这个不足，1986年罗默对此进行开创性工作之后，衍生出一系列模型。尽管诸多内生型增长模型似乎与美国经济增长的情况特别相关，但它们因未能解释条件收敛而受到批评。[55]也就是说，解释为什么贫穷国家的增长率高于富裕国家。然而，贫穷国家出现这种现象所需满足的初始条件往往在经济学家之间各不相同。重申一下，这突显了经济学试图对创新进行建模时的基本问题。对主流增长经济学的另一种批评是这些模型都是与历史无关的。卡劳（Carlaw）和利普西（Lipsey）认为，经济学实际上是路径依赖的：我们受制于过去的决策，特别是在技术方面。创新发生在基本不确定性环境中，不可计算风险，这意味着不存在利润最大化的唯一一套决策。[56]经济模型试图简化复杂的问题，让其更容易被理解。尽管工作还在进行之中，但那些增长模型已经将人力资本和技术的重要性带到了人们面前。尽管这些模型的有限性意味着制造业的角色还不明确，但制造业显然是增长的推动力。上面所讨论的对生产率的额外关注是有益的，生产率是认识经济的一个长期要素，由技术进步推动并对增长起关键作用。这个思路使我们能够区分高生产率部门和低生产率部门；作为高生产率部门，制造业可能是一个值得关注的特别有利益的部门。

经济增长思想还有一个应该考虑的因素：创新组织。经济学家理查德·纳尔逊（Richard Nelson）和西德尼·温特（Sidney Winter）的“演进”方法预见了创新组织在增长理论中的作用。[57]他们研究了20世纪70年代的创新型大企业，发现这些企业的创新演进成功取决于有关研发、组织管理、产品商业化和有效生产的组织惯例。虽然他们的研究关注的是企业内部而不是大型创新体系，但他们认为创新组织和连接组织要素的组织惯例是企业创新能力的关键。纳尔逊在1993年的一本书中将这些想法提升到了一个全新水平，[5]研究对象不仅仅是企业，而是整个创新体系。他认为，存在一个创新参与者相互作用的国家创新系统。创新参与者包括政府对研发的支持、政府资助的研究型大学、政府实验室和教育机构，以及大大小小的企业和他们的研发实验室。纳尔逊认为企业是这个系统中最关键的元素，但他认为创新是在一个更大的制度体系内发生的，在这个制度体系中，一系列相互联系和相互作用的参与者影响了企业中可能产生的创新。

纳尔逊对企业和国家层面创新组织的关注，以及对政府、大学和企业参与者之间交互关系的关注，为我们分析创新理论提供了另一个视角。虽然增长经济学家明确表示创新推动增长，但创新不是自然发生的，它需要创新组织和相应的创新体系。正如前几章所述，制造业是创新过程的一部分。因此，正如纳尔逊所建议和新兴先进制造政策所提出的那样，把制造业视为创新体系的一部分并在体系中优化制度和组织联系，成为推进创新、提高生产率进而促进增长的重要任务。[59]

写到这里，我们的讨论一直集中在经济增长以及伴随差异化生产率增长的结构转型。正如2016年的总统选举所表明的那样，大部分公开场合对制造业的讨论都集中在贸易问题上。第二次世界大战结束以来，贸易在美国经济中扮演着越来越重要的角色。1950年，贸易总额仅占GDP的6%，到2010年增长到29%以上——尽管政治不确定性使得对这种趋势是否会持续下去的判断变得很难。[60]从人均GDP上看，美国是世界上最富有的国家之一，大多数超越美国的国家都拥有丰富的自然资源。纵观外生型和内生型增长理论，这是美国领导技术前沿并且有大量人力资本从事研发的结果。当分解成部门观察时，美国农业和制造业的生产率水平都很高，而服务业则相对落后。那么，为什么美国的制造业出现巨额贸易逆差，服务业却出现少量顺差？接下来，我们转向贸易理论，更全面地观察美国制造业正在发生什么。

贸易理论简介

我们在这里对范围宽广的贸易理论的讨论不得不简短且欠完整。贸易是制造业特别重要的一个问题，需要与增长理论一起综合考虑。同时，现在正是民族主义和保护主义政治在全球升温的时候，英国退出欧盟和2016年的美国总统大选证明了这一点。截至2016年，美国每月出口价值约为1 240亿美元的货物，约占其总出口总额的66%；进口货物的价值约为1 840亿美元，占其全部进口的近82%。[61]如前一章所述，服务贸易量相比之下还是相当小的。虽然大部分贸易产品都是制成品，制造业作为经济的一部分却在下降。根据目前的核算体系，制造业目前占美国GDP增加值的11.8%。贸易赤字把贸易和制造业问题与政策关注紧密联系在一起。[62]经济学家对自由贸易的共识几乎达成了一致，在格雷戈里·曼昆（Gregory Mankiw）的一项调查中，93%的经济学家支持一项声明，即贸易壁垒降低了经济的一般福利。[63]理论倾向于支持整个经济从贸易中获益的想法，尽管不是每个个体或每个部门都会获益。

李嘉图的比较优势出现在许多不同的贸易模式中。该模型指出，各国之间的技术差异是贸易的基本依据。实质上，劳动力只是一个生产要素，因此国家之间的生产率差异会推动贸易。相对价格也不得不落入一定范围，否则一个国家只为国内市场生产会更有效。李嘉图的贸易理论自出版后在19世纪从未遇到严峻挑战。1919年，由伊莱·赫克歇尔（Eli Heckshire）和伯蒂尔·俄林（Bertil Ohlin）提出的一个新理论开始形成。[64]

赫克歇尔-俄林定理改变了一些基于李嘉图模型的基本假设。他们假定各国倾向于拥有同等的技术，基本上排除了技术是推动贸易的主要因素。赫克歇尔-俄林定理中有两个因素：劳动力和资本。在这个模型中有两个条件必须成立，否则将没有贸易，即各国必须有不同的要素价格，而且商品中使用的资本和劳动力比例不能完全相同。[65]该理论表明，在最简单的情况中，资本相对丰富、生产资本密集型商品的国家与生产劳动密集型产品的国家可以进行贸易，这对双方都有利。这是一个直截了当的想法，似乎在直觉上就是有道理的。例如2012年，美国对印度尼西亚的主要出口产品是飞机，最大的进口产品是服装。[66]美国将通过继续建造飞机而不是转移就业生产服装来拥有更高水平的消费。然而，这个国家作为一个整体情况会更好，每个人或其中某些群体的情况不一定会变得更好。

1941年，沃尔夫冈·斯托尔珀（Wolfgang Stolper）和保罗·萨缪尔森发表了一篇论文，探讨一个国家内部贸易赢家和输家的问题。他们的定理建立在赫克歇尔-俄林定理的基础之上，考察了因贸易而导致的要素价格变化。斯托尔珀-萨缪尔森定理展示了丰富要素从贸易中获得的收益，以及稀缺要素的不变价损失，而非仅仅是相对损失。[67]与任何经济理论一样，对斯托尔珀-萨缪尔森定理也不乏批评，唐纳德·戴维斯（Donald R. Davis）和帕拉希·米什拉（Prachi Mishra）的一篇论文称"斯托尔珀-萨缪尔森已死"。[68]自从斯托尔珀和萨缪尔森发表该论文以来，一系列不同的贸易模型强化了他们的发现：出口部门的要素获得收益，面对竞争的进口部门要素的产出变得更糟糕。[69]尽管对赫克歇尔-俄林定理有很强的理论支持，但经验检验结果并不理想；它倾向于过高预测实际贸易量，丹尼尔·特里弗勒（Daniel Treffler）称之为"缺失的贸易"。在"缺失的贸易"里，消费者本土偏好是一个组成部分，消费者倾向于购买国产产品而不是相同的国外产品，从而减少了贸易水平。[70]米切尔·莫雷（Mitchell Morey）发现，马达加斯加的消费者为国产大米多支付了8%的价格，在理论上消费量应降低5%，这是令人信服的本土偏好的证据。[71]如果这种偏好出现在主要食品的消费中，说明它是根深蒂固的。

仅仅考虑本土偏好并不能解释该模型不适合那些数据。戴维斯(Davis)、温斯坦(Weinstein)、布拉福德(Bradford)和辛波(Shimpo)说明,当一些潜在的假设条件被放宽时,该模型在描述数据方面做得更好。他们所抛弃的一个假设是普遍要素价格均等化,只将该模型应用于存在要素价格均等化证据的地区。[72]对于要素价格均等化定理,我们也应对保罗·萨缪尔森表示感谢,该定理表明如果赫克歇尔-俄林的假设成立,即使在国家之间缺乏劳动力和资本流动的情况下,货物贸易也会导致两国的资本回报率或工资率相同。存在一些支持要素价格均等化的证据,虽然产业、商品和技术的多样化在一定程度上增加了复杂性,掩盖了该定理的简单性。[73]要素价格均等化进入的两个公共辩论领域分别是:北美自由贸易协定产生的工资收敛性和中美制造业工资差距的缩小。

贸易源自赫克歇尔-俄林模型的生产要素的强度不同,美国和肯尼亚之间的贸易可以作为例子。2014 年,美国出口到肯尼亚的工程车辆占美国出口肯尼亚贸易的最大比重,而肯尼亚向美国出口的主要产品是纺织品,特别是女装。[74]这似乎与前面讨论的理论一致,美国资本充足,所以它出口资本密集型商品,而肯尼亚则相反。虽然赫克歇尔-俄林模型的预测在一些数据中得到了支持,但引人注目的是大多数贸易实际上发生在先进国家之间的同类产品。麻省理工学院媒体实验室的经济复杂性观察站提供了国际贸易和双边贸易的可视化图,使得我们很容易看到这些趋势。虽然美国对肯尼亚的出口总额为 3.44 亿美元,但美国对德国的出口总额为 616 亿美元。美国对一个生产要素与其自身更为相似国家的出口贸易要大得多。在编码协调制度(Harmonized System)①的两位数水平

① 全称为《商品名称及编码协调制度》。——译者注

上，即最大的类似产品分组，美国排名前三位的出口产品占出口总量的65％，分别是机械、化学产品和交通运输工具。德国对美国的前三大出口产品中有75％是交通运输工具、机械和化工产品。[75]为了更好地解释这个与传统产业间贸易对立的产业内贸易问题，在20世纪80年代开创了一个新研究方向，通常称为新贸易理论。

保罗·克鲁格曼(Paul Krugman)在诺贝尔授奖演讲中回顾新贸易理论发展时指出，新贸易理论开发了垄断竞争的新模型，最著名的是阿维纳什·迪克西特(Avinash Dixit)和约瑟夫·斯蒂格利茨(Joseph Stiglitz)在20世纪70年代后期开发的新贸易模型。垄断竞争与完全竞争的关键区别在于产品的差异化。不同的品牌不被视为彼此完美的替代品，赋予生产者一定程度的市场支配力。规模收益递增也是一个因素。收益增加可以是在企业内部，这意味着随着更多的产品被生产，产品变得更加便宜；收益增加也可以是在企业外部，但在整个行业的内部，因此随着全行业产量的增加，企业的生产成本下降。产业内贸易是垄断竞争的结果，具有内部规模效益，多个国家的消费者需要多种差异化产品，而这些产品是在不止一个国家内生产的。[77]值得注意的是，新贸易理论并不是完全替代旧理论。简·丁伯根(Jan Tinbergen)在1962年提出了一个贸易引力方程，尽管存在运输成本等障碍，各国之间的贸易量基于各国的国内生产总值水平。埃尔赫南·赫尔普曼(Elhanan Helpman)后来发现，丁伯根的引力方程适用于产品差异化的极端情况。[78]就像赫克歇尔-俄林模型未能解释产业内贸易一样，第一个垄断竞争模型也没有解释产业间贸易。

20世纪80年代早期克鲁格曼和赫尔普曼等人的工作提供了一个更全面的贸易观点。他们调和产业内和产业间贸易的一种方式是，假设类似的商品，就像不同的品牌一样，采用相同的要素比例进行生产。发达国家和不发达国家将根据其生产要素各自进行专业化，从而产生贸易，而发达国家之间将进行差异化产品的贸易。克鲁格曼的研究还表明，如果消除贸易壁垒，产业内贸易将有利于两个国家，但赫克歇尔-俄林模型的结论仍然与发达国家和不发达国家之间的贸易自由化保持关联性。[79]品牌和产品差异化之所以重要的一个因素在于，经济学家们认为它们增加了福利——人们从选择中受益。克鲁格曼的另一个早期发现是，规模效应和垄断竞争的结果是本土市场效应。如果考虑到运输成本，企业将在较大的国家生产差异化产品。一个企业会选择在一个能生产最多商品而无需额外成本的市场上进行生产，然后将产品出口到较小的国家。[80]新贸易理论为更细微地认识贸易打开了大门。

然而，首先也是最重要的是，这些模型没有考虑到企业并不是同质的，并且在规模和生产率方面差异很大。伯纳德（Bernard）、雷丁（Redding）和斯科特（Schott）的研究发现，贸易提高了产业全要素生产率。这来源于生产率最低的企业被淘汰，从而提高了整个产业的生产率。一个国家具有比较优势的产业会有较高的生产率增长。这个模型模糊了生产率比较优势和要素丰富性之间的区别。[81]迄今为止，这些模型中的世界一直以货物贸易和服务贸易为重点，而企业本身则被限制在自己的国界内。在当今世界，企业可以选择外包或离岸；2015 年，全球范围内的外国直接投资（FDI）净流入总计为 2.1 万亿美元。这些都是没有被重视的关键因素。[82]

在战后时期，跨国公司在贸易中的作用大幅度增长，相应地，它们在贸易理论中的作用也大幅增强。跨国公司在美国经济中扮演着极其重要的角色。2007 年，跨国公司占企业总数不到 1%，但占总利润的25%。麦肯锡的分析发现，1990年至2007年间，跨国公司占实际GDP增长的31%和劳动生产率增长的41%。同样重要的是，74%的私营部门研发由跨国公司完成。[83]跨国公司可以采取多种不同的方式运营。水平型FDI模型衡量了在本土生产和出口或收购在另一个国家的子公司的成本。企业设立国外子公司的固定成本很高，但出口成本也是可变的，比如关税和运输成本。一个简单的模型表明，随着销售额的增加，最终建立一个子公司会更有利可图。赫尔普曼指出，这种模型的一个例子是1973年后日本汽车制造商在美国开设工厂。[84]这样的模型可以进一步扩展，以区分那些仅为国内市场生产产品的公司、那些出口产品的公司和设立子公司的公司。

在贸易模型中加入异质企业可以把生产率带回最前沿进行讨论。赫尔普曼的一个简化模型涉及三个国家，即一个本土国和两个外国。两个外国中的一个是高工资和高技能的；另一个是低工资和低技能的小国家。假定各公司具有不同的生产率，高运输成本。本土国低生产率的公司向两个外国出口。接下来，生产率较高的公司在低工资国家制造中间产品，并将中间产品进口回本土国进行最终组装。更高生产率的公司会一直在低工资国家进行生产，但最终的组装将在本土国和高工资国家进行。最后，生产率最高的公司在低工资国家生产，但在所有三个国家组装。[85]这种企业层面的考查将贸易分析转变为一系列企业的一系列产出。因此，贸易理论的最大趋势看起来朝着较小计量单位方向发展，从概括生产要素到产业，最后到企业层面。

随后，随着新增长理论和新贸易理论的发展，增长理论与贸易理论之间的差异大大缩小。尽管在模型中使用垄断竞争依然重要，生产率已成为二者中的关键因素。也许最重要的是，贸易效应现在可以在企业层面看到。贸易增加了导致不同反应的竞争。大型企业往往比小型企业具有更高的生产率，而且受益更多。菲利普·阿吉翁指出，竞争推动靠近技术前沿的企业进行创新并提高生产率。在简单的美国出口统计数据中，技术前沿与企业规模之间的关系显现出来。不包括石油在内，美国三大出口行业是航空航天、制药和集成电路。[86]这三个产业都由大型企业主导。俄勒冈州一家新建的半导体制造工厂的成本可能高达 140 亿美元。[87]波音公司在埃弗里特的工厂占地 98.3 英亩，建筑容积达 4.72 亿立方英尺。[88]然而，2013 年，超过 500 名员工的大型制造商仅有 2 801 家，员工人数不足 500 人的小型制造商则超过 250 000 家。[89]生产率较低的小企业更容易受到竞争加剧的伤害，这限制了它们对影响其成长能力的研究和开发的投资，它们只能尽可能地专注于保持效率。[90]

由于进入门槛较高，大公司可能也不会面临与小公司相同的竞争水平。截至目前，关于竞争对创新的影响还没有理论上的共识。在撰写本书时，戴维·奥特尔和一群同事的最新实证研究关注了这个话题。他们考察了中国进口竞争对美国公司研发资金和专利生产的影响。该文章发现，随着企业面临越来越多的进口竞争，专利生产和研发活动减少。作者指出："面对中国进口竞争时的创新减少表明，研发和制造往往是相互补充，而不是相互替代。也就是说，当工业生产的制造阶段面临激烈的竞争时，企业不会趋向于用研发方面的努力取代制造的努力。"[91]论文的观点强化了本章和前几章关于制造业与创新之间重要联系的假设。这项研究并未提供有关贸易竞争对异质企业影响的深刻见解，后者将使我们能够得出更具体的政策建议。然而，鉴于大多数制造商雇用的人数低于500人，这个发现可能符合贸易对异质企业影响的一些理论。

新贸易理论让我们本来的"贸易对所有人都有利"观念转变为贸易必须在企业层面上加以理解的更为复杂观念：创新型企业可以成为贸易型赢家，而创新较少的企业则可能成为失败者。因此，新贸易理论给了我们一个关于美国制造业发生了什么的线索：导致更高生产率和竞争力的创新，一直是中小企业所缺乏的，这拖累了整个产业部门。

在许多方面，阿吉翁、赫尔普曼等人的研究工作证实了关于有活力的经济的看法。随着生产型企业的不断创新，增长就会发生；而创新曲线另一端的企业将被淘汰。正如熊彼特所说，"建立和保持资本主义发动机运转的根本动力来自新的消费商品，新的生产或运输方式、新的市场，以及资本主义企业创造的新的产业组织形式"。[92]

如同在本节开始时引用的曼昆民意调查显示的那样，随着贸易理论进一步转向以生产率为中心的企业分析层面，经济学主流仍集中于宏观层面上的贸易影响。新发展起来的新贸易理论的政策含义是关注强大的企业、它们的技术进步以及相应的生产率优势。主流经济学可以说没有跟上步伐。以下两位主要经济学家关于制造业立场的讨论说明了经济学在面对制造业及其经济角色时所面临的问题。

主流经济理论的制造业政策含义

这篇关于经济增长和贸易理论的简短综述并不全面，目的在于阐明一些已被接受了的解释经济趋势的方法，为制造业政策提供信息。自第二次世界大战结束以来，经济学一直是政策的强大推动力，政策所依据的凯恩斯经济学让位于新古典经济学。过去几十年来，人们一直在对所谓的产业政策进行讨论，这种政策正面临着主流经济学家的系统性攻击。这与制造业就业机会从1979年的1 950万减少到2016年的1 230万有密切关系。[93]现在的问题在于政府是否应该进行干预来支持下滑的制造业。出于多种原因，至少自20世纪80年代以来达成的经济共识是，去工业化是经济健康的标志而不是衰退的标志。

争论倾向于关注我们前面几节所讨论的两个问题，即贸易和技术进步的一些组合对制造业就业损失负有责任。为了回应关于贸易造成的高薪制造业工作岗位流失减少了美国福利的观点，保罗·克鲁格曼在1996年计算出，贸易只对收入损失的0.5%负有责任。[94]克鲁格曼认为，生产率增加促使失业产生。克鲁格曼的文章中有一个有趣的附带观点，即如果货物贸易逆差无法被服务出口抵消，却能被资本流入抵消，这就“意味着未来美国将产生制造业贸易顺差……贸易可能会带来大量的制造业岗位”。[95]这种关于未来具有更多制造业岗位的观点在很大程度上已经从讨论中消失了。这可能是由于美国的货物逆差从1996年的每月约150亿美元增加到2016年的每月约750亿美元。[96]同期，服务每月顺差从65亿美元仅增加到208亿美元。[97]

贾格迪什·巴格沃蒂(Jagdish Bhagwati)曾在政策讨论中扮演了一个重要角色，特别是在他批评他所谓的“制造业迷信”的时候。他认为制造业比服务业具有更高的生产率的观点至少可以追溯到亚当·斯密。斯密区分了非生产性劳动和生产性劳动，举例说明制造商的劳动增加了价值，但仆役们的劳动却没有。[98]李嘉图跟随斯密试图创造劳动价值理论，这最终成为马克思主义理论的基础。边际效用思想作为确定价格的一种方式从根本上回避了这场辩论。巴格沃蒂称那种强调生产而不消费的观点是一种“准马克思主义谬误”。值得注意的是，尽管在19世纪70年代发展了消费的边际分析，但在将其用于生产之前花费了大约20年的时间。正如我们之前对增长模型的讨论中所看到的，在许多方面，新古典生产函数的解释力仍不及消费函数。[99]巴格沃蒂认为，贸易使重点转向了消费而不是生产。无论你生产薯片还是半导体芯片[100]，都是无关紧要的，因为它不是消费的决定因素。巴格沃蒂引用的另一个例子是运输业，这是澳大利亚、新西兰和智利的充满活力的一个服务部门，尽管这些国家没有对应的制造部门。[101]反对制造业的现代新古典主流观点依赖于该学派的价值理论。在主流经济学之外，关于彻底放弃劳动价值理论仍有不同意见，这些不同意见在很大程度上是追随皮耶罗·斯拉法(Piero Sraffa)的研究工作。

对本书的视角而言，与制造业重要性最相关的批评可能来自克里斯蒂娜·罗默(Christina Romer)。她是奥巴马政府头一年半的经济顾问委员会主席。在2012年国情咨文后，政府显然希望摆脱试图恢复制造业的汽车业救助计划，于是授意罗默在《纽约时报》发表评论文章。[102]与巴格沃蒂一样，她认为在本质上货物并不比服务更重要。罗默还提到了由于市场失灵而支持政府对制造业进行干预的相关讨论中的三个常见问题，她认为这种干预不能令人信服。她认为，市场失灵的说法根据不足，因为尽管可能存在积极的经济溢出效应，但集群行业所在的地区将受益最多。她认为似乎没有证据表明集群特别普遍。她问，为什么这意味着政策应该倾向于制造业集群而不是服务业方面的软件或娱乐集群？此外，做中学这种制造业力量，似乎不会导致显著积极的外部效应。基本上，罗默没有看到关注制造业的政策会大大增加就业机会，尤其是当需求刺激措施越多越有效时。她提到的关于制造业的第三个常见争论是收入不平等，将失业与不平等加剧联系起来。对于制造业的教育需求已经上升，因此她说，支持教育或重建美国基础设施对建筑这样的低技能工作将产生更大的影响。最终，罗默将制造业政策的讨论视为是对美国历史和情感的依赖。

值得注意的是，当巴格沃蒂和罗默撰写他们的文章时，美国的失业率分别为 9.5%和 8.3%。在 2016 年夏季，失业率自 2008 年初以来首次下降到 5%以下。[103]这是对自然失业率的估计值（尽管问题长期存在，结构性失业未在统计数据中反映出来）。经过近十年的复苏，短期经济刺激不再具有之前的紧迫性，而长期的经济增长和收入不平等问题变得日益重要。但这似乎没有改变主流经济学的共识，即制造业就业减少表明了该行业的高生产率，以及部分就业转向了服务经济，整体表现为利好。

当然，对这个共识也有不同的声音。格雷戈里·塔塞认为，新古典经济学理论不能“理解典型工业技术的复杂性和高科技供应链层级之间的协同效应”，因此没认识到生产部门创新和增长的重要意义。[104]苏珊·黑尔珀收集的数据表明，“提高制造业绩效是解决美国贸易、创新和收入分配问题的关键部分”。[105]后凯恩斯主义的学派中卡尔多（Kaldor）的关注焦点，即把制造业作为增长动力的观点，也已经重新浮出水面。[106]但是，这些对于主流经济学共识来说，仍然只是些不同意见而已。

关于制造业的经济学共识会不会错了？

经济学学科已经占据了社会科学的统治地位。因此，经济学构成了大部分政策讨论的框架，政府中并没有社会学顾问委员会。部分原因在于经济学建立在罗伯特·海尔布罗纳（Robert Heilbroner）所称的“一种类似于科学解释的内部结构规律”之上。[107]从个体是效用最大化者的观点出发，有可能构建优雅的数学模型。这使得经济学学科能够将自己呈现为一种更接近于具有数学精确性的物理学而不是更接近于法学的社会科学。这在很大程度上掩盖了意识形态在经济学中的作用。经济学分析社会秩序。但经济学家就像我们所有人一样，本身就是社会秩序的成员，他们无法完全把自己从他们的分析中抽离出来。[108]然而，经济学家所做的假设作为输入对模型输出结果起着重要作用。面对一个市场结构，他们可能会采用完全竞争的模型，而不是试图解释市场扭曲。对微观经济学中唯一最重要假设——人是理性行为者——的怀疑，导致了行为经济学的创建和发展。[109]保罗·罗默指出，经济学家们大多倾向于不公开批评那些最有影响力的经济学家。[110]这有助于解释为什么宏观经济学的微观基础在 20 世纪 80 年代开始主导主流经济学，尽管从 1972 年开始，雨果·桑尼辛（Hugo Sonnenshein）和其他研究者就阐明了把个人行为简单加总的理念的缺陷。[111]

在经济大衰退之前，经济学家们不仅没有预见到，甚至没有考虑过市场经济中出现结构性灾难的可能性。如果不是这样，至少可以引起专业人士对此进行更客观的评估。在 2009 年的一篇题为“经济学家如何错得这么离谱？”[112]的文章中，克鲁格曼指责自己

的经济学专业“把漂亮和打扮得很像数学当成了真相”。他说，

> 随着对经济大萧条的记忆逐渐消退，经济学家们带着装扮高级的方程式，转回头又沉浸在那个陈旧的、理想化的经济幻象中。在那里，理性人在完全市场中互动。当然，这种理想化市场的浪漫复兴，部分是对政治风潮转变的反应，部分是对财务激励的回应。尽管我们对胡佛研究所的学术休假和华尔街的工作机会嗤之以鼻，但这个行业失败的主要原因是希望建立一个包罗万象、智力优雅的方法。这给了经济学家们一个显示自己数学本领的机会。

真实经济的混乱需要在制定政策时考虑主流经济学以外的思想和学科。

我们首先从考查贸易理论开始。2001 年底中国加入世界贸易组织成为近年来最突出的贸易话题。基于一个非常基本的赫克歇尔-俄林模型，人们期望看到中国劳动密集型行业的增长以及美国在资本密集型行业的增长。中国的制造业就业正是如此，中国制造业就业人数从 2002 年的约 8 600 万增加到 2009 年的 9 900 万；[113]但在美国，同一时期美国的制造业就业人数从 1 560 万下降到 1 200 万左右。[114]经济学家戴维・奥特尔、戴维・多恩和戈登・汉森已将这种就业急剧下降标记为“中国冲击”。我们在 2000 年左右的共识是，由贸易导致失业的工人将转移到另一个部门。[115]然而，正如上述数字所表明的那样，这次“冲击”远远大于过去那些经验分析研究过的冲击。

经验证据表明，简单的模型无法描述真实的影响。不仅是那

些现在不得不与中国竞争的产业出现失业，他们所在的社区也出现了大量的失业。在失去这些工作的同时，资本密集型出口行业（如航空或非贸易部门）中并没有明显的就业增加补偿。如前所述，奥特尔、多恩和汉森的研究也涉及贸易对收入分配影响。尽管在美国，高技能劳动力往往会看到收益，但在低技能岗位，终身收入减少的比例更多。[116]对于这些个人和社区而言，贸易带来很高的成本。正是由于这个原因，巴格沃蒂批评说，这不是你所生产的，而是你所消费的东西遭遇现实的政策问题。在过去的25年间，工资一直在两极分化，这通常由技术进步来解释。[117]但贸易导致进口竞争性行业（通常是制造业）的就业岗位流失，也是工资两极分化的原因。通常情况下，经济学家推荐的理论经济学解决方案是收益再分配，最好是通过一次性税收解决，因为这不会造成市场扭曲。在一个信息不完全的世界里，一次性税收几乎是不可能的。然而，理论上可以设计一个帕累托最优的税收，这种情况下，没有人可以在不让别人更糟糕的情况下变得更好。[118]这些理论上的可能性只表明存在乐观的空间，但未能解决可行性问题——在政治上这是不合情理的。

贸易能够取代一部分工人的认识，在经济理论中并不是一个新概念，政策制定者也没有忽视它。贸易调整援助（TAA）最初是在1962年肯尼迪总统的《贸易扩张法案》中颁布的。最初该提议获得了国会支持，以进一步实现与欧洲共同市场的贸易自由化。[119]在该计划的头几年，很少有工人获准得到这项援助，在1962年至1975年期间，援助预算为7 560万美元，总共只用掉了53 899美元。1974年的《贸易法案》增加了符合该计划资格的工人数量和他们获得的现金；仅在1976年，就有131 765名工人获得了共1.625

亿美元的援助。[120]1981 年,该计划扩大到每年约 16 亿美元,援助超过 50 万名工人,这促使国会开始限制援助资格。1982 年到 1919 年间,只有 30 000 名劳工共获得 1.03 亿美元援助。[121]到 2007 年,援助金额仍然远低于 1981 年的金额,援助的约 15 万名工人几乎完全来自制造业部门,总金额是 8.551 亿美元。[122]这是相当高的覆盖率,因为 2007 年制造业总失业人数约为 26.2 万人,[123]尽管失业随后加速增长。不幸的是,人们参与该计划并不特别积极。

部分原因是失去的工作往往集中在低技能制造业岗位。[124]分析表明,虽然 TAA 提供了一个小的收入安全网,但总体而言,这并不会增加 TAA 参与者获得一份与失去的工作收入相当的新工作的可能性。[125]发展长期失业保险制度可能是比 TAA 更好的解决办法。从理论上讲,进口竞争性行业部门的失业者可能会进入增长行业部门,但正如奥特尔和多恩所言,这些人更有可能转向低技能的服务行业。这表明我们需要比失业保险更全面的方法来帮助贸易产生的失业工人。

那些看到自己收入因贸易而下降的失业工人是不平等问题的一部分。这个问题更大。1954 年美国实际家庭中位数收入为 32 101美元,到 2015 年底,已增至 70 697 美元。然而,必须指出的是,2000 年中位数收入为 69 822 美元,表明收入增长停滞已近 15 年。[126]在同一时期,收入最高的 1%和 10%的那部分人,其收入占全部收入的份额分别从 9.39%和 32.12%上升至 18.39%和 47.81%。相应的,后 90%的人的平均收入从 21 852 美元增加到 33 218 美元,而前 10%的人的平均收入从 93 095 美元增加至 273 843美元。[127]尽管 2015 年人口普查中的家庭收入中位数显示中低收入者取得了更多的收入,但尚不清楚这是否仅仅为一个统计异常值，抑或他们的收入仍然保持在2007和2000年的中位数水平。[128]所以，现在还不清楚这是否是一个温和的趋势，并且在反对过去超过15年的停滞。可能的政策清单相当宽泛。标准的政策建议包括提高最低工资标准、重修税法来帮助低收入工人——这将通过增加高收入纳税人的税收来抵消；以及增加对教育的支持，改善社会安全网，以及恢复工人的集体谈判权。[129]有各种观点试图解释过去半个世纪不平等的加剧，其中最常被提及且我们将要关注的，是技术进步。

克劳迪娅·戈尔丁(Claudia Goldin)和劳伦斯·卡茨(Lawrence F. Katz)指出，美国劳动力的教育水平是收入不平等的主要原因。这里简要予以回顾。正如我们在20世纪看到的那样，迅猛的技术进步导致对技能劳动力需求的增加。20世纪70年代，经济增长的分享程度远远超过19世纪。戈尔丁和卡茨观察了高中和大学两个教育水平。基本上，当技能工人的供给高于需求时，工资溢价下降，不平等程度缩小。高中和大学毕业生占比的迅速增长解释了1970年之前不断增长的平等，但之后的几十年，供给(大学毕业生比率停滞不前)落后于需求，工资溢价流向技术岗位，不平等程度上升。[130]正如分析贸易调整援助计划所发现的，新技能和教育成为非常重要的问题。我们将在劳动力发展一章中更深入地予以探讨。

我们绕了一圈，又回到了不平衡增长问题上。制造业生产率提高了，高技能工作得以维持，但失去了低技能工作岗位。这些被替代的工人最终将进入缺乏中等技能劳动力的服务行业。[131]考虑到高技能人才获得的溢价，是否有可能提高大学毕业生比率？2015年，25至29岁的人中有91%持有高中文凭，46%持有副学士或以上学历，25％持有本科或以上学历，9％持有硕士或以上学历。[132]这表明仍然存在增加高等教育比重的机会。事实上，作为奥巴马政府跨部门优先项目的联邦STEM教育五年战略计划，正是为了在制造业直接相关领域实现这个目标。[133]但是，即使劳动力技能水平增加了，能跟上技术变革的步伐，工资的两极分化就会下降，中等收入工作强劲增长吗？这是以持续创新推动增长为假设的，没有考虑经济结构变化的影响。

另一个大问题是，在大多数的经济模型中，制造过程与研究和开发脱节。这可以在吉恩·格罗斯曼（Gene Grossman）和埃尔赫南·赫尔普曼创建的模型中看到。值得一提的是，在把创新嵌入经济学学科话语这份工作中，格罗斯曼和赫尔普曼在过去二十年里可能比其他任何经济学家做的都多。实际上，他们的模型显示一个拥有两个部门（研发和制造）的经济体，拥有不同技能的工人分配在两个部门中，如何导致了不平等，且这种不平等在该国开放贸易时会增加。[134]商品交换模型倾向于以简洁明了的方式解决空间问题，即加入运输成本。但是，跨距离传输技术、想法或概念是否有成本？一个合理的回答是：曾经是。现在，信息技术已经发展到不仅让成本变得很便宜，而且可以以多种形式传播知识。计算机辅助设计（CAD）可以实现快速的数字传输，大大降低了设计和生产相距甚远的成本。问题在于设计和生产之间存在着相互影响：仍然有很多因素，如速度、竞争力和成本，会影响到决策。在某些情况下，可能没有有效的最优算法，会出现难以处理的问题，需要依靠尝试方法。[135]复杂性限制了某些问题可以解决的程度或信息被完整编码的程度。在很多情况下，生产和设计之间的接近成本仍然很高。

科学家兼哲学家迈克·波拉尼(Michael Polanyi)在著作《隐性维度》中探索了隐性知识的理念。他指出，“我将重新思考人类知识，从我们能知晓的远比我们能讲述的更多这个事实出发”。[136]企业内部隐性知识的传播通常是直接接触和个人关系的结果。信息技术允许跨越距离协作，但似乎不能在直接接触上发挥同样作用。一个有趣的发现是，对那些没有建立起强大的信任和合作文化的组织来说，共享的隐性知识要少得多。[137]似乎有证据表明，更先进的通信技术——视频会议和电子邮件——对人们的沟通能力的损害不大，但仍不如面对面互动有效。[138]身体接近程度在人力资本、知识和技术的发展中起着重要作用。历史上，这些是经济增长的关键因素。

制造业不是一个有别于创新体系其他部分的过程。半导体产业制造工艺的发展是一个有趣的例子。在某些情况下，半导体有分离的开发设施和生产设施，当开发了一个新工艺时，它会被转移到生产设施。但是，做中学是在开发阶段发生的，其中的大部分在转移到生产中时丢失。哈奇(Hatch)和莫维利(Mowery)发现，如果开发设施和生产设施靠得很近并且有相同的机器系统时，那么引入新技术会更有效率。新工艺中的缺陷也需要被转移到生产设施中。[139]由于产品和工艺创新的相互作用，在两套设施之间建立了反馈回路。

如上所述，仅仅依靠创新管道的思路过于简单化。这个线性流程包括：政府资助基础研究，然后是企业研发，之后是设计与生产。另一种是诱导创新，通常由产业主导，遵循市场信号或政府法规。美国政府，通常是美国的军队，不仅支持科研，而且还支持开发，并创建试验台和初始市场，推动产品跨越“死亡之谷”。这种延伸管道创新在促进进步方面显得更加高效。换句话说，跨部门创新参与者的接近及他们的连接似乎很重要。制造技术和工艺进步也可能导致各种创新，并在整个创新链中产生影响。正如后面的章节所探讨的那样，在一个合作模式中，商业、政府和其他利益相关者可以全方位地通过生产系统地推动创新，[140]这种合作模式在德国生产系统中特别成功。在前面讨论的纳尔逊关于有效创新组织和系统创新重要性的研究强调了这种方法的重要性。正如随后我们要讨论的那样，关键点在于我们需要将生产视为创新体系的一部分。实际上，我们需要超越机械的、线性的经济模型。在这种线性模型中，政府资助的基础研究可以被视为一种公共物品，然后由市场激励机制接管，创造产品并将其推向市场。模型中最多只有一个联邦专利系统，以让企业收回研发成本。这种模型从根本上缩短了协作距离，从而促进了技术进步。

随着大学、联邦研究实验室和私营企业都参与到创新过程中，高级工作通常具有地理集中度应该不会令人感到吃惊。企业和人群的集中产生了集聚经济。关于产业集聚发生的原因有三种常见的理论。如果一个地区有足够的企业，它们很可能会共享供应商，专业化的商业服务也会设置在该地区，并且可能有相当数量的有经验的员工。专业人员更有可能选择居住有更多就业机会的地区——不需要搬迁到新地方，就能容易地换工作。最后，当人们集中在一个地方时，隐性知识更容易传播。[139]似乎也有证据表明，小企业集聚比大企业创造的就业机会多得多。[142]爱德华·格拉塞（Edward Glaeser）指出，集聚是由运输成本造成的。虽然货运成本下降了，但人员流动的成本却没有下降。[143]集聚可发生在服务部门以及服务和制造混合的部门。并没有什么内在理由规定集聚只能限于制造企业。

当对创新数据进行研究时，有关政策不应该偏好制造业而应该关注服务业的纯理论依据似乎不足。2013 年，全美投入超过4 500亿美元用于研发。其中，约 3 220 亿美元来自私营部门。[144]虽然联邦政府是基础研究的主要出资者，但私营部门承担了后期的应用研究，尤其是开发。这些联合投资是美国创新体系的核心。同样，正如生产率和企业规模是相关联的，研究主要由大企业主导。那些拥有 500 名员工以上的企业的研究经费占私营部门总研究投入的 83.6%。[145]制造业占所有商业研发经费的 68.7%也不足为奇。[146]可能的解释是，制造企业通常有一个正式的流程来将创新推向市场。从历史上看，服务业在研发上的投入一直很少，缺乏与制造业相同的正规制度结构，并且往往更能响应客户需求。对此的解释是，产品和流程的创新在服务业更难以标准化。对服务业缺少正式创新体系的部分担忧是它不那么稳定。2002 年，在互联网泡沫破灭后，服务业的研发支出占所有私营部门研发的近 43%。根据最新的数据，在 2005 年，它已经下降到 30%，几乎与目前的水平相同。[147]这突出了信息和通信技术与服务部门创新之间的密切关系。

集成电路是信息和通信技术革命的脊梁。全球范围内的半导体产业负责不断推动产业向前发展。2013 年，全球半导体销售额达到 3 056 亿美元，而整个产业在研发方面花费了 503 亿美元。[148]该产业的持续创新有助于推动使用核心技术的各种产品的创新，无论是下一代 iPhone，还是软件应用程序。一个有趣的现象是最近几十年计算机操作系统的最低要求。Windows 95 需要至少 4MB 的内存，2001 年发布的 Windows XP 需要 64MB 的内存，Windows

7 的内存要求增加到 1GB,新的操作系统 Windows 10 则增加到了 2GB。20 年来,运行当前操作系统所需的内存增加了 500 倍。这个令人难以置信的进展受到摩尔定律的驱动。1965 年戈登・摩尔观察到,在集成电路晶片上的晶体管数量增加一倍的同时,每两年单个晶体管价格相应降低一半;在 50 年时间里,就会从约 1 000 个晶体管增加到 200 亿个晶体管。[149] 2015 年,全球生产的晶体管数量已经比世界上所有树木的叶子还要多,共约 4 万亿亿,大约每秒生产 13 万亿个。[150] 这是制造业创新和技术创新的胜利,二者深深地联系在一起。因此,如上所述,生产进步对半导体进步至关重要,政府-产业合作的半导体制造技术联盟在关键时期起到了促进推动作用。现在看来,驱动信息技术革命的半导体进步的稳定步伐已经收尾。[151] 因此,尽管集成电路的性能将继续提高,但是为了计算能力继续保持快速增长,还需要开发其他技术。正如戴尔・乔根森所展示的那样,半导体技术的进步是信息技术创新浪潮的核心驱动力。[152] 制造业的进步与技术进步同等重要,二者的结合孕育了一个庞大的新经济部门。电脑芯片真的和薯片不一样。那么,什么将取代半导体进步成为一个新创新驱动力?

与半导体一样,下一代产品,包括商品和服务,将依赖于制造业的进步。问题是这是否会在美国发生。处于技术前沿是生产率提高和经济增长的关键。如上所述,集聚在创新中发挥着重要作用,制造业为研究和开发提供了大量资金。从中国制造业的发展中可以看出这种集聚倾向。对这种增长的一种估计来自城市制造业就业的变化,中国城市制造业就业从 2003 年的约 4 000 万人增加到 2014 年的近 8 000 万人。[153] 从 2003 年到 2012 年,美国企业控股的外国子公司将其在中国的研发投入从 5.65 亿美元增加到 20

多亿美元。[154] 2000 年，跨国公司在中国设立的研发中心不到 200 个，但到 2013 年，这个数字增长到 1 300 多。[155]那种制造业可以转移到最便宜的劳动力地点，高价值的研究开发和设计可以留在本土的想法，忽略了一些重要的因素。苹果公司经常被认为是一个成功的例子。苹果公司的产品在美国进行高价值设计，而在中国进行价值较低的制造和组装。由于苹果公司面临的政治障碍和国内竞争的加剧，他们的战略已经开始发生变化。从 2012 年到 2016 年，苹果公司在中国开设了 20 多个新的公司办事处。苹果公司已经宣布将在中国开设第一个研发中心，并在 2017 年底之前在中国投资 50.7 亿美元用于研发。[156]由于信息技术，世界比以往任何时候都更加联系紧密，但涉及生产和创新分离时，空间距离仍然很重要，即使在信息技术领域也是如此。

创新经济学

全球化对个人之间的不平等和企业之间的不平等均产生了有趣的影响。尽管媒体对收入不平等的加剧进行了讨论，但对于企业不平等来说却缺少关注。如果我们回到异质企业和贸易的模型，那么两者之间有类似的趋势。在过去的几十年中，生产率高、拥有技能员工的大企业在不成比例地获益。最近的研究表明这两者是相关的。雇用员工超过 1 万人的美国制造企业只有 824 家。[157]在雇员不足 1 万人的美国企业中，不平等上升中的 84%可以通过企业间的工资差异的扩大来解释，而不是企业内部的工资不平等。这项研究的作者还发现，工人所属企业被分为高工资企业或低工资企业时，企业内部工资差异降低。[158]全球化和技术进步竞争加剧似乎对美国产生了严重的两极分化影响。

这里我们应该提出问题，即目前基于主要经济理论的政策讨论是否为我们提供了一个前进的方向。我们生活在一个次优理论占主导地位的世界。一个最佳结果根本不可能，或者，通常的情况是，在一个民主国家不具有政治可行性。我们需要承认，如果没有可以改善现状并有机会实施的政策，那么让部分社会成员状况恶化的自由市场路线是不可接受的。过去几年关于制造业的政治讨论突出了这一点。在2016年选举中，不是只有一个主要党派的候选人放弃支持自由贸易，另一位候选人走得更远，甚至主张完全背离战后美国的政策，并利用关税解决国内问题。由于现代供应链的复杂性跨越国界，我们很难看到这样一个结果，即大部分人口不会因使用关税而在经济上变得更糟糕。

虽然有人可能会争辩说，公众对这种政策的支持要么因为大部分人是无知的，要么因为他们是非理性的，实际情况是，这恰恰是一种理性反应。工作对于大多数人的身份认同来说至关重要，工作场所将人们置于一定的规范和企业文化之中。[159]在小城镇中失去一份工作或一个产业可能威胁到其身份。对许多人来说，这提高了那些许诺取代衰落产业的政策的吸引力。有一个问题是：为什么没有更多的公众同意补偿那些因贸易而失业的人呢？新古典经济学和新自由主义为市场自由化提供了理论依据，与此同时，由于低估贸易效应，削弱了解决分配问题的最有效手段。从这些角度出发，调整成本被排除在政策选择之外，政府应该在财务上支持那些在经济冲击和转变过渡期间换工作的人的观点，变成了这些人应该找到其他工作的观点。鉴于这个长期存在的现实，似乎前进的一条良策就是关注一个创新的、包容性的经济。

如上所述，除非通过扩大教育更加系统地提高人们的技能，否则不平等问题会加剧。但是，除非出现一个相应的基于创新的增长，否则这种方法的效果将被削弱。虽然制造业创新政策不能解决国家面临的所有经济问题，但它确实提出了一个可行的方法。由此，受到竞争挤压的小型制造商有机会接触到研发成果，在效率和竞争力方面取得相应的进步，这些原本是它们靠自己永远无法获得的。大型制造商受益于大学研究对制造业的参与，这些是大学自此开始重视的领域。劳动力教育和发展努力为各级员工提供了发展自己技能的机会，这些技能正是制造商提升生产价值链所需要的。其目的是提高劳动力的技能，从而提高工资。通过整合更小型制造商的创新技术，这些企业有机会朝着技术前沿迈进，提高生产率，缩小与大企业的差距，降低公司之间的不平等，同时相应地降低工资率。

小　　结

总而言之，本章概述了制造业在三个世纪里如何进入经济理论的发展，以及经济学如何思考制造业。亚当·斯密清楚地看到了它的经济意义，但近几十年来这一切变得更加复杂。增长经济学将基于技术的创新（及其周围的相关进步）提升为经济增长的主导因素，但新古典经济学难以将以创新为核心的复杂系统（包括生产阶段）视为经济增长的“内生”变量。“新增长理论”经济学家一直试图使创新成为内生的，但这个努力还未成功。迄今为止，经济学家一直未能对包括制造元素在内的创新体系建模。这意味着制造业在经济学上仍然未被完全了解。然而，生产率概念提供了一个补充框架。有证据表明，生产率低的部门（如服务业）可能会拖累整体经济增长，即鲍莫尔的成本病。减少这种经济拖累需要有效的创新体系来提高整个经济的生产率，包括制造业的，在历史上制造业是生产率提高的主要源头。纳尔逊纳关于健全的创新组织体系对创新和相应生产率重要性的研究工作为这个观点提供了支撑。创新收益在抵消制造业和部分服务业的低效率方面发挥重要作用。信息技术是创新相互依赖的一个例子，生产率增长可以同时进入制造业和服务业。然而，我们在上一章讨论过了，如果没有健康的制造业部门，创新体系的很大一部分以及相应的生产率增长就会崩溃。

虽然大多数经济学家仍然假设，随着时间推移，所有参与者都会从自由贸易中获益，但保罗·萨缪尔森已经注意到贸易对贸易输家的潜在长期不利影响。戴维·奥特尔及其同事追踪了美国制造业区域因贸易产生的长期不利后果。最近的新贸易理论一直把生产率作为贸易中的核心竞争因素。通过考虑异质企业（规模不同的企业），这个理论已经从国家竞争力视角转移到了更聚焦的企业视角。随着贸易竞争的加剧，创新型企业，大部分是大型企业，蓬勃发展；而规模较小、生产率较低的企业无法承担必要的创新研发投入，因此难以为继。可以说，先进制造业创新政策，旨在提高不同规模公司的生产效率，可以看作与这个理论的方向一致。然而，主流新古典经济学似乎落后于这些发展，没有完全重视新增长理论、新贸易理论、生产率视角、创新组织，以及它们对制造业新经济学解释的可能影响。

虽然没人能保证结果，但真正的经济世界并不充满着完全竞争的市场或信息。事实上，我们所考查的大多数增长模型都不是在完全竞争的框架中设定的，它们重度依赖熊彼特的研究成果。熊彼特在讨论不完善市场在增长中的作用时论述：

> 完全竞争不仅是不可能的，而且是劣等的，它没有资格被树立为一个理想效率的模型。因此，将产业的政府监管理论建立在这样一个原则上是错误的，即应该让大企业来运作，因为每个产业都是完全竞争的。[160]

帕累托最优结果不是常态，而是例外，所以从完全市场的角度反对加强包括制造业在内的创新体系的市场干预，并不意味着结果总是有效率的或令人满意的。下一章，我们将讨论把创新政策引入制造业的最新历史，以及美国政府尝试在制造业中培育创新所发挥的作用。

注释

1. The Maddison-Project, http://www.ggdc.net/maddison/maddison-project/home.htm, 2013 version.
2. For a concise overview of Physiocracy, see Agnar Sandmo, *Economics Evolving: A History of Economic Thought* (Princeton, NJ: Princeton University Press, 2011), 24 - 27.
3. Adam Smith, *An Inquiry into the Nature and Causes of the Wealth of Nations*, ed. Edwin Cannan, 1904 (Library of Economics and Liberty), I. 10.82, http://www.econlib.org/library/Smith/smWN.html.
4. Ibid., V. 1.777.
5. Sandmo, *Economics Evolving*, 57.
6. Smith, *The Wealth of Nations*, I. 1.3.
7. Ibid., I. 1.8.
8. Ibid., I. 1.8.
9. Ibid., II. 3.1.

10. Ibid.，IV. 2. 15.
11. David Ricardo, *On the Principles of Political Economy and Taxation*, 1821 (Library of Economics and Liberty), 7. 15 - 7. 16, http://www. econlib. org/library/Ricardo/ricP2a. html.
12. Dani Rodrik, *Economics Rules: The Rights and Wrongs of the Dismal Science* (New York: Norton, 2015), 17.
13. See, for example, Vaclav Smil, *Made in the USA: The Rise and Retreat of American Manufacturing* (Cambridge, MA: MIT Press, 2015), 180 - 184.
14. Harald Hagemann, Solow's 1956 Contribution in the Context of the Harrod-Domar Model, annual supplement, *History of Political Economy* 41(2009).
15. Robert M. Solow, A Contribution to the Theory of Economic Growth, *Quarterly Journal of Economics* 70, no. 1 (February 1956): 65 - 66.
16. Hagemann, Solow's 1956 Contribution, 76 - 77.
17. Ibid.，79.
18. Robert M. Solow, Technical Change and the Aggregate Production Function, *Review of Economics and Statistics* 39, no. 3 (August 1957): 312.
19. Ibid.，320.
20. N. Gregory Mankiw, David Romer, and David N. Weil, A Contribution to the Empirics of Economic Growth, *Quarterly Journal of Economics* 107, no. 2 (May 1992).
21. Robert J. Gordon, *Productivity Growth, Inflation, and Unemployment: The Collected Essays of Robert J. Gordon* (Cambridge: Cambridge University Press, 2004), 15 - 17.
22. Ibid.，13.
23. Kenneth J. Arrow, The Economic Implications of Learning by Doing, *Review of Economic Studies* 29, no. 3 (June 1962): 155.
24. Matthieu Ballandonne, Creating Increasing Returns: The Genesis of Arrow's "Learning by Doing" Article, *History of Political Economy* 47, no. 3 (2015): 452.
25. Ibid.，457.
26. Ibid.，472.
27. Peter Thompson, How Much Did the Liberty Shipbuilders Learn? New Evidence for an Old Case Study, *Journal of Political Economy* 109, no. 1

(2001)：106.

28. L. A. Sawyer and W. H. Mitchell, *The Liberty Ships: The History of the "Emergency" Type Cargo Ships Constructed in the United States during the Second World War*, 2nd ed. (London: Lloyd's of London Press, 1985), 8, 9, 122, 140, 145.
29. Thompson, How Much Did the Liberty Shipbuilders Learn?, 103 - 104.
30. Paul M. Romer, Increasing Returns and Long-Run Growth, *Journal of Political Economy* 94, no. 5(1986): 1003.
31. Ibid., 1004.
32. Robert E. Lucas, Jr., On the Mechanics of Economic Development, *Journal of Monetary Economics* 22(1988): 31.
33. Larry E. Jones and Rodolfo E. Manuelli, Neoclassical Models of Endogenous Growth: The Effects of Fiscal Policy, Innovation and Fluctuations, in *Handbook of Economic Growth*, vol. 1A, ed. Philippe Aghion and Steven N. Durlauf (Amsterdam: Elsevier, 2005).
34. Paul M. Romer, Endogenous Technological Change, *Journal of Political Economy* 98, no. 5 (1990): 77 - 78, http://pages.stern.nyu.edu/~promer/Endogenous.pdf.
35. Ibid., 77.
36. Ibid., 99.
37. Philippe Aghion, Ufuk Akcigit, and Peter Howitt, What Do We Learn from Schumpeterian Growth Theory?, NBER Working Paper 18824, National Bureau of Economic Research, Cambridge, MA, February 2013, 2.
38. Elhanan Helpman, *The Mystery of Economic Growth* (Cambridge, MA: Belknap, 2004), 45 - 46.
39. Aghion, Akcigit, and Howitt, What Do We Learn from Schumpeterian Growth Theory?, 14.
40. Robert J. Gordon, U. S. Productivity Growth: The Slowdown Has Returned after a Temporary Revival, *International Productivity Monitor* 23 (Spring 2013): 14.
41. Berhold Herrendorf, Richard Rogerson, and Akos Valentinyi, Growth and Structural Transformation, in *Handbook of Economic Growth*, vol. 2B, ed. Philippe Aghion and Steven N. Durlauf, (Amsterdam: Elsevier,

2014),861.

42. Daron Acemoglu and Veronica Guerrieri, Capital Deepening and Nonbalanced Economic Growth, *Journal of Political Economy* 116, no. 3(2008): 468 – 469.

43. Herrendorf, Rogerson, and Valentinyi, Growth and Structural Transformation, 899. The concept originated in William Baumol and William Bowen, *Performing Arts, the Economic Dilemma: A Study of Problems Common to Theater, Opera, Music, and Dance* (New York: Twentieth Century Fund, 1966).

44. William D. Nordhaus, Baumol's Diseases: A Macroeconomic Perspective, *B. E. Journal of Macroeconomics* 8, no. 1(2009): 2.

45. Ibid., 20 – 21.

46. Ibid., 16.

47. See Jochen Hartwig, Has "Baumol's Disease" Really Been Cured? Working Paper 155, Swiss Institute for Business Cycle Research, Zurich, Switzerland, November 2006; Jack E. Triplett and Barry P. Bosworth, "Baumol's Disease" Has Been Cured: IT and Multifactor Productivity in U. S. Services Industries, Paper presented at 3rd ZEW Conference on The Economics of Information and Communications Technologies, July 4 – 5,2003.

48. Gordon, U. S. Productivity Growth, 14.

49. Based on a comparison of total nonfarm payrolls and manufacturing employment from the Bureau of Labor Statistics (BLS), All Employees: Total Nonfarm Payrolls [PAYEMS], FRED, Federal Reserve Bank of St. Louis, https://fred.stlouisfed.org/series/PAYEMS, and Bureau of Labor Statistics (BLS), All Employees: Manufacturing [MANEMP], FRED, Federal Reserve Bank of St. Louis, https://fred.stlouisfed.org/series/MANEMP.

50. Carolyn Dimitri, Anne Effland, and Neilson Conklin, The 20th Century Transformation of U. S. Agriculture and Farm Policy, USDA Economic Research Service, Economic Information Bulletin, no. 3, June 2005,2.

51. Herrendorf, Rogerson, and Valentinyi, Growth and Structural Transformation, 890.

52. U. S. Department of Agriculture, Food Availability (Per Capita) Data System, USDA Economic Research Service, August 2016, http://www.ers.usda.gov/data-products/food-availability-(per-capita)-data-system/summary-

findings. aspx.

53. Bureau of Economic Analysis (BEA), Real Personal Consumption Expenditures: Durable Goods [PCEDGC96], FRED, Federal Reserve Bank of St. Louis, https://fred. stlouisfed. org/series/PCEDGC96; Bureau of Economic Analysis, Real Personal Consumption Expenditures: Nondurable Goods [PCNDGC96], FRED, Federal Reserve Bank of St. Louis, https://fred. stlouisfed. org/series/PCNDGC96.
54. See the discussion in Suzanne Berger and the MIT Task Force on Production in the Innovation Economy, *Making in America* (Cambridge, MA: MIT Press, 2013), 28 - 33.
55. Stephen Parente, The Failure of Endogenous Growth, *Knowledge, Technology, and Policy* 13, no. 4 (Winter 2001).
56. Kenneth I. Carlaw and Richard G. Lipsey, Does History Matter? Empirical Analysis of Evolutionary versus Stationary Equilibrium Views of the Economy, *Journal of Evolutionary Economics* 22(2012).
57. Richard R. Nelson and Sidney G. Winter, *An Evolutionary Theory of Economic Change* (Cambridge, MA: Harvard University Press, 1982).
58. Richard R. Nelson, *National Systems of Innovation* (New York: Oxford University Press, 1993), 3 - 21, 505 - 523. See also, Freeman, Formal Scientific and Technical Institutions (1992).
59. Innovation organization models, including those for production, are discussed at length in William B. Bonvillian and Charles Weiss, *Technological Innovation in Legacy Sectors* (New York: Oxford University Press, 2015), 181 - 239.
60. University of Pennsylvania, Openness at Constant Prices for United States [OPENRPUSA156NUPN], FRED, Federal Reserve Bank of St. Louis, https://fred. stlouisfed. org/series/OPENRPUSA156NUPN.
61. Census Bureau, U. S. Trade in Goods and Services — Balance of Payments (BOP) Basis, February 7, 2017.
62. Bureau of Economic Analysis (BEA), Value Added by Private Industries: Manufacturing as a Percentage of GDP [VAPGDPMA], FRED, Federal Reserve Bank of St. Louis, https://fred. stlouisfed. org/series/VAPGDPMA.
63. Gregory Mankiw, News Flash: Economists Agree, *Greg Mankiw's Blog*,

February 14, 2009, http://gregmankiw. blogspot. com/2009/02/news-flash-economists-agree. html.

64. Elhanan Helpman, *Understanding Global Trade* (Cambridge, MA: Harvard University Press, 2011), 28.

65. Ibid., 29 - 30.

66. Office of the United States Trade Representative, Indonesia, https://ustr. gov/countries-regions/southeast-asia-pacific/indonesia.

67. Kenneth Rogoff, Paul Samuelson's Contributions to International Economics (May 2005), 4, http://scholar. harvard. edu/files/rogoff/files/samuelson. pdf.

68. Donald R. Davis and Prachi Mishra, Stolper-Samuelson Is Dead and Other Crimes of Both Theory and Data, in *Globalization and Poverty*, ed. Ann Harrison (Chicago: University of Chicago Press, 2007).

69. Helpman, *Understanding Global Trade*, 56 - 62.

70. John McCallum, National Borders Matter: Canada-U. S. Regional Trade Patterns, *American Economic Review* 85, no. 3 (June 1995).

71. Mitchell Morey, Preferences and the Home Bias in Trade, *Journal of Development Economics* 121(2016): 24.

72. Donald R. Davis, David E. Weinstein, Scott C. Bradford, and Kazushige Shimpo, Using International and Japanese Regional Data to Determine When the Factor Abundance Theory of Trade Works, *American Economic Review* 87, no. 3 (June 1997): 421.

73. Farhad Rassekh and Henry Thompson, Factor Price Equalization: Theory and Evidence, *Journal of Economic Integration* 8, no. 1 (Spring 1993): 15 - 18.

74. Alexander Simoes, U. S. -Kenya Bilateral Trade, The Observatory of Economic Complexity, http://atlas. media. mit. edu/en/.

75. Alexander Simoes, What Does the United States Export to Germany? (2014), The Observatory of Economic Complexity, http://atlas. media. mit. edu/en/visualize/tree_map/hs92/export/usa/deu/show/2014/; Alexander Simoes, What Does Germany Export to the United States? (2014), The Observatory of Economic Complexity, http://atlas. media. mit. edu/en/visualize/tree_map/hs92/export/deu/usa/show/2014/.

76. Paul Krugman, The Increasing Returns Revolution in Trade and Geography,

Nobel Prize Lecture, December 8, 2008, 337 - 338.

77. Elhanan Helpman, Increasing Returns, Imperfect Markets, and Trade Theory, in *Handbook of International Economics*, vol. 1, ed. R. W. Jones and P. B. Kenen (Amsterdam: Elsevier, 1984), 335.
78. Helpman, *Understanding Global Trade*, 85.
79. Krugman, The Increasing Returns Revolution in Trade and Geography, 338 - 339.
80. Helpman, *Understanding Global Trade*, 89.
81. Ibid., 107.
82. World Bank, Foreign Direct Investment, Net Inflows (BoP, current US$), http://data.worldbank.org/indicator/BX.KLT.DINV.CD.WD.
83. Jonathan Cummings, James Manyika, Lenny Mendonca, Ezra Greenberg, Steven Aronowitz, Rohit Chopra, Katy Elkin, Sreenivas Ramaswamy, Jimmy Soni, and Allison Watson, Growth and Competitiveness in the United States: The Role of Its Multinational Companies, McKinsey Global Institute, June 2010.
84. Helpman, *Understanding Global Trade*, 135 - 137.
85. Ibid., 152 - 154.
86. Alexander Simoes, United States Data, The Observatory of Economic Complexity, http://atlas.media.mit.edu/en/.
87. R. Colin Johnson, Samsung Breaks Ground on $14 Billion Fab, *EE Times*, May 8, 2015.
88. Boeing, Everett Production Facility: Overview, http://www.boeing.com/company/about-bca/everett-production-facility.page.
89. Census Bureau, Industry Snapshot: Manufacturing, http://thedataweb.rm.census.gov/TheDataWeb_HotReport2/econsnapshot/2012/snapshot.hrml?NAICS=31-33.
90. Philippe Aghion and Rachel Griffith, *Competition and Growth: Reconciling Theory and Evidence* (Cambridge, MA: MIT Press, 2005), 83.
91. David Autor, David Dorn, Gordon H. Hanson, Gary Pisano and Pian Shu, Foreign Competition and Domestic Innovation: Evidence from U.S. Patents, NBER Working Paper 22879, National Bureau of Economic Research, Cambridge, MA, December 2016, 37.

92. Joseph A. Schumpeter, *Capitalism*, *Socialism*, *and Democracy* (New York: Harper Perennial Modern Thought, 2008), 83. First published 1942.
93. Bureau of Labor Statistics (BLS), All Employees: Manufacturing [MANEMP].
94. Paul Krugman, Domestic Distortions and the Deindustrialization Hypothesis, NBER Working Paper 5472, National Bureau of Economic Research, Cambridge, MA, March 1996.
95. Ibid., 23.
96. Census Bureau, U.S. Trade in Goods and Services — Balance of Payments (BOP) Basis, February 7, 2017.
97. Ibid.
98. Smith, *The Wealth of Nations*, II. 3. 1.
99. For a concise discussion of neoclassical economics' difficulty modeling production see Jonathan Schlefer, Entering the Realm of Production, in *The Assumptions Economists Make* (Cambridge, MA: Belknap Harvard, 2012), 99 - 120.
100. Jagdish Bhagwati, The Computer Chip vs. Potato Chip Debate, *Moscow Times*, September 2, 2010, https://themoscowtimes.com/articles/the-computer-chip-vs-potato-chip-debate-1075.
101. Jagdish Bhagwati, The Manufacturing Fallacy, *Project Syndicate*, August 27, 2010.
102. Christina Romer, Do Manufacturers Need Special Treatment?, *New York Times*, February 4, 2012, http://www.nytimes.com/2012/02/05/business/do-manufacturers-need-special-treatment-economic-view.html?_r=0.
103. Bureau of Labor Statistics (BLS), Civilian Unemployment Rate [UNRATE], FRED, Federal Reserve Bank of St. Louis, https://fred.stlouisfed.org/series/UNRATE.
104. Gregory Tassey, Rationales and Mechanisms for Revitalizing US Manufacturing R&D Strategies, *Journal of Technology Transfer* 35, no. 3 (June 2010): 283. http://www.scienceofsciencepolicy.net/sites/default/files/attachments/Tassey%20on%20Manuf%20JTT%20June%202010.pdf.
105. Susan Helper and Howard Wial, Strengthening American Manufacturing: A

New Federal Approach (paper, Metropolitan Policy Program, Brookings Institution, Washington, DC, September 2010).

106. W. David McCausland and Ioannis Theodossiou, Is Manufacturing Still the Engine of Growth? *Journal of Post Keynesian Economics* 35, no. 35 (Fall 2012).

107. Robert Heilbroner, The Embarrassment of Economics, *Challenge*, November-December, 1996,49.

108. Robert Heilbroner, The Embarrassment of Economics, 47.

109. An accessible overview of the development of behavioral economics is Richard H. Thaler, *Misbehaving: The Making of Behavioral Economics* (New York: Norton, 2015).

110. Paul Romer, The Trouble with Macroeconomics, *American Economist* (forthcoming; initially delivered as the Commons Memorial Lecture of the Omicron Delta Epsilon Society, January 5,2016),21, https://www. law. yale. edu/system/files/area/workshop/leo/leo16_romer. pdf.

111. Hugo Sonnenschein, Do Walras' Identity and Continuity Characterize the Class of Community Excess Demand Functions?, *Journal of Economic Theory* 6, no. 4(1973).

112. Paul Krugman, How Did Economics Get It So Wrong? *New York Times*, September 2, 2009, http://www. nytimes. com/2009/09/06/magazine/06Economic-t. html.

113. Judith Banister, China's Manufacturing Employment and Hourly Labor Compensation, 2002 - 2009, Bureau of Labor Statistics (BLS), June 7,2003,3.

114. Bureau of Labor Statistics (BLS), All Employees: Manufacturing [MANEMP].

115. David H. Autor, David Dorn, and Gordon H. Hanson, The China Shock: Learning from Labor Market Adjustment to Large Changes in Trade, NBER Working Paper 21906, National Bureau of Economic Research, Cambridge, MA, January 2016,2.

116. Ibid., 37 - 38.

117. David H. Autor and David Dorn, The Growth of Low-Skill Service Jobs and the Polarization of the US Labor Market, *American Economic Review* 103, no. 5(2013).

118. David Spector, Is It Possible to Redistribute the Gains from Trade Using Income Taxation?, *Journal of International Economics* 55, no. 2 (December 2001).
119. J. David Richardson, Trade Adjustment Assistance under the United States Trade Act of 1974: An Analytical Examination and Worker Survey, in *Import Competition and Response*, ed. Jagdish Bhagwati (Chicago: University of Chicago Press, 1982), 325.
120. Ibid., 328.
121. Katherine Baicker and M. Marit Rehavi, Policy Watch: Trade Adjustment Assistance, *Journal of Economic Perspectives* 18, no. 2 (Spring 2004): 240 - 241.
122. Kara M. Reynolds and John S. Palatucci, Does Trade Adjustment Assistance Make a Difference?, *Contemporary Economic Policy* 30, no. 1 (January 2012): 43, 46.
123. Bureau of Labor Statistics (BLS), All Employees: Manufacturing [MANEMP].
124. Nick Timiraos, Aid for Workers Untouched by Debate over Trade Deal, *Wall Street Journal*, May 10, 2015.
125. Reynolds and Palatucci, Does Trade Adjustment Assistance Make a Difference?, 58.
126. Census Bureau, Real Median Family Income in the United States [MEFAINUSA672N], FRED, Federal Reserve Bank of St. Louis, https://fred.stlouisfed.org/series/MEFAINUSA672N.
127. Facundo Alvaredo, Anthony B. Atkinson, Thomas Piketty, Emmanuel Saez, and Gabriel Zucman, The World Wealth and Income Database, http://www.wid.world/.
128. President Barack Obama, The Way Ahead, *The Economist*, October 8, 2016, 23 (citing Census Bureau and Council of Economic Advisors data). Compare Kirby G. Posey, Household Income 2015. American Community Survey Brief ACSBR/15 - 02 (Washington, DC: Census Bureau, September 2016), 2 - 3, https://www.census.gov/content/dam/Census/library/publications/2016/demo/acsbr15-02.pdf (2015 U.S. median household income increased 3.8%), and Census Bureau, New American Community

Survey Statistics for Income, Poverty and Health Insurance, CB16 - 159, September 16, 2016, http://www.census.gov/newsroom/press-releases/2016/cb16-159.html, with Census Bureau, Income, Poverty and Health Insurance Coverage in the United States 2015, CB16 - 158, September 13, 2016, http://www.census.gov/newsroom/press-releases/2016/cb16-158.html (2015 median U.S. household income increases 5.2%). See Trudi Renwick, How the Census Bureau Measures Income and Poverty, Census Bureau, September 8, 2016, http://blogs.census.gov/2016/09/08/how-the-census-bureau-measures-income-and-poverty-4/.

129. Jared Bernstein, Meilissa Boteach, Rebecca Vallas, Olivia Golden, Kali Grant, Indivar Dutta-Gupta, Erica Williams, and Valerie Wilson, 10 Solutions to Fight Economic Inequality, Talkpoverty.org, June 10, 2015, https://talkpoverty.org/2015/06/10/solutions-economic-inequality/.

130. Claudia Goldin and Lawrence F. Katz, The Race between Education and Technology: The Evolution of U.S. Educational Wage Differentials, 1890 to 2005, NBER Working Paper 12984, National Bureau of Economic Research, Cambridge, MA, March 2007.

131. Daron Acemoglu and David Autor, Skills, Tasks and Technologies: Implications for Employment and Earnings, *Handbook of Labor Economics*, vol. 4b, ed. David Card and Orley Ashenfelter (Amsterdam: Elsevier, 2011), 1070.

132. National Center for Education Statistics, Fast Facts: Educational Attainment, https://nces.ed.gov/fastfacts/display.asp?id=27.

133. National Science and Technology Council (NSTC), Committee on STEM Education, Federal Science, Technology, Engineering, and Mathematics (STEM) Education: 5-Year Strategic Plan (Washington, DC: White House Office of Science and Technology Policy, May 2013), https://www.whitehouse.gov/sites/default/files/microsites/ostp/stem_stratplan_2013.pdf.

134. Gene M. Grossman and Elhanan Helpman, Growth, Trade, and Inequality, working paper, Princeton University, Princeton, NJ, June 30, 2016, https://www.princeton.edu/~grossman/Growth_Trade_and_Inequality_063016.pdfgr.

135. Randal E. Bryant, Kwang-Ting Cheng, Andrew B. Kahng, Kurt Keutzer, Wojciech Maly, Richard Newton, Lawrence Pileggi, Jan M. Rabaey, and Alberto Sangiovanni-Vincentelli, Limitations and Challenges of Computer-Aided Design Technology for CMOS VLSI, *Proceedings of the IEEE* 89, no. 3 (March 2001).
136. Michael Polanyi, *The Tacit Dimension* (Garden City, NY: Doubleday, 1966), 4.
137. Maria Majewska and Urszula Szulczynska, Methods and Practices of Tacit Knowledge Sharing within an Enterprise: An Empirical Investigation, *Oeconomia Copernicana* 2(2014).
138. James E. Driskell, Paul H. Radtke, and Eduardo Salas, Virutal Teams: Effects of Technological Mediation on Team Performance, *Group Dynamics: Theory, Research and Practice* 7, no. 4 (December 2003): 317.
139. Nile W. Hatch and David C. Mowery, Process Innovation and Learning by Doing in Semiconductor Manufacturing, *Management Science* 44, no. 11, pt. 1 of 2 (November 1998).
140. These innovation models are explored in Bonvillian and Weiss, *Technological Innovation in Legacy Sectors*, 6 - 11, 181 - 196.
141. Gerald Carlino and William R. Kerr, Agglomeration and Innovation, NBER Working Paper 20367, National Bureau of Economic Research, Cambridge, MA, August 2014, 17 - 20.
142. Stuart S. Rosenthal and William C. Strange, Small Establishments/Big Effects, in *Agglomeration, Organization and Entrepreneurship*, *Agglomeration Economics*, ed. Edward L. Glaeser (Chicago: University of Chicago Press, 2007), 300.
143. Edward L. Glaeser, Introduction, in Glaeser, *Agglomeration, Organization and Entrepreneurship*, *Agglomeration Economics*, 7.
144. National Science Board, *Science and Engineering Indicators 2016*, U. S. R&D Expenditures, by Performing Sector and Source of Funds: 2008 - 2013 (Washington, DC: National Science Board, January 2016).
145. National Science Board, *Science and Engineering Indicators 2016*, Funds Spent for Business R&D Performed in the United States, by Size of Company: 2008 - 2013 (Washington, DC: National Science Board, January

2016).

146. National Science Board, *Science and Engineering Indicators 2016*, Funds Spent for Business R&D Performed in the United States, by Source of Funds and Selected Industry: 2013 (Washington, DC: National Science Board, January 2016).

147. National Science Board, *Science and Engineering Indicators 2008*, Company and Other Nonfederal Funds for Industrial R&D Performance in the United States, by Industry and Company Size: 2001 – 2005 (Washington, DC: National Science Board, January 2008).

148. Semiconductor Industry Association, *Factbook* 2014 (Washington, DC: Semiconductor Industry Association, 2014).

149. John Markoff, Moore's Law Running Out of Room, Tech Looks for a Successor, *New York Times*, May 4, 2016.

150. Tim Cross, After Moore's Law, *The Economist* (Technology Quarterly), March 12, 2016, http://www.economist.com/technology-quarterly/2016-03-12/after-moores-law.

151. Ibid.

152. Dale W. Jorgenson, U.S. Economic Growth in the Information Age, *Issues in Science and Technology* 18, no. 1 (Fall 2001), http://issues.org/18-1/jorgenson/.

153. Nicholas R. Lardy, Manufacturing Employment in China, *PIE Realtime Economic Issues Watch*, December 21, 2015.

154. National Science Board, *Science and Engineering Indicators 2008*, R&D Performed Abroad by Majority-Owned Foreign Affiliates of U.S. Parent Companies, by Selected Industry of Affiliate and Host Region/Country/Economy: 2002 – 2004 (Washington, DC: National Science Board, January 2008); National Science Board, *Science and Engineering Indicators 2012*, R&D Performed Abroad by Majority-Owned Foreign Affiliates of U.S. Parent Companies, by Selected Industry of Affiliate and Host Region/Country/Economy: 2012 (Washington, DC: National Science Board, January 2012).

155. KPMG, Innovated in China: New Frontier for Global R&D, *China 360*, August 2013.

156. Alex Webb, Apple's Cook Announces New China R&D Center on Beijing Trip, *Bloomberg*, August 16,2016, and Arjun Kharpal, Apple Plans Two More R&D Centers in China as its Challenges in the Country Continue, *CNBC*, March 17,2017.

157. Census Bureau, 2014 Statistics of U. S. Businesses Annual Data Tables by Establishment, U. S., NAICS sectors, larger employment sizes up to 10,000+, September 29, 2016, https://www. census. gov/data/tables/2014/econ/susb/2014-susb-annual. html.

158. Jae Song, David J. Price, Fatih Guvenen, Nicholas Bloom, and Till von Wachter, Firming Up Inequality, NBER Working Paper 21199, National Bureau of Economic Research, Cambridge, MA, May 2016.

159. Al Gini, Work, Identity and Self: How We Are Formed by the Work We Do, *Journal of Business Ethics* 17(1998).

160. Schumpeter, *Capitalism, Socialism, and Democracy*, 106.

第五章

先进制造业在联邦层面出现

我采访的人中一半都说“这是国家最重要的事情”，另一半人则用疑惑的神情看着我，好像在说“难道你忘了么，美国人不再从事制造业了”——这个反应让人担忧。美国在工业领域创造了一个多世纪的辉煌之后，现在需要重新定义其经济假设。

——麻省理工学院院长、AMP项目联合主席苏珊·霍克菲尔德，2011年9月15日

如今的政治现实是，制造业是美国经济实力的关键。制造业一旦衰退，经济则衰退。

——制造业政策高级顾问罗恩·布卢姆(Ron Bloom)，2011年9月15日

2009年1月20日，贝拉克·奥巴马(Barack Obama)宣誓就任总统。这是一个冬天，正值国家经济危机，不禁让人联想到1933年，富兰克林·罗斯福(Franklin Roosevelt)总统就职时，美国是同样的处境。此时，社会失业率高达10%[1]，超过1 500万人没有工

作[2]，这是自20世纪30年代大萧条以来最严重的经济大衰退。尤其是汽车制造业，几乎处于崩溃边缘。通用汽车和克莱斯勒破产，诸多零部件供应商苟延残喘，自身难保的金融机构收紧银根，手足无措的政府只能出台短期政策稳定市场，试图将经济发展拉回正轨。此时，政府的财政和货币政策由新古典主义经济学家主导，出台了包括"铲子准备好了"①经济刺激计划，声称国家将恢复投资，培育经济增长。

问题是，这些政策并不能解决长期投资和经济增长动力不足的问题。[3]正如国家标准与技术研究院前首席经济学家格雷戈里·塔塞指出的那样，长期投资不足已导致美国逐渐丧失竞争力，经济增长放缓。换句话说，短期稳定政策对于深层次结构性问题并不奏效，需要对症下药。

制造业贸易35年的逆差不能用商业周期、货币转移和贸易壁垒来解释，也无法用货币和短期财政政策不理想来解释。提高生产率是应对策略，这需要在智力、人力、组织和技术基础设施方面的持续投资，操作层面则需要强调技术投资的公私营资产增长模式。

这并不是说刺激政策没有必要，只是说单靠它是不够的。

罗恩·布卢姆与汽车工业的重组

2009年，奥巴马将罗恩·布卢姆任命为汽车业特别工作组(Task Force on the Automotive Industry)的高级顾问。作为财政部

① "铲子准备好了"(shovel ready)，指可立即开工的大规模基建项目。——译者注

汽车业工作小组的负责人，他在政府处理诸多汽车企业案子，并在后来“三大”汽车公司之二的通用汽车和克莱斯勒重组中起关键作用。布卢姆的背景让他很适合这个角色。大学毕业后，他开始在工会工作。在发现工会缺乏金融知识后，他前往哈佛商学院深造，随后加入大型投资银行拉扎德公司。后来，他创立了自己的公司来代表工会和员工，为美国钢铁工人联合会（Steelworkers Union）提供咨询服务，促成了包括林·特姆科·沃特公司（LTV）、伯利恒钢铁（Bethlehem Steel）、固特异轮胎和橡胶（Goodyear Tire and Rubber）、威灵皮特（Wheeling Pitt）在内的制造企业的重组。作为一名资深谈判专家和重组专家，他不但深受劳工的信赖，还可以和管理层谈劳工薪酬——他是这项工作的理想人选。布卢姆在克莱斯勒重组中起到重要作用，在通用汽车项目上同样如此。这两家公司已被政府接管。2010 年 4 月 21 日，通用汽车偿还了最后一笔主要的联邦贷款。政府持有的 60% 的普通股和 21 亿美元的优先股，在随后若干年由通用汽车赎回。2009 年的劳动节那天，布卢姆接受了总统指派的新职务：制造业政策高级顾问（Senior Counselor for Manufacturing Policy），负责振兴制造业。布卢姆的角色从财务重组直接转移到了塔塞所认为的至关重要的技术政策领域。国家对技术的重视并非一时兴起，在塔塞和其他专家的很多重要政策文件中，都强调了技术的重要性，这进一步提升了技术受关注的程度。[5]同时，麻省理工学院和白宫科学与技术政策办公室（White House Office of Science and Technology Policy）的两个项目也都有助于制定新的制造业技术战略。

麻省理工学院创新经济研究成果开始问世

麻省理工学院成立于1861年，是一所赠地大学。该校注重实践，关注产业和公共服务科学。有一条不成文的规定，即该院院长要在制造业企业董事会任职，来保持对行业需求和现状的敏感性。院长苏珊·霍克菲尔德就在通用电气董事会担任要职，见证了大萧条时期美国制造业的急速下滑。通用电气首席执行官杰夫·伊梅尔特(Jeff Immelt)当时正将公司重心从金融服务重新转到技术和产品创新。当全国大量失业的警钟敲响时，作为一位热心观察者的霍克菲尔德，和教职员工召集了一批麻省理工学院教授，讨论是否要制定一项针对制造业的创新战略。[6]2009年3月1日，她发起了一个由11名麻省理工学院教授参加的圆桌会议，并对校内人员开放，讨论创新政策，呼吁美国通过创新走出衰退。[7]诺贝尔经济学奖得主、增长经济学理论创立者罗伯特·索洛也号召美国提高工业经济生产率，发展有市场潜力的行业，通过技术创新解决庞大的财政赤字问题。[8]

2010年3月29日，麻省理工学院召开后续会议，重点讨论制造业先进技术。[9]20世纪80年代后期，麻省理工学院学者撰写了《美国制造与改变世界的机器》(*Made in America and The Machine that Changed the World*)一书，促成了美国制造业与日本和德国制造业竞争政策的出台。[10]霍克菲尔德院长回顾麻省理工学院的这段历史时指出，未来十年，美国需要创造约2 000万个就业岗位才能走出目前的低迷。“如果我们不重塑制造业，很难想象这些岗位从哪里来。无论我们的技术创新多么辉煌，如果它们中的绝大部分不应用于制造业，则很难转化为强劲而持久的动力，来刺激就业增长。”[11]

苏珊娜·伯杰在2006年出版有著述《我们如何竞争》[12]，解释了美国企业如何通过信息科技实现分布式制造。她认识到创新体系与生产之间的重要联系，认为如果美国继续将制造业视为“夕阳产业”，那么美国制造业存在的问题将继续。她说：“首先，美国需要考虑的问题是：如果先进制造产业得不到发展，麻省理工学院实验室辨识出的新技术、新产品和新流程能市场化么？”[13]美国国防高级研究计划局副局长加·布里埃尔（Ken Gabriel）是参访团的发言人，他指出国防部面临深层次的生产问题，认为即使这种平台技术更复杂，研发时间更长，费用更高，国防部仍需要采用新的系统化生产方式，来“减少整个制造过程中的研发和生产衔接环节”。[14]随后，麻省理工学院教授讨论了新的可能性生产领域：新材料、仿生材料、纳米制造、机器人和人工智能、无线射频识别（RFID）、传感器和可持续生产。如今我们已看到引导制造业发展的新战略设想：聚焦“先进制造”，利用新生产方式和新科技，创新生产过程。这一个非财政的、应对制造业衰退的新举措。

霍克菲尔德很快便委托麻省理工学院的教师和科研人员，来研究创新及其与制造业的关系，辨识强大的制造业是否以及如何对美国创新经济至关重要。该项目被命名为“创新经济中的生产”（PIE）。“创新经济中的生产”启动了一项麻省理工学院式的数据调查，为期两年，涵盖美国和世界上的250多家公司，涉及1 000多份调查问卷，分析了美国四个地区、中国和德国的制造企业案例。[15]在项目实施过程中，麻省理工学院和白宫、地方政府官员和其他政策制定部门，都及时沟通该研究产出的政策设想和发现。

2011 白宫先进制造业报告

与麻省理工学院项目同步的，是白宫科学和技术政策办公室（OSTP）小组正在撰写的一份报告，呼吁政府对制造业作出强有力的新举措。这份由前密歇根大学机械工程教授斯瑞达・柯塔（Sridhar Kota）领衔的报告，一再遭到新古典经济学家理查德・莱文（Richard Levin）的反对。莱文是耶鲁大学校长，总统科学技术顾问委员会（PCAST）的一位领导者。莱文的观点得到了白宫国家经济委员会主任、哈佛大学前校长劳伦斯・萨默斯（Lawrence Summers）的赞同。这就是典型的经济学家与工程师之争——如何通过调整，使得某些经济和产业政策能优先考虑？

这个内部辩论的进展体现在了一篇述评中，这在前面章节有提及。2012 年初，曾于 2009—2010 年担任总统经济顾问委员会主席的克里斯蒂娜・罗默在《纽约时报》上发表了文章《制造商是否需要特殊待遇》（*Do Manufacturers Need Special Treatment?*）。[16] 虽然某些因素在前面章节已讨论，但对关注制造业衰退的研究人员来说，另外两个主观评论是存在疑问的：她建议美国人像重视工业制成品一样重视“理发”这样的服务，并坚持认为“公共政策需要超越情绪”，试图诋毁制造业优先的政策。她直接抨击奥巴马十天前在国情咨文中称赞的制造业政策。她的评论就像是避雷针，吸引了损毁制造业的闪电。

罗默所认为的制造业岗位的经济效益等同于服务业的观点，未抓住重点。正如之前讨论的，制造业就业乘数效应最明显，也就是说，制造业比其他领域能带动更多的就业。同时，制造业还是创新驱动力，与之紧密相关的如研究和设计等重要部门，对科技创新至关重要，也会增长。

如同美国信息技术与创新基金会的斯蒂芬·埃泽尔对罗默迅速回应的，重点发展制造业的首要原因，是它仍然是美国最大的“贸易行业”，例如，制造业大部分产品销往国外市场，因此它刺激出口，有助于增加贸易收入和国家财富。由于商品贸易大大超过服务贸易，制造业商品将长期领先其他贸易品。若对外贸易不能健康发展，经济就很难活跃起来。[17]

在白宫PCAST发布的《2011年制造业报告》的最终版本中，包含了传统经济学家提出的市场失灵理论和维护国家安全的内容。[18]它声称，报告中的提议并不是强势的“产业政策”，不是政府投资特定行业或企业，而是政府长期支持的“创新政策”的延续。[19]所有的政治都要满足本地需求，正如蒂普·奥尼尔（Tip O'Neill）所观察到的，奥巴马本人对家乡伊利诺伊州的制造业很熟悉。时任参议员的奥巴马在2004年民主党全国代表大会上发表了一次演讲，这次演讲对他后来成为总统候选人至关重要。他说：“在伊利诺斯州盖尔斯堡，我碰到了一群工人，他们因美泰制造厂（Maytag plant）迁往墨西哥而失去了工会的保护，现在不得不与子女们竞争每小时7美元报酬的工作。”[20]奥巴马政府采取了与其前任不同的政策，他更多地听取经济实用主义者的建议，如吉恩·斯珀林（Gene Sperling）。斯珀林1月份就任国家经济委员会主席，是先进制造业政策的强有力支持者。

这份《确保美国先进制造业的领先地位》（*Ensuring American Leadership in Advanced Manufacturing*）最终报告，将先进制造业

定义为：通过信息、自动化、算法、软件、传感器和网络，和/或使用尖端材料以及新科技等，来生产传统的或新的产品。[21]报告称，联邦投资制造业可以使美国重获全球制造业领先地位，同时带来高薪职位、支持国内创新和提高国家安全等益处。反之，则不利于新科技产品研发能力的提高。制造业的保留将带来新的协同效应，设计、工程、规模化和生产过程会为创意和创新部门提供反馈，以产生新的技术和产品。

该报告提出了“共享设备和基础设施”(shared facilities and infrastructure)，以促进中小制造企业开发出提高生产率的新方式，尽快制造原型、测试和生产新产品。[22]由于“先进制造”过程涉及诸多生产环节，报告建议联邦要在应用研究层面给予支持，让制造商更快地开发“美国造”新产业。有趣的是，建议还包括“支持建立和推广强大的设计方法，极大地提高企业家设计产品和流程的能力。”[23]

报告提议行业、大学和政府建立伙伴关系，政府和行业联合进行投资，以开发新技术，如“纳米制造、柔性电子、电子、信息技术驱动的生产和新材料”，促进美国制造业转型。[24]建议还包括在政府机构中开展“先进制造项目”(Advanced Manufacturing Initiative)，制定更有效的办法，促进产业和大学的合作。[25]该报告于2011年6月发布，提供了基础材料，并对下一阶段的工作做出展望。辨识出的条线包括：中小企业“共享设施”，围绕制造技术、新生产过程、新设计方法研发的产学合作，以及跨政府部门协同等方面。最重要的是，这份报告和同期宣布的美国先进制造业伙伴项目(AMP)(下文讨论)一样，为美国制造业政策定下了基调。

AMP项目开始

现在，回到布卢姆和他的朋友们。罗恩·布卢姆结束了财政部汽车特别工作小组负责人和制造业政策总统顾问双重角色，于2011年初入驻白宫，与副手贾森·米勒共同开启第二个重要使命。2011年6月24日，布卢姆和米勒在白宫宣布启动“美国先进制造业伙伴项目”(AMP)[26]，任命陶氏化学公司首席执行官安德鲁·里维利斯(Andrew Liveris)和麻省理工学院院长苏珊·霍克菲尔德为机构联合主席，对布卢姆和总统负责。

里维利斯留着灰白胡须，气场强大，最近刚出版了一本实用性很强的书，书中强调了制造业对于国家经济重要作用。[27]里维利斯生于澳大利亚，作为希腊移民后裔的他，保留了澳大利亚口音，说话掷地有声。像很多美国新移民一样，里维利斯密切关注这个自己生活了40年的国家。陶氏化学总部位于密歇根米德兰市，当地人勤奋、直率，公司管理层都来自这个以工业为支柱产业的中西部城市。霍克菲尔德成为里维利斯团队成员也很自然，她和麻省理工学院的“创新经济中的生产”团队一直为布卢姆的发展政策提供建议。这位敏锐而坚定的神经科学家，曾在著名的冷泉港医学研究中心(Cold Spring Harbor medical research center)从事科学研究，之后担任耶鲁大学某学院院长和教务长。2006年，她成为麻省理工学院院长。有趣的地方并不在于她是该学院第一位女性院长，而在于她是第一位生命科学家院长——证明了麻省理工学院中生命科学研究的实力，以及它在校园周边帮助建立的生物制药集群的蓬勃发展。霍克菲尔德在麻省理工学院出台了跨学科交叉研究的政策，让科学家和工程师团队与经济学家、管理分析师、政治学家和国际关系专家团队强强联合。她在就职典礼上宣布了关于能源的第一项计划。事实上，后来成为美国能源部长的麻省理工学院物理学教授欧内斯特·莫尼兹(Ernest Moniz)领衔的一系列详尽的技术报告，已影响到国家能源政策和立法。第二项计划有关"融合"，即将健康科学与物理和工程科融合，形成一个新的突破性研究模式。当美国还在 2008 年经济危机中挣扎之时，先进制造出现了。麻省理工学院有一项不成文的规定，即院长要在制造业企业董事会任职。麻省理工学院的文化和赠地原则规定，学院必须始终紧扣科学，为产业做贡献。正因为这项规定，霍克菲尔德加入了通用电气董事会，见证了通用电气首席执行官杰夫·伊梅尔特将公司战略重新调整到技术开发和生产的过程。里维利斯和霍克菲尔德为 AMP 投入了与他们本职工作几乎同样多的精力。该项目是带有使命的。

在企业层面，AMP 成员包括制造业大公司的首席执行官，分别来自化学行业的陶氏公司、航天产业的诺斯罗普·格鲁曼公司和联合技术、快消品行业的宝洁、汽车业的福特、半导体业的英特尔、重型建筑设备业的卡特彼勒、纤维和新材料行业的康宁、医药和医疗行业的强生、系统和软件行业的霍尼韦尔、能源、运输和保险业的阿利根尼(Allegheny)和医疗技术领域的史赛克(Stryker)。高校方面囊括了六所工程和应用科学实力强大的大学校长，分别来自麻省理工学院、卡内基梅隆大学、加州大学伯克利分校、斯坦福大学、密歇根大学和佐治亚理工学院。[28]政府层面，包括国家经济委员会主席吉恩·斯珀林，对技术的经济作用有着深刻理解的活动家、律师、商务代理部长丽贝卡·布兰克(Rebecca Blank)，以及一位了解经济与劳动力市场交互关系的学者，他们共同协调跨部门的合作。在白宫内部，则由国家经济委员会的贾森·米勒、科学和技术政策办公室的戴维·哈特和查尔斯·索普负责。美国国家标准与技术研究院［由帕特·加拉格尔、菲利普·辛格曼和迈克尔·莫尔纳领导］、国家科学基金会（NSF）［经由托马斯·彼得森（Thomas Peterson）、史蒂芬·麦克奈特和布鲁斯·克雷默领导的工程局］、美国能源部［经由先后受代理副部长阿伦·麦琴达尔（Arun Majumdar）、戴维·丹尼尔森和马克·约翰逊领导的能源效率和可再生能源办公室］，以及美国国防部（经由布雷特·兰伯特、尼尔·奥林格和阿黛尔·拉特克利夫领导的制造和工业基地政策办公室"制造技术"项目），为该项目提供强有力支持。设在白宫科学技术办公室的总统科学技术顾问委员会（PCAST），具体负责开展该项目相关事务，撰写并正式发布 AMP 报告。

奥巴马总统在发布新合作伙伴项目时，强调"重振"美国制造业的必要性，称制造业曾是"迈入中产阶级的入场券"。他号召一流大学、企业和政府一起努力"开发新技术，最大限度地缩短设计、构造和测试工业产品的时间"，"创造、部署和规模化这些尖端技术"。他说：投资这些关键领域，我们就能让产品"在这里发明，在这里制造"。[29]"我们仍拥有很多东西需要制造"，他列举了一些可能产生革命性新技术的领域，如机器人、新材料、太阳能和汽车行业。他指出，发明并商业化新技术将为美国创造诸多就业和出口。[30]在宣布 AMP 的同一天，白宫发布了报告《确保美国先进制造业的领先地位》（*Ensuring American Leadership on Advanced Manufacturing*）。

AMP 项目是罗恩·布卢姆离开前的大作。他的目标是构建强大的公私合作伙伴关系，以形成一个持续的创新政策，将制造业与大学联系起来。之后,他离开白宫,将日常工作交给作为副手的全国经济委员会委员和总统制造业特别助理贾森·米勒。企业和高校在政府的支持下组织配备了工作团队,形成了一系列的专题小组。陶氏化学副总裁高恬莎(后来创立了大数据/分析公司)以及麻省理工学院的马丁·施密特教授(后来的教务长)被任命为"技术联席负责人"(technical co-leads),管理这些专题小组。他们两位深植于技术创新多年,能对制造业转型所面临的挑战做出敏锐的判断。陶氏的卡丽·赫特曼协助高恬莎的工作。[31]

2011 年 9 月 15 日,麻省理工学院举办"重建美国经济"论坛,该论坛由"创新经济中的生产"项目资助。会上,霍克菲尔德发表演讲,并隆重介绍上个月离开白宫的罗姆·布卢姆。[32]她指出,全国各地都在讨论美国制造业状况,主要有两种声音,"一半都说'这是国家最重要的事情',另一半人则用疑惑的神情看着我,好像在说'难道你忘了么,美国人不再从事制造业了'——这个反应让人担忧。美国在工业领域创造了一个多世纪的辉煌之后,现在需要重新定义其经济假设"。

布卢姆则引用了最近的一项民意调查。该调查发现,只有 40%的民众认为美国是世界最强的经济体,理由是:因为中国制造一切。他说,虽然这个观念不正确,但可以看出,在美国人的头脑里,制造业实力即经济实力。"如今的政治现实是,制造业是美国经济实力的关键。若制造业衰退,则经济衰弱。"[33]他强调了制造业衰退所付出的社会成本,特别是中年男性为主的工人群体,他们经历大半生劳顿后失业,无法养家糊口,很难找到合适的工作。很显然,他的观点触动了麻省理工学院在座的听众;回想起来,这是 2016 年大选的预演。

绝大多数参与 AMP 项目的企业和高校都至少抽调了一名高级管理人员，甚至是几个团队来推动该项目的实现。同样，政府部门的官员也需积极参与其中。由企业、高校和政府联手的雄心勃勃的专题小组，围绕包括技术开发、共享设备和技术设施、教育和劳动力、产业政策和外联等关键议题而成立，并且每个都由企业和高校联合领导。[34]专题小组频繁的现场会议、大量的准备工作和不时的集体呼叫连线是常态。同时，还有几十个外部机构和专家作为顾问，把他们的思想带入议程。加入指导委员会的高校与企业共举办了四次主要的区域会议，每次都有数百名来自大、小企业和其他组织的人员参会，讨论 AMP 项目并寻求新的想法。[35] AMP 专题小组以结果为导向，不是简单出个报告，而是要向参与方提出“可行性建议”。整个任务非同寻常，一年期的项目安排紧凑，由陶氏化学的高恬莎和麻省理工学院的施密特这两位联合主席强力推动。同时，由公司首席执行官、大学校长和包括总统在内的政府高级官员组成的指导委员会成员定期会面，评估进展和交流意见。

政府和 AMP 项目的初衷，是模仿弗劳恩霍夫研究所（Fraunhofer Institute）成立“先进制造业研究所”（Advanced Manufacturing Institutes），将 AMP 工作组正在评估的技术发展理念创造性地应用到各个公私实体中。德国有 60 个弗劳恩霍夫研究所，分布在全国各地，它们有力推动了中小企业、大公司和学术机构工程师之间的协作，促进了技术进步和流程优化。尽管美国政府出台了一些相关制造业的政策[36]，但弗劳恩霍夫研究所对他们来说是一个全新模式，也是一个让人激动的全新推动力。其实，政府早在 AMP 最终报告提交之前，就认可了这种模式。2012 年 2

月，总统在国情咨文演讲中声称要大力发展制造业。[37] 3 月，在参观一家飞机发动机公司时，总统呼吁成立 15 个制造研究所。[38] 2013 年 2 月，他在国情咨文演讲中又重申这个倡议。[39]背后原因何在？

很显然，通过与 AMP 紧密合作，总统及其团队希望在 2013 财年预算中包含成立制造研究所的部分。[40]资助 15 家研究所的所需联邦预算达 10 亿美元，可能需要国会支持，但国会内部已有很多深层分歧。继 2012 年国情咨文（SOTU）聚焦制造业关键领域之后，由吉恩·斯珀林和贾森·米勒为首的总统经济政策咨询团队，希望这些研究所能像国情咨文提及的那样成为法律要求。但斯珀林和米勒觉得，只有先创建一个试点研究所作为示范，这个“愿景”才有说服力，理念才能被真正理解。获得试点资助意味着，一家具有技术需求的政府机构——能源部或国防部——愿意参与。

2011 年末，米勒举办了一场晚宴，邀请了四家机构的负责人——阿伦·麦琴达尔（能源部）、苏布拉·苏雷什（Subra Suresh）（美国国家科学基金会）、帕特·加拉格尔（商务部/美国国家标准与技术研究院）和布雷特·兰伯特（国防部），试图说服他们赞助研究所是值得的。晚餐的热切讨论后，布雷特·兰伯特立场坚定地宣布，国防部将做出表率，他将亲自寻找资金，其他三位只要尽可能提供资金和技术支持就行。正是在那次晚餐上，有关美国制造（AmericaMakes）研究所的想法浮出了水面。这是第一家围绕军队所感兴趣的 3D 打印设立的研究所。之后，国防部组织了引起全国关注的研究所竞赛，结果于 3 月公布。2012 年 8 月，该研究所成立。美国制造研究所还获得了美国能源部、国家科学基金会、国家标准与技术研究院以及国家航空航天局的资助和支持。

这个研究所模式成为 AMP 与白宫和关键政府部门紧密合作

的一个早期案例。AMP代表了一个新模式——深入的公私合作关系，将产业界、学术界和政府聚集到一起，关注政策设计和实施。如此紧密的合作近几十年来从未有过。

2012年7月的AMP1.0报告《赢得先进制造业的国内竞争优势》

在总统推出AMP项目不久，围绕关键制造业主题成立了五个工作组，皆由业界和学术界带头人联合领导：(1)技术发展小组——辨识评估制造技术优先领域和培育这些关键制造技术的机制；(2)共享设备和基础设施小组——经由设施共享服务制造业社区，特别是中小型企业；(3)劳动力提升小组——采取措施，为先进制造业更好地输送人才；(4)政策小组——提出经济和创新产业政策，促进制造业协同研究；(5)外联小组——鼓励制造企业和组织参与其中，召开全国范围内的区域会议。[41]工作小组的分工安排，指明了项目的任务和政策导向。

AMP聚焦"先进制造业"，将其定义为：涵盖"制造业的所有方面，包括通过生产流程和供应链的创新，快速响应客户需求的能力"，更加知识密集，更加依赖信息技术、建模和仿真技术等。对这种制造业的"每一美元的投入都比其他任何行业创造更高的经济价值"，这种制造业能"从根本上改变或创造新的服务和行业"。但是，美国正在丧失充分利用制造业的能力："残酷的现实是，美国在制造业创新方面落后了。"[42]制造业贸易协会和企业一直呼吁政府减税，出台更加有利的贸易政策，AMP对以创新为基础的先进制造的关注则是一个推动制造业发展的新思路。它主张制造业与创新之间的深度交互。[43]

该报告呼吁基于“系统过程识别关键交叉领域技术，并确定其优先级”的“先进制造战略”(advanced manufacturing strategy)。[44]这个过程应产生一个持续的战略，反过来又可以转化为每个新技术范例的更详细的技术路线图；报告还开发了一个框架，根据如下因素排序联邦对这些技术的优先级：国家需求，全球需求，美国在该领域的制造业竞争力，技术准备情况，以及产业、大学研究和政府对这项技术热衷度的评估(例如，对于政府而言，它是否可以满足国家安全需求)。[45]通过制造商和大学专家的投票，初步提出了需要优先投资的技术清单：[46]先进传感、测量和工艺流程控制；新材料设计、合成和处理；可视化、信息技术和数字化制造；可持续制造；纳米制造、柔性电子设备制造、生物制造和生物信息学；增材制造；先进制造和测试设备；工业机器人；先进成型和接合技术。这些领域的战略将逐渐转变成为真正的技术路线图，并不断在技术间协同和定期更新。

为了孵化这些技术，该报告呼吁由中小企业组建的“制造创新研究所”(MII)与大企业密切联系，背靠综合型高校的应用科学和工程研究团队，研发成本由政府(联邦和各州)和参与企业共同承担。[47]美国的研究所将在区域层面运作，以利用区域产业集群，但仍能够将其技术和流程学习传递给全国范围的制造商。

为整合 MII 的经验，加速推广过程，报告提出成立国家制造创新研究所网络(NNMI)。这个建议的出发点，是看到政府支持的基础研究与产业化之间存在裂隙，支持技术开发、技术论证和系统/子系统开发——技术成熟水平 4 至 7[48]之间——的系统存在失能。研究所可以用来弥补这个裂隙。如图 5.1 所示。

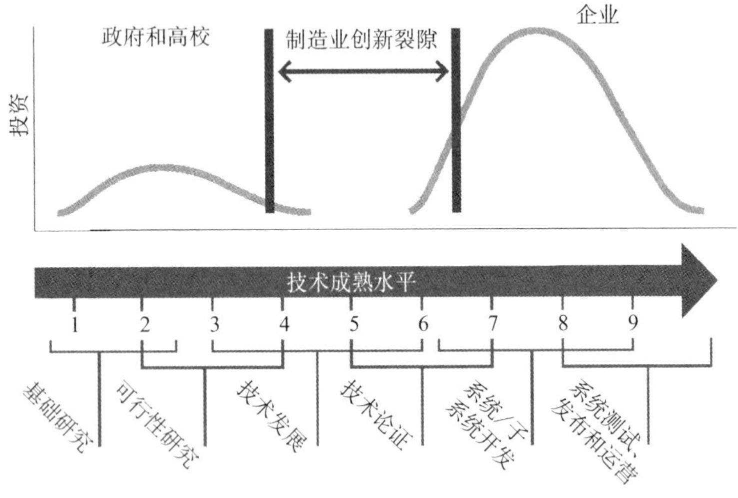

图 5.1 制造业创新的裂隙

资料来源：《AMP1.0 报告(2012)》，第 21 页。

研究所将支持技术发展，提供共享设施，方便企业使用这些设施去试验并适应不断发展的技术，同时与社区学院和大学共同对企业员工进行培训。我们无法期待仅在一个“地方”就万物皆有；因此并联节点、共享设施的网络被认为是必需的。这些研究所主要用于服务先进原型制造、测试和劳动力培训——这样的新型研究所在美国产业界是缺失的，可能有些大企业除外。之前因全球竞争、信息技术和分布式生产的压力，以及核心能力金融服务模式，使得企业垂直联系不多。有了这些研究所，产业生态系统得以重建。图 5.2 显示了制造创新研究所模型。

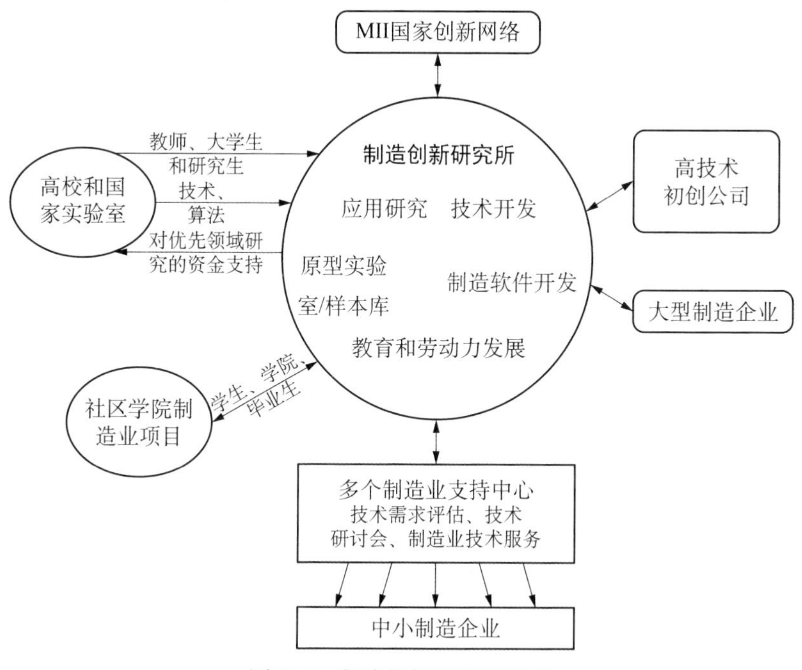

图 5.2　制造创新研究所模型

资料来源：《AMP1.0 报告(2012)》，第 23 页。

AMP 还密切关注先进制造业所需的人才。德勤(Deloitte)对制造创新研究所的调查发现，86%的人认为制造业对美国经济繁荣至关重要，85%的人认为这是提高生活水平的关键，他们最希望制造业企业落户自己所在社区。[49] AMP 还提出一系列人才培养的建议，其中最可能获得成效的两项是：加强产业和与社区学院之间的联系，扩大制造业培训范围；发展产业和社区学院的伙伴关系，开发全国性的高度市场化、可推广的技能认证体系。没有会使用新技术的合格人才，先进制造就是纸上谈兵。

AMP 提出的网络化研究所和新培训模式是否可行？它们真的可以重新连接创新和生产，从而帮助美国重获制造业领导者地位吗？报告并未予以详细说明，但其核心理念是，通过甄别和开发新的生产技术和工艺流程，以提高美国制造企业的效率、生产率和产品质量，从而使之更具有竞争力，抗衡国外生产商低成本和低工资的竞争优势。这些新技术和新工艺流程以后会转移到国外吗？这是必然的，但以下三个理由能解释为何要坚持引领创新：(1)“先发”优势的存在保证了充足的开发新方法的时间；(2)低收入国家出于社会和政治考虑，需要将就业维持在较高的水平，短期内难以采用先进生产模式；(3)一旦建立和实施了这些新制造系统的强大流程，新发展的领先优势可能会持续下去。

麻省理工学院的“创新经济中的生产”研究

回到麻省理工学院。在 AMP 的 2012 年研究之后，麻省理工学院于 2013 年开始了其“创新经济中的生产”研究。该研究得到了基金会和其他机构的资助，聚集了 20 名高校资深专家和 9 名研究生组成团队，召开了数次会议，并在欧洲、亚洲和美国范围内展开调研。[50]从 2010 年开始，该小组重点研究地区产业案例，开展了对俄亥俄州、乔治亚州、亚利桑那州和相邻的马萨诸塞州，以及中国和德国的研究。该小组一直向主管部门和 AMP 参与方通报调研结果。虽然最终研究成果直到 2013 年和 2014 年初才以麻省理工学院出版社出版的两册图书的形式发布，但其中的观点已广为传播。重要的是，苏珊·伯杰教授直接向奥巴马总统汇报调查结果。这显然不是通常意义上的学术活动。第一册《美国制造》

(*Making in America*)[51]由该项目负责人伯杰撰写,作为报告综述;第二册《创新经济中的生产》[52]由学校教师和研究员团队完成,对主题进行了深度分析。报告内容丰富,是关于美国制造业的历史性的研究讲述了发生了什么,以及为什么在其他地方没有发生的复杂故事,颇具影响力。以下是对核心研究结果的介绍。

该研究小组研究了各类工业企业和领域。[53]第一,研究了美国跨国公司,这些公司在过去 30 年将市场从美国扩展到了全球。他们采访了高级管理人员,分析企业在研发、测试、试产和规模化生产等方面的数据,以评估其战略。第二,对产业链的另一端进行了研究。[54]他们跟踪研究波士顿地区初创公司从最初实验室创新设想到生产的过程,追踪其从技术到产品过程中遇到的瓶颈,特别是在融资方面。第三,关注中小制造企业,研究他们在产品开发、流程支持服务和商业模式方面遇到的问题。[55]这项研究在前文提到的美国四个具有代表性的地区进行。第四,对德国和中国的企业进行了深入研究,研究它们在规模化生产和产品中采用的创新元素。[56]这两个国家采用了不同的模式,均提供了宝贵经验。第五,研究了先进制造技术和生产过程中的流程创新在重振美国制造业中发挥的作用。[57]第六,对技能短缺程度、先进制造对职业技能培训的需求做了研究。[58]

其实,"创新经济中的生产"研究提出了"一个大问题":怎样的生产能力才能支撑创新,才能实现其在高质量岗位、企业实力增强、新商业创造、经济可持续增长等方面的利益?[59]以经济学家一直接受的经济增长和相应的生产型经济需要创新为设定,该研究检查了"随着时间的推移需要什么来维持创新,以及需要什么将创新带入经济",审视了在不同类型企业中、在其他国家中通过技术进步、改善员工队伍实现的产品、流程创新。[60]“创新经济中的生产”重点关注创新理论在生产中的应用。虽然这种理论已多次被用于某些特定新技术，但尚未在美国生产体系内系统性铺开。它有一个新的面貌。[61]它所研究的五个主要领域反过来推动了政府相应政策的出台。

“创新经济中的生产”研究报告称，全球经济呈现全球化分布的生产格局——研究、开发、生产和分销都高度专业化和细分化。这是公司所有权和控制权的转变所导致，纵向一体化的大公司开始将很多研发、生产、售后等业务剥离。如今，很少有完全纵向一体化的企业存在。它们从20世纪80年代开始，就因来自金融公司的压力而重组。金融公司倾向于对“核心能力”投资，因为通过剥离盈利能力较差的业务，“轻资产”公司能获得更高的股票估值。[62]很多公司最先剥离的是生产环节，让企业债务减轻，人员也相应减少——因为制造业转移到了海外。信息技术的进步推动了这个进程——采用数字规范的计算机驱动设备，使得企业无需之前的垂直连接就能进行生产。全球贸易壁垒的降低和中国加入世界贸易组织（WTO）助推了制造业外包的进程。

核心能力的转变加上海外竞争的加剧使得制造业生态系统变得松散。企业降低了培训投入，减少了对供应商采用最佳实践的激励，供应链不再具有深度。大公司对产业实验室基础和应用研究的投入减少，应用方面的研究更多地集中在可转化为利润的增量开发上。企业扩张更多的是通过兼并和收购来实现，而不是内部创新。大型垂直企业曾经在研究、培训方面创造了大量的“公共产品”，并向供应商转移了技术和专业知识，从而帮助了中小企业，但这个具有溢出效应的生态系统正在退化。

生态系统内日益扩大的裂隙，可被称为“市场失灵”。由于企业难以获得原先的产业公共产品，“互补能力”联系网络日益松散。大公司放弃了垂直模式，转而关注“核心能力”，进行“轻资产”运营，将生产外包。中小企业在孱弱的产业生态系统内“孤立无援”。[63]银行也给它们以打击。由于金融业寻求全国和全球扩张，那些基于银行工作人员对贷款人了解的本地银行正慢慢消失。融资难使得中小企业对新技术的规模化力不从心，原先中小企业唱主角的行业在萎缩。

研究德国的专家发现截然不同的情况。德国“中小企业”(mittelstand)并非孤军奋战。围绕着它们的是众多的贸易协会、开发新技术的共享型研究机构、支持性工程中心、培养高素质的员工的强大培训系统，为规模化生产提供资金的本地金融机构随手可得。特别是弗劳恩霍夫研究所，通过来自高校和技术研究所的工程专家，在大、小企业之间建立了联系，推动了技术和流程的开发。此外，小公司也能参与的学徒制系统，培养了大批高级技工。

研究中国的专家发现，那里的创新型生产系统能通过区域性跨企业协作的方法帮助企业迅速实现规模化生产。[64]中国企业具有强大的原型制造能力，可以重新进行产品设计和流程再造，降低产品成本，让本国人民能负担得起。美国的企业，要么是孤立无援的小企业，要么是分散式运营的大公司，逐渐失去了快速规模化生产和制造原型的优势。

挑战远不止这些。通过研究诸多类型的企业，研究团队还发现，中小企业要想在21世纪初的大衰退下生存，必须找到创新的路径。这并不是指通过研发将先进技术从实验室转化为产品，而是指重塑现有产品线，以适应新的需求和市场空位；或者为现有部件发现新的功能，开发新的市场。[65]值得一提的是，“创新经济中的生产”研究发现，成功的制造企业更多地将产品和服务整合，通过产品和安装、应用等相关服务为客户提供解决方案。[66]IBM和苹果这样的大公司就是很好的例子。它们整合了产品和服务，并以一种全新方式为客户创造价值。将两个通常分散的环节整合在一起，也许是大多数公司的发展方向，同时是一个新的挑战。

上面讲的是大中小型企业。初创公司是什么情况呢？在美国，这些始于信息技术革命、风险投资公司追逐的初创公司已成为美国经济创新驱动部分的关键。初创公司往往集中在研究机构所在地，或政府有相关激励政策的地方，像旧金山、波士顿和奥斯汀等。研究团队针对一组已有十年甚至更长历史的波士顿初创公司进行了调研。[67]波士顿是初创公司的理想聚集地。这里有强大的高校科研力量、卓越的人才，以及资本的支持。如果初创公司在波士顿无法生存，那么它们在其他地方会更难。在波士顿，信息技术或生物科技的初创公司有着固定的发展时间表和路径。如果初创公司属于以上两个行业之一，则很难规模化，因为它们的孵化的时间不像信息技术公司那样是五到十年，而是十年甚至更长。一般来说，风险投资公司以五年为限，然后有步骤地收回资金；五年之后，如前景明朗，则继续持有，它们不会稀释股权，但会将创业公司归入“收入维持”类。一般情况下，当非信息技术初创公司最终完成产品设计，与风险投资公司的对话是这样的：

新技术初创公司：“你好，风险投资公司，我们差不多完成了设计，已经准备生产，请资助我们3 000万美元用于采购生产设备来规模化制造我们的小发明。”

风险投资公司："初创公司，这很好，但我们没有这部分钱，风险太高，我们不继续投了，请致电我们的合作制造商中国××××公司。"

对这家初创公司来说是利好的——它开始规模化，但它的创新团队不得不在深圳待上几个月，培训分包制造商的工程师，教会他们生产初创公司所设计的新技术。创新所在地开始向海外转移，之后是外包公司的渐进式创新。有时，风险投资公司会将创业公司转手给外国主权财富基金，但效果是一样的。美国的问题在于，如果初创公司代表了新技术，它们的规模化和生产会转移到海外。

"创新经济中的生产"还讲述了一个技术故事。他们深入研究了一个融合多种挑战性技术的创新生产方式，这种生产方式让"大规模定制"成为现实。[68]利用 3D 打印和计算机驱动标准设备，可以让小批量定制产品的成本像大规模统一生产那么低。这使得小规模、本地造成为可能。这个案例研究详细描述了实现这种可能的技术，并论证了该模型的可行性。这意味着生产的历史将发生戏剧性的转变。制造业一直在追求规模化生产，但创新的生产方式并不是生产的扩大，而是缩小生产规模。这意味着本地生产运动即将拉开帷幕，就像美国的本地食物运动那样。消费者可以参与设计，以满足自己的精细需求和品味。如果生产过程可以本地化、小规模而且高效，那么海外生产优势就会消失，这样的生产创新是革命性的。显然，这只适用于某些产品，而且在大规模定制技术之外，还有很多其他创新技术等待开发。但是，不管怎样，针对生产的"先进制造"创新模式是非常有前景的，这是重塑制造业生态系统的组织原则。

最后，"创新经济中的生产"研究了劳动力需求。早期报告采访的制造业高管无不抱怨技能工人短缺的问题。[69]但是，如果制造业在21世纪头十年削减三分之一的工人，还会有短缺问题吗？正如将在第八章中更详细地讨论的那样，"创新经济中的生产"问企业招聘官的问题，并不是能否找到技术工人，而是填补空缺岗位需要多久；答案是76%的空缺岗位都能迅速找到合适的人。[70]这意味着不存在技能短缺的紧急情况。为什么管理者的回答截然相反呢？也许所有管理人员都想疾呼技能短缺问题，以期教育机构能满足他们的人才需求。不过，仍有24%的制造企业提到它们的岗位长期空缺。这又是为什么呢？这正是有意思的地方。受访企业中有一些是技术公司，它们的确存在技能短缺的问题。因此，如果"创新经济中的生产"研究提议发展由新技术和新流程驱动的先进制造业，培训体系就必然要努力满足这些需求。报告建议建立一个"新技能生产系统"，要求雇主与社区学院合作，支持联邦、州和地区的政府项目，并由中介组织帮助它们更好地建立联系和开展交流。[71]

总的来说，"创新经济中的生产"研究呼吁重建衰弱的工业生态系统。[72]这需要企业间、产业间共享设施和能力，大企业和政府执行召集职能。这类似于20世纪八九十年代晚期半导体制造技术联盟在半导体生产中担任的角色。这在纽约州北部和俄亥俄州已经发生。跨企业、教育研究机构和公共中介机构的类似合作也可以在技能培训中发挥作用。

2014年10月的AMP2.0报告《加快发展美国先进制造业》

2013年9月，总统在2012年报告的执行基础上重新规划

AMP 项目，确定了新战略。这个项目影响着先进制造业政策的下一步走向。

大多数参与 AMP1.0 的公司和高校都继续支持 AMP2.0，两所社区学院、一个州立大学、两家小型企业和美国钢铁工人联合会作为新成员加入了 AMP2.0。[73]陶氏化学首席执行官安德鲁·里维利斯与麻省理工学院新院长拉斐尔·赖夫（接替苏珊·霍克菲尔德）共同担任 AMP2.0 指导委员会联合主席；作为麻省理工学院一个大型技术实验室的前任主任，赖夫在工业界拥有高度相关的经验。陶氏化学全球业务顾问拉维·尚卡和麻省理工学院教授克里斯蒂纳·范弗利特作为协调这个高度活跃的工作组的"技术联合领导者"，与陶氏的卡丽·赫特曼再次密切合作。在政府层面，国家经济委员会的贾森·米勒和 J.J.雷诺负责协调和总体指导。[74]与 AMP1.0 一样，项目在佐治亚州、俄亥俄州、纽约州、马萨诸塞州和密歇根州举办了数场研讨会，吸引了众多参会者，启发和分享了很多政策建议。

因为政府正在着手成立制造研究所，AMP2.0 报告关注了相关的补充政策。在技术政策方面，[75]AMP2.0 呼吁一项联合公私营部门促进"新兴制造业技术"的全国性政策。这包括"优先制造技术领域"（prioritized manufacturing technology areas），用于管理联邦的"先进制造业技术投资组合"。为了证明这个战略构想是可行的，AMP2.0 小组对优先级制造技术领域展开了研究，发现了三个重点领域，并提出了相应的试点战略。这三个领域分别是：制造业先进传感、控制和平台，可视化、信息化和数字化制造，以及新材料生产。[76]随后，政府成立了与之对应的研究机构并制定了发展战略。政府不只是资助那些提供研发支持和开发制造业技术的制造创新研究所，还资助其他实体，包括卓越制造中心（manufacturing centers of excellence），以及支持研究所研发的技术测试平台。报告鼓励与产业界合作，促进研发和基础设施建设；成立先进制造业咨询协会（advanced manufacturing advisory consortium），为企业提供更多的战略和研发基础设施方面的咨询服务。报告指出，制造研究所必须有强大的研发和基础设施作为后盾，才能实现技术可持续发展。此外，还要建立"国家制造创新研究所网络"，共享理念、技术和最佳实践；建立推广新制造技术的共享流程和标准。

在劳动力培训和发展领域，[77]报告建议，建立一个可操作的、可叠加的国家技能认证系统，供雇主招募人才和人才晋升时使用，帮助工人获得受到认可的技能。报告还提出，政府要支持在线培训和认证系统。AMP2.0小组还开发了大量的制造业培训工具包和手册，以及学徒培训试点项目。报告呼吁继续支持企业和社区学院已经开展的计划和项目。报告最后提议，要开展一项全国性的运动，围绕先进制造改变制造业形象，并通过秋季"国家制造日"的开放工厂和项目来突出新形象。

AMP2.0项目中有一个"规模化政策"（Scaleup Policy）工作组，研究中小企业和初创公司在新产品规模化生产时碰到的融资难的问题。同样的问题在麻省理工学院"创新经济中的生产"研究报告中也被提出，并多次在风投、创投、私募以及其他融资机构的多个城市研讨会上被广泛讨论。报告展望了一个雄心勃勃的公私共同出资的规模化投资基金，用于建设新技术的试点生产平台。此外，报告呼吁建立连接制造商与潜在战略伙伴的更好系统，以帮助实现规模化生产。弥合规模化的裂隙成为报告的重要贡献之一。

AMP2.0项目不只是提出政策建议。产业、大学、劳工组织的参与者强调了自己在开发学徒培训项目、培训工具包、三个优先领域的相关技术战略，以及制造规模化支持概念等方面的努力。

2014 年 10 月 27 日，指导委员会的 18 名成员直接向奥巴马总统提交 AMP2.0 成果，陶氏化学的安德鲁·里维利斯和麻省理工学院的拉斐尔·赖夫作为主要汇报人。商务部长彭妮·普利茨克(Penny Pritzker)、国家经济委员会主任杰弗里·齐恩兹(Jeffrey Zients)、白宫科学和技术政策办公室主任约翰·霍尔德伦(John Holdren)与总统和指导委员会讨论了执行该报告的步骤。[78]同时，白宫宣布了实施计划，包括新的学徒培训项目和围绕先进材料、先进传感和控制、数字化制造成立三家研究所。[79]当天下午，美国国家学院与 AMP2.0 产业界和学术界专家共同举办了一个关于该报告的论坛，与会政府部门和白宫官员都公开提出建议，分享想法。[80]

美国国家工程院的研究报告《为美国创造价值》

先进制造业政策的演变不能缺少以下两个机构的参与：国家科学院和国会。

美国国家工程院(NAE)在 2015 年 3 月发布了报告《为美国创造价值》(*Making Value for America*)。[81]该报告由后来当选为工程院主席的查克·韦斯特(Chuck Vest)发起。他清楚地看到制造业正面临衰退，随后力推该报告。报告采用他说的一段话作为引言："很多人都在等待新生产方式的出现，畅想我们的工作如何发生变化，好像这是离我们很遥远的事。事实上，改变就在当下。对此，我们需要有更清醒的认识，相应的政策和教育要适时反映当下发生的变化。"美国国家工程院委员会由 IBM 前高管尼古拉斯·多诺弗里奥（Nicholas Donofrio）领导，成员包括大型制造企业和科技公司的高管，以及技术政策专家，如能源部能源高级研究计划署（ARPA-E）创始人兼主任、前美国能源部能源制造业项目负责人、现斯坦福大学教授阿伦·麦琴达尔，AMP1.0报告的技术联席负责人高恬莎。[82]这份报告的视角与之前的有所不同，正如引言部分韦斯特所讲，这份报告并没有分析制造业的现状，而是假设先进制造正在发生，分析其意义。它因此激起了人们极大的兴趣，关注其后续进展。

报告发现，技术进步和产业新商业模式将大大改变产品生产和分销的方式，同时影响到生产这些产品的工作的本质。[83]报告认为，美国要保持世界制造业中心的领先地位——其核心竞争力之一，必须拥抱这些可能性。企业必须从生产产品转变为生产价值，[84]将服务与产品相结合，并贯穿产品的整个生命周期。其中，至关重要的是企业的价值链[85]。企业在整个过程中发挥着核心作用，但也需要政府提供配套政策，并投资新型教育、培训，以及技术开发。

报告还提出先进制造业的主要内涵。为了在关键制造领域取得领先地位，必须引入提高效率和生产率的新技术，后者将改变工作的性质。[86]在生产全过程引入数字技术和传感器系统——智能制造——意味着简化和自动化，也意味着工作性质的变革，需要更高的教育程度和才智，因为技术协同成为了工业标准。[87]培训体系需要变革，以跟上时代步伐，否则将失去制造业的领先地位。[88]实际从事生产的岗位可能会减少。这份报告并未提及如何补偿，但指出，“生产价值”的企业中会创造出结合服务、分销和生产的复合型新工作，这就是未来的工作。（正如本书第三章所述，将制造业视为价值链沙漏的一部分，意味着理解制造业中真正的工作不能仅仅着眼于生产过程，而是要放眼于依赖它的整个价值链。）

报告提出的"生产价值"和"价值链"的观点，为如何看待先进制造业提供了建设性的新视角——无论是作为生产的新角色，还是随之而来的新挑战。

国会制造业法案

这些评估报告和先进制造背后的努力的最后一个问题涉及国会立法。要使政府行动持久，必须由国会授权，并且紧跟定期和相对稳定的拨款。行政部门的努力，可以启动政策之船，但除非有国会的授权和拨款，否则海上没有真正的风。政府的努力最终还是要依据法律，通过财政拨款而非行政命令来实现。若制造业新项目没有走这些程序，就无法在政府更替中存续。当然，寻求国会批准很难，特别在政党间有分歧时。你永远无法知道国会的决定是什么。

国会在2010年有严重的意识形态分歧，包括国会党派内部，相应地导致无力推动法案。即使如此，在关键的制造业立法方面，两党却意见一致，这充分说明了制造业对政治的影响力。美国的地方政治需要制造业，因为它能带来就业和居民收入。相关企业的努力，使得来自国家制造业协会（National Association of Manufacturers）和其他商会的提案得到支持。

参议院率先行动。2013年8月1日，看似不太可能的两党联立组合，时任俄亥俄州民主党自由派参议员谢罗德·布朗（Sherrod Brown）和密苏里州共和党保守派参议员罗伊·布伦特（Roy

Blunt)，共同提出了《振兴美国制造业和创新法案》。[89]该法案的核心是批准成立由国家标准与技术研究院领导下的 15 家制造创新研究所。随后，另一联立组黛比·斯塔博诺(Debbie Stabenow)(密歇根州民主党)和林赛·格雷厄姆(Lindsey Graham)(南卡罗来纳州共和党)加入阵营，因为他们所代表州的制造业都陷入低迷。随后，参议院共有 12 对人员加入，形成了两党"诺亚方舟"组合。他们的提案得到了主要制造业协会和劳工组织的支持。例如，布朗在俄亥俄州得到 65 万生产工人的支持，他是总部位于俄亥俄州扬斯敦市的第一家 3D 打印制造研究所的最早支持者。

2013 年 8 月 2 日，另一对两党联立组，纽约州北部共和党保守派议员汤姆·里德(Tom Reed)和马萨诸塞州的民主党自由派乔·肯尼迪(Joe Kennedy)，向众议院提出《振兴美国制造业和创新法案》。该法案最终在众议院获得惊人的 100 支持票，包括民主党的 51 票和共和党的 49 票，两党再次形成"诺亚方舟"组合。当地制造业岗位和企业的重要性凸显了该法案的政治性。

但此时还不意味着法案会获众议院和参议院批准。对于该法案的最终获批，众议院科学、空间和技术委员会(House Science, Space and Technology Committee)主席、保守派众议员拉马尔·史密斯(Lamar Smith)功不可没。20 世纪 70 年代，他在波士顿的《基督教科学箴言报》(*The Christian Science Monitor*)当过两年记者，熟悉这座城市和肯尼迪家族。他是第五代得克萨斯人，在众议院工作了 26 年，对空间技术和科学有浓厚兴趣。众议员乔·肯尼迪是史密斯的科学委员会的新人，并由于国家标准与技术研究院属于该委员会的管辖范围而被分配到该委员会。《振兴美国制造业和创新法案》是他的第一个重大立法项目。作为罗伯特·肯尼迪

(Robert Kennedy)参议员的孙子，乔·肯尼迪留着一头红发，聪明、友善、勤奋，毕业于注重制造业研究的斯坦福大学，所生活的波士顿区紧靠当地的强大技术集群，因此深谙技术的重要性。当他向史密斯主席提出该法案时，史密斯决定推动它。

2013 年夏季和秋季，科学委员会的研究与技术委员会(Subcommittee on Research and Technology)先后举行了三次听证会，听取小型制造企业、竞争力委员会(Council on Competitiveness)、高校技术专家、通用电气的科学家、半导体行业协会，以及肯尼迪议员和里德议员这个两党联立发起人的意见。[90]科学委员会内部就法案进行了讨论。2014 年 7 月，科学委员会再次审定该法案，讨论史密斯主席和肯尼迪议员提交的替代修正案，以及其余六项修正案。立法推动可谓深思熟虑——委员会的多数派和少数派都参与其中。这些修正案在封闭环境中进行了审议，只是采取口头表决——这意味着双方达成的协议无需再进行争议性笔录表决。在撰写了该法案的详细报告后，2014 年 9 月 15 日，科学委员会向众议院提出法案。提案的陈述时间非常有限，需要陈述人精心把控。然而，史密斯已经在众议院设计了一种暂停口头辩论的“暂停议程”，适用于具有两党联立支持基础的一些小法案。得到两党联立大力支持的史密斯、里德和肯尼迪，呼吁众议院高层采用这个议程。这样，在 9 月 15 日，这项法案跳过辩论环节只用口头表决便迅速获得批准。[91]在众议院的顺风顺水能否在参议院延续呢？

参议院商务委员会(Senate Commerce Committee)受理该法案，2013 年 11 月举行听证会，并于 2014 年 4 月上报该法案。但这个法案被搁置了。[92]参议院通常会让事情复杂化。参议院被命名为参议院并非偶然。当副总统托马斯·杰斐逊（Jefferson）主持参议院工作时，直接参照罗马参议院的实践制定了规则。罗马参议院发明了阻挠议事。在美国，任何态度坚决的参议员都可无理由地搁置法案。所以，当众议院已通过的《振兴美国制造业和创新法案》到了参议院，参议院商业委员会主席杰伊·洛克菲勒在（Jay Rockefeller）（西弗吉尼亚民主党）和其他支持者就遇到了搁置的麻烦，法案无法进入参议院审议。最终，该法案在国会两院获得了两党人士足够票数，以及发起人和委员会领导者的大力支持后，被纳入当时财政年度所有政府机构综合拨款法案中——这是一个“必须通过”的法案。终于，它像是舰队中的一只小艇，于 2014 年 12 月和 13 日分别获参众两院通过后开始起航。

该法案在全国范围内批准成立 15 家地区性制造创新研究所，每一家都关注一个与先进制造业相关的独特技术、材料或工艺。[93] 正如 AMP 研究阐述的，这些研究所将构成一个网络。国家标准与技术研究院是该网络的领导机构，它与其他政府部门合作选择和资助研究所，并由产业界和所在州、当地政府分摊资金。国家标准与技术研究院必须制定并定期更新的创新网络发展战略。创新研究所须与现有的制造业扩展合作伙伴关系项目对接，后者为每个州的小生产企业提供有关效率和技术的建议。国家标准与技术研究院还要求创新研究所开展相关教育和培训。

与此同时，其他一系列制造研究所相继成立，其中包括由国防部制造和工业基地政策办公室（Defense Department's Manufacturing and Industrial Base Policy office）领导的“制造技术”项目、能源部能源效率和可再生能源办公室支持的机构。法案批准的国家标准与技术研究院领导新型研究所的方式，可能并不能真正跟上时代发展步伐，却表明了国会对制造研究所模式的充分认可。法案还呼吁制定创新研究所网络可持续发展战略，允许国家标准与技术研究院在筹集到足够的资金时有权资助它的研究所——到现在为止尚未实现。在2015年的预算案中，国会向国家标准与技术研究院提供了启动资金，以成立一家或更多的研究所。一个因分歧而闻名的国会，在两党联立的基础上走到了一起，共同祝福制造创新研究所，推动了先进制造业的发展。

我们如何还原2010年到2015年这五年间的制造业拼图？这五年是制造业创新发酵的时期。首先，很多文章和报道开始为新政策的出台做铺垫。接下来，白宫，在总统、“制造业之王”罗姆·布卢姆、国家经济委员会和科技政策办公室的领导下，围绕创新战略团结起来，以求改革美国制造业。政府对创新政策并不陌生——很多人知道它助推了近年的IT和生物科技浪潮，但政府将创新政策应用于制造业却是前所未有。创新政策不是唯一所需的，但它是核心。[94]

与此同时，麻省理工学院也在开展“创新经济中的生产”研究，并及时向政策制定者汇报研究结果。“创新经济中的生产”通过对制造业的深入研究，提出衰弱的生态系统不仅对制造业有害，还会危及创新体系本身，而创新是美国重要的比较优势。它将生产视为创新体系的关键环节——一个薄弱环节。AMP1.0报告的主要贡献，在于通过支持先进制造创新研究所，将制造业创新转化为政府政策。2014年的AMP2.0报告又将创新政策具体化，提出围绕先进制造技术和工艺流程的公私协作的技术战略，基于该战略连接政府研究机构和新成立的创新研究所，建设分享学习和最佳实践、培训员工的研究所网络。国家工程院2015年的报告里增加了一个更大的框架——先进制造业将服务和生产整合为新的"价值"模式，成为未来经济的核心，需要更加宽泛的教育改革，以准备劳动力，让他们实现这种新价值模式，并在其中高效工作。最后，国会批准的《振兴美国制造业和创新法案》对制造创新研究所进行了背书，增加了整个项目安全渡过当时政治动荡的可能性。

特朗普政府于2017年上台，承诺重振美国制造业，这是总统竞选的核心问题。2017财年国会全额资助制造研究所。但是2018财年是一个更复杂的故事。美国政府2017年3月提交的2018财年联邦预算初稿，削减了众多联邦机构的科学和技术计划，却避免了对制造研究所的明显削减。由于国防开支计划增加，当最终预算于5月提交国会时，国防部运营的八家研究所似乎状况良好。但是能源部的能源效率和可再生能源项目以及它的五家研究所被砍掉了。虽然国家标准与技术研究院面临紧缩，但其研究所似乎是可持续的。当然，预算只是特朗普政府的提议，国会将开启重写它的过程。目前尚不清楚有关制造研究所的最终结果。然而，制造业创新政策的更新可能需要超越对维持研究所预算的关注。

其他国家的先进制造业正在如火如荼地进行中。受到美国发展的刺激，德国、英国、新加坡、日本和中国，都在发展各自的先进制造业。在这样的背景下，美国要想继续待在制造业游戏之中，除了追逐先进制造，别无他法，因为对手现在都在采取类似的策略。[95]

注释

1. Bureau of Labor Statistics (BLS), Spotlight on Statistics, The Recession of 2007 - 2009 (Washington, DC: Bureau of Labor Statistics, February 2012),

2, http://www. bls. gov/spotlight/2012/recession/pdf/recession_bls_spotlight. pdf.

2. Bureau of Labor Statistics (BLS), *The Economics Daily*, December 8, 2009, http://www. bls. gov/opub/ted/2009/ted_20091208. htm.
3. The authors gratefully acknowledge that material for this chapter and chapters 6 and 7 initially appeared in William B. Bonvillian, Advanced Manufacturing: A New Policy Challenge, *Annals in Science and Technology* 1, no. 1(2017).
4. Gregory Tassey, Beyond the Business Cycle: The Need for a Technology-Based Growth Strategy (paper, NIST Economic Analysis Office, Washington, DC, February 2012), 2, http://www. nist. gov/director/planning/upload/beyond-business-cycle. pdf.
5. In this period, there were a number of significant articles on the U. S. manufacturing predicament that provided a foundation for the studies reviewed here, although the MIT study discussed was in many ways the most extensive and far-reaching. Such articles included the following: Gregory Tassey, Rationales and Mechanisms for Revitalizing U. S. Manufacturing R&D Strategies, *Journal of Technology Transfer* 35, no. 3 (June 2010); Erica Fuchs and Randolph Kirchain, Design for Location? The Impact of Manufacturing Offshore on Technology Competitiveness in the Optoelectronics Industry, *Management Science* 56, no. 12 (December 2010): 2323 – 2349; Susan Houseman, Christopher Kurz, Paul Lengermann, and Benjamin Mandel, Offshoring Bias in U. S. Manufacturing, *Journal of Economic Perspectives* 25, no. 2(2011); Dan Breznitz and Peter Cowhey, America's Two Systems of Innovation: Recommendations for Policy Changes to Support Innovation Production and Job Creation, report (San Diego, CA: Connect Innovation Institute, February 2012); Robert D. Atkinson, Luke A. Stewart, Scott M. Andes, and Stephen Ezell, Worse than the Great Depression: What the Experts Are Missing about American Manufacturing Decline (Washington, DC: Information Technology and Innovation Foundation, March 2012); Susan Helper, Timothy Kruger, and Howard Wial, Why Does Manufacturing Matter? Which Manufacturing Matters? (paper, Metropolitan Policy Program, Brookings Institution, Washington, DC, February 2016), https://www. brookings. edu/wp-content/uploads/2016/06/0222 _ manufacturing _

helper_krueger_wial. pdf. ; Stephanie Shipp, N. Gupta, B. Lal, J. Scott, C. Weber, M. Finin, M. Blake, S. Newsome, and S. Thomas, Emerging Global Trends in Advanced Manufacturing, Report P - 4603 (Arlington, VA: Institute for Defense Analysis, March 2012), https://www. wilsoncenter. org/sites/default/files/Emerging _ Global _ Trends _ in _ Advanced _ Manufacturing. pdf; William B. Bonvillian, Reinventing American Manufacturing: The Role of Innovation, *Innovations* 7, no. 3 (2012); Gary P. Pisano and Willy C. Shih, *Producing Prosperity* (Cambridge, MA: Harvard Business School Publishing, 2012). Numerous reports on manufacturing in this period are listed and summarized in Yiliu Zhang, Daniel Kuhner, Kathryn Hewitt, and Queenie Chan, Future of U. S. Manufacturing — A Literature Review, pts. I - III, MIT Washington Office, Washington, DC, August 2011, January 2012, July 2012, http://dc. mit. edu/resources/policy-resources.

6. For disclosure, author Bonvillian, as director of MIT's Washington Office, served as an adviser on these efforts to President Hockfield and to MIT's subsequent Production in the Innovation Economy (PIE) studies, http://web. mit. edu/pie/.
7. MIT Roundtable on Developing National Innovation Policies, Summary, March 1, 2010, http://dc. mit. edu/sites/default/files/MIT%20Innovation%20Roundtable. pdf.
8. MIT Washington Office, MIT Reports to the President, 2009 - 2010, MIT Efforts on Policy Innovation Challenges, (Cambridge, MA. : Massachusetts Institute of Technology 2010), 1 - 32 - 1 - 33, http://dc. mit. edu/sites/default/files/pdf/2010%20MIT%20DC%20Annual%20Report. pdf [and search: dc. mit. edu under "Policy Resources/Manufacturing"].
9. Ibid. , 1 - 33 - 1 - 34; MIT Roundtable on The Future of Manufacturing Innovation — Advanced Technologies, Summary, March 29, 2010, http://dc. mit. edu/sites/default/files/pdf/Roundtable%20The%20Future%20of%20Manufacturing%20Innovation. pdf [search: dc. mit. edu under "Policy Resources/Manufacturing"]; Peter Dizikes, A Manufacturing Renaissance for America? At an MIT Forum Experts Examine New Ways to Pursue a Good Old Idea: Making Things, MIT News Office, March 31, 2009, http://

news. mit. edu/2010/future-manufacture-0331.

10. Michael Dertouzos, Robert Solow, Richard Lester, and the MIT Commission on Industrial Production, *Made in America: Regaining the Productive Edge* (Cambridge, MA: MIT Press, 1989); James Womack, Daniel T. Jones, and Daniel Roos, *The Machine That Changed the World: The Story of Lean Production* (New York: Free Press, 1990).
11. MIT Roundtable, The Future of Manufacturing Innovation — Advanced Technologies, March 29, 2010, 3.
12. Suzanne Berger and the MIT Industrial Performance Center, *How We Compete: What Companies around the World Are Doing to Make It in Today's Global Economy* (New York: Doubleday Currency, 2006).
13. MIT Roundtable, The Future of Manufacturing Innovation — Advanced Technologies, March 29, 2010, 5.
14. Ibid., 5-8.
15. Suzanne Berger and the MIT Task Force on Production and Innovation, *Making in America* (Cambridge, MA: MIT Press, 2013), vi-vii.
16. Christina Romer, Do Manufacturers Need Special Treatment?, *New York Times*, February 4, 2012, http://www. nytimes. com/2012/02/05/business/do-manufacturers-need-special-treatment-economic-view. html? _r=0.
17. Stephen Ezell, Our Manufacturers Need a U. S. Competitiveness Strategy, Not Special Treatment, The Innovation Files, Information Technology and Innovation Foundation (ITIF), February 9, 2016, http://www. innovationfiles. org/our-manufacturers-need-a-u-s-competitiveness-strategy-not-special-treatment/.
18. President's Council of Advisors on Science and Technology (PCAST), Report to the President on Ensuring American Leadership in Advanced Manufacturing (Washington, DC: PCAST, June 24, 2011), https://obamawhitehouse. archives. gov/sites/default/files/microsites/ostp/pcast-advanced-manufacturing-june2011. pdf.
19. Ibid., PCAST Chairs' introductory letter, i.
20. Senator Barack Obama, 2004 Democratic National Convention Keynote Address(speech, Democratic National Convention, Boston, July 27, 2004).
21. PCAST, Ensuring American Leadership in Advanced Manufacturing, ii.

22. Ibid. , v.
23. Ibid. , iii.
24. Ibid. , iii-v, 33.
25. Ibid. , iv.
26. White House, Office of the Press Secretary, President Obama Launches Advanced Manufacturing Partnership, June 24, 2011, https://obamawhitehouse. archives. gov/the-press-office/2011/06/24/president-obama-launches-advanced-manufacturing-partnership.
27. Andrew Liveris, *Make It in America: The Case for Reinventing the Economy* (Hoboken, NJ: John Wiley and Sons, 2011).
28. Names of AMP1. 0 Steering Committee members from companies and universities can be found in President's Council of Advisors on Science and Technology (PCAST), Advanced Manufacturing Partnership Steering Committee, Report to the President on Capturing Domestic Competitive Advantage in Advanced Manufacturing (Washington, DC: PCAST, July 2012), vii, https://obamawhitehouse. archives. gov/sites/default/files/microsites/ostp/pcast_amp_steering_committee_report_final_july_17_2012. pdf; White House, Office of the Press Secretary, Report to President Outlines Approaches to Spur Domestic Manufacturing Investment and Innovation, press release, July 12, 2012, https://obamawhitehouse. archives. gov/the-press-office/2012/07/17/report-president-outlines-approaches-spur-domestic-manufacturing-investm
29. White House, Office of the Press Secretary, President Obama Launches Advanced Manufacturing Partnership, statement at Carnegie Mellon University, June 24,2011.
30. MIT News Office, Hockfield to Co-chair U. S. Manufacturing Partnership, June 24,2011, http://news. mit. edu/2011/hockfield-obama-manufacturing-0624.
31. Overseen by the AMP Steering Committee (which consisted of the industry CEOs and university presidents), the effort was led by staff from the firms, universities, and agencies listed (mixed in with outside experts consulted) in Appendix B, 47 – 50 and vi, in PCAST, Advanced Manufacturing Partnership Steering Committee, Report to the President on Capturing Domestic

Competitive Advantage in Advanced Manufacturing, https://obamawhitehouse. archives. gov/sites/default/files/microsites/ostp/pcast_amp_steering_committee_report_final_july_17_2012. pdf. For disclosure, author Bonvillian worked on the AMP1. 0 and AMP2. 0 reports as a member of the assigned MIT support group.

32. Jessica Chu, American Made? MIT Forum Examines the Role of Manufacturing in Rebuilding the Economy, MIT News Office, September 16, 2011, http://news. mit. edu/2011/manufacturing-event-pie-0916.
33. Ibid.
34. Appendix B lists names of both outside experts and AMP participants from its member universities and companies; names from the participant organizations identify those who participated in the work groups and in development of the report proposals. See PCAST, Advanced Manufacturing Partnership Steering Committee, Report to the President on Capturing Domestic Competitive Advantage in Advanced Manufacturing, July 2012, Appendix B, 47 - 50. Annexes to the report that contain detailed reports from each work group can be accessed through https://www. obamawhitehouse. archives. gov/administration/eop/ostp/pcast/docsreports.
35. PCAST, Advanced Manufacturing Partnership Steering Committee, Report to the President on Capturing Domestic Competitive Advantage, July 2012, Annex 6, Regional Meeting Summaries, https://obamawhitehouse. archives. gov/sites/default/files/microsites/ostp/amp_final_report_annex_6_amp_regional_meeting_summaries_july_update. pdf.
36. Eliza Eddison, Survey of Federal Manufacturing Efforts, MIT Washington Office, Washington, DC, September 2010, http://dc. mit. edu/resources/policy-resources; Aneesh Anand, Survey of Selected Federal Manufacturing Programs at NIST, DOD, DOE, and NSF, MIT Washington Office, Washington, DC, September 2014, http://dc. mit. edu/resources/policy-resources.
37. President's State of the Union Address, Full Text, *Wall Street Journal*, February 12, 2012, http://blogs. wsj. com/washwire/2013/02/12/full-text-obamas-state-of-the-union-address/.
38. White House, President Obama to Announce New Efforts to Support

Manufacturing Innovation — Administration Proposed New National Network to Support Manufacturing, March 9, 2012, https://obamawhitehouse.archives.gov/the-press-office/2012/03/09/president-obama-announce-new-efforts-support-manufacturing-innovation-en; https://obamawhitehouse.archives.gov/photos-and-video/video/2012/03/09/president-obama-speaks-manufacturing#transcript.

39. White House, Remarks by the President in the State of the Union Address, February 12, 2013, https://www.whitehouse.gov/the-press-office/2013/02/12/remarks-president-state-union-address.
40. Communication with Jason S. Miller, August 29, 2016.
41. PCAST, Advanced Manufacturing Partnership Steering Committee, Report to the President on Capturing Domestic Competitive Advantage, July 2012, 4.
42. Ibid., 1 - 2.
43. Ibid., 9.
44. Ibid., 12.
45. Ibid., 17.
46. AMP's focus was on production technologies, but it was not the first to pursue development of critical technology lists. In 1989, Senator Jeff Bingaman (D-N. Mex.) pushed the Defense Department and the White House Office of Science and Technology Policy to study and develop critical technologies needed across civilian and military sectors. This effort was also taken up by the Young Commission (see chapter 3), which surveyed nine industries on their critical technology needs. See Kent H. Hughes, *Building the Next American Century — The Past and Future of American Economic Competitiveness* (Washington, DC: Woodrow Wilson Center Press, 2005), 249, 255 - 257.
47. PCAST, Advanced Manufacturing Partnership Steering Committee, Report to the President for Capturing Domestic Competitive Advantage, July 2012, 21 - 24.
48. In the United States, both the Defense Department (DOD) and the National Aeronautics and Space Administration (NASA) have developed similar but somewhat different Technology Readiness Levels (TRLs); AMP applied the DOD terminology. See Department of Defense (DOD), Office of the Assist-

ant Secretary for Research and Engineering, Technology Readiness Levels Guidance, updated May 13, 2011, http://www. acq. osd. mil/ chieftechnologist/publications/docs/TRA2011. pdf.

49. PCAST, Advanced Manufacturing Partnership Steering Committee, Report to the President for Capturing Domestic Competitive Advantage, July 2012, 28 - 29.
50. The faculty commission and researchers are named at the front of the first volume: Berger and the MIT Task Force on Production in the Innovation Economy, *Making in America*, ii-iv. For disclosure, author Bonvillian was adviser to the study.
51. Ibid.
52. Richard M. Locke and Rachel L. Wellhausen, eds., *Production in the Innovation Economy* (Cambridge, MA: MIT Press, 2014).
53. These study areas are delineated in more detail on the MIT Production in the Innovation Economy (PIE) website, http://web. mit. edu/pie/research/ index. html.
54. The major and Main Street firms are discussed in Berger and the MIT Task Force on Production in the Innovation Economy, *Making in America*, 25 - 64, 91 - 120.
55. Ibid., 65 - 90.
56. Ibid., 121 - 154.
57. Ibid., 155 - 178.
58. Ibid., 179 - 198.
59. Ibid., 6 - 7. See also statement on the PIE website, http://web. mit. edu/ pie/research/index. html.
60. Berger and the MIT Task Force on Production in the Innovation Economy, *Making in America*, 7.
61. As listed in note 5 of this chapter, a number of articles and studies had considered aspects of innovation in developing manufacturing policies, although the MIT PIE study was the most far-reaching.
62. Berger and the MIT Task Force on Production in the Innovation Economy, *Making in America*, 17 - 20, 44 - 64.
63. Ibid., 20.

64. Jonas Nahm and Edward S. Steinfeld, The Role of Innovative Manufacturing in High-Tech Product Development: Evidence from China's Renewable Energy Sector, in Locke and Wellhausen, *Production in the Innovation Economy*, 139–174.
65. Berger and the MIT Task Force on Production in the Innovation Economy, *Making in America*, 91–102, 104–111.
66. Ibid., 111–114.
67. Elizabeth Reynolds, Hiram Semel, and Joyce Lawrence, Learning by Building: Complementary Assets and the Migration of Capabilities in U. S. Innovative Firms, in Locke and Wellhausen, *Production in the Innovation Economy*, 51–80.
68. Berger and the MIT Task Force on Production in the Innovation Economy, *Making in America*, 155–178. Sanjay Sarma of MIT was a major contributor on the "mass customization" model.
69. See, for example, Deloitte Ltd. and the Manufacturing Institute, Boiling Point? The Skills Gap in U. S. Manufacturing (2011), 6, www.themanufacturinginstitute.org/~/media/A07730B2A798437D98501E798C2E13AA.ashx, which found that 82% of manufacturing senior executives reported moderate to serious gaps in availability of qualified, skilled candidates; 74% of manufacturers reported that these shortages affected their ability to expand operations.
70. Andrew Weaver and Paul Osterman, Skills and Skills Gaps in Manufacturing, in Locke and Wellhausen, *Production in the Innovation Economy*, 17–50.
71. Andrew Weaver and Paul Osterman, The New Skill Production System, in Locke and Wellhausen, *Production in the Innovation Economy*, 76–77.
72. Berger and the MIT Task Force on Production in the Innovation Economy, *Making in America*, 21–23.
73. PCAST, Advanced Manufacturing Partnership 2.0 Steering Committee, Report to the President on Accelerating U. S. Advanced Manufacturing (Washington, DC: PCAST, October 2014), vii (list of AMP2.0 participants), https://obamawhitehouse.archives.gov/sites/default/files/microsites/ostp/PCAST/amp20_report_final.pdf.
74. Participants in AMP2.0 from Steering Committee firms and schools, as well

as Obama administration participants, are listed in ibid., 52 - 55. For disclosure, author Bonvillian was a participant for MIT.

75. Ibid., 17.
76. Ibid., 66 - 70.
77. Ibid., 18.
78. Peter Dizikes, Reif Briefs Obama in White House — Advanced Manufacturing Partnership 2.0 Delivers Report on Developing Innovation Based Growth, MIT News Office, October 28, 2014, http://news.mit.edu/2014/reif-briefs-obama-innovation-economy-1028.
79. White House, Office of the Press Secretary, Fact Sheet: President Obama Announces New Actions to Further Strengthen U.S. Manufacturing, Oct. 27, 2014, https://obamawhitehouse.archives.gov/the-press-office/2014/10/27/fact-sheet-president-obama-announces-new-actions-further-strengthen-us-m.
80. National Academies, Board on Science, Technology and Economic Policy, Innovation Policy Forum on Reinventing U.S. Advanced Manufacturing — A Review of the Advanced Manufacturing Partnership 2.0 Report, October 27, 2014, http://sites.nationalacademies.org/PGA/step/PGA_152473.
81. National Academy of Engineering (NAE), Making Value for America, report (Washington, DC: National Academies Press, 2016), http://www.nap.edu/catalog/19483/making-value-for-america-embracing-the-future-of-manufacturing-technology.
82. Ibid., vii.
83. Ibid., 1.
84. Ibid., 11.
85. Ibid., 20 - 45.
86. Ibid., 47 - 59.
87. Ibid., 40 - 45.
88. Ibid., 71 - 81, 104 - 107.
89. S. 1468, 113th Cong., 2nd Sess. (2014), https://www.govtrack.us/congress/bills/113/s1468/text. It was reported as amended by the Senate Commerce Committee, chaired by Senator Jay Rockefeller (D-W. Va.), on August 26, 2014.
90. Report of the Committee on Science, Space and Technology, Report on H. R.

2996, Revitalize American Manufacturing and Innovation Act, H. R. Rep. No. 113 - 599, 113th Cong., 2nd Sess., September 15, 2014, Section IV (Hearing Summary).

91. H. R. 2996, Revitalize American Manufacturing and Innovation Act, 113th Cong., 2nd Sess., Congress. gov, bill actions, https://www.congress.gov/bill/113th-congress/house-bill/2996/actions.

92. Report of the Senate Committee on Commerce, Science and Transportation, on S. 1468, Revitalize American Manufacturing and Innovation Act, S. Rep. No. 113 - 247, 113th Cong., 2nd Sess., August 26, 2014, Legislative History section, https://www.congress.gov/congressional-report/113th-congress/senate-report/247/1.

93. Report of the Committee on Science, Space and Technology, Report on H. R. 2996, Revitalize American Manufacturing and Innovation Act, H. R. Rep. No. 113 - 599, 113th Cong., 2nd Sess., September 15, 2014, Section IV (Hearing Summary).

94. William B. Bonvillian, Advanced Manufacturing Policies and Paradigms for Innovation, *Science* 342, no. 6163 (December 6, 2013): 1173 - 1175.

95. See, for example, on Germany, Forschungsunion and Acatech (National Academy of Science and Engineering), Securing the Future of German Manufacturing Industry, Recommendations for Implementing the Strategic Initiative Industrie 4.0, Final Report of the Industrie 4.0 Working Group, April 2013, http://docplayer.net/254711-Securing-the-future-of-german-manufacturing-industry-recommendations-for-implementing-the-strategic-initiative-industrie-4-0.html. On China, see Scott Kennedy, Made in China 2025, Center for Strategic and International Studies (CSIS), June 1, 2015 (summary of State Council's May 2015 manufacturing roadmap plan), https://www.csis.org/analysis/made-china-2025; China Unveils Internet Plus Action Plan to Fuel Growth, Xinhua, July 4, 2015 (announcement from the State Council to "integrate mobile Internet, cloud computing, big data and the Internet of Things with modern manufacturing"), http://english.cntv.cn/2015/05/22/VIDE1432284846519817.shtml; China Establishes Fund to Invest in Advanced Manufacturing (State Council announces $3.05b fund), Xinhua, June 8, 2016, http://english.gov.cn/news/top_news/2016/06/

08/content_281475367382490. htm; T. Whang, Y. Ahang, H. Yu, and F-Y. Wang, eds. , *Advanced Manufacturing Technology in China: A Roadmap to 2050* (Chinese Academy of Sciences field-specific report) (Berlin: Springer, 2012). On Britain, see Manufacturing Technology Centre, Challenging the Boundaries of Manufacturing, http://www. the-mtc. org; Catapult, High Value Manufacturing Centres, https://hvm. catapult. org. uk/hvm-centres/. On Singapore, see Michael Tan and Jeffrey Chua, Industry 4. 0 and Singapore Manufacturing, opinion, *Straits Times* (Singapore), February 10, 2016, http://www. straitstimes. com/opinion/ industry-40-and-singapore-manufacturing; Economic Development Board of Singapore, Future of Manufacturing in Singapore (presentation, March 2015) (summarizing the Future of Manufacturing); $500m/5 year plan announced by the Deputy Prime Minister, Budget Speech in 2013, http://www. smartindustry. com/assets/Uploads/SI-PS-Singapore-Inofpack. pdf. On India, see Make in India Initiative (launched September 25, 2014, by Prime Minister Narenda Modi), http://www. makeinindia. com/home. On Japan, see Ministry of Economy, Trade and Industry (METI), Government of Japan, Growth Strategy 2016, Establishment of Public-Private Council for the 4th Industrial Revolution (components: regulatory reforms, individual healthcare services with personalized data and robotics, zero inventory supply chain, fintech open innovation system, smart factory, drone delivery, Internet of Things integration with accompanying cybersecurity, tripling of university R&D, and five strategic research centers), October 2016; Noriyuki Mita, Deputy Director General, Manufacturing Industries Bureau, METI, Responding to the Fourth Industrial Revolution (presentation, October 2016); Innovation 25 Council, Innovation 25 — Creating the Future, Challenging Unlimited Possibilities, interim report, February 26, 2007, http://japan. kantei. go. jp/innovation/interimbody _ e. html; Hideshi Semba, Science Counselor, Japan Mission to the European Union, Innovation Policy of Japan (presentation, June 15, 2012), http://www. j-bilat. eu/documents/seminar/ as_2/presentation_as2_hs. pdf. For a general discussion, see Shipp et al. , Emerging Global Trends in Advanced Manufacturing.

第六章

先进制造创新研究所模式

“制造创新研究所”的核心目标是填补美国制造业创新体系的空白，即创造一个空间，通过产业界（大小企业）、高校和政府之间的合作，不断推动先进制造业的发展。美国国家标准与技术研究院的先进制造业办公室主任迈克尔·莫尔纳曾就职于康明斯发动机公司（Cummings Engine），离开产业界后开始领导美国国家标准与技术研究院计划。据他和两位政府同事的介绍，新“国家制造创新研究所网络”的目标是：

> 为美国产业界和学术界创建一个有效的制造研究基础设施，解决与产业界相关的问题。国家制造创新研究所网络由相关联的制造创新研究所（IMI）组成，大家拥有共同的目标，但各有所重。在制造创新研究所中，产业界、学术界和政府合作伙伴将充分利用现有资源，共同协作和共同投资来鼓励制造创新并加速其商业化。作为可持续的制造创新中心，制造创新研究所将创造、展示和利用新功能、新产品和新流程，对商业生产施加影响。它们将在各个层面培养劳动力技能，并

> 提高大小公司的制造能力。研究所将汇集所有合作伙伴最出色的人才和技能，建立能够让创新蓬勃发展的试验场所，并推动美国国内制造业的发展。[1]

在为期五年的时间内，联邦政府会给予每一个新研究所7 000万—1.2亿美元不等的奖励。同时，企业、高校和地方政府也将联合为每家新研究所提供至少同等金额的配套资金。

创新政策背景下的制造研究所

制造研究所的概念不是凭空而来的，而是有一定的政策基础。对制造业创新和新制造研究所进行回顾时，我们也分析了美国科学技术的研究文献和相关创新政策。在此有必要对这些背景进行简单的说明。从经济学角度来看，罗伯特·索洛的研究提出，科技和相关创新是经济增长的主要诱发因素。[2] 正如第四章所介绍的，保罗·罗默和其他新增长理论学家则提出技术学习相当重要，是索洛所称的科技进步的基础。[3] 这两种观点让我们了解到两种基本的潜在创新元素，即对产品研发和后续技术发展的支持，以及对"研究领域的人力资本"的支持。理查德·纳尔逊则提出必须懂得比较创新系统，即评估创新系统的参与方和他们的相对优势。[4] 我们可以对这个概念加以延伸，纳入第三个创新元素，即创新组织。创新组织可以被视为是创新研究所和企业的连接系统。在这些元素，尤其是组织元素的基础上，美国创新体系也就成形了。

战后，万尼瓦尔·布什针对美国战后研发机构的组织提出了颇具影响力的"管道模式"，[5] 该模式是一种"技术推动"或"技术供应”模式，即政府为初期研究提供支持，但在研究带来技术进步之后，在这些技术进步（尤其是根本性或突破性创新）的商业化过程中，政府只发挥有限的影响。开发和创新后期都交给私营部门。唐纳德·斯托克斯（Donald Stokes）（和其他人）后来对布什提出的管道模式大加批判，尖锐地表示该模式本质上是脱节的，将系统的参与者分离开，彼此之间只有少量技术传递途径。[6] 刘易斯·伯兰斯卡姆（Lewis Branscomb）和菲利普·奥尔斯瓦尔德则对“死亡之谷”进行了批判，即美国系统中研究和后期开发之间存在脱节，导致系统在研究成果商业化的问题上屡屡失败。[7] 在过去 25 年里，这个理论一直是美国科学和技术政策文献研究的重点，也带来了关于如何消除这个死亡之谷的讨论。

当然，正如第一章中所指出的，美国的创新体系模式并不只有管道模式。其他模式还包括了弗农·拉坦提出的“诱导创新”。这是一种主要的产业创新方式，先分析明确市场机会，然后通过创新来加以填补，一般是采用递进式发展。[8] 面对冷战时期的技术需求，国防部无法忍受脱节的模式，因此他们开发了“延伸管道”模式。[9] 借助这个模式，国防部不仅仅为初步研究提供支持，同时为开发、论证、原型制作、测试和初期市场推广阶段提供支持。例如作为创新机构，美国国防高级研究计划局就是围绕这个联系更为密切的系统所组建的。[10] 总的来说，美国在最近数十年的创新模式都倾向于在这个创新管道中进一步延伸自己的触角。[11] 不过正如第一章和第二章中所提到的，美国的创新体系还没能覆盖制造阶段。

正如苏珊娜·伯杰所提出的，制造业是创新体系中非常重要的一个阶段，尤其是新技术和高价值复杂产品的初期生产。[12] 人们针对这个方面进行了大量的探讨，但美国的创新部门并没有围绕这个方面来开展工作。一个例外是半导体制造技术联盟自20世纪80年代起开始得到美国国防高级研究计划局的支持。[13]但正如上文所提到的，其他国家早已经建立“制造业主导”创新体系，而且这种体系是德国、日本、韩国和中国的主导模式。[14]“制造业主导”创新体系中，比较具有代表性的是日本在20世纪70年代到80年代的质量制造革命[15]，德国通过其弗劳恩霍夫研究所和学徒项目为工业提供支持的系统，以及最近中国的快速原型制作和规模化能力[16]。

正如第一章和第二章所指出的，美国没有这种模式。不管是民用还是军用创新模式（即管道模式和延伸管道模式）都将重点放在更宽泛的技术开发上，而非制造业技术和工艺的创新。因此美国错过了制造业主导创新，并且在21世纪初期出现制造业基地衰落的现象，付出了巨大的代价。在制造业衰落问题的推动下，美国现在正在另外三种创新模式的基础上探索增加一个“制造业主导”模式，利用其强大的初期创新系统来应对生产领域的挑战。

同美国其他创新模式相比，该模式采取了截然不同的方法。其新的创新研究所网络不同于此前的各种尝试，每家创新研究所都需要数十家机构参与者的合作和成本分摊，相当复杂。这些机构参与者包括企业、高校、社区大学、州政府和联邦政府机构。每家研究所都将遵循激进的技术开发路线图，并且实施劳动力培训项目。该模式是建立在德国弗劳恩霍夫研究所系统的基础之上，但这种模式是否适合于美国的背景，尚不得而知。这项创新任务相当复杂，原因如同第一章所探讨的，事实上制造业是一个复杂的经济部门，有着历史悠久的“传统做法”，而且技术变革在历史上都曾遭遇过抵触。[17]这显然会是数十年来美国创新组织领域迈出的最重要的一步，需要对其进行密切地跟踪评估。

创新政策理论家们长期以来分析发现，在创新体系的“前端”（即研究阶段，通常是由政府投资，委托高校来进行研究）和“后端”（从开发后期到实施阶段，通常由私营部门主导）之间存在空白区域。为了解决这个结构性问题，先后建立了大量的衔接机制，通常是在政府的支持下进行。正如菲利普·沙皮拉（Philip Shapira）和让·尤泰（Jan Youtie）所指出的那样，要解决这个问题，需要各种技术推广方法，而且各种中间机构已经发展起来，其中既包括向小型制造商推广新生产技术和工艺流程的美国制造业扩展伙伴关系项目，也包括德国制造商们联合进行技术开发的弗劳恩霍夫研究所。[18]各国为填补这个空白设立了一系列技术推广机构，制造研究所是其中最新的成员。

这种在大小型企业、高校和政府之间成立合作机构的方式，正是关于中间组织在创新中发挥作用的大量文献所呼吁的。企业很少会孤立地进行创新[19]，它们必须获取和吸收外部知识，并且采取相应的行动，以树立自己的竞争优势[20]。网络可以跨越企业的界限，推动复杂知识的传播。[21]支持此类网络的创新中间组织正日渐被视为是国家和地区创新体系中至关重要的参与者。[22]这些组织连接起企业和其他机构，在创新中发挥积极的作用。没有了它们，企业和其他机构之间就会出现脱节。在创新系统的文献研究中，中间组织包括众多研究机构，例如高校实验室、产品研发公共组织、标准机构，以及行业联合会。[23]新的制造研究所正好符合这个概念性的框架。

研究所的背后有着一番雄心壮志，即利用研究所为一系列生产领域建立新的生产范例，可适用于大小企业，横跨供应链和各工业部门。由此能大幅提高生产效率，使美国可以凭借强大的竞争优势重新进入制造业，同成本和薪酬更低的亚洲制造商同台竞争。其目标是创造更多的创新产品和创新技术，通过创新技术来提高效率，减少成本劣势，树立竞争优势。研究所将把美国的创新优势应用于生产阶段。正如前文所介绍的，这个阶段此前并非创新体系的关注所在。不管是美国的批量生产还是日本的高质量制造，其背后的技术和工艺流程都曾具有一定的革命性，让那些国家成为当时的工业领导者。新的生产范例将力争带来同样的革命。这是否有道理呢？正如先进制造合作伙伴计划（AMP）研究所引述的，科学家和工程师现在指出，一系列重大的新生产进步正出现在我们眼前。

分析师蒂莫西·斯特金（Timothy Sturgeon）指出，还可以从另一个角度来看制造业的创新挑战。正如大家所讨论的，中国目前在大批量制造中建立了自己的优势，此前这是美国的专长。美国在两类生产中拥有出色的能力，一是混合生产制造，即满足地方市场需求，而高产量相对而言不是那么至关重要。还有一类生产是低产量的定制生产。这两类生产的规模都不是很大。[24]如果美国实施先进制造业，则能够提高其混合生产和定制生产能力，降低成本和提高效率，更好地与大批量生产进行竞争。这将有力地提升美国的生产能力和竞争能力。当然，中国和德国目前在快速地推行先进制造业，这也是美国必须往这个方向发展的另一个原因。美国必须在被他国抛在后面之前充分发挥自身的创新优势。

这些新的生产范例会是什么呢？有一种范例可能会是数字化或“智能”生产，有时候被称为工业物联网。[25]目前，制造商们的信息技术基础设施是各自为政，互不相连，而且保持着使用纸质媒介的手动系统，不能提供实时的动态信息，导致企业无法面对问题、客户和机会作出快速响应。然而，要撤除他们现有的系统，可能会导致生产短时间的中断，破坏效率。公司如果将生产外包，则会导致进一步的脱节。现代企业开始在不同的生产阶段嵌入传感器，生成大量的数据，但由于缺乏连通性，阻碍了企业充分利用这些数据来实现改进。如果将信息技术系统之间的连通性提升到一个全新的水平，外加增加传感器和提高数据分析能力，那样是否可能实现新一代的智能生产，在生产的每一步都拥有新的视角和问题解决能力，大大提高效率呢？这会大大提高生产率水平吗？正如我们下文所探讨的，部分新的制造研究所正在承担这项任务的关键内容。德国工业 4.0 主要是围绕这个项目进行。这就是一种有潜力的新生产范例。

复杂的研究所和网络模型

这种挑战性范例为新研究所创造了一个复杂的模型。政府不再根据拨款申请中精心制作的计划来向“主要研究者”一次性拨款，委托该人来实施科研项目。那是政府过去在研发工作中的做法。现在，拨款必须根据大量工业企业的需求来加以确定。这些工业企业来自于各行各业，规模各有不同。此外，还要考虑大型研究型高校、地区大学、社区学院等各种学术机构的需求。州政府将与产业界和联邦政府一起成为共同投资者，为特定的相关项目提供支持。此外，地区经济发展机构也将参与其中。除了美国半导体制造技术联盟之外，联邦政府以前从未尝试过如此复杂的事情。正如一位深入参与先进制造业工作的国防部官员所说，“创立一家研究所就像是创立一个国家”[26]。

研究所的参与者队伍非常复杂，它们的任务清单也很复杂：

（1）“创造”新的生产技术、工艺流程和“能力”；

（2）充当“试验场所”，对新技术和相关工艺进行测试；

（3）支持新生产创新的“利用”；

（4）“培养劳动力的技能”，改善新兴技术的生产和工艺。

其总体目标是围绕每家研究所的重点创新领域实现美国国内制造业的“蓬勃发展”。[27]

在各个独立的研究所之上，还会建立一个制造研究所的“网络”，以进行交叉合作，交流最佳实践。随着先进制造业站稳脚跟，中小型制造商可能不只在3D打印方面存在问题，从数字生产技术到先进材料的应用等多个新领域未来都会面临一系列的生产挑战。生产将会主要集中在一些侧重于特定生产领域的地区，例如中西部地区的汽车产业、沿海地区的航空航天产业、东北地区的制药产业等。虽然研究所需要扎根于地区经济，但它们还必须在全美范围内转化自己的技术和专有知识。研究所和国家制造创新研究所网络在地区和全美都有一个重要的总体任务。

新研究所及其网络的任务可能不像美国国家航空航天局的“登月计划“那样复杂，但也是一个大型计划。“阿波罗登月计划”采用的是政府合同的模式，即政府在实现目标的过程中只是投入资金，但对制造研究所而言，要想取得成功，众多参与者之间必须进行紧密合作，同时需要大量的资金来源。此外，在急剧衰退并逐渐老化的工业部门中，还必须出现具有挑战性的技术进步。不管怎样，新的研究所必须在五年内实现自我维持，它们不会再得到联邦政府的进一步支持。这是一种非常复杂的组织模式。

政府部门采取行动

研究所不是从一个井井有条的政府流水线上突然冒出来的。它们是费力获得的。正如前一章所述，在那个时期，政党之间存在严重的意识形态分歧。指望一个存在分歧的国会批准和资助一个新项目，可能意味着永远的等待。奥巴马当局利用存在的权力和从其他领域寻觅而来的资金，说服了政府各部门成立研究所。这些政府部门负责管理研究所，并且根据自身使命来选择制造研究所的研究重点。AMP1.0 报告设想研究所的重点领域选择采用自下而上的模式，产业界在重点领域的选择中发挥主导作用。但事实上，重点领域的选择采用的是自上而下的模式，即各政府部门根据自己的使命来做出决策，而非根据整个制造行业的使命。这也并不全是坏事。因为是由政府部门来负责选择和管理，所以他们会选择自己关心的重点领域，可以满足自身部门的需求，由此能让这个项目成为更具可持续性的长期项目，而非白宫强加的指令。在 AMP1.0 和 AMP2.0 报告中，产业界明确了其优先对待的重点技术领域。随着时间的推移，这些重点技术领域将逐渐与政府部门的使命保持一致，因此新研究所在很大程度上将根据报告中强调的需求来设立。政府部门的领导也将推动政府对新项目的参与。

由于缺乏一个中央授权项目来协调和固定投入资金，政府各部门对制造研究所实施了领导。尽管第一家研究所成立于 2012 年，但直到 2014 年法案才通过。因此，跨政府部门的管理变得非常复杂。有人曾认为联邦政府跨部门合作这种说法是矛盾的。白宫协调者的角色因此需要丰富的创造力、外交手腕和协调能力。幸运的是,国家经济委员会的两位富有能力的成员被委以重任。他们中的一位是精明的贾森·米勒,此前曾担任罗恩·布卢姆的副手,是一位来自于芝加哥的金融工商管理硕士。还有一位是年轻聪明的J. J. 雷诺,在杜克大学就读时曾经担任学生领导人,拥有咨询业背景。国家经济委员会领导人吉恩·斯珀林和其继任者杰弗里·齐恩兹给予他们俩大力的支持。吉恩·斯珀林具有政治高敏锐度,在政策方面经验丰富。杰弗里·齐恩兹曾在商业上取得成功,可以熟练地在内阁层面偶尔争取到总统的支持。总统在这方面是相当坚定的。

国防部经费充足,所以大多数研究所由他们创立。国防部一向同其他部门关系不好,因为它历来倾向于坚持国家安全使命优先,不喜欢向其他部门妥协。美国国防部长期以来认为改善制造技术是其使命之一,并将其纳入长期的《国防生产法案》[28]。在两次世界大战期间,国防部曾动员和重组了国家的大部分经济体来满足国防需求,其中许多做法在冷战的四十余年内得到了延续。国防部的"产业政策"历史悠久,即通过政府的经济干预措施来确保技术和工业成果。其他政府部门从政治角度出发不敢过多考虑这种做法。国防部的"制造技术"(Mantech)项目可追溯到几十年前。该项目的总指挥中心设在部长办公室,并在每个军事部门设有分支机构,但从未指定一位副部长级别的人担任领导人。几十年来,它一直不是一项重大的国防项目。例如,多年来,"制造技术"项目的关键任务之一是确保不断生产用于过时设备的过时配件,例如旧雷达设备的真空管生产。

突然间,"制造技术"项目有了一个国家级的使命,由总统亲自指挥。[29]但由于国会内部针对所有新项目的僵持，该项目并没有得到大量的新资金，不得不依靠现有的少量职员和预算。最初的团队中有布雷特·兰伯特。他才华横溢、经验丰富、能言善辩、机智聪明，担任着制造和工业基地政策办公室副助理部长。他是第一位踏入这个领域的政府部门官员，致力于组建最初的先进制造研究所。布雷特·兰伯特有几位助手，分别是尼尔·奥林格、阿黛尔·拉特克利夫和史蒂夫·林德(Steve Linder)。尼尔·奥林格是一位政治敏锐的前美国参议院金融委员会工作人员，也是一位国防生产法案的专家。他创造性地制定了规章制度，使得第一批研究所迅速站稳脚跟。阿黛尔·拉特克利夫是一位聪明坚定的公务员，曾创造性地培育了国防部对制造领域的宽泛认识。史蒂夫·林德是一位头脑冷静、经验丰富的公务员，致力于实现国防部的制造使命，也在其中发挥着重要的作用。最近，斯蒂芬·卢克斯基也加入了这支队伍，成为纤维研究所项目的经理。他从陆军退役，在材料制造方面拥有强大的专业技能。他和其他退伍人员共同成为了各研究所项目的经理。

最高军事领导层中几乎没有人真正地了解国防部的制造基地，或者是对该基地有兴趣。他们会打仗，而生产物资是别人的工作，况且国防部有一支大型的采购团队专门负责物资采购。但是，“制造技术”项目中的人员清楚，伴随着美国生产率的下降，美国国防部正面临危机。自从联邦政府赢得美国内战后，美国的生产实力和组织调度能力一直是国防部军事优势的核心所在。在第二次世界大战和冷战中，事实也证明了这一点至关重要。实际上，除了国防部部长办公室外，在各兵种中还有一些单独存在的制造技术项目，拥有不同的优先事项、汇报系统和需求，这些项目也必须被纳入考量。正因为如此,“制造技术”项目的角色就变得复杂了。但“制造技术”项目越来越担心美国生产深度的下降。正如阿黛尔·拉特克利夫所说,“国防部必须停止建设国防部是唯一客户的脆弱供应链。”[30]

早期的一项发展刺激了国防部对于这一切的兴趣。当有关3D打印(或“增材制造”)的第一家制造研究所的方案出台时,企业和州政府向“制造技术”项目提供的配套资金比并非是简单的1∶1,研究所的支持者准备提供金额超出许多的配套资金。这对“制造技术”项目的员工来说是很有启发性的,他们明白可以借助自身的投资取得更大的杠杆优势。在“制造技术”项目之前的发展进程中,他们没有过类似的杠杆效应,也未能涉足对国防部有重要影响的新技术领域。突然之间,他们的力量倍增。

在能源部发生的故事有所不同。能源部下属的能源效率和可再生能源办公室(EERE)从事与工业应用能源技术有关的工作。它一直有一个工业效率项目;工业一直是主要的能源使用者。资源保护举措和高效的能源技术已经在清洁能源上创造重大收益,并且有可能给工业带来成本节约。在此前的共和党执政期间,这个办公室并没有被重点关注。但是,亨利·凯利(Henry Kelly)很清楚必须对办公室和其使命进行升级,并且开始着手建设该办公室。亨利·凯利在2008年至2012年期间曾经担任能源效率和可再生能源办公室首席副助理部长,后升为代理助理部长,拥有物理学博士学位,是能源和气候专家。2009年年底,国会没有通过碳排放总量管制和排放交易的立法(对碳排放进行定价并对低碳技术进行激励)。当时有必要降低清洁能源技术的价格,让它们可以同化石燃料在价格上进行竞争，否则它们永远无法批量进入市场。生产制造是推动新技术成本下降的主要手段。这意味着制造工艺必须和制造效率一同成为优先处理的事项。凯利成功启动该项工作，例如推动创建了 Sunshot 项目以降低太阳能的成本。后来，他调任白宫科学技术政策办公室，负责能源技术。

年轻的戴维·丹尼尔森在 2012—2016 年间担任能源效率和可再生能源办公室的新任助理部长，他将制造当作自己重要的新使命。他刚刚获得材料学博士学位，致力于新能源技术的开发。毕业后，他先是在波士顿地区从事风险投资人的工作，后被新成立的高度创新的能源部高级研究计划署招聘，担任第一位项目主管。[31]丹尼尔森看到了制造使命对能源效率和可再生能源办公室的重要性，并意识到他可以借助总统的计划来帮助实现这一目标。来自能源部高级研究计划署的项目主管马克·约翰逊也加入了能源效率和可再生能源办公室，并和丹尼尔森共同领导新成立的先进制造业办公室。约翰逊此前在北卡罗来纳州立大学担任材料科学与工程学教授。两人都非常相信能源部高级研究计划署的项目，共同为实现能源突破而努力奋斗。能源效率和可再生能源办公室是一家投资 20 亿美元的应用研发机构，其资金比国防部少得多，但最初还是围绕其清洁能源的使命争取建立了两家新制造研究所。美国能源部的第一家研究所重点研究电力电子学，也就是研究宽带隙半导体。这让观察家颇感惊讶。宽带隙半导体是什么？它和先进制造业有什么关系？在 AMP1.0 和 AMP2.0 研究精心编制的行业优先列表中并没有这个领域。但仔细分析后会发现，这个选择非常有趣。这种新兴技术能帮助大量产品和系统节约能源，包括降低生产过程的成本，而且它本身就是一个重要的新产品线。

商务部美国国家标准与技术研究院的故事也有所不同。美国国家标准与技术研究院所长兼副部长帕特·加拉格尔曾在美国国家标准与技术研究院的核反应堆部门工作,体贴周到,受到普遍欢迎。他理解并全力支持先进制造业,将其视为国家标准与技术研究院的使命延续。该使命最初由时任商务部部长的赫伯特·胡佛(Herbert Hoover)设立,以支持与产业界相关的技术发展。他手下能干且经验丰富的国家标准与技术研究院创新与工业副主任菲利普·辛格曼负责领导国家标准与技术研究院的制造延伸和先进制造业项目。迈克尔·莫尔纳喜欢人们简单地介绍他为"来自工业界的一个制造匠",他负责领导国家标准与技术研究院的新先进制造业项目办公室。商务部长丽贝卡·布兰克(一位经济学家,在2011—2013年间担任代理部长)和彭妮·普利茨克(2013—2016年间担任部长)都非常积极地协助领导先进制造合作伙伴计划(AMP),并大力支持国家标准与技术研究院在其中扮演的角色。尽管国家标准与技术研究院积极参与了AMP,在各政府部门之间进行协调,但在2016年财政年度之前,它一直无法争取到国会提供资金来建立制造研究所。在成功争取到资金后,国家标准与技术研究院避免采用政府部门常见的"从上而下"的方式来选择研究所的重点领域,而是采用"从下而上"的方式,从产业界和高校联合体的建议书中来寻找重点领域。国会在2014年批准了先进制造业法规,国家标准与技术研究院在其中发挥了支持作用。该法规侧重于国家标准与技术研究院。

虽然美国国家科学基金会是联邦政府的第四大参与者,但其基础研究重点限制了它建立制造研究所的能力。然而,国家科学基金会工程部的史蒂芬·麦克奈特和布鲁斯·克雷默却积极地参与到AMP的报告中，并领导了国家科学基金会的先进制造业研究项目，包括相关研究和众多专注于制造技术的工程研究中心。此外，国家科学基金会高等教育项目的领导人苏珊·辛格和部门同事充分利用国家科学基金会的先进技术教育（ATE）项目，强调社区学院对先进制造业的教育和培训。

项目核心：制造研究所

奥巴马政府承诺在总统任期结束前组建15个制造研究所，它们是先进制造业项目的核心。这群研究所最初被称为国家制造创新研究所网络，但在2016年更名为“美国制造”（Manufacturing USA）。其技术重点的范围特别值得人们的关注。德国工业4.0先进制造业计划强调物联网，但这只是美国研究所的重点领域之一。这些研究所所支持的技术相当广泛，充分显示先进制造业革命会带来深远的影响。这种技术宽度或许是美式方法中最有趣的地方，也值得细述。下面简要介绍这些研究所及其技术领域。

美国国家增材制造研究所是第一家制造研究所，成立于2012年，总部位于俄亥俄州的扬斯敦，在从俄亥俄州克利夫兰市和宾夕法尼亚州匹兹堡市的走廊地带建立了区域基地，专注于3D打印技术，该技术也被称为增材制造。增材制造是一种材料连接工艺，使用三维计算机模型数据一层接一层地来制造器件，而减材制造则依赖于传统机床。增材制造通常使用金属或聚合物的粉末，甚至是组织。它的竞争优势在于，只要将零件的三维数字参数输入到打印机中，零件就可以制造出来，从而有可能为按需大批量定制创造新的市场。重要的一点在于，这些工艺可以最大限度地减少材料浪费和模具需求，并可能压缩供应链中的要素和环节。[32]

这种技术也能够生产无法通过铸造、模制和锻造等传统制造工艺以较低成本制造的全新零部件和全新结构。如果逐层叠加的速度得到大幅提高，那么增材制造就可以直接与大批量生产技术进行竞争。同时，该技术将被用于现场更换零部件，减少零部件的库存需求，并制造现有工艺无法生产的、更为错综复杂的零部件。它可能是实现大规模定制的关键因素。大规模定制是指以大批量生产的成本来生产小批量个性化设计的产品。3D 打印可以使生产本地化，第一次实现生产的规模降低，尽管在生产制造的历史上只有过追求规模扩大。它可能是 21 世纪的突破性生产技术。

通过激烈的竞争和选择，参与美国制造研究所的州政府和企业提供了约 1 亿美元的资金，以配套空军制造技术项目提供的 5 000万美元资金。美国制造研究所的使命是消除科研和技术开发与技术利用之间的缺口，从而加速增材制造。其参与者包括遍布全国的 53 家大小公司，特别是在中西部地区。其中包括围绕 3D 打印技术组建的公司，如 3D 系统公司（3D Systems）、大型的航空航天公司（如波音公司、洛克希德马丁公司、联合技术公司和诺斯罗普·格鲁曼公司）和大量小型制造公司。对那些航空航天公司而言，3D 打印技术可能会发挥变革性的影响。36 所高校既包括了大型研究型大学，也有社区学院。从州政府部门到行业协会，还有其他二十余个组织参与了其中。

该联盟围绕设计、材料、工艺和供应链制订了详细的技术路线图。此外还开展了增材制造材料“基因组”的研究，使用新颖的计算方法（比如基于物理学和模型辅助的材料特性预测工具），以节省设计、开发和鉴定增材制造新材料的时间和成本。该研究所着手建立了一套基础设施，用于分享增材制造的设想和研究，开发和评估增材制造技术，与教育机构和制造商合作进行新领域的培训，并且为中小型企业和资源牵线搭桥，使它们能够使用增材制造。美国制造研究所的一个重点是研发和技术开发项目，其特色是高校和产业界的联合。例如，剑桥大学的波音、霍尼韦尔和德雷珀实验室（Boeing，Honeywell and Draper Lab）正致力于将一系列电子制造技术嵌入 3D 打印过程中，如精密加工、热塑性挤压、直接箔嵌入、嵌线和布线管理等。除此之外，还有 30 多个同等规模的高校产业界联合开发项目。

事实证明，在竞争激烈且规模较大的航空航天企业内，信息和知识产权共享是相当复杂的，也会影响到技术开发。但该研究所已经发挥重要的影响，将新的 3D 打印共同体联合在一起，帮助参与者了解哪些研究人员和企业正在致力于哪些科学进步的研究，从而推动彼此之间的联系和外包。研究所也在通过模拟和建模帮助美国国防部推动新航空航天零部件的审批流程，提高速度，降低成本，这将为整个产业带来巨大的效益。

美国制造研究所是最成熟的研究所，但其他制造研究所的工作开展模式与美国制造研究所相当。到 2016 年秋季，美国国防部共赞助了 6 家这样的研究所，美国能源部赞助了 3 家研究所。[33] 2017 年初将增加 5 家研究所，总数将达到 14 家。表 6.1 对后续成立的 13 家制造研究所进行了简要汇总，重点介绍了它们的技术研究领域。[34]

表 6.1 研究所名称和介绍

研究所名称	介绍
数字化制造和设计创新研究所(DMDII)	数字化制造和设计创新研究所成立于 2014 年,总部位于芝加哥。数字化制造涉及基于计算机的集成系统的使用,包括模拟、三维可视化、分析和协作工具,以实现对产品设计和功能的仿真以及原型制造。设计创新是指有能力应用这些技术、工具和产品来重新设计端到端的整个制造过程。 数字化制造和设计创新研究所有 201 名成员,其中包括来自各个领域的大公司、众多小公司和处于第一梯队的 11 所大学。美国国防部陆军制造技术项目提供了7 000万美元的资金,企业和州政府则提供了 2 480 万美元的配套资金。其使命是利用数字化制造加强供应商之间深层次的联系以降低产品设计成本,改善产品生命周期内端对端的连接以降低生产成本和资本要求,提高迭代速度来缩短上市时间,在数字设计、数字工厂和数字供应链中开发和实施创新,并且开发新产品和改进传统产品。
未来轻金属创新(轻质和先进金属)研究所(LIFT)	未来轻金属创新研究所成立于 2014 年,总部位于密歇根州底特律,沿着 I－75 走廊在该地区延伸,在密歇根州、俄亥俄州、印第安纳州、田纳西州和肯塔基州均设有办公室。轻质和先进金属可以大幅改善材料性能,提高能源效率,从而改进国防、能源、运输和一般性工程产品中许多系统的性能。轻质金属可用于风力涡轮机、医疗技术、压力容器和替代能源。 未来轻金属创新研究所有 78 名成员,其中包括金属、航空航天公司和汽车供应商等各种大小型公司,以及 17 所大学。联邦政府通过海军研究办公室和海军制造技术项目提供了资金,成员们则提供了 7 000 万美元的配套资金。未来轻金属创新研究所的使命是在高性能轻质金属的生产方面进行创新,将获得的新技术推广应用到工业上。该研究所致力于熔化、热机械加工、粉末加工、敏捷的低成本模具、涂层和连接等项目,在汽车、航空航天、造船、铁路、建造和其他领域加以广泛应用。如后文所述,在众多研究所中,该研究所一直是劳动力教育培训方面的领跑者。

（续表）

研究所名称	介　绍
美国电力研究所（Power America）——下一代电力电子研究所	美国电力研究所于2015年成立，旨在开发宽带隙半导体技术。与硅基技术相比，该技术可以通过更小、更快、更高效的半导体材料大幅提高能源效率和电力电子的可靠性。这些材料能够在更高的温度下工作，可以阻断更高的电压，以更快的速度进行切换，功耗更低，同时还能更为可靠，在系统一级创造更高的收益。这些能力可以帮助大范围的电力应用降低重量、减少体积和节约生命周期成本。它们可以应用到一系列领域，其中包括工业电机系统、消费电子和数据中心，也能用于可再生能源（太阳能和风能）的转换。如果能将这些技术广泛地加以应用，即使只是用在工业生产等有限的应用中，每年也可以大幅节约电能。随着生产水平的提高，宽带隙技术的成本预计会下降。 美国电力研究所得到了能源部能源效率和可再生能源先进制造业办公室的7 000万美元拨款，此外还有7 000万美元的配套资金。它的组成成员包括17个产业界合作伙伴、5所大学和3个实验室，总部位于北卡罗来纳州的罗利市。
先进复合材料制造创新研究所（IACMI）	先进复合材料制造创新研究所成立于2015年，旨在10年内开发和展示创新技术，以将纤维增强高分子复合材料的成本降低50%，能耗降低75%，而且实现95%的材料得到再利用和回收利用。 轻质、高强度和高刚度的复合材料已被确定为可跨行业应用的关键技术，有潜力提高交通运输行业的能源效率、实现高效发电，并加大可再生能源的生产。从汽车到飞机，再到风力叶片，轻质高强度复合材料应用范围广泛。 实现这一目标的挑战包括成本高、生产速度慢（循环周期长）、复合材料的生产能耗高、缺乏可回收性，以及必须改进设计、模具和检验工具并符合法规要求。从

(续表)

研究所名称	介　绍
先进复合材料制造创新研究所(IACMI)	构成材料生产到最终复合结构制造,要满足生产成本和性能目标,就必须加速技术开发和制造研究。 先进复合材料制造创新研究所的总部位于田纳西州的诺克斯维尔,并得到了能源部能源效率和可再生能源先进制造业办公室的 7 000 万美元拨款,此外还有 1.8 亿美元的配套资金。该研究所的组成成员包括有 57 家公司、15 所大学和实验室,以及其他 14 个实体。
美国集成光子制造研究所(AIM Photonics)	美国集成光子制造研究所成立于 2015 年,在纽约州奥尔巴尼和罗切斯特设有总部。其目标是促进通信信号的超高速传输,实现新的高性能计算,以及创造可推动卫生领域进步的传感器和成像技术。 集成光电要求在纳米级的单个基板上集成多个光子和电子器件(例如激光器、探测器、波导仪器和被动结构、调制器、电子控制器和光学互连器)。集成这些组件的好处非常重大,包括简化系统设计,改进系统性能,减少组件空间和功耗,以及改进性能和可靠性,这些都将以更低的成本实现重要的新功能。目前的光子制造行业里有一系列相互关联但基本独立的企业、组织和活动。该行业可以发展成为一个生态系统,但缺乏必要的组织和市场力量来有效地针对制造技术进行创新,以争取集成光子器件经济高效的设计、制造、测试、组装和封装。 美国集成光电制造研究所的重点是建立端到端的光子生态系统,包括国内铸造厂、集成设计工具、生产自动化封装、装配和测试,以及劳动力发展。除联邦政府的拨款外,州政府和产业界还提供了 2 亿多美元的配套资金进行支持。

（续表）

研究所名称	介　绍
柔性混合电子制造研究所（Next Flex）	柔性混合电子制造研究所成立于 2015 年，中心设在加利福尼亚州圣何塞市（硅谷内）。其目标是在可伸缩的柔性基板上制造可定制的设备，通过打印工艺将薄薄的 CMOS（互补金属氧化物半导体）与增加的新零部件组合在一起。不同于当前的硅处理器，这种技术可满足电路、通信、传感和电源等的柔性和混合要求。 柔性混合电子将保留传统电子电路的全部操作，但采用新颖的柔性结构和形式，可以弯曲、拉伸或折叠。由此，功能强大的电子器件将用在可弯曲的、不规则的和可拉伸的物体上。它们可以给传统的电子封装带来新的形式，创造新一类的商业和国防技术。例如医疗设备和传感器、用于监测建筑或车辆性能的传感器、通过互联网进行交互操作的传感器、用于监测物理位置的传感器集群、可穿戴性能或信息设备、机器人技术、人机交互界面设备，以及轻型便携式电子系统。这些技术还可以用于可穿戴技术、新型信息设备和传感器、医用假肢和传感器，以及无人值守移动传感器等。 国防部制造技术项目提供了 7 500 万美元的拨款，产业界、州政府和地方政府则共同投入了 9 600 万美元。该研究所的组成成员包括来自半导体公司及其供应商、航空航天、生命科学领域的 22 家公司、17 所大学，以及州和地区组织。
美国先进功能性纤维研究所（AFFOA）	美国先进功能性纤维研究所于 2016 年 4 月成立，由于刚刚开始启动，成员尚未最终确定。其总部位于马萨诸塞州剑桥市，并计划建立一系列区域办公室。 科学进步使纤维和纺织品具有非凡的性能，包括强度、阻燃性和导电性。它们可以成为电子、传感器和通信设备的部件。这一系列新的纤维和纺织品由特种织物、工业织物、电子纺织品和其他形式的高级纺织品组成。它们可以提供通信、照明、冷却、健康监测、电能存储和许多此前与纺织品无法产生联系的新功能。这些技术纺织品建立在合成、天然纤维混纺和多种材料纤维

（续表）

研究所名称	介　　绍
美国先进功能性纤维研究所（AFFOA）	的基础之上，在商业和国防领域中有着广泛的应用，远远超出传统的可穿戴织物。 美国先进功能性纤维研究所总部位于马萨诸塞州的剑桥市，获得了7 500万美元的美国国防部“制造技术”项目基金，以及约2.4亿美元产业界和州政府的配套支持。它旨在通过公私合作的方式，服务于美国革命性纤维和纺织品制造端到端的创新生态系统，而且利用国内制造设施来开发制造工艺并加以规模化。美国先进功能性纤维研究所计划利用强大的设计和仿真工具、试生产设施，以及与供应商的协作基础架构来提供快速实现产品的机会、劳动力发展机会。该研究所希望结合IT技术进步，将智能设备与纤维整合在一起，给纤维和纺织品带来革命。
智能制造创新研究所（Smart Manufacturing Innovation Institute）	2016年6月份，贝拉克·奥巴马总统宣布了新智能制造创新研究所的胜出。该研究所目前处于启动阶段，正在确定相关成员。其总部设在洛杉矶。 智能制造的特点是信息通信技术与制造工艺的融合，从而对工厂和企业的能源、生产率和成本进行实时控制。AMP2.0报告中将其确定为需要联邦政府投资的、优先级高的制造技术领域。智能制造将先进的传感器、控制、信息技术流程和平台，以及先进的能源和生产管理系统连接在一起，有望在大量工业部门内提高能源效率和制造能力。 智能制造创新研究所的预算为1.4亿美元，其中联邦政府已经通过能源部的先进制造业办公室在5年内拨款7 000万美元，其余的为配套资金。智能制造创新研究所将重点关注如何通过可降低能耗的智能传感器等设备将信息技术整合到制造过程中。例如，该研究所计划与美国能源部高级复合材料制造创新研究所合作，在碳纤维生产中对先进传感器进行测试。智能制造创新研究所希望能与200余家公司、大学、国家实验室和非

（续表）

研究所名称	介　绍
智能制造创新研究所（Smart Manufacturing Innovation Institute）	营利组织合作。微软公司、美国铝业公司（Alcoa Inc.）、康宁公司（Corning Inc.）、埃克森美孚公司（ExxonMobil）、谷歌、国家可再生能源实验室和一系列小型公司都属于合作伙伴之列。该研究所计划在全美建立5个中心，由加利福尼亚州（加州大学洛杉矶分校）、得克萨斯州（得克萨斯农工大学）、北卡罗来纳州（北卡罗来纳州立大学）和纽约州（伦斯勒理工学院）和华盛顿州（美国太平洋西北国家实验室）的大学和实验室来负责管理，重点进行技术开发和转让，以及劳动力培训。
过程强化利用快速推进研究所（RAPID）	2016年12月9日，能源效率和可再生能源办公室宣布资助由美国化学工程师学会（American Institute of Chemical Engineers）领导的一个联盟组建的第四家研究所，这是联邦政府力争实现在2030年将美国能源生产率翻番这个目标的关键一步。RAPID研究所将获得高达7 000万美元的联邦资金，130多个合作伙伴承诺将提供金额更多的配套资金。该研究所的重点是开发突破性的技术，通过改进石油天然气、纸浆造纸和各种美国国内化工制造商的制造工艺，在5年的时间里将美国国内能源生产率和能源效率提高20%。 传统的化工制造业依赖于大规模、高能耗的工艺。新研究所将利用各种途径对模块化化工过程进行集约化，包括将混合、反应和分离等多个复杂的工艺组合成单个步骤，从而提高能源生产率和效率，降低运营成本并减少浪费。工艺突破可以大幅减少车间所需设备的占地面积，或通过更有效地使用原材料来消除浪费。例如，通过简化和收缩工艺流程，这种方法可以使天然气直接在井口进行精炼，节省乙醇裂化过程中高达一半的能量损失。仅在化工行业里，这些技术每年可以为美国节省超过90亿美元的加工成本。

（续表）

研究所名称	介　　绍
国家生物制药制造创新研究所（NIIMBL）	2016年12月16日，商务部长彭妮·普利茨克宣布将拨款7 000万美元成立新的国家生物制药制造创新研究所。这是第一个根据行业建议确定重点领域并由商务部提供资金的研究所。商务部制定了“开放课题”方法，新研究所可以选择现有研究所未曾覆盖的任何领域。美国国家标准与技术研究院发起了一项“研究所行业建议竞赛”，采取由下而上的方式来选择研究所的课题，让行业领导的联盟提出地区制造商认为至关重要的技术领域。由此就有了国家生物制药制造创新研究所。 国家生物制药制造创新研究所将致力于改变生物制药产品的生产过程。总的来说，它将力争提高美国在生物制药行业的领先地位，改善医药治疗，并通过开发符合特定生物制药技能需求的新培训计划来建设合格的员工队伍。成立该研究所的新闻在特拉华大学（University of Delaware）发布，该大学将与商务部的美国国家标准与技术研究院合作，在研究所的合作伙伴之间进行协调。除了联邦政府的资金之外，新研究所还将得到1.29亿美元的配套资金。这是一笔初始私人投资，投资方包括全美150家公司、教育机构、研究中心、协调机构、非营利组织和美国制造业扩展伙伴关系项目。
先进再生制造研究所（ARMI）	2016年12月21日，国防部在白宫举办的庆祝活动上宣布将拨款成立先进再生制造研究所。该活动是在庆祝全美制造业创新网络所取得的进展。这家新研究所将成为国防部领导的第七家研究所。 新罕布什尔州参议员及其州长同时在州内代表两党宣布在5年内拨款8 000万美元建立先进再生制造研究所，总部将设在曼彻斯特米利亚德。该研究所由德卡研发公司（DEKA R&D Corporation）、新罕布什尔大学（University of New Hampshire）和达特茅斯-希区柯克医疗卫生系统牵头，负责利用生物技术开发和制造可移植到患者身上的组织和器官。德卡研发公司创始人迪恩·

（续表）

研究所名称	介　　绍
先进再生制造研究所(ARMI)	卡门(Dean Kamen)将负责该研究所的领导工作。它将开创用于修复和更换细胞与组织的下一代制造技术。如果取得成功,这种技术可以实现新皮肤或救命器官的制造,帮助到许多滞留在移植等待名单上的美国人。该研究所将着重解决阻碍人工合成组织和器官生产的跨领域制造挑战,例如提高可用性、可再生性、可访问性,以及制造材料、技术和工艺的标准化。该研究所希望能进行跨学科的合作,包括3D生物打印、细胞科学与工艺设计、自动化药物筛选方法,以及快速生产和运输这些救命材料所需的供应链专业知识等。
减少材料制造的能源和降低排放研究所(REMADE)	减少材料制造的能源和降低排放研究所由美国能源部创建,于2017年1月4日入选,总部位于纽约州罗切斯特,并由可持续制造创新联盟(Sustainable Manufacturing Innovation Alliance)负责领导。减少材料制造的能源和降低排放研究所将得到高达7 000万美元的联邦政府拨款,以及100余家合作伙伴承诺的7 000万美元的配套资金。减少材料制造的能源和降低排放研究所将重点力争降低金属、纤维、聚合物和电子废弃物等材料再使用、循环利用和再制造所需技术的成本,并且到2027年时实现整体能效提高50%。美国能源部表示,通过创新型新制造技术,可以节省数十亿美元的能源成本并提高美国的经济竞争力。 该研究所旨在通过再利用和循环利用来减少人造材料在整个生命周期内的能源使用量。研究所将着重开发针对人造材料再使用、回收利用和再制造的可持续发展的新技术,减少人造材料在整个生命周期内的能源使用量。美国制造业每年要消耗全国近三分之一的能源,其中大部分能源都被蕴藏在制造业的实物产品中。新技术可以更好地重新利用这些材料,从而为美国制造商和国家每年节省高达1.6千万亿BTU(英国热量单位)的能源,相当于2.8亿桶石油,或者是美国一个月内的石油进口量。

（续表）

研究所名称	介　绍
先进机器人制造研究所(ARM)	美国国防部提出成立该新制造研究所，致力于打造美国在智能协作机器人领域的领先地位。先进的机器人可以同人类进行无缝、安全和直观的协作，完成装配线上的繁重工作或需要精确处理、复杂或危险的任务。美国国防部认为，如果人类和协助他们的机器人一起合作，就有可能改变从国防和太空到汽车和卫生领域的众多制造部门，从而实现高质量定制产品的可靠和高效生产。 先进机器人制造研究所于 2017 年 1 月 13 日由国防部成立，这是奥巴马政府宣布的第 14 个美国制造研究所，也是最后一个美国制造研究所。它的总部设在匹兹堡，卡内基梅隆大学(Carnegie Mellon University)负责召集筹建小组。该研究所将集合一支庞大的团队，包括 31 个州的 84 个行业合作伙伴、35 所大学和 40 支其他团体。联邦政府拨款加上产业界和州政府的成本分摊总额约为 2.5 亿美元。其中联邦政府承诺投入资金 8 000万美元。克莱姆森大学劳动力发展中心(Clemson University's Center for Workforce Development)将负责该新研究所的劳动力培训计划。 美国国防部在公告声明中介绍了成立该新研究所的原因： 制造业早已经开始使用机器人，但如今的机器人通常成本高昂、作用单一、难以重新编程，而且为了安全起见需要与人隔离。要达到国防和其他工业制造所需的精度水平，机器人的使用必不可少，但资本成本和使用的复杂性往往限制了中小型制造商使用这项技术。因此，先进机器人制造研究所的使命就是整合各种各样的行业实践和研究所多学科的知识，其中包括传感器技术、末端执行器开发、软件和人工智能、材料科学、人机行为建模和质量保证，创造并利用机器人技术，建立强大的制造创新生态系统。在先进机器人制造研究所内，时机已经成熟，是时候去力争实现一些技术的重大发展，其中包括但不限于协同机器人技术、机器人控制(学

（续表）

研究所名称	介　绍
先进机器人制造研究所（ARM）	习、适应和重新定义目标）、敏捷操控、自动导航和移动、感知和传感，以及测试、校核和验证。 美国国防部认为，当前美国在制造机器人技术方面的能力是“分散的”，有必要进行更好的组织和协作，让美国在该领域的全球竞争中拥有更大的优势。

当前进展

现有的研究所已经在努力开展工作。2016 年，联邦政府提供了一系列研究所成果的实例[35]：

• 为了推动新半导体技术在美国的生产落地并加速先进电力电子的商业化，美国电力制造创新研究所在 3 月同得克萨斯州拉伯克市的 X-FAB 公司成功合作，对一家投资 1 亿美元的铸造厂进行升级改造，以生产具有成本竞争力的下一代宽带隙半导体，并创造新的商机来维持数百个就业岗位。

• 底特律未来轻金属创新研究所利用新一代金属制造技术，重点研究轻质金属，已经成功实现将小汽车和卡车中核心金属零部件的重量减轻 40%，从而提高燃料效率并节省消费者的燃料成本。此外，未来轻金属创新研究所在 22 个州引入了课程教学，就如何使用轻质金属技术对工人进行培训。今年夏天，38 家公司将与未来轻金属创新研究合作，招聘制造领域的带薪实习生。

• 美国制造创新研究所吸引了数亿美元投资当地的新制造业，其中包括通用电气公司投资 3 200 万美元建立新全球 3D 打印中心，美国铝业公司对其位于宾夕法尼亚州肯辛顿的工厂投资6 000万美元。两者都靠近美国制造创新研究所，交通相当便利。它们将受益于研究所的金属粉末3D打印专业知识。

- 此外，美国制造创新研究所与德勤和其他合作伙伴一起，为企业打造了3D打印基础知识的免费在线课程。在过去一年中，已经有超过14 000位商业领袖学习了这门课程，了解他们的企业可以如何利用3D打印。

受美国国防部“制造技术”项目的委托，德勤公司在2016年对研究所模式进行了独立评估，并在2017年1月份发布评估报告。总体结果相当乐观。评估发现，先进制造研究所在美国国内整体经济的发展中发挥了至关重要的作用，加速了生产率的增长，减少了贸易逆差，创造了就业机会。评估也发现，研究所的公私合作模式可以创造合力，提高制造业的研发投资，减少创新障碍，改善知识产权的利用，并通过共享资产来降低风险和成本。[36]在技术促进方面，评估发现，研究所可以发挥重要作用，降低制造研发投资的风险，特别是考虑到不同规模和不同领域的企业之间存在投资不均衡的现象。研究所的方式有助于共享先进设备、汇集研发力量、制订技术路线图和进行知识共享，这些为行业参与者带来依靠个体无法实现的巨大收益。[37]

在员工培训方面，德勤发现，研究所模式可以弥补工业企业进入先进制造业时面临的人才缺口。研究所的劳动力发展计划包括劳动力的供求评估、员工的资格认定和认证，以及以技术为重点的培训和学徒计划。[38]评估同时发现，在创建改良的生产生态系统方面也取得了重大进展。研究所覆盖了一系列技术重点领域，同时覆盖了宽泛的地域，这是该系统的优势所在。它们的成员是不同规模和不同类型的企业，这预示着该模式在最初就取得了成功。评估发现，这些研究所推动了地区经济集群，成为地区经济增长的关键所在。[39]德勤报告还提出了一系列项目建议。其中的部分建议是对下文中研究所面临的挑战清单的补充。但不管怎样，德勤的评估相当于是一群独立的专家在进行早期认证，证明研究所的模式是正确的。

制造研究所案例分析

为了更好地了解研究所在基层的情况，让我们来更深入地看看两家研究所的案例分析，其中一家正在运行中，另一家则刚刚启动。

先进复合材料制造创新研究所

先进复合材料制造创新研究所总部位于田纳西州诺克斯维尔市[40]，在能源部联合举办的一场竞赛中被选中。其目标是在10年内开发和验证创新技术，将先进的纤维增强高分子复合材料的成本降低50％，能耗降低75％，实现至少95％的材料得到再利用和回收利用。

明确而独特的研究所重点

包括先进复合材料制造创新研究所在内的多家研究所旨在通过明确、独特的研究重点来解决产业的某个核心需求。先进复合材料制造创新研究所试图开发轻质复合材料，与当前材料相比，后者能够大幅提高能源效率，提高可再生能源的发电量。为此，研究所必须利用先进的技术，大幅降低复合材料的生产成本，加快生产速度，减少能源使用量，并且确保材料可以轻松进行回收利用。虽然存在许多技术和制度障碍，但该领域无疑可以为美国工业提供重要的机会。

联盟方式

先进复合材料制造创新研究所与其他研究所一样，建立在由产业界、高校和政府组成的联盟之上。该联盟包括陶氏化学、福特、通用电气、杜邦和波音等大公司，也有一些小型企业，最初总共有 57 家公司，涉及化工、汽车、风能和航空航天等领域。联盟中共有 15 所大学、实验室和学院，其中的大学包括田纳西大学、宾夕法尼亚州立大学、伊利诺伊大学和普渡大学。联盟中还有州政府和一些经济发展实体。先进复合材料制造创新研究所现在约有 108 个参与者，覆盖各个行业。联邦政府通过能源部能源效率和可再生能源办公室及其先进制造业办公室拨款 7 000 万美元，参与各州州政府配套了相近这个数字的总资金，再加上产业界提供的资金，非联邦政府的资金总额达到了近 1.8 亿美元。

核心理念

该研究所旨在提供产业界和高校的伙伴关系，分享重要资源，开发低成本、高速度和高效的制造和回收利用工艺技术，推动先进的纤维增强高分子复合材料的广泛应用。该研究所致力于在领先的工业制造商、材料供应商、软件开发商以及政府和学术专家之间牵线搭桥。其研究重点是大幅降低先进复合材料的整体制造成本，减少材料生产所需的能源，并且确保这些材料可回收利用。

产业价值主张

先进复合材料制造创新研究所正在努力提供四项基本服务，为产业界合作伙伴提供支持：

• 共享研发资源：可使用从实验室级到批量生产级的设备，对技术进行验证和测试，降低产业界投资风险。

• 应用型研发：利用政府的研发和学术投资，外加产业界的配套资金，针对成员所提出的挑战找到创新解决方案。

• 复合材料虚拟工厂：复合材料设计人员和制造商可以通过一个网络平台使用端对端的商业建模和仿真软件。

• 劳动力培训：提供专业培训，为先进复合材料的最新制造方法和技术培养当前和未来的劳动力队伍。

实现目标和解决挑战

该研究所制定了五年和十年的技术目标：将碳纤维增强复合材料的（CFRP）成本先降低25%，此后降低50%；将碳纤维增强复合材料的内含能源需求先减少50%，此后减少75%；将复合材料的回收再利用率提高到80%，后达到95%。在一系列目标逐渐实现之后，该研究所将能提高能源生产率，减少材料在生命周期内的能源消耗，加强国内生产能力，增加就业机会，并推动经济发展。

路线图和战略投资计划

先进复合材料制造创新研究所采取了一系列方法来开展项目。在研究所提交给能源部的建议书中已经确定了最初的项目，其中包括改善材料制造加工与建模仿真的基础设施能力，以及加强战略领域的劳动力发展。这些项目能使国内的产业广泛受益，其中包括汽车、风力和压缩天然气储存行业。

第二阶段涉及制订技术路线图。这项工作由先进复合材料制造创新研究所首席技术官和一个产业与技术顾问委员会来推动。路线图旨在明确在高强度先进复合材料的批量制造中存在哪些障碍，并对材料和制造供应链中的机遇按照轻重缓急进行排序。

第三个领域是制定战略投资计划。这项工作由先进复合材料制造创新研究所董事会和技术咨询委员会负责推动。该项工作旨在改变创新周期，让先进复合材料制造能快速得到采用和规模化。研究所目前在征集同战略投资计划和技术路线图方向一致的技术开发项目，重点放在短期能创造较大影响的项目上。

提高从发现到应用再到生产的速度

这是一个总体目标，而且同其他研究所一样，先进复合材料制造创新研究所将力争：

• 大规模进入在先进制造业研究领域“缺失的中间环节”（TRL 4－7）。

• 创建一个工业共享空间，为未来的制造中心提供支持，并确保利益相关者积极合作。

• 强调和支持产业界的长期投资。

• 将研发与劳动力发展和培训相结合。

其总体目标将是为美国打造新的复合材料先进制造能力，创新一个全新的行业面貌。

资源共享

先进复合材料制造创新研究所首席执行官克雷格·布卢是橡树岭国家实验室（Oakridge National Lab）制造论证设施项目的资深人士[41]，成功利用论证设施内的先进技术和设备推动行业合作，也一直致力于充分发挥其在这方面的成功经验。先进复合材料制造创新研究所建立了一系列共享资源设施，并认为这些设施必须靠近产业界用户。其目标不是复制行业已有的东西，而是提供工业部门生态系统中先进复合材料相关的新型基础设施，特别是在汽车、航空航天、风力和化工领域。研究所目前正投资 1 亿多美元来创建这类设施。它希望充分利用原始设备制造商的区域性有利条件，同时让供应链也参与其中。

一系列先进复合材料技术的共用设施现在分布在六个州，密歇根州的密歇根州立大学专注于汽车技术（密歇根州是最主要的汽车生产州），俄亥俄州的戴顿大学（University of Dayton）研究所致力于压缩天然气的储存，科罗拉多州的国家可再生能源实验室（NREL）研究风力涡轮机叶片，田纳西州的橡树岭国家实验室和田纳西大学以及邻近的肯塔基大学（University of Kentucky）都着重于研究所有复合材料和加工技术，而印第安纳州（全美第三大汽车制造州）的普渡大学拥有一个设计、预测建模和仿真设施，可以为各行各业服务。这些设施所服务的州或者其汽车产量占到全美汽车产量的70%，或者其承担了全美70%的汽车研发工作，或者是全美最大的风力叶片生产地区，或者是汇聚了全美60%的压缩天然气汽车制造商。先进复合材料制造创新研究所致力于实现国家使命，开发先进的复合材料，不过其设施位于主要的复合材料行业聚集区。这种做法是效仿弗劳恩霍夫研究所的模式，争取为地区核心产业提供深度的基础设施、实验室和生产支持设施。

应用型研发

先进复合材料制造创新研究所正在其董事会和咨询委员会的领导下制订复合材料路线图，识别关键的技术空缺和需求。这份路线图反过来能形成成熟度位于4－7区域的技术开发日程表。这些开发项目将具有相关领域专业知识的研究团队与整个行业联系起来，共同协作。这项工作的开展主要是使用美国能源部提供的7 000万美元，同时也利用了产业界和州政府的配套资金。除了这些重点研究工作之外，先进复合材料制造创新研究所还在寻找其路线图之外的研究课题，将路线图视为是其研发工作的推动者，而非限制条件。如果有公司觉得自己需要进行特定领域的早期科学工作（TRL 2－3），先进复合材料制造创新研究所也可以来协调这方面的研发工作。

复合材料虚拟工厂

普渡大学建立了一个新的设计、仿真和建模设施，产业界参与者可使用该设施测试复合材料的生产方式。它接收来自不同生产部门的各种共享设施的输入，以进行建模和仿真。反过来，那些使用特定地区性设施的公司也能够访问该虚拟工厂。所以在地区性设施所在地和虚拟工厂之间存在双向的信息通道。它是美国唯一的开放式复合材料仿真设施，也是全世界仅有的两个之一。

劳动力培训

总体而言，先进复合材料制造创新研究所估计，在 2015 年，该研究所所处的六个核心州的复合材料领域可以创造超过 38 万个就业岗位，用人需求和新增工人数之间的比例差为 3∶1。[42]在该研究所所在地区，2014 年约有 128 000 人获得培训证书和学历证明。先进复合材料制造创新研究所的培训计划与美国复合材料制造协会（ACMA）所开展的工作密切联系在一起。到目前为止，教育工作主要在三个层面上进行。在工程师层面，有 15 名工程和科学本科和研究生在先进复合材料制造创新研究所实习，在共享设施内有 100 名实习生。在技术员层面，研究所在田纳西州和科罗拉多州举办了两期大型劳动力培训课程，每期课程中来自美国各州参与者数量都超过 100 人。除此之外，先进复合材料制造创新研究所与未来轻金属创新研究所就 STEM 和地区制造商运动的教育工作进行合作。地区制造商运动是利用研究所网络帮助特定项目发展的好例子。先进复合材料制造创新研究所正在筹备在线和“混合”学习培训材料以扩大影响范围，支持混合学习方法的研讨会，并通过在线辅助材料加强“做中学”的课程。

总体而言，先进复合材料制造创新研究所的首席执行官特别注重速度。这套复杂的系统中有100余位参与者，还有一组区域性共享设施，研究所是否能够整合该系统，实现新技术的快速转让和实施？他告诉研究所的参与公司：“我们的成功与否取决于你们是否能取得成功。”衡量成功的最佳标准就是参与的公司取得成功。他认为只有研究所在技术开发和实施上快速取得进展，行业才会继续响应和参与。

先进复合材料制造创新研究所一直在努力加强自己与两个核心赞助者之间的关系，即小型制造商和州政府。它将供应链参与者的整合当作其共享设施工作中首要考虑的问题。这些参与者包括小型公司，其中许多来自复合材料行业。它正在努力与美国国家标准与技术研究院支持的美国制造业扩展伙伴关系项目建立密切的联系。后者主要是为小型制造商提供技术和支持服务。例如，它有一个项目是让美国制造业扩展伙伴关系项目的成员进入先进复合材料制造创新研究所，共同开展劳动力培训工作。参与州的政府派遣州经济管理官员加入了研究所的董事会。研究所会定期与州政府碰头开会，并且建立了向州政府汇报的体系。与印第安纳州的合作非常成功。尽管该州的政府在最初兴趣有限，而且只提供了1 500万美元的资金，但它大力支持普渡大学的新复合材料共享设施，并考虑投资再建设一家共享设施。其总投资可能接近1.15亿美元。印第安纳州最近委任一位经验丰富的技术政策专家担任该州经济发展公司[43]的“首席创新官”，这表示该州正在采用新方法。虽然成立时间不长，但对于先进复合材料制造创新研究所以及其他研究所而言，可持续性仍是一个迫在眉睫的问题。研究所正在努力促进其国家和私营部门资助的项目，并认为他们必须努力不懈地提高其快速行动的能力，确保可持续性。

先进复合材料制造创新研究所可以帮助我们很好地审视许多新制造研究所采用的架构和树立的目标。但研究所模式是灵活的，具体取决于其所服务的部门，彼此之间可以存在差别。

美国先进功能性纤维研究所

美国先进功能性纤维研究所尚处于初期阶段，但由于其预想模式有所不同，让我们看到制造研究所可以采取一系列不同的方法。[44]国防部部长 2016 年 4 月 1 日在马萨诸塞州剑桥市宣布建立该研究所，旨在通过产品开发导向对全国分布式原型模型加以应用。正如该研究所首席执行官约尔·芬克在谈论研究所创建背景时提及的，纺织品在历史上的发展变化不大，棉花的使用可以追溯到公元前 5 000 年的墨西哥和印度河流域，而工业纺织则来自英国的 18 世纪工业革命。下文介绍的该研究所计划采用的方式，其他研究所也可以加以考虑。不过这些仍然是计划，尚未加以实施。

产品导向

该研究所致力于创造新产品，而不仅仅是针对制造或工艺。这意味着制造技术开发是基于产品的。正如美国先进功能性纤维研究所联邦政府项目经理斯蒂芬·卢克斯基所说的，这是“从产品到工艺”。[45]如他所言，研究所的目标是“关于生产工艺的原型”，在其工业基地内创造可行且成本合适的制造技术，为未来创建供应链。此后，美国先进功能性纤维研究所再结合产品来调整制造开发和论证工作。研究所希望能创造出智能型的新型纤维和织物，即装备有通信系统，能够照明和发光，含有电池储存系统、健康监测系统或者辐射监测仪。新型纤维不仅仅用于服装，还可用于轮胎、复合材料、家具、车辆，可能还有其他许多地方，例如屋顶和建筑系统。研究所认为制造本身并不是最终目标，问题在于是为了什么而制造。能够吸引公众注意力和得到他们的理解，靠的完全是新产品，而不仅仅是新工艺。率先开发出能做重大而复杂事情的新纺织品，是美国先进功能性纤维研究所的导向。新产品需求将带来新工艺和新制造方法，例如，如何将 LED 嵌入纤维内。在纺织品的发展历史上，成本压力越来越大，利润空间越来越小。美国先进功能性纤维研究所将在纤维中整合一系列先进技术，迈出全新的一步，借此帮助该行业恢复高价值和高利润空间。

原型制造网络

研究所将总部设在马萨诸塞州剑桥市的麻省理工学院内，该新英格兰地区在 19 世纪曾是美国的纺织品制造中心。研究所希望未来这里只是众多中心之一。研究所正在建设纺织品发现中心（Fabrics Discovery Centers）。纺织品发现中心将靠近大型的项目参与高校，而资金来源于美国先进功能性纤维研究所本身和其成员企业。[46]这些中心将会配备先进的设备和专利技术，从而拥有一定的原型制造能力，可以孵化新纤维技术并制作原型。每家中心都会对应某个专业领域，具体取决于该地区的企业和高校的专业知识。这些中心的工作重点是快速设计低成本的原型，以及开发新技术和应用。它们可以为初创公司和老牌公司提供服务，也可以组织竞赛，并为在新纤维开发上取得进展的学生颁发奖金。

美国先进功能性纤维研究所的计划书中包括了一系列大型公

司，其中有亚德诺半导体技术有限公司（Analog Devices）、英特尔和苹果公司等。这些公司认为新 IT 技术可以通过纤维来创造新市场。耐克公司也参与了该项目，该公司在美国本土不进行生产，但对美国先进功能性纤维研究所正在开发的新纤维技术颇感兴趣。此外，参与者中还有先进材料公司杜邦，以及南卡罗来纳州的因曼纺织厂（Inman Mills）。因曼纺织厂是一家家族企业，目前的经营者是家族的第五代。尽管美国大部分纺织品生产企业已经离开并扎根国外，但该纺织厂仍留在美国，专门从事高质量织物的生产。它们同样对技术型纤维感兴趣。除了这些大型公司之外，研究所成员中还有大量纺织行业的中小型企业、众多开设纺织品和材料技术课程的高校，以及多家州政府。高校包括麻省理工学院、德雷塞尔大学（Drexel）、克莱姆森大学（Clemson）、北卡罗来纳州立大学和北卡罗来纳州加斯顿学院（Gaston College）。参与的州政府则有美国东北部的马萨诸塞州和宾夕法尼亚州、南部的卡罗来纳州和格鲁吉亚州，以及中西部和西部的许多州。到 2017 年春季，已经有 80 家机构正式签约成为美国先进功能性纤维研究所的成员[47]。

美国先进功能性纤维研究所辨识众多成员企业拥有的制造技术（编织、针织技术），并且将这一系列制造技术连接在一起，以在该领域内第一次实现快速的原型制造，再快速地为新技术型纤维和纺织品寻找制造能力。实际上，这种方式可以为新产品快速建立新的供应链。

这种方式行得通吗？在美国先进功能性纤维研究所宣布成立三个月后，2016 年 6 月，研究所尝试采用该方式开发第一款新产品，一种用于军方的复合纤维。这也是对该新系统的测试。一家著名的国防实验室开发了这款先进的新纤维(功能性综合纤维)之后,4家研究所成员签约共同快速开发一个全织物的原型。这是一种独特的综合性织物,包含40层多种工业纤维,每层的厚度不超过1微米。在收到规格参数后的两周内,因曼纺织厂将织物运送到了美国先进功能性纤维研究所供国防部使用。该研究所有潜力为军方客户建立一个全新的高价值产品线。

知识资源

研究所联邦政府项目经理斯蒂芬·卢克斯基指出,研究所致力于在整个纺织品供应链中打造数据管理、建模和分析[48]。纤维和纺织品行业通常缺乏建模、仿真和决策工具,而这些工具有助于产品批量定制化的预测性设计和精密制造。该行业也需要开发纺织面料中新型电子设备所需的一些基本设计工具,因为这些工具目前尚不存在。依托织物发现中心,美国先进功能性纤维研究所可以建造一个纤维和纺织面料的实体目录和数字化目录,其中包括谱系数据。美国先进功能性纤维研究所的成员能访问该目录,使用谱系数据。研究所也能通过该目录向全体成员告之各种标准。美国先进功能性纤维研究所可以通过各种项目与商业企业合作,打造设计和分析工具,并且对这些工具进行商业化,以在行业内得到更广泛使用。

知识产权聚合者

为了实现其快速原型制造能力,美国先进功能性纤维研究所计划采用一种独特的模式来汇集其众多高校参与者的知识产权。这些高校拥有可能与新工业纤维和材料有关的数千专利,但像大多数高校专利一样,这些专利大部分从未得到过使用。美国先进功能性纤维研究所的计划是,代表这些高校(以及他们的教师发明者）担任这些知识产权的代理，收集、组织和整理这些知识产权，将它们分类归组，以方便公司访问。高校将保留其知识产权的所有权，并且可以得到版税，而美国先进功能性纤维研究所只是在其中牵线搭桥，通过研究所的产业界成员将知识产权和行业需求联系在一起。鉴于许多工业纤维需要多项专利，美国先进功能性纤维研究所希望自己能成为行业的“一站式购物点”和大学知识产权的推动者，增加专利获得途径，并缩短谈判时间。当某个成员公司（或某群公司）利用这些知识产权设计出新的纤维和纺织产品时，它们将拥有自身产品的所有权。但是，通过美国先进功能性纤维研究所去使用这些知识产权，必须保证后续生产在美国进行。美国先进功能性纤维研究所通过这种方式来确保联邦政府对研究所的投资能为美国制造收益。

有效的决策制定

美国先进功能性纤维研究所的目标之一是创建一个庞大且多样化的网络，因此其参与者只需签订两页纸的成员协议，协议内容简单直白。通常情况下，在涉及知识产权时，协议会长达数十页，而且必须针对协议进行漫长的法律审查和后续谈判。这两种情况形成了鲜明的对比。美国先进功能性纤维研究所的做法对中小型企业参与者而言特别有利。它也带来了相对较快的会员增加速度。

尽管许多研究所都设有董事会，希望通过该方式来代表所有利益相关者，但如果董事会成员达到 40 个或更多，就会变得非常笨拙。美国先进功能性纤维研究所创建了一个由 10 人组成的小型董事会，可以更快速地进行决策（大多来自大型和小型公司，两位来自高校，还有一位来自一家先进技术公司），同时能与国防部

“制造技术”项目派来的政府监察员进行沟通联系，相互协作。研究所针对有效的技术开发、劳动力发展和经济影响，以及其他特定问题等也在内部设有相对规模较小的委员会，以便于其他利益相关方能参与其中。[49]

鼓励初创公司

迄今为止，很少有制造研究所去考虑初创公司，但美国先进功能性纤维研究所有所不同。它希望小型制造商可以使用其快速原型制造的能力，自己的知识产权聚合者角色能够帮助纤维生产方面的初创公司——在美国的近几十年里极少出现这种情况。如果初创公司有了某项计划，它可以通过美国先进功能性纤维研究所许可相关的知识产权，然后利用快速原型制造来降低技术风险，即证明该项技术可以投入生产，并对其加以测试和再测试，了解其具体的生产成本，此后能更好地从风投公司或企业合作者处寻求融资。该初创公司可以向潜在的资金方展示实物“产品”，而不仅仅只是“产品”设想。初创公司也可以使用美国先进功能性纤维研究所的分布式网络，成为其合约制造商。这种快速原型制造的能力甚至有点像中国的深圳等地方具有的能力。其纺织品发现中心将同时为初创公司和老牌公司提供服务，并且培育新技术。

此外，德雷塞尔大学的时尚设计课程是美国先进功能性纤维研究所的一部分，麻省理工学院、弗吉尼亚理工大学（Virginia Tech）和北卡罗来纳州立大学等领先的理工科高校也是如此。尝试设计新技术的纤维和织物初创公司实际上可以通过美国先进功能性纤维研究所的网络来相互联系，该网络也许可以解决深层次的系统裂隙问题。宾夕法尼亚州与德雷塞尔大学合作，正计划让自己的新创业孵化器赋予这种可能性，其他孵化器，或者与已有的孵化器之间的连接,也将随之而来。

美国先进功能性纤维研究所的教育和培训项目正在发展中。纺织行业近年来经历了大规模的裁员,阻碍了人才进入这个行业。激烈的国际竞争给该行业造成很大的破坏,也导致行业工资保持在较低水平。企业抱怨他们无法吸引到优秀的员工,但如果该领域打算采用全新的技术进步,人才将是至关重要的成功因素。如果能够开发一系列新的纤维和织物技术,创造新的高功能性技术,则能够实现更高的利润率,从而拉动工资增长,提高劳动力对该行业的兴趣。美国先进功能性纤维研究所仍然需要开发培训和教育体系,其中包括与高校相关专业、社区学院和产业界挂钩的在线和混合式学习方式,以帮助产业界客户脱离困境。一般来说,教育不是研究所首要考虑的问题,但这点必须得到改变。如下所述,教育计划是取得成功的关键因素;它们可以创造变革推动者,引导行业转变制造模式。

总而言之,美国先进功能性纤维研究所有一些值得大家注意的特点:

- 美国先进功能性纤维研究所采取的是产品导向,而不是工艺导向,这吸引了那些最终需要开发产品的公司。产品发展必定会带来工艺进步,从而将工艺进步也纳入该模式中。相比于复杂的工艺说明,新产品可以让公众和政策制定者更清楚地看到新科技研究所可能取得的成果。

- 美国先进功能性纤维研究所将尝试建立一个强大而多样的公司网络,拥有广泛的专业知识,在这个近年来鲜有新产品的经济部门内实现快速原型制造。公司拥有不同的专业技术,它们之间的相互联系不仅能实现原型制造,同时能让原型快速进入外包制造。美国先进功能性纤维研究所希望能在纤维和织物领域实现半导体行业的摩尔定律，即建设一个快速开发产品、快速原型制造和快速生产的系统和网络，实现重大进步的快速实施。

- 美国先进功能性纤维研究所基于知识产权进行原型制造，并作为高校知识产权的聚合者。它将担任高校的代理人，建立一个面向工业产品开发商的一站式购物场所，借此加快产品开发。高校通过联邦政府提供资金进行研发，并通过《拜杜法案》获得相关的知识产权，它们对此非常看重。美国先进功能性纤维研究所不会让高校放弃自己的权利，而是让产业界能够有渠道来使用这些知识产权，并且将版税返还给高校。
- 其小而精的董事会和简短的成员协议有助于推动决策效率，提高参与度。
- 美国先进功能性纤维研究所拥有原型制造网络，也有外包制造的潜能，由此能成为中小型企业的供应链建设者。这对于众多制造研究所而言是个问题，因为它们是围绕技术创新成立的，不进行研发的小公司在其中发挥的作用相当有限。通过原型制造网络创建供应链的能力可以更好地引导小型制造企业加入制造研究所。这种机制也对初创公司起到鼓励作用，因为它们能够获得快速进行产品原型制造的能力，从而快速开发产品。这种机制还能帮助初创公司获得后续融资。

制造研究所面临的挑战

在奥巴马政府的支持下，制造研究所项目得到了快速启动。奥巴马总统直接指导该项目，借此来应对危机，也就是在2008—

2009 年经济衰退之后，制造业这个主要经济部门出现的重大衰退。由于国会在意识形态上僵持不下，奥巴马政府无法重新开始设计和支持一个全新的项目，不得不转而向现有政府部门的既有项目提供资金和组织，将新项目移植到既有组织中。因此，制造创新的新项目就像一只大脚，不得不被挤进一系列政府部门现有项目的小鞋子里。不用说，鞋子并不太合脚。总的来说，在如此短的时间里实施这么新颖、具有创意的重要项目，的确是一项了不起的政治成就，它需要来自公共和私营部门的许多优秀人才的全身心奉献。

像任何新项目一样，有些实验性的试点会失败，而有些会成功。只有少数研究所存在了足够长的时间，可以根据自身使命来评估所取得的进展，而其他研究所依旧处于初期阶段。利用创新来改造像制造业这样庞大的经济部门，不会是一个短期项目。显然，在一系列重大新技术领域里，部分重要的研发和技术战略已经取得一些重大进展，可能会对制造业的未来产生重大影响。鉴于在成立和运营制造研究所方面已经取得了这些进展，现在是时候"从大处着眼"对整个模式进行审视，也可以对新阶段的功能和改进进行思考。如下所述，我们现在可以看到，随着研究所的发展，一系列新挑战已经浮出水面。该如何应对这些挑战呢？许多研究所正在处理这些问题，它们的解决方法有很多实际上代表了最佳实践，将作为推动整体工作的经验教训。我们同研究所的领导人、联邦政府部门的官员和参与高校的专家们进行了探讨，并根据讨论结果编写了下面这份清单。它们是众多早期的经验教训，也许能够得到更广泛的应用，研究所网络也能够以它们为参考来进行改善。

技术开发导向 vs. 生产导向

迄今为止，所创建的制造研究所的研究领域都是由联邦政府研发部门所选择的，能帮助他们实现自身的使命，但并不一定满足特定制造业的需求。与其他任务相比，他们更倾向于技术开发导向。这种情况并不让人感到意外。如上所述，研究所是由具有明确使命的政府研发部门所创立的，因此根据相关的授权和拨款法律，这些研究所的研究课题就必须符合政府部门（国防部和能源部）的使命和需求。这些政府部门懂得他们的研发使命，并且重点关注该使命。这些使命也已经变成了研究所的使命。这些政府部门的使命并不包括美国制造业的未来发展，国防部的核心使命是国家安全，能源部的核心使命则是能源技术。这些政府部门在提供资金时必须适合并服务于那些使命。只有一个例外。美国商务部/美国国家标准与技术研究院在 2016 年举办了“开放课题”竞赛，让产业界本身提出课题。其他研究所也曾经邀请产业界就重点领域的选择发表意见。在最初几轮研究所成立之后，各政府部门已经通过信息请求（RFI）和研讨会的形式争取让产业界和高校更多地参与到课题的选择上来，但课题仍必须满足政府部门优先考虑的问题。所以，实际上，迄今为止的先进制造业工作一直是与政府部门的使命挂钩的，而不是独自为制造业所需的制造创新和突破服务。不过如下所述，幸运的是，这两条道路已经在很大程度上走到了一起。

AMP2.0 报告明确了为先进制造研究所选择重点领域的核心标准（制造技术领域——MTA），虽然这些标准并没有被研究所加以使用，但仍然具有启发性，有一定的意义：

- 行业或市场拉动：产业中是否存在对这种制造技术领域的

“拉力”或需求？如果产业界尚未选择这种制造技术领域，是否感觉到来自市场或消费者的强烈拉力？

- 跨领域：这种制造技术领域是否跨越多个经济部门（汽车、航空航天、生物技术、基础设施），也跨越供应链网络中多种规模的制造商？

- 国家或经济安全：如果美国在这个制造技术领域中缺乏能力或主导地位，是否会对国家安全或经济安全构成威胁？如果美国缺乏这方面的能力，是否会严重损害美国在供应网络中的竞争力？

- 利用美国的优势：该制造技术领域是否早已经拥有相应的劳动力和教育系统、独特的基础设施或政策？[50]

这套选择标准条理清楚，AMP2.0 工作组使用该标准确定了未来的制造研究所最优先处理的三大技术领域，即先进的制造传感技术、控制技术和平台，虚拟化、信息化和数字化制造，以及先进的材料制造。事实上，由政府部门选择的研究所的确对这些通用技术领域进行了研究，例如智能制造创新研究所、数字化制造和设计创新研究所、先进复合材料制造创新研究所，以及未来轻金属创新（轻质和先进金属）研究所。AMP2.0 工作组为每个主题制订了详细的技术战略。事实证明，在数字化制造和设计创新研究所创立和启动时，这些技术战略发挥了指导的作用。所以在一些主题选择中，大家的确在应用 AMP2.0 标准。但总体而言，研究所关注的领域必须更多地面向政府部门实现自身使命所需的新技术，而并非整个制造业的需求。正如前文所述，幸运的是，这两者之间有着明显的重叠。美国国家标准与技术研究院高级制造计划办公室主任迈克尔・莫尔纳估计，在 AMP1.0 报告推荐的 11 个技术领域中，有 9 个目前已经得到现有和计划中研究所的关注。[51]但如果能够采用更为系统化的方法选择其他技术领域，就可以创造更多的新生产机会。[52]未来如果有新的研究所成立，应该鼓励政府部门在其主题选择过程中更加正式地权衡上文中AMP2.0的标准。

五年后联邦政府停止提供支持

从宣布成立作为第一家制造研究所的美国制造创新研究所开始，就要求这些研究所在五年后联邦政府停止资助时能够自立。2014年美国通过《重振美国制造法案》(*The Revitalize American Manufacturing Act*)。关于联邦政府对美国国家标准与技术研究院创立的制造研究所的支持，该法案也同样设定了5年的期限。

这种方法遵循了美国半导体制造技术联盟的模式。美国国防高级研究计划局也只为美国半导体制造技术联盟提供了为期5年的资金。从政治角度来说，这是一个相当具有吸引力的做法，即联邦政府在5年后可以退出，而制造业将稳定下来，研究所在一定程度上将会继续开展工作。相比之下，如下文所述，德国的弗劳恩霍夫研究所并不存在联邦政府在相对较短的固定期限后停止资金支持的问题。研究所在5年后能独立生存这种假设是存在问题的。重振制造业创新将是一个长期而非短期的项目，需要的是技术现实主义，而不是技术魔法。

对于美国半导体制造技术联盟来说，5年过渡期的方法是成功的，因为相比于制造研究所，美国半导体制造技术联盟得到了大量的资金(美国国防高级研究计划局每年拨款1亿美元，行业提供等额配套资金)，不仅快速研究和掌握了半导体制造工艺所需的改进，并且在相对较短的时间内加以实施。随着新集成电路的发展，行业本身开始迅速扩张，也带来了新的资源进行技术改进。美国半导体制造技术联盟的工作重点是半导体设备和技术的制造工艺。相比于制造研究所复杂的长期任务而言,美国半导体制造技术联盟的工作重点较为简单直接。

历史上,联邦政府为研发提供资金是源于经济学家所称的"市场失灵",即尽管研发对于创新而言至关重要,但因为研发从本质上讲是投机性的,所以在竞争激烈且全球化的世界中,企业越来越难以承担研究风险。近几十年来,行业内的大型公司一个接一个地大幅缩减或关闭其研发实验室,著名的贝尔实验室(Bell Labs)的衰落并不是一个孤立的例子。幸存的行业实验室越来越关注与产品改进直接相关的后期开发工作。相比于其他任何领域,这种趋势在制造业中可能更为明显。中小型制造商从一开始就很少进行重大研究。在5年之后,制造研究所研发的一些技术或许足够先进,产业界将愿意承担风险并以此为基础开展进一步的工作,但很多技术可能达不到这个程度。先进制造业工作的一个主要目标是将创新带入企业,特别是中小型制造企业。即使在联邦政府不再提供资金资助之后,研究所继续维持其协作和共享研究的模式,中小型企业在5年后仍然不会考虑接手先进技术研发工作,对于那些面临严峻竞争的大公司来说也是个问题。换而言之,一些重大的市场失灵的问题是持久的,在5年内得不到解决,还将继续存在。

新研究所关注的多数技术将需要更长的时间来获得发展,达到大规模实施的程度,远远长于联邦政府资金所规定的5年时间。在轻质材料和复合材料、数字化和增材制造技术、宽带隙半导体、光子学、柔性电子学、智能纤维和再生组织工程等领域,技术开发和实施工作在五年内可能完成不了。即使研究所在未来五年内取得重大进展，这些领域也无法达到技术成熟的程度。其中许多领域需要取得重大突破，而且后续还需要大量开发工作。

如何对五年后联邦政府停止资助的条款加以管理呢？[53]第一批研究所正逐渐走向这个截止日期。鉴于研究所采用的是协作和风险共担的研发模式，它们首先需要努力鼓励公司继续参与其中并分摊成本。其次，州和地区政府对于研究所的支持也应该继续下去。制造部门对其区域经济的发展而言仍然至关重要，因此州和地区政府的兴趣应该保持不变。这些研究所需要努力争取州和地区政府继续分摊成本。有了产业界和州政府的持续支持，才有可能争取到联邦政府延长资助时限。

这要怎样实现呢？最直接的方法是建立评估机制。当第一个5年结束时，如果评估结果是成功的，则研究所有机会争取到资金支持的延期。或者，有资格的研究所可以向负有使命的其他政府部门申请联邦政府研发经费。尽管这些政府部门在过去并没有直接参与制造研发领域，但它们在特定的技术领域进行了相关研究。AMP2.0建议联邦政府通过那些政府部门来制订先进制造领域的研究战略。[54]那些政府部门可以与产业界和高校合作开展这项工作。这项工作仍将有助于指导联邦政府对制造研究所进行研发投资。第三种方式是承认研究所是除研发之外一系列项目和计划的新交付模式。政府部门可以（同研究所合作）确定一系列项目改善项目，并且通过后续的合作协议为这些改善项目提供新一轮联邦政府资金支持。从研究所的长期发展和需求出发，都必须建立某种机制，在5年过后较长的时间内，将联邦政府最初提供的资金视为种子资金，此后继续保持一定程度的联邦政府投资。研究所的管理部门现在就应该开始着手建立后续资金支持机制。

总而言之,因为联邦政府的资金支持时间跨度相对较短,这些研究所都存在一个潜在的问题:研究所的项目时间跨度较长,而给予的实施时间却太短。因此有必要对联邦政府的投资期加以调整。多家联邦政府职能部门对 15 家研究所的总投资约为每年 2.25亿美元,鉴于美国制造业的社会和经济效益,这个投资金额并不大。当最初的投资期考虑不周到时,上述设想提供了合理的替代方案。这个问题是研究所模式早期的一个危机,必须采取行动加以解决。

研究所治理模式

制造研究所由联邦政府职能部门组建。从开始这项工作时起,它们的治理和组织观念就始终贯彻其中。这些政府部门往往像对待喂养动物一样来管理研究所,因为对方接受了自己的研究经费。因此,政府部门采用的管理模式是一种研发监督模式(通过合作协议进行),而且政府部门倾向于扮演研究主管的角色。虽然政府部门领导人注意到了这个问题,但它们的法律框架往往要求采取这样的做法。然而,研究所的角色定位要广泛得多。它们会跨经济部门组建由各种公司组成的支持系统,建立持久的合作关系,不只是在研究领域进行合作,同时还进行测试、技术论证和反馈、产品开发以及劳动力教育和培训等合作。

这是一个非常复杂和雄心勃勃的模式,相比于简单直接的研究项目,需要完全不同的管理和支持方式。研究项目只涉及小型科学家团队,以及 1 位"学术技术带头人",而研究所涉及大规模的合作,参与者多达 50 到 100 人。尽管产业界及州和地区政府会提供大量的配套资金,常常超出了联邦政府的拨款,但联邦政府职能部门倾向于采用其研究项目监管规则来管理配套资金和联邦政府拨款。这种方法可能无助于研究所在要求的5年内实现独立运营。总而言之，从多个方面来说，联邦政府的研究管理体系可能无法推动研究所在非研究性工作上所需要的合作，也无法帮助研究所实现自立和长期生存。目前需要思考这种管理模式效果如何，其中包括因为行政管理行为而导致新研究所的成立被拖延的问题。例如，产业界及州和地区政府的配套资金是否应该由政府部门来控制？还是应该由研究所和出资的利益相关者来设定管理标准？政府部门是否需要改变传统的研究合同管理和监督方法，同州和地方政府进行更多的合作，特别是同产业界的合作？这些工作该如何进行？

网络支持

AMP2.0报告建议将越来越多的制造研究所聚集在一起，成立一个支持网络。该报告提出："该管理架构能够维护各研究所的独立运营权，同时建立一个公私合作的网络董事会，监督整个网络的表现和各研究所的可持续性。"[55]美国国家标准与技术研究院一直致力于实施这个建议。该网络在2016年被称为ManufacturingUSA，而且正如美国国家标准与技术研究院充分理解的那样，该网络能够服务于一系列需求。当新研究所成立时不应该再进行"重复创建"。在如何组建董事会和建立法律结构、如何管理知识产权[56]、如何建立参与者梯队、如何组织地区推广工作，以及如何组织劳动力教育课程等方面，已经有了许多经验教训。强大的网络组织有助于确定各研究所共同面临哪些问题，并且加以解决，而且各研究所的最佳实践方法和经验教训将在整个网络中进行研究和分享[57]。新研究所的成立往往会持续近一年的时间；这个时间太漫长，外加参加过程和要求都比较复杂，有时会使公司不愿意参与其中，尤其是小公司。考虑到模式的复杂性，成立研究所所需的时间长度是合理的，但这个网络是否可以针对治理、网站安全、教育计划和知识产权安排等常见问题制订标准化的、全面的解决方案？美国国家标准与技术研究院的先进制造业国家项目办公室正与其他政府部门合作，着手解决这个问题。

该网络还有另一项重要的任务。未来的工厂将不会仅仅围绕单一的制造技术领域来进行建设，例如 3D 打印。相反，工厂将必须把一系列先进的技术综合在一起创造协力，数字化生产、先进材料、光电、生物和纳米制造、电力电子学和机器人等将必须在新的工厂车间里与 3D 打印技术进行整合。[58]为了能更好地进行技术开发，各研究所都只将重点放在特定的技术领域上。但只有将所有这些技术领域整合在一起，我们才能创造未来的工厂。因此对该网络而言，推动跨技术领域的试验将是另一项至关重要的任务。

2016 年 8 月 6 日，美国国家标准与技术研究院主办了一场由现有研究所的所长们参加的会议。会议上，创建网络来对自身进行治理的问题成为人们关注的焦点[59]。大多数研究所的所长都在忙于自身研究所的建立和运营，这是一项艰巨的任务，也是可以理解的。但在 8 月的会议上，许多人开始重新考虑创建网络，他们看到了可以共享服务和解决共同问题的网络的潜在价值。大家从研究所所长中间选出了一位网络领导人，着手完成那些任务。一个研究所自治网络可以大幅提高研究所的效率和可持续性，推动共享系统的发展。

强调技术开发 vs. 强调实施

迄今为止，制造研究所的主要任务是研发。考虑到开发新制造技术的目标，以及创建这些研究所的政府部门都有研发的使命，这种任务并不令人意外。鉴于美国制造研究在创新体系上存在不足，这也填补了一个重要的空白，并且是研究所早期至关重要的使命。因此，研究所看起来像是小型的美国国家科学基金会，但侧重于技术开发。迄今为止，大多数研究所都没有太多地围绕技术实施去组织工作。对研究所而言，将技术发展放在首要地位是合理的，因为它们需要技术进行实施。但正如大多数研究所意识到的那样，实施也应该是其使命之一。例如，中国制造业的优势之一就是能够通过深圳这样的快速原型制造中心迅速扩大新原型的生产。深圳拥有很多小型的原型制造商。

如上一章节所述，AMP1.0 报告预计研究所的技术成熟度应该处于 4 到 7（“技术开发”到“技术论证”再到“系统和子系统开发”）[60]这个区间。但事实上，迄今为止，合理数量的一些研究所更倾向于面向技术的早期阶段（从“可行性研究”到“技术开发”这个区间内）。由于政府部门倾向于围绕离投产还有一定距离的新技术来组织研究所，因此一些技术必须得到进一步的开发才能被产业界所使用。鉴于美国制造研发中存在的裂隙，这种情况可能是不可避免的。随着时间的推移，这将导致各研究所在技术实施上存在能力缺口。如果没有更多的工艺技术、论证、测试和反馈系统，这些研究所可能难以吸引中小型制造企业，因为在研究所广受欢迎的技术尚不能进入生产阶段，可以让小型企业拿起来就用。正如德勤报告所发现的那样，过于注重技术开发可能会“导致研究所在技术商业化方面存在能力缺口”[61]。大多数研究所的领导者都明白这一点，但这个问题仍然需要关注。

总而言之，技术开发显然是重要的，是核心任务，但各研究所必须确保落实创新流程中技术成熟度 5 - 7 级所要求的其他任务，从而保证不断发展的技术能得到实施，尤其是中小型企业对技术的使用。下面探讨劳动力教育的内容会就这些问题做进一步的探讨。

供应链的参与

研究所往往必须专注于项目中的技术开发工作，而这项工作通常涉及高校和大公司中的研究人员；小公司往往不包括在其中，因为它们的研发能力有限。但是，正如大多数研究所领导人所理解的那样，除非小公司理解并使用新技术，否则新技术将不会得到广泛采用；为此，各研究所还必须采用全供应链的方法，让整个供应链参与到技术论证、测试和培训中。供应链中小型制造商的支持也将是州政府继续支持先进制造业的关键所在。因此，为了研究所的可持续性，小公司也必须参与进来。通过参与供应链来吸引它们加入研究所的工作，这可能是最好的办法。正如下文所述，由于制造业生态系统往往是区域性的，因此在建立研究所的地区和国家的中心时，吸引供应链参与的方法同样重要。

劳动力培训

制造研究所在劳动力培训和工程教育中的作用存在类似的潜在问题。如果大小型公司内的工程设计人员和工人没有掌握新技术的知识和技能，那么不断发展的先进制造技术无法得到实施。长期以来，各州一直在发挥教育和培训的作用，尤其是通过社区学院，这是让它们参与各研究所的好方法。在未来轻金属创新研究所的带领下，一些研究所看到，劳动力培训对于它们来说是一种早期取得成功的方法，可以为它们所在的工业部门服务，帮助它们建立同公司、州政府和社区学院之间的联系网络。其他研究所也在这方面追赶上来。政府部门派往研究所的项目官员往往是以技术为导向，而不是教育专家，因此他们中的大多数侧重于研究所的研发工作。研究所的所长们本身来自工程设计和工业领域，在劳动力教育方面的经验也普遍有限。

但是，研究所不应该只注重于其中一个方面。它们需要开展这两方面的工作，才能充分服务于其所在的行业。政府部门应确保研究所在各项工作中都重视劳动力教育，并努力为所有人提供最佳实践。在未来轻金属创新研究所的带头下，一些研究所已经率先制订新的教育方法，这些工作将可以帮助到其他研究所。研究所还可以在行业参与者与现有的联邦政府劳动力培训项目间牵线搭桥[62]，并将这些项目结合起来，把研究所作为新的培训交付机制。在线学习和混合学习的方法与平台尤其可以服务于整个系统。不断发展的国家制造创新研究所网络应该发挥建设性作用，在各研究所推广最佳教育实践。

州政府的作用

从一开始，包括政府、行业和高校参与者在内，AMP1.0和AMP2.0过程的参与者都看出，研究所在如何均衡各方利益方面面临严峻的挑战。所有的制造工作最终都是地方性的，所涉及的生产和创新生态系统的地区性也很强。因此，制造研究所必须立足于地区制造经济，那里也是它们的产业界和高校参与者的所在地。然而，这些研究所正在开发的技术在全美范围内也存在需求，并不会只在一个地区发展。它们必须被转化为国民经济中的一部分。不只是俄亥俄州东北部需要3D打印技术，全美范围内的许多地区经济体和许多工业部门都需要该项技术。一方面立足于区域经济，一方面立足于全国经济，这种情况导致研究所创造了由两种层次组成的复杂模式。

部分研究所正面临一个问题，即在最初把一个研发项目设为重点项目时，可能过多地考虑了国家层面，因此需要在后期予以平衡。如果联邦政府在 5 年之后停止资金资助，那么研究所在地区和地方所扮演的角色就变得至关重要。参与州政府的支持会关系到研究所的存亡。如果这些研究所在早期不与地区经济建立密切联系，那么州政府的支持就达不到必要的程度。例如，美国制造创新研究所的研究重点是 3D 打印，如果他们没有积极地去协助发展其总部所在地扬斯敦市的经济，那么就得不到来自俄亥俄州政府的实质性支持。对国家层面经济的关注还必须转化为对地方经济的关注和地方效益的实现。

在编写 AMP 报告和计划时，各州的州长并没有出席会议，因为他们不是参与方。[63]部分原因是过去 10 年间，甚至在州一级，两党之间的意识形态鸿沟在持续扩大。虽然联邦政府希望把来自两党的州长们同时请到会议桌上，但这种操作对政府当局来说难度很大。通过开发先进的制造技术来支持区域制造业的生态系统，是一种新想法。它从来都不是州政府采用的经济发展工具中的一部分。州政府通常采用零和博弈，即提供大量税收补贴来贿赂大公司从其他州搬到自己州。

传统能被改变吗？美国国家标准与技术研究院（通过其美国制造业扩展伙伴关系项目和商务部经济开发署）与全美州长协会合作，支持成立全美州长协会“政策研究院”，为感兴趣的州组织研讨会并提供规划资助，使这些州能够制定州制造战略来改善其制造基地。[64]事实证明，这个 2011 年的项目有效地帮助各州了解了自身的生产制造部门，反思其技术和劳动力的发展。有 7 个州制订了州制造战略[65]，它们也都加入了制造研究所，而且其中 4 个州成为研究所的总部所在地。各州决策者非常关注本地的制造业，因为制造业往往对州经济和就业机会有着重要的影响力。政策研究院这样的项目可以发挥重要的作用，培育复杂的州制造项目和强大的地区制造研究所。商务部经济开发署已经启动了制造业社区合作伙伴投资项目（IMCP），将继续进行这方面的工作。不过，该项目只在地区层面进行，而不是在州一级。[66]

总之，与地区经济挂钩，借此来争取州政府的支持，将成为影响研究所存亡的关键因素。美国国家标准与技术研究院的美国制造业扩展伙伴关系项目之所以能坚持下来，原因之一在于它立足于各州，每个州都有一个项目。该项目深受小型制造商的青睐，而小型制造商是州长们相当看重的支持者。事实证明，如果美国制造业扩展伙伴关系项目运行顺畅，会是州长在政坛争取支持者的好办法。因此，美国制造业扩展伙伴关系项目为各研究所提供了一个很好的案例。新的政府项目要想获得生存和发展，不仅需要强有力的项目设计，还必须有高质量的政治支持设计。政治设计并不容易。它不能扭曲项目设计以达到政治目的。它必须支持项目设计使之更强健[67]。研究所需要找到正确的方法来综合政治设计和项目设计。对地区经济进行密切关注，这不仅仅有助于建设强大的研究所，同时也能保证正确的政治设计，确保未来得到支持。当然，众多研究所已经意识到这种平衡需求，正在努力巩固州政府的支持。例如，先进复合材料制造创新研究所在其核心参与州建立了一系列州技术中心，而未来轻金属创新研究所已经成功邀请其核心州加入制订该州劳动力培训课程的工作中。

虽然在美国政治系统中，各州政府的主要工作不是研发，但它们在小型企业的发展和劳动力的教育培训方面确实扮演着重要的角色。小型制造商是地区工业供应链的一部分,让它们加入制造研究所,也是争取州政府支持的重要办法。其次,各研究所的劳动力培训工作本身就是地区性的,为研究所争取各州的支持提供了另一种手段。研究所必须建立这些项目。

衡量进展情况

正如研究所及支持它们的联邦政府部门所理解的那样,想要持续发展,就必须展示它们在技术开发和劳动力教育方面取得的进展。制订绩效指标是关键的一步。美国国家标准与技术研究院的先进制造业国家项目办公室为研究所网络提供支持。他们同研究所合作,发布了绩效评估流程的初步指南[68]。该指南已经得到研究所所长的认同。指南倡议研究所收集有关参与者的数据,其中包括积极参与的中小型制造商的数量、正在积极开展的研发项目及其进展、各种来源的资金支持水平、劳动力培训覆盖的学生人数,以及劳动力培训师的培训情况等。这是一个建设性的步骤。

此外,还必须根据研究所正在开发的技术路线图跟踪其进展。德勤建议分析从创立到研发执行,再到更长期的成果等研究所必须经历的发展阶段,然后为每个阶段制订进展衡量基准。[69]同时,还必须确保研究所及其网络正在稳步实现长期目标,例如先进技术产品对贸易平衡的贡献,开发并实施的新技术数量,以及确保先进制造业劳动力供应等。这些都将需要新的衡量标准。最后还必须跟踪了解竞争对手国家,分析判断美国对研究所的投资是否足以保证其在先进制造部署上的领先位置。[70]研究所将需要用成绩来证明对它们支持是正确的,并且对它们的未来发展进行规划。在这个方面,便于管理的通用衡量系统将是关键所在。

一个潜在问题：联邦政府的先进制造技术研发工作和对技术战略的需求

对上述挑战的应对能力产生影响的，是联邦政府研发部门过去对制造业的研究关注不够。正如上文所讨论的，美国战后在制造业拥有领先地位，因为认为没必要去重点关注制造业。也正是这个原因，制造研究所倾向于关注技术成熟度较低的阶段，比先进制造合作伙伴计划报告提议关注的阶段更低。制造技术的基础研究工作仍然需要进行。但是，如果联邦政府职能部门正在进行的研发工作能够更多地关注制造技术的实施，那将是对制造研究所的重要补充，有助于创造新的制造范式。需要指出的是，需要转化的众多发现正在进行当中。联邦政府正在进行的研究工作为数字和传感器技术、先进材料，光子学、机器人技术、柔性电子和复合材料等领域的重大进展提供了支持。潜在的制造范例即将出现，这让它们显得意义非凡。但未来的研究应该被更系统地应用于生产中。除非联邦政府的研发工作与注重应用工作的研究所能更好地联系在一起，否则前者会陷入困境，久而久之失去创造新制造技术进步的能力。

麻省理工学院的拉斐尔·赖夫常常引用一个例子来说明研究和技术开发与实施之间的脱节。这个例子来自半导体行业。我们在上文中探讨过，美国半导体制造技术联盟围绕系统化的技术路线图对整个行业进行组织，让行业在30余年的时间里以摩尔定律的速度发展。美国半导体制造技术联盟付出的努力众所周知，而且也成为制造研究所的榜样。鲜为人知的是，焦点中心研究项目(Focus Center Research Program)一直伴随着美国半导体制造技术联盟，联合美国国防高级研究计划局和行业，为一系列大学的早期阶段突破性研究提供支持。此外，美国半导体研究公司(Semiconductor Research Corporation，SRC)在行业和高校应用研究上与美国半导体制造技术联盟形成了互补。美国半导体制造技术联盟强调行业技术实施和路线图制订，本身就整合了这些要素。它是一个在研究、应用和实施方面有着广泛联系的系统，在每个阶段都有连接和切换。尽管看起来硅基技术的摩尔定律发展速度即将结束，但这个系统仍然是一种组织典范。先进制造业将同时需要那三个阶段。我们现在拥有这些研究所，同时有联邦政府的研发部门，为制造业相关领域的大量研究提供资金，如先进材料、数字技术、宽带隙半导体和光子学。但获得联邦政府部门支持的研发机构并没有同研究所建立起工作上的联系。

奥巴马政府迈出了向这些研究所转移研究成果的第一步。2016 年 4 月，国家科学和技术委员会(白宫科学和技术政策办公室的一个机构，用于推动政府部门间的合作)的先进制造小组委员会(SAM)发布了报告《先进制造业：联邦政府技术开发优先领域速览》。[71]该报告定义了先进制造业研发的必要性，详述了被多个政府部门列为优先研发的工作，其中许多与研究所的工作和需求相关。报告也列举了联邦政府在新兴技术领域正在开展的研发工作，这些有可能成为制造业的重点：先进材料制造、支持生物工程的生物制造、再生医学和其他先进的生物制品，以及制药业的连续性生产。报告还直接分析了与第一批制造研究所关注的技术相关的研发工作。

这些政府部门的许多工作都意义重大。能源材料网络(Energy Materials Network)就是一个突出的例子。这是一个资助额为4 000万美元的能源部项目，旨在将计算能力整合到实验材料的研究中，开发新的多尺度计算、信息学和数据管理工具，以及新材料制造公司用于建模和论证的新技术，为最佳先进材料创造新的“材料基因图谱”。如果将这些和其他研究成果同研究所的需求联系在一起，就可能创造重大的意义。该报告为下一步工作奠定了基础，即围绕新兴制造业范式制定技术协作战略，将政府研发机构及其主要研究人员与来自产业界和高校的研究所专家和研究人员聚集在一起进行合作。技术协作战略将成为一种联动机制，指导双方的工作。如前所述，包括研发在内的技术协作战略是 AMP2.0 报告中的一项具体建议。

这些由产业界、高校和政府专家共同开发的技术协作战略将定期进行更新，以指导政府部门研发机构和研究所的工作。久而久之，它们将可能发展成为技术发展路线图。没有它们，系统将会失去目标和方向。

联邦政府对先进制造技术的购买

联邦政府还有另外一个角色。联邦政府部门，特别是最大的采购部门国防部，可以发挥重要作用，为新制造技术创造初始市场。3D 打印不仅是一个潜在的重要新制造工艺，它还使得一系列新技术和组件的生产成为可能，国防部可能会对其中一些非常感兴趣，尤其是在航空航天和生命组织制造领域。通过购买来推动自身所需技术的发展，这是国防部的传统职责。例如，1959 年，罗伯特·诺伊斯和杰克·基尔比发明集成电路。此后约 4 年的时间，集成电路的市场完全只有国防部和美国国家航空航天局。在用于军事和航天市场的集成电路技术完善之后，其民用市场逐渐开放，后来变成了主要的市场。

针对新一代的制造技术，国防部同样可以扮演初始市场创造者的角色，但其采购系统必须密切关注研究所及其成员公司所开发的成果。这点应该可以实现。例如，美国审计总署（General Accountability Office，GAO）分析了美国制造创新研究所开发的3D打印技术的潜力，并且认为该技术可以满足一系列军事需求。[72]美国审计总署建议国防部制订和实施一套策略，"系统地跟踪全部门的活动和资源，以及这些（3D打印）活动的结果；推广这些成果以促进该技术在整个部门中的采用"。正如联邦政府的研发体系需要围绕技术协作战略同制造研究所密切联系，优化思想和研究输入，协助研究所开展工作，政府部门（尤其是国防部）应该利用来自研究所的成果（输出）来满足自身的采购需求，帮助研究所建立初始市场，散播它们的技术进步。

弗劳恩霍夫研究所的经验教训

联邦政府的制造创新研究所是特意参考德国弗劳恩霍夫研究所的模式成立的。所以对该模式的分析可以让美国研究所了解其中的经验教训。弗劳恩霍夫模式尤其可以在组织和治理方面为发展中的美国制造研究所提供一些借鉴。

首先必须指出这两种方法之间存在一个关键性的区别。德国的弗劳恩霍夫研究所是一个永久性的项目，由多方提供资金，因此在政府最初的资金支持停止之后，研究所也没有自我维持的计划。相反，如前所述，美国研究所的做法是设定联邦政府的资金支持将会在5年后停止。因此这两种方法之间有着关键性的区别。与弗劳恩霍夫不同的是，除非美国政府通过某种方法在一定程度上继续提供资金援助，否则在联邦政府的支持中断后，美国研究所需要建立某种架构来争取让自己长期继续运转。不过，同弗劳恩霍夫模式类似的是，这些研究所也可以长期吸引所在地区、州和地方政府的支持。

还应该看到，德国和美国的工业与创新体系有很多不同之处。如上所述，德国的创新体系是“制造业主导”的，与美国形成了对比。德国的工业生态系统避免了困扰美国工业系统的衰退。德国拥有强大的融资体系来支持其工业企业的规模扩张。虽然美国已经建立一个强大的创业和初创公司体系（这个体系中的问题将在下文进行讨论），但德国的重点是将创新带入现有的中小企业，其中很大一部分是利用弗劳恩霍夫体系。德国联邦和地区政府提供比美国体系更为强大的出口支持。德国的劳动力模式拥有高度集中的培训，并且比美国的工会化程度高得多。尽管存在诸多差异，仍有很多重要的经验值得学习，特别是弗劳恩霍夫的系统。

弗劳恩霍夫的总体组织

弗劳恩霍夫应用研究促进协会（The Fraunhofer Gesellschaft）是支持应用驱动研究（也就是美国所说的技术成熟度 4－6 级）的德国组织。弗劳恩霍夫协会约有 80 个研究单位，其中包括 60 家研究所，它们共用一套治理系统，在全国范围以伞形组织的形式开展工作。[73]弗劳恩霍夫协会旗下的每个研究所在产业界、高校和政府的合力支持下，开展应用研究。

这些研究所拥有约 17 000 名员工，每年的预算约为 16 亿欧元。预算中约 35％是来自联邦政府、州政府的资金，23％为通过竞标赢得的公共资金，34％来自私营部门，还有 7％的资金来自许可。

英国的一项评估表明：“弗劳恩霍夫模式建立了强大的治理架构，确保有明确的战略来支持国家层面的优先工作，同时也承认各中心(研究所)拥有自治权。”[74]工作基金会(Work Foundation)的一项研究发现：

> 弗劳恩霍夫研究所采用“联邦”模式进行管理，既保证了稳定性和全国统一性，又在地方层面具有一定的灵活性。独立的董事会负责批准战略的主要内容，并确定60个独立研究所的七个关键研究课题。但是各研究所也拥有较大的权力，可以就各自的研究项目合同进行谈判，并在各研究所之间建立相互的联系。[75]

每家弗劳恩霍夫研究所通常至少有100名员工，每年的最低预算约为1 000万欧元，有些规模则更大。研究所围绕大约十几个课题组织研究，但也会研究一些更为前沿的课题，以确定未来的研究重点。这60家研究所遍布全德国，但地区性大都市群(如柏林和德累斯顿)通常拥有一批研究所。

弗劳恩霍夫的中心机构在全国层面为弗劳恩霍夫研究所网络提供治理结构，弗劳恩霍夫研究所网络可以在一定程度上等同于美国国家标准与技术研究院正在美国组建的国家制造创新研究所网络。中心机构向应用研究提供支持，并创建了弗劳恩霍夫的全国网络、标识和品牌。英国的一项研究强调，“在这个联邦结构中，弗劳恩霍夫的每家研究所拥有高度的自主权，可以确定自己的研究重点并追逐商业机会，也可以相互竞争来赢得商业或公共领域的资金。”[76]

弗劳恩霍夫章程中规定的架构[77]

这份组织和管理文件(于2010年修订)介绍的系统架构类似

于美国的国家制造创新研究所网络。弗劳恩霍夫应用研究促进协会有一个由资格会员组成的管理机构，设有当选会员组成的参议院和会员大会，其中包括60家研究所的代表。这些组织负责总体治理和选举中心机构的领导人。管理机构是主席和四名成员组成的执行委员会，其中包括两名科学家/工程师、一名商界领袖和一名高级公务员代表。执行委员会负责制订研究方针，监督每家研究所以及中心机构的工作小组与技术支持小组。

每家研究所负责“执行中心机构的研究工作”。[78]“每家研究所应由一名或多名研究所董事进行管理”，执行委员会在同研究所管理层协商后有权提名一名研究所管理层成员负责全面管理工作。[79]每家研究所：

- 对“科研工作”进行计划。
- 可“自由组织自身的科研项目，研究所科研项目的选择、优先次序和执行方式不受任何限制”。
- 管理研究所的商业事务，对中心机构资金的正确管理和使用负有全责，并且必须完成计划预算。
- 负责向其他机构争取研究外包工作。
- 为研究所编制预算。
- 向协会执行委员会和技术小组编制报告。[80]

总而言之，弗劳恩霍夫章程中在科研计划和工作上赋予了各研究所充分的自主权，允许它们在中心机构的全面指导和支持下开展工作。

弗劳恩霍夫模式的外部评估

英国议会评估并分析了弗劳恩霍夫模式，试图对它进行调整后加以采用。2011年，在英国议会关于英国技术和创新中心

(TIC)新项目的报告中,议会支持按照弗劳恩霍夫模式组织资金,其中约三分之一为中央政府的长期资金,三分之一来自竞争性政府科研经费,剩下三分之一来自私营部门的合同。[81]

英国议会关于英国技术和创新中心的报告发现,弗劳恩霍夫模式充分利用了“简单”的公司治理原则,赋予“各弗劳恩霍夫研究所高度的自主权”。对于自己的技术和创新中心,报告建议采用类似安排,每个中心都有设有一个“管理委员会”。这是一个“自治的”董事会,负责工作项目的管理。为整个系统建立一个“监管委员会”,负责监管技术和创新中心网络,同时设立“技术战略委员会”来支持整体技术战略工作。报告指出,技术和创新中心的“运营必须独立于政府”才能取得成功,但必须考虑“协调工作”来保证技术和创新中心不会重复彼此的工作。[82]这是弗劳恩霍夫研究所运行良好的重要原因。

总而言之,弗劳恩霍夫的每家研究所都拥有相对的经营自主权,但还有一个强大的、支持性的网络对它们进行管理。该研究所持续得到了联邦政府的支持,同时从地区政府和产业界筹集资金。该系统内的任何一家研究所都可以引入新的合作伙伴,同其他研究所竞争或合作科研项目,并且管理控制自身的预算和科研工作。与美国模式不同的是,每家研究所的发起人都是弗劳恩霍夫协会,而在美国模式中,是由特定的联邦政府部门成立其制造研究所。在弗劳恩霍夫体系中,联邦政府的发起人身份和核心资金支持都将长期持续,而在美国目前则仅限于五年。尽管弗劳恩霍夫的研究所的确有 1/3 的资金来源于产业界,还有 1/3 靠地方政府的支持,但在弗劳恩霍夫体系中,自我维持并不是研究所的目标,这不同于美国制造研究所当前的情况。英国技术和创新中心的模式仍在不断发展变化中[83]，但其政府报告建议政府继续进行长期支持，并效仿弗劳恩霍夫研究所的做法，让技术和创新中心独立于中央政府。如前文所探讨的，弗劳恩霍夫体系的第一条经验就是联邦政府必须为研究所提供无期限的支持。实际上，美国的研究所制度也应该朝着这个方向发展。

弗劳恩霍夫体系成功地帮助德国制造业成为世界领跑者，因此能为美国制造研究所提供重要的经验。首先，弗劳恩霍夫的中央组织发挥了重要作用，为各家研究所提供支持，并且在整个系统中提供最佳实践，推动研究进步。虽然每家研究所都有很大的自主权，可以自下而上地发挥创造力，但中央机构是其管理系统。如上所述，在美国，特定的联邦政府研发部门负责监管每家研究所，产业界和高校组成的董事会予以辅助。美国如果想通过共享先进技术和实践来加强整个系统，那么建立网络系统至关重要。它还可以发展为管理体系，各研究所将有更大的自治权，建立真正的公私协作模式。随着研究所网络 ManufacturingUSA 的发展，在 2016 年，美国国家标准与技术研究院开始从事这项工作，要求各研究所所长承担管理职责，以推动各研究所之间共享实践和合作开展项目。第二条重要的经验是美国研究所网络必须在自治方面有所进展。

此外，弗劳恩霍夫体系的一个重要优势在于它让学术型工程师和科学家来进行与生产相关的技术和工艺的开发工作。在美国，高校的科学家和工程师并没有直接参与解决生产系统的技术难题，那也不是特定的联邦政府部门研发工作感兴趣的领域。[84]弗劳恩霍夫研究所建立了一个社区，让科学和工程学术界去密切关注工业技术问题，并且针对工业技术问题建立了一个强大的高校人才基础，美国新制造研究所也可以扮演这个角色。最后，弗劳恩霍夫实验室会为德国公司正在开发的新“硬”技术提供技术验证[85]，这点同样值得研究。弗劳恩霍夫研究所会帮助公司懂得如何改进他们正在培育的技术并加以设计实现有效生产，这种验证流程有助于让设想走向市场。美国的研究所网络应该考虑一下这种能力，或许是通过与美国国家标准与技术研究院进行合作来加以实现。所以，第三条重要的经验就是确保高校研究人员和产业界之间通过研究所保持持久联系，其中包括采用弗劳恩霍夫实验室的技术验证方法。

除了工作网络之外，研究所还需要持续的学习能力来保持前瞻性，这也是弗劳恩霍夫体系所扮演的角色之一。该体系最近就“工业 4.0”先进制造业与政府的大型学习项目进行了协作。因此，美国国家标准与技术研究院和美国国家科学基金会也创建了一个“想和做”智库——制造展望联盟（MForesight），持续评估研究所这个群体所面临的技术和政策问题。MForesight 致力于“为企业和政府决策者”提供“有关新兴技术发展趋势和先进制造业公私合作投资机会的设想和见解”。[86]其众多学习项目旨在促进技术创新，弥合研究和制造商之间的差距。这是弗劳恩霍夫研究所的第四条经验，即必须针对制造系统和制造技术进行专门的持续学习。MForesight 是解决这个问题的第一次尝试。

弗劳恩霍夫体系也为美国提出了挑战。在某种程度上，美国正在试图以经济的方式打造先进制造业[87]。美国的 15 家研究所每年成本大约为 2.25 亿美元。德国弗劳恩霍夫体系的成本要高得多，每年超过 20 亿美元。[88]美国制造创新研究所的任务是研究 3D 打印技术，联邦政府在 5 年内将对其投入 5 000 万美元的资金。而新加坡正计划在这项技术和相关技术上投入5亿美元。[89]美国的美国制造业扩展伙伴关系项目在力争覆盖每个州的小型制造商，其每年得到的联邦政府资助约为1.3亿美元。加拿大的工业经济规模相比要小得多，却在类似项目上投入更大。[90]德国工业4.0项目计划在未来几年里对数字化生产投资数十亿美元。[91]这个领域的两家美国研究所的投入只是那个数额的一小部分。中国目前对先进制造业的计划投资要远远超过美国。[92]美国正在考虑的适度投资能否实现工业转型所需的规模？这是弗劳恩霍夫的第五条经验，即要取得制造业的技术和工艺领先地位，成本并不低，需要政府在技术开发领域发挥重要的作用。

当然，对美国的数据可能会有一个额外的视角。各研究所会有行业和州政府来分担一定的成本，这在一定程度上增加了资金量。如果考虑各职能研究部门在先进制造业直接相关领域的研发工作，这个数字开始接近所需要的规模。例如，美国国家科学基金会、美国国防高级研究计划局、美国国家航空航天局、美国国家标准与技术研究院，以及能源部能源效率与可再生能源办公室都有大量有关先进材料的研究项目，白宫科学技术政策办公室领导的部门间工作组已经为这些项目编制目录，并且认为它们与制造业的发展进步相关。[93]但如上所述，这些项目与制造研究所仍然是脱节的，而且目前还没有接入系统。碰巧不能替代建立联系。

总　　结

在美国，先进制造研究所的工作已经启动，正朝着充满希望的未来迈进，希望能解决美国创新体系中制造创新这个关键缺口。

为了实现这个目标，在白宫的领导下，一群联邦政府的官员跨部门展开工作，此外还建立了独特的产业界—高校工作小组，即先进制造合作伙伴计划，编制了两份重要的行动导向报告。

上述讨论得出了一系列重要的发现：

• 研究所模式要想取得成功，就必须继续寻找适用于多个行业的技术领域，以及具有较长供应链、技术进步缓慢的行业。

• 先进制造研究所必须得到地区政府的认同和支持，以及国家层面的投入，这样才能获得生存。

• 国家制造创新研究所网络的经费在 5 年后存在不确定性。鉴于该项目在关注地方需求的同时还注重全美的需求，州政府可能不愿意单独承担项目资金。来自公司，特别是大公司的资金支持疲劳也可能成为一个问题。所以，联邦政府召集人的角色仍然是至关重要的，而联邦政府继续提供资金的机制也是非常重要的。

• 尽管美国开发了先进制造的方法，但随着许多其他国家也纷纷采用这种模式，美国在这个领域正面临着激烈的竞争；它需要制造研究所来避免落后于工业竞争对手。

• 联邦政府的研发项目与制造研究所之间仍然存在严重的缺口；这个缺口必须被填补，以推动研究所来完成为高校和产业界在技术进步方面牵线搭桥的使命。

既然已经建立 15 家研究所的基本框架，现在是时候考虑如何来强化这个模式。这些研究所面临着一系列挑战，需要通过新政策来加以解决。

• 改进目前由带研究使命的政府部门来进行管理的模式；

• 在最初的五年承诺之后由联邦政府继续进行支持；

• 建立一个强大的研究所网络，可以共享行政管理、知识产权、最佳实践与研究进展；

- 研究所不仅要强调技术开发，也要注重技术实施，这意味着要吸引供应链和小公司共同参与；
- 确保研究所重视劳动力培训和教育；以及
- 除了为国家层面的制造技术提供开发服务之外，还要确保与地区经济体之间的联系。

上文已经就这些主题中做了详细的讨论，并且提出了具体的政策建议。

此外，联邦政府职能部门在先进制造技术方面的研发工作应该更好地与研究所联系在一起，并且推动研究所的工作。这将有助于各研究所利用更多的技术进展来推动与参与公司的合作，开展技术实施工作。由研究所、产业界、高校和政府专家们共同制定的技术协作战略将发挥至关重要的作用，帮助政府研究和研究所之间建立起联系。此外，联邦政府的采购是推动技术进步的另一项传统工具，可用于为各研究所出现的新技术创造初始市场。

最后，德国弗劳恩霍夫协会和研究所提供了重要的经验，可以成为美国研究所的参考对象。虽然弗劳恩霍夫研究所拥有重要的自治权，但整个组织进行共同治理，分享实践和研发成果。美国研究所也可以从强大的研究所网络中受益，获得最佳实践和共享治理。弗劳恩霍夫研究所让高校的科学与工程力量来解决复杂的工业技术挑战，这也值得仿效。弗劳恩霍夫学院在劳动力培训和新技术的实验室验证等工作中发挥的作用（下面将讨论）也应该得到分析和思考。弗劳恩霍夫研究所可以持续得到中央政府的支持，这不同于美国目前的有期限限制，对研究所的可持续性和实力而言至关重要，也应该得到美国的考虑。弗劳恩霍夫作为制造业政策智库的角色也值得效仿，由美国国家科学基金会和美国国家标准与技术研究院支持的 MForesight 目前正在启动中。最后，美国应该逐渐向弗劳恩霍夫体系建议的持续支持水平靠拢。

到 2017 年，美国将有 15 家研究所已经成立或准备成立，是时候按下暂停按钮，评估其中的机遇和挑战。研究所所长们指出存在一定程度的“捐助者疲劳”问题。分摊研究所成本的大公司通常会参与多家研究所的工作，目前不愿意过度分散自己的资金。它们究竟准备分摊多少成本？这个问题带来了一些限制因素。州政府也开始面临同样的问题。即使拥有强大的制造业，州政府可以有效地参与多少家研究所的工作并提供资金支持呢？从实际出发，这个数字也是有限的。鉴于研究所模式的可持续性仍然是一个悬而未决的问题，现在是时候根据经验教训仔细分析研究所需要和必须增加哪些使命，以及有哪些方法可以在更长的时间内保证研究所模式的可持续性。

弗劳恩霍夫协会共有 60 家研究所，所以美国这 15 家研究所是远远不够的。AMP 报告和其他报告都指出，大量有前景的技术领域需要新的研究所来协助扩大规模。所以，这个模式必须随着时间的推移而不断发展。但是，首批 15 家研究所现在需要首先解决的关键问题是确保它们最初的经验教训（上文中进行了详细探讨）能够得到全面的学习和利用。事实上，增加的资金支持应该首先来满足这个优先事项。

这种努力是否值得？研究所的潜在经济影响力能否证明建立这种技术传播的新模式是正确的？2016 年，在美国国家标准与技术研究院的支持下，对研究所从事的四大先进制造技术进行了独立的经济研究分析，即增材制造、先进机器人技术、精密卷绕生产技术和智能制造技术。研究发现，单单通过提高这四个领域的生产效率，美国制造商每年节省的成本将超过 1 000 亿美元。这四个领域内，制造商的生产成本降低率分别为增材制造 18.3%（通过提高效率节约 41 亿美元）、机器人技术 5.3%（401 亿美元）、精密卷绕技术 14.7%（4 亿美元），以及智能制造 3.2%（574 亿美元）。这四个领域的研究仅仅分析了填补每个领域已确定的技术空白所创造的直接效益。如果考虑更大范围的成果，例如改进老产品和设计新产品，提高生产质量，创造就业机会，提高劳动力的技能，以及长期的行业增长和竞争力，其经济效益可能会高很多。[94]种种数据充分表明新研究所模式拥有巨大的潜力。

注释

1. Michael Molnar (NIST), Steven Linder (DOD), and Mark Shuart (DOE), Building a New Partnership — The National Network for Manufacturing Innovation, presentation to the National Council for Advanced Manufacturing (NACFAM), April 29, 2016, 7.
2. Robert M. Solow, *Growth Theory*, *An Exposition*, 2nd ed. (New York: Oxford Univ. Press, 2000) (Nobel Prize Lecture, Dec. 8, 1987).
3. Paul Romer, "Endogenous Technological Change", *Journal of Political Economy*, 98(5)(1990), 72 - 102. http://www.nber.org/papers/w3210.pdf.
4. Richard Nelson, *National Systems of Innovation* (New York: Oxford University Press 1993), 3 - 21, 505 - 523. This "innovation organization" factor is elaborated on at length in William B. Bonvillian and Charles Weiss, *Technological Innovation in Legacy Sectors* (New York: Oxford University Press 2015), 25 - 27, 181 - 186, 190 - 192.
5. Vannevar Bush, *Science*: *The Endless Frontier* (Wash., D.C.: Government Printing Office 1945). http://www.nsf.gov/od/lpa/nsf50/vbush1945.htm.
6. Donald Stokes, *Pasteur's Quadrant*, *Basic Science and Technological*

Innovation (Washington, DC: Brookings Institution Press, 1997).

7. Lewis Branscomb and Phillip Auerswald, *Between Invention and Innovation, An Analysis of Funding for Early-State Technology Development*. NIST GCR 02 - 841 (Washington, DC: NIST. November 2002), Part I: Early Stage Development. http://www.atp.nist.gov/eao/gcr02-841/contents.htm.
8. Vernon Ruttan, *Technology Growth and Development: An Induced Innovation Perspective* (New York: Oxford Univ. Press, 2001).
9. Bonvillian and Weiss, *Technological Innovation in Legacy Sectors*, 181 - 186.
10. William B. Bonvillian and Richard Van Atta, ARPA-E and DARPA, Applying the DARPA Model to Energy Innovation, *Journal of Technology Transfer* 36, no. 5, Oct. 2011, 469.
11. William B. Bonvillian, The New Model Innovation Agencies — An Overview, *Science and Public Policy*. Sept. 26, 2013, 1093.
12. Suzanne Berger and the MIT Task Force on Production and Innovation, *Making in America* (Cambridge, MA.: MIT Press, 2013).
13. Larry D. Browning and Judy C. Shetler, *Sematech: Saving the U. S. Semiconductor Industry* (College Station, TX: Texas A&M Press, 2000).
14. Bonvillian and Weiss, *Technological Innovation in Legacy Sectors*, 184 - 186.
15. James Womack, Daniel Jones and Daniel Roos, *The Machine that Changed the World*. (New York: Free Press, 1990).
16. Jonas Nahm and Edward Steinfeld, Scale-Up Nation: China's Specialization in Innovative Manufacturing." *World Development* 54(2013): 288 - 300.
17. Bonvillian and Weiss, *Technological and Related Innovation*, 14 - 20, 55 - 66.
18. Philip Shapira and Jan Youtie, Presentation on the Next Production Revolution: Institutions for Technology Diffusion, Conference on Smart Industry: Enabling the Next Production Revolution, OECD and Sweden Ministry of Enterprise and Innovation, Stockholm, September 18, 2016.
19. David C. Mowery, The relationship between intrafirm and contractual forms of industrial research in American manufacturing, 1900 - 1940, *Explorations in Economic History*, 20, 1983, 351 - 374. The authors appreciate information from Ezequiel Zylberberg, post doctoral associate at MIT's Industrial Performance Center, on the literature cited here on innovation intermediaries.
20. Wesley M. Cohen and Daniel A. Levinthal, Absorptive Capacity: A New

Perspective on Learning and Innovation, *Administrative Science Quarterly* 35,1990,128 - 152.

21. Robert W. Rycroft and Don E. Kash, Innovation Policies for Complex Technologies, *Issues in Science and Technology* 16, 1, Fall 1999, http://issues. org/16-1/rycroft/.
22. Jeremy Howells, Intermediation and the role of intermediaries in innovation, *Research Policy* 35,2006,715 - 728.
23. Christopher Freeman, Formal Scientific and Technical Institutions in the National System of Innovation, in B. -Å. Lundvall, ed. , *National Systems of Innovation: Towards a Theory of Innovation and Interactive Learning* (London, New York: Pinter, 1992),169 - 187.
24. Timothy J. Sturgeon, The New Digital Economy — Innovation, Economic Development and Measurement (United Nations Conference on Trade and Development (UNCTAD) ICT Analysis Section report March 25,2017 — in draft), 15 - 17.
25. The description of the challenge is from Paul Boris, The Industrial Internet of Things (IoT) at Work in Heavy Industry (General Electric Digital White Paper, General Electric Company, Fairfield, CT, September 22,2016).
26. Discussion with Adele Ratcliff, Director, International Manufacturing and Innovation, Office of Manufacturing and Industrial Base Policy, Office of the Secretary of Defense, September 26,2016.
27. Molnar et al. , Building a New Partnership — The National Network for Manu-facturing Innovation, 7. For a subsequent and more detailed summary of the role of the institutes in the context of a new institute offering, see, Department of Defense (DOD) Mantech, Robots in Manufacturing Environ-ments Manufacturing Innovation Institute, Proposers Day, slide presentation, August 15, 2016, https://s3. amazonaws. com/sitesusa/wp-content/uploads/sites/802/2016/08/RIME_Proposers_Day_final. pdf.
28. The Defense Production Act, Pub. L. No. 81 - 774,50 U. S. C. § 2061 et seq. (1950), was a Cold War and Korean War industrial mobilization tool.
29. Aside from Mantech, DARPA deputy director Ken Gabriel was involved in the AMP1. 0 effort, and DARPA program manager Mick Maher led a sizable portfolio of DARPA advanced manufacturing R&D and advised on the AMP

reports.

30. Discussion with Adele Ratcliff, DOD, September 26, 2016.
31. See the discussion of ARPA-E in William B. Bonvillian and Richard Van Atta, ARPA-E and DARPA: Applying the DARPA Model to Energy Innovation, *Journal of Technology Transfer* 36, no. 5 (October 2011).
32. Information in this section is drawn from the America Makes website, https://www.americamakes.us/about/overview.
33. Descriptions of the institutes are drawn from their websites, and descriptions of the manufacturing technologies they aim to advance are drawn from National Science and Technology Council (NSTC), Subcommittee on Advanced Manufacturing, Advanced Manufacturing — A Snapshot of Priority Technology Areas across the Federal Government (Washington, DC: White House, Office of Science and Technology Policy, April 2016), 36 - 39, https://www.whitehouse.gov/sites/whitehouse.gov/files/images/Blog/NSTC%20SAM%20technology%20areas%20snapshot.pdf.
34. Details in Table 6.1 on the institutes are from the descriptions of each institute on their websites, available through, https://www.manufacturing.gov/nnmi-institutes/.
35. White House, Office of the Press Secretary, Fact Sheet: President Obama Announces Winner of New Smart Manufacturing Innovation Institute, June 20, 2016, 4, https://www.whitehouse.gov/the-press-office/2016/06/20/fact-sheet-president-obama-announces-winner-new-smart-manufacturing.
36. Deloitte Ltd., Manufacturing USA: A Third-Party Evaluation of Program Design and Progress, report (Washington, DC: Deloitte, January 2017), 8 - 21, https://www2.deloitte.com/content/dam/Deloitte/us/Documents/manufacturing/us-mfg-manufacturing-USA-program-and-process.pdf.
37. Ibid., 22 - 27.
38. Ibid., 28 - 35.
39. Ibid., 36 - 45.
40. This section draws on information prepared by NIST's Advanced Manufacturing National Program Office, slide presentation, July 2016; IACMI website, http://iacmi.org; and discussion with Craig Blue, CEO, and Robin Pate, workforce and communications director, IACMI, September 1, 2016. Bryan

G. Dods succeeded Blue as IACMI CEO at the end of 2016 when the latter returned to Oak Ridge National Laboratory.

41. Oak Ridge National Laboratory, DOE, Manufacturing Demonstration Facility website, http://web.ornl.gov/sci/manufacturing/mdf/.
42. IACMI, Composites Workforce 2015, http://iacmi.org/wp-content/uploads/2016/04/IACMI_OnePager_FINAL_2015_UPDATE.pdf.
43. Indiana Economic Development Corporation, Indiana Adds Chief Innovation Officer to Economic Development Corporation, August 16, 2016, http://iacmi.org/2016/08/16/indiana-adds-chief-innovation-officer-economic-development-corporation/.
44. This section is based on discussions with Yoel Fink, CEO of AFFOA, on July 14, 2016; his slide presentation in a webinar for AFFOA participants on July 15, 2016; and the AFFOA website, join.affoa.org.
45. Points in this section are from a communication from Stephen Luckowski, U.S. Army, AFFOA federal program manager, October 25, 2016.
46. Stephen Luckowski, U.S. Army, AFFOA federal program manager, AFFOA 2017: First Projects, presentation to the American Fiber Manufacturers Association, Washington, DC, October 20, 2016, 30 – 34.
47. Ibid., 11 – 12; AFFOA website, Membership.
48. Communication from Luckowski, October 26, 2016.
49. Presentation by Luckowski, October 20, 2016, 8 – 10.
50. President's Council of Advisors on Science and Technology (PCAST), Advanced Manufacturing Partnership 2.0 Steering Committee, Report to the President on Accelerating U.S. Advanced Manufacturing (Advanced Manufacturing Partnership AMP2.0 Report) (Washington, DC: PCAST, October 2014), 22 – 25, 59 – 60, https://www.whitehouse.gov/sites/default/files/microsites/ostp/PCAST/amp20_report_final.pdf. Of course, these are not the only criteria that should be considered. For example, in comments to the authors on December 27, 2016, Adams Nager of ITIF suggested a fifth: "Filling a market gap: Does the MTA have a barrier that prevents adequate/socially optimal level of investment from private actors?"
51. Michael Molnar, NIST director of the Advanced Manufacturing National Program Office, presentation at MForesight National Summit 2016, Washin-

gton, DC, September 29,2016.

52. See recommendations in Deloitte, Manufacturing USA, 58.
53. Ibid. , 54.
54. PCAST, Accelerating U. S. Advanced Manufacturing, 4 - 5,26 - 28,64.
55. Ibid. , 6,30.
56. This work has not attempted to address the intellectual property issues faced by the institutes, because they are still a work in progress. Forming technology development collaborations between small and large firms as well as university researchers creates complex IP challenges. A work group of the Advanced Manufacturing Partnership focused on the IP framework for institutes, creating a series of guidelines. These included that institutes should not seek to hold IP themselves since that would be a disincentive for firms and researchers, that background IP should continue to be controlled by the IP holder, and that project agreements among groups of participants could set IP terms for the technology development project. See PCAST, Accele-rating U. S. Advanced Manufacturing, Annex 30, Network for Manufac-turing Innovation: Intellectual Property Management, https://www. whitehouse. gov/sites/default/files/microsites/ostp/PCAST/amp2. 0_annex25- 31 _ nnmi _ analysis. pdf. Different institutes are forming somewhat different IP approaches based on their particular technology focus areas. As will be discussed, AFFOA has created a patent aggregator role for itself, particularly for university-held patents.
57. Deloitte, Manufacturing USA, 52 - 53.
58. Discussion with Prof. John Hart, MIT, April 19,2017.
59. Discussion with Jason Miller, NEC, August 31,2016.
60. President's Council of Advisors on Science and Technology (PCAST), Advanced Manufacturing Partnership Steering Committee, Report to the President on Capturing Domestic Competitive Advantage in Advanced Manufacturing (AMP1. 0 Report) (Washington, DC: PCAST, July 2012), 21, https://www. whitehouse. gov/sites/default/files/microsites/ostp/pcast _ amp_steering_committee_report_final_july_17_2012. pdf.
61. Deloitte, Manufacturing USA, 55.
62. Ibid. , 57.
63. The AMP study groups, however, did consult extensively with the National

Governors Association in preparing their reports.

64. National Governors Association, Making Our Future — What States Are Doing to Encourage Growth of Manufacturing through Innovation, Entrepreneurship and Investment, an NGA Policy Academy Report, National Governors Association, Washington, DC, January 28, 2013, http://www.nga.org/cms/home/nga-center-for-best-practices/center-publications/page-ehsw-publications/col2-content/main-content-list/making-our-future.html.
65. National Governors Association, Seven States Selected to Develop Economic Strategies Focused on the Growth of Advanced Manufacturing Industries, press statement, October 6, 2011. (The states were Colorado, Connecticut, Illinois, Kansas, Massachusetts, New York, and Pennsylvania.)
66. See Economic Development Administration, Investing in Manufacturing Communities Partnership (IMCP), https://www.eda.gov/challenges/imcp/.
67. William B. Bonvillian, The Problem of Political Design in Federal Innovation Organization, in *The Science of Science Policy*, ed. Kaye Husbands Fealing, Julia Lane, John Marburger, and Stephanie Shipp (Stanford, CA: Stanford University Press, 2011), 302 - 326.
68. National Institute of Standards and Technology (NIST), Guidance on Institute Performance Metrics: National Network for Manufacturing Innovation, Advanced Manufacturing National Program Office, Gaithersburg, MD, August 2015, https://www.manufacturing.gov/files/2016/03/nnmi_draft_performance.pdf.
69. Deloitte, Manufacturing USA, 62 - 64.
70. Ibid., 48.
71. NSTC, Subcommittee on Advanced Manufacturing, Advanced Manufacturing — A Snapshot.
72. Government Accountability Office, Defense Additive Manufacturing — DOD Needs to Systematically Track Department-wide 3D Printing Efforts, GAO 16-56, Government Accountability Office, Washington, DC, October 2015.
73. Fraunhofer Gesellschaft, Fraunhofer Institutes and Research Establishments, http://www.fraunhofer.de/en/institutes-research-establishments/.
74. University College London, Evidence Submission to the House of Commons Committee on Science and Technology, December 2010, http://www.

publications. parliament. uk/pa/cm201011/cmselect/cmsctech/619/619vw22. htm.

75. Work Foundation, Technology Innovation Centres, submission to the House of Commons, September 2010, 6, http://www. theworkfoundation. com/assets/docs/knowledgeeconomy%20newsletters/tics%20-%20applying%20the%20fraunhofer%20 model%20to%20create%20an%20effective%20innovation%20ecosystem%20in%20 the%20uk. pdf.

76. Herman Hauser for Lord Mandelson, Secretary of State, The Current and Future Roles of Technology and Innovation Centres in the UK, 13, https://interact. innovateuk. org/documents/1524978/2139688/The+Current+and+Future+Role+of+Technology+and+Innovation+Centres+in+the+UK/e1b5f4ae-fec8-495d-bbd5-28dacdfee186.

77. Statute of the Fraunhofer Gesellschaft, as revised in 2010, http://www. izm. fraunhofer. de/content/dam/izm/en/documents/Institut/Statute-of-the-Fraunhofer-Gesellschaft_tcm63-8090. pdf.

78. Ibid. , Section 20, The Institutes.

79. Ibid. , Section 21, Institute Management.

80. Ibid.

81. House of Commons, Committee on Science and Technology, Technology and Innovation Centres (2011), 23 - 30, http://www. publications. parliament. uk/pa/cm201011/cmselect/cmsctech/619/619. pdf.

82. Ibid. , Section 5, Operational Model, 33, http://www. publications. parliament. uk/pa/cm201011/cmselect/cmsctech/619/61908. htm.

83. For a general discussion, see John Goddard, Douglas Robertson, and Paul Vallance, Universities, Technology and Innovation Centres and Regional Development: The Case of the North-East of England, *Cambridge Journal of Economics* 36, no. 3(2012): 609 - 627, http://cje. oxfordjournals. org/content/36/3/609. short. (Abstract.)

84. NSF's Engineering Center program is an exception. See NSF Engineering Research Centers (ERC) website, https://www. nsf. gov/funding/pgm_summ. jsp? pims_id=5502; and the ERC Association website, http://erc-assoc. org.

85. See, for example, Fraunhofer Center for Sustainable Energy Systems (CSE), http://www. cse. fraunhofer. org/about and http://www. cse. fraunhofer.

org/about-fraunhofer-cse/labs-and-facilities.

86. MForesight (Alliance for Manufacturing Foresight) website, http://mforesight. org/about-us/ # vision.

87. Data cited in a discussion by Charles Wessner, Georgetown University, MForesight National Summit 2016, Washington, DC, September 29,2016.

88. Germany Trade and Invest, Industrie 4. 0 — Smart Manufacturing for the Future (Berlin: Germany Trade and Invest, July 2014),20, http://www. gtai. de/GTAI/Content/EN/Invest/_SharedDocs/Downloads/GTAI/Brochures/Industries/industrie4. 0-smart-manufacturing-for-the-future-en. pdf.

89. Manufacturing to Get Boost from 3D Printing, *Straits Times* (Singapore), March 17,2016, http://www. straitstimes. com/business/manufacturing-to-get-boost-from-3d-printing.

90. National Academy of Sciences, Science, Technology, and Economic Policy (STEP) Board, *21st Century Manufacturing: The Role of the Manufacturing Extension Partnership* (Washington, DC: National Academies Press, 2013), Appendix A1, Canada's Industrial Research Assistance Program (IRAP), 196,201.

91. Germany Trade and Invest, Industrie 4. 0,12.

92. Scott Kennedy, Made in China 2025, Center for Strategic and International Studies (CSIS), June 1, 2015 (summary of State Council's May 2015 manufacturing roadmap plan), https://www. csis. org/analysis/made-china-2025; China Unveils Internet Plus Action Plan to Fuel Growth, Xinhua, July 4,2015 (announcement from the State Council to "integrate mobile Internet, cloud computing, big data and the Internet of Things with modern manufacturing"), http://english. cntv. cn/2015/05/22/VIDE1432284846519817. shtml; People's Republic of China, The State Council, China Establishes Fund to Invest in Advanced Manufacturing (State Council announces $3. 05b fund), Xinhua, June 8,2016, http://english. gov. cn/news/top_news/2016/06/08/content_281475367382490. htm.

93. NSTC, Subcommittee on Advanced Manufacturing, Advanced Manufacturing — A Snapshot, Table 1, Selected Examples of Federal Investment in Advanced Materials Manufacturing, 8 - 9.

94. National Institute of Standards and Technology (NIST), Closing Tech Gaps

Can Fortify Advanced Manufacturing (Gaithersburg, MD: National Institute for of Standards and Technology [NIST], November 17, 2016), https://www.nist.gov/news-events/news/2016/11/closing-tech-gaps-can-fortify-advanced-manufacturing-and-save-100-billion.

第七章

初创公司规模扩张：解决初创公司制造方面的问题

乔纳森·许布纳(Jonathan Huebner)是美国国防部海空作战中心(Naval Air Warfare Center)的一名物理学家。该中心位于加州中国湖(China Lake)，离硅谷370英里。他擅长使用软件、材料和能源系统设计先进武器，有着丰富的经验。但慢慢地，他发现自己创新越来越没有新意，于是开始厌倦这样的自己。2005年，他写了一篇题为“全球创新可能呈现下降趋势”(A Possible Declining Trend in Worldwide Innovation)的文章，[1]提出了与大多数人相反的观点，即这个时代的创新并不是指数增长的。他还提出了创新率的算法，即“年科技创新数除以世界人口数”。该比率呈下降趋势，并受制于越来越复杂的融资困境，呈钟形曲线。[2]他用重大科技发明数除以世界人口数后发现，世界技术进步达到顶峰是在19世纪中后期。若将美国专利申请数作为技术进步的指标，并按美国人口数量分摊，那么，1915年美国技术发展的速度达到顶峰，而且从那时开始，美国国内教育水平和生产总值开始提高。[3]在纳米技术、量子效应和引力波进入人类视野，暗物质和黑暗能量如今仍是假设的今天，单单在物理学就有很多创新，更不要说其他领域。那么，许布纳的论述是真的么？

许布纳的发现引起热议，并且被其他分析家迅速接受。[4]同时，那些仍能感受到互联网泡沫破裂的硅谷人士与之产生共鸣。最近，正如下文和第四章、第九章所提到的，经济学家罗伯特·戈登也对此作了回应。[5]具有讽刺意味的是，互联网公司 PayPal 的创始人彼得·泰尔（Peter Thiel），作为社交媒体 Facebook 的首个外部投资人，接受了许布纳的理论。他在 2011 年有过著名的言论："我们想要一辆会飞的汽车，得到的却是 140 个字符。"①[6]泰尔批评道，当我们的社会需要大型复杂的、能应用于能源、交通、健康、航空航天领域的硬技术"东西"（Things）之时，硅谷却从开发半导体和计算机硬件转到了低成本的山寨应用程序开发上。无论如今世界上的先进技术是多了，还是少了，泰尔的论述全都是对硅谷情况的批评。也许是创新体系的问题，而不是有无创新的问题。

技术发展的创新裂隙

刘易斯·伯兰斯卡姆和菲利普·奥尔斯瓦尔德都这么认为。2002 年，他们写了一篇经典的关于创新的文章《发明与创新之间》，[7]详细阐述了当时认为的在早期技术开发阶段，基础研究/发明和成果转化之间存在"死亡之谷"的观点[8]。他们指出，技术创新对经济的长期增长至关重要；虽然已有企业通常会采取渐进式创新，但新产业、新市场和相应的大踏步经济增长，需要带来产品和服务

① Facebook 每条帖子最多只能发 140 个字符。——译者注

真正革新的颠覆技术。他们引用经济学家马丁·韦茨曼（Martin Weitzman）的话："经济增长的最终限制并不在于我们有没有产生新思想的能力，而是在于我们将大量原始想法转化成有形产品的能力。"[10]他们认为，缺乏对早期技术发展的支持限制了这种转化。

他们的研究还发现，尽管研究的大部分经费来自联邦政府，但用于早期技术开发的资金非常有限。风险投资倾向于具有潜在高增长的企业，只有在技术研发已完成即将进行生产的时候才会出手；天使投资在这个阶段更活跃，但它们的资金总额都不大；而企业资金有限，大多是用于现有技术的渐进式发展。[11]他们指出，支持早期技术开发的市场化资金非常匮乏，导致了美国创新体系存在巨大裂隙。

创新裂隙让高增长潜力的初创公司陷入困境

这种技术发展裂隙会导致创业减少么？正如经济学家罗伯特·利坦（Robert Litan）在 2008 年经济危机时所说，"美国的最大挑战是……如何让成功的新公司的数量大量增加……没有比美国及人民的未来福利更重要的了"[12]。因此，孵化初创公司对公共政策意义深远。考夫曼基金会（Kauffman Foundation）编制了一份创业指数，反映美国创业公司数量的增减。该指数显示，2009—2013年，创业公司总数出现下降，2012 年创 20 年来最低，2014 年重新开始上升，直到 2016 年才再次接近 2008 年经济危机之前的水平，但尚未齐平。包括利坦在内的很多经济学家都指出，初创公司已成为美国创新型增长的关键，要避免再次陷入 2009—2013 年间的困境。如今，退出市场的公司数量正超过新进公司数量。他们对

1978—2011 年间新增公司数量的长期下降表示担忧，随之而来的是与经济活力指标相关的就业人数的下降。[14]美国要依靠新公司来创造经济增长和就业机会，现状不容乐观。

但如果都以同样方式对待所有创业者的话，就会出现诸多“夫妻街边店”（Mom and Pop corner store）。过去的几年，类似情况开始发生变化，学术界也开始使用新的指数，更明确地针对技术创新型企业，这些企业比邻近的干洗商店更具有发展潜力。从 2016 年开始，考夫曼基金会在其年度指数中增加了“增长型创业”（growth entrepreneurship）的内容。新的考夫曼指数则包含了初创公司增长率、初创公司组合中的规模扩大比例（即在公司成立前十年规模扩大到能雇用 50 人的公司的比例），以及高增长公司的密度，以便更好地衡量美国增长型创业的趋势。

新的增长型创业指数显示，2009—2013 年间有显著下降，显然是受到大衰退的影响，现在已经回到金融危机前的水平。[15]但是，该指数各组成部分的情况却不容乐观。初创公司增长率在 2012 年触 20 年来新低，之后略微上升。初创公司扩张的比例变化与之相似。[16]但是，这些高增长企业中，超过 47％分属五个行业：软件、健康、IT 服务、广告和营销以及市场、商品和服务。[17]虽然指数增长值得欣慰，但却只局限在这少数几个产业。

经济学家豪尔赫·古兹曼（Jorge Guzman）和斯科特·斯特恩（Scott Stern）以另一种方式来研究整体数据，分析那些对经济增长具有重要贡献的科技创新公司。[18]这种公司——有时被称为羚羊企业——增长很快，因为这种创新比餐馆这样的普通“夫妻街边店”更好、更快地扩张。此类公司对经济增长尤为重要。那么，美国在鼓励成立技术创新公司方面做得如何？在研究了占美国 GDP 的一半以上的 15 个州的企业时，他们总结出某些特征，可用于追踪高潜力的公司的运营情况，如所拥有的知识产权、法律结构和其他因素。[19]这些特征能反过来，研究其与高增长结果的关系（使用取得 IPO 的公司或被高价兼并企业的数据）。他们发现，增长潜力大的公司在 20 世纪初互联网泡沫后陷入衰退，2010 年又开始上升，到 2014 年，美国这些企业的增长率已处于 25 年来第三高的水平。

虽然潜力大的创业公司的数量出现回升，并恢复到合理的水平，但该研究发现，这些创业公司的规模化能力却停滞了。研究采用了一种新方法，发现一家 1996 年的初创公司在最初六年内获得 IPO 或被高价收购的机会，比一家 2005 年的初创公司获得的机会多 4 倍。[21]当然，1996 年，初创公司经历的是互联网泡沫，2005 年是泡沫破裂，即便如此，其中的规模差异也显现了初创公司在扩大规模时遇到的问题。地区之间也存在较大差异——在哪里创业很重要。尽管从 2009—2011 年开始，规模化比例有所回升，但仍然疲弱。比对研究得出：

虽然潜力大的新初创公司数量在增加，但商业化和规模化能力仍然不强。因此，出台鼓励企业扩张的政策，比只是单纯为了增加初创公司数量的政策更重要。

制造业初创公司规模化的创新裂隙

前文回顾了技术创新裂隙以及初创公司实现规模化碰到的问题。还有另外一个复合性创新裂隙问题，影响到需要规模化生产的创业公司。之前章节已详述了先进制造创新研究所模式，但该模式解决的是针对中小制造企业普遍意义上的创新问题，并不针对创业公司。正如伯兰斯卡姆和奥尔斯瓦尔德所描述的，创业公司不仅面临着早期技术发展的裂隙，还有规模化生产的裂隙。初创公司进行扩张一直是个问题，对制造业初创公司尤其如此。

第三类公司则包括用自己的创新技术来生产产品的初创公司和创业型公司，他们的技术大多来自大学的研究中心。正如之前提到的，麻省理工学院“创新经济中的生产”项目的伊丽莎白·雷诺兹、希拉姆·塞梅尔（Hiram Semel）和乔伊斯·劳伦斯（Joyce Lawrence），研究了一批波士顿地区高度创新的初创公司，发现它们在规模化生产过程中遇到了一些问题。[23]在获得初始风险投资后，这些初创公司需要追加资金进行生产时，却被告知无法获得满足。风险投资的时间表往往更适合信息技术行业，尤其是软件公司，即在初创公司开始的5—7年内，技术有可能转化为市场产品。但事实是，初创公司计划在十年甚至更长时间周期内生产产品。麻省理工学院研究发现，如果初创公司的技术有前景广阔，风险投资在6—7年后并不想放弃，但会将其纳入称为“收入维持”类的企业。这意味着初创技术企业的资金将维持在基本水平。如果这些企业在产品设计道路上走得很顺，要求风险投资增资以规模化生产时，通常会被拒绝，理由是风险投资公司缺乏深层知识和投资本地生产所需的资源，于是就直接介绍亚洲的外包制造企业给创业公司。

这个现象具有重要影响。新技术大规模应用到生产，刚开始可能涉及很多重要的工程技术改进和原型制造工作，还会需要重新开展科学研究和创新。正如之前所讨论的，这是一个高度创造的阶段，也是流程创新的一部分。如果只是依靠海外合同制造商，美国的创新团队就要在海外花费大量时间；这个过程中，其实已经转移了大部分创新，后续渐进式创新能力也转到了海外。因此，尽管初创公司发明了新技术并已将其市场化，但其重要的“怎么做”(know-how)的部分却转移到了海外。这就是说当生产能力向海外转移时，创新能力的重要组成部分也随之转移。这些新技术创业公司代表了美国下一代技术和制造业群体；美国创新体系所存在的裂隙含有着重要的深度创新的元素，这些元素也会转移到国外，成为海外制造商在未来工艺和产品上进行重大创新的基础。

风险投资可获得性问题和其他融资途径

有关风险资本的可获得数据进一步验证了这个现实。本·盖迪(Ben Gaddy)、维伦·西瓦拉姆(Virun Sivaram)和同事对清洁能源领域的风险投资展开了研究。他们发现，2006 年至 2014 年间，该领域的风险投资在 2008 年达到高点，此后一直大幅度下降。虽然从 2004 年到 2008 年间，投资从 10 亿美元增加到近 50 亿美元，年增长率接近 50％，但 2008 年之后对新能源技术的风险投资(A 轮融资)又回落到 2004 年的水平。2006—2011 年间，对清洁能源投资的 250 亿美元，回报率不到一半。2008—2011 年间超过 90％(平均)的投资未能收回本金。2008 年、2009 年和 2011 年，没有一家风险投资机构回报率达到 2 倍。[26]这些时期在软件行业的投资失败率相对较低。2008 年金融危机使原油价格大幅下跌，国会碳定价气候法案未获通过，中国太阳能电池板产能过剩导致很多太阳能公司倒闭，清洁能源领域的风险投资也受此影响大幅度下降。

此外，投资能源技术企业需要更多的规模化资本。对于风险投资公司而言，规模化清洁技术的投资往往风险较高，收益率低于软件或生物技术。盖迪及其同事指出，2006 年至 2011 年间，经验最丰富的风险投资公司投资于清洁技术规模化的收益比投资软件和生物技术的投资少 20%。[27]对于风险投资公司来说，较低的初始投资意味着投了风险较低的公司，获得了较高的股本。风险投资对清洁能源不感兴趣的另一个原因，是能源技术开发的时间进度与风投公司预期的有出入。通常，风险投资公司会进行五年的渐进式投资，并希望在下一个五年看到利润回报。然而，清洁能源公司的技术可能需要两倍的时间才能成熟。第三个问题是退出战略，即现有能源公司倾向于通过收购来扩大规模。2006—2011 年间，软件行业的退出率为 11.9%，而清洁能源只有 3.8%。[28]后者鲜有风险投资介入的，它们对能源技术领域兴趣有限，因为这些领域回报周期较长。

与长周期、资本密集型行业（如能源技术）相比，软件行业风险低、资金少、回报周期短，退出战略有效，因此对风险投资更具有吸引力。简单看一下典型的 2016 年第一季度，所有行业的早期和种子风险投资的行为都证实了这一点。[29]在此期间，共有 468 宗风险投资交易被完成，交易总额为 46.2 亿美元，其中，软件和信息技术服务有 197 宗，生物技术以 76 宗位居第二，这两个类别共交易 25.5亿美元，没有其他行业可以与之相提并论。与软件产业相比，生物技术更加特别，它需要更多的资本和更长的时间来开发技术。为什么风险投资对这个行业感兴趣呢？原因是（1）生命科学部门的专利比以物理科学为基础的行业的专利更强大，保证了更长期的垄断收入，（2）美国食品和药物管理局（Food and Drug Administration，FDA）的三级临床试验阶段能让企业更好地评估和管理每个阶段的投资风险，以及（3）FDA 对新药的最终安全认证，实际上确保了重大疾病药品的市场。概括地说，FDA 的三个审批阶段成为风险投资的基准物，FDA 的最终认证保证了产品的市场，并保护了生产商专利期内的权益，这些都有助于风险投资管理风险；其他行业没有这样的风险管理体系。

与之形成对比的，是整个工业/能源行业只有 13 笔总价 3 260 万美元的交易。医疗设备是另一个资本密集型的例子，有 23 笔交易，价值 2.06 亿美元。2004 年至 2014 年，在“硬”技术领域（新材料、化学品、工艺和硬件整合公司）的风险投资投资损失近 12.5 亿美元，而对软件的投资回报高达 3.7 倍。[30]

图 7.1 说明了一切。基于美国风险投资协会得到的数据，这张图显示出 2015 年美国工业和服务部门的风险投资占风险投资

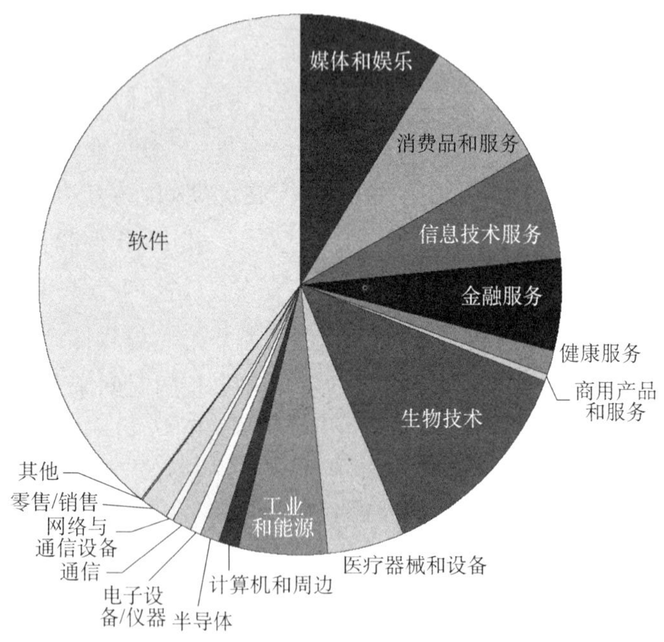

图 7.1　2015 年风险投资的分布

资料来源：Peter L. Singer, based on NVCA and PwC data, July 2016.

总额的比例。[31]从图中可以看出，2015 年，软件业作为主要投资标的，占比高达 37%（2015 年为 34.67 亿美元），生物技术占 19.7%（2015 年为 18.4 亿美元），各种服务行业（包括“媒体和娱乐”）占 29%。相比之下，“工业和能源”整个类别占比较小，只有 5%（2015 年为 4.66 亿美元）。

换句话说，虽然风险投资推动了始于 20 世纪 80 年的 IT 和生物科技革命的发展，但并没有促进更多其他产业的发展，虽然后者往往是创造就业和资金密集的产业。如果技术公司不能通过风险投资公司实现规模扩大，那是否有其他融资渠道？

是否有其他途径帮助初创公司实现规模化生产？首次公开募股（IPO），曾经是扩大规模比较常用的融资手段，但现在呈现急剧下降的趋势。1995 年到 2015 年，美国每年的 IPO 数量从 578 个减少到 183 个，但风险资本投资的公司数量仅从 183 个下降到 77 个。[32]IPO 数量增幅最大的行业是生物技术，从 1995 年的 16 个增加到 2015 年的 41 个，占 2015 年所有风险投资上市公司的 61%。[33]

兼并和收购（M&A）是另一种扩大规模的方式，它可以让创新型初创公司与更有实力的大企业合作。兼并和收购并没有像 IPO 那样出现下滑。[34]从合并案例中很难看出哪些是创新创业公司为了规模化生产而进行的并购，哪些是大公司为了技术升级进行的并购。但并购是风险投资退出的标准途径，这有数据可循。与风险投资的情况一样，两个产业是兼并和收购主角。软件行业是风投公司年度所投企业里被收购和兼并比例最高的，2015 年高达 50% 以上。尽管 2015 年软件企业的并购数量是生物技术企业的 7 倍多，但后者的交易总价却比前者高出 23%。[35]生物技术公司的产品越接近市场的阶段，其估值越高。这说明，与软件业比，生物科技是一个更加垄断的市场（基于卫生部门专利权的影响力）。

众筹（Crowdfunding）是一种新的融资渠道，大量投资者可以在线投入小额资金。众筹已获 2012 年《促进新兴企业法案》（*JOBS Act*）的批准。[36] 2013 年，新公司众筹总额达 51 亿美元。但现在的众筹更倾向于消费者容易理解并迅速投放市场的服务或产品，而不是需要长期研发、复杂的生产技术。《促进新兴企业法案》还批准了小型 IPO。由于美国证券交易委员会的拖延，以及州审计办公室的问题，迄今为止只有少数公司能够利用这种机制。[37] 创业公司一直很难获得传统银行贷款，因为它们缺乏收益流和担保。根据经济学家海曼·明斯基（Hyman Minsky）的债务失控理论，它们属于风险最高的类别：没有现金流却坚信其（新技术）资产足够抵消债务。

近年来，已尝试诸多新渠道来帮助创业公司融资，包括建立社区让它们更加了解当地的机会，或牵线偏公益性质、能承担更高的风险的富裕家族财富管理办公室（Family Office）等。这些能让软件和生物技术行业以外的公司减少一些不确定性。但数据显示，风险投资仍然是创新型初创公司最主要的融资渠道——2015 年接近 600 亿美元，其中软件、生物技术初创公司和服务性公司仍占了大部分（这进而又与后续 IPO 或并购退出策略有关）。

AMP 2.0 项目，注意到初创公司难以从风险投资公司获得资金扩大新产品生产，以及前面“创新经济中的生产”研究报告提出的裂隙问题等。该项目识别出规模化生产的融资困难，指出这种困难限制了非信息技术产品设计、生产和商业化的能力，是美国制造业体系的主要问题，同时提出了可能的解决方案。[38] AMP 2.0“规模化政策”工作组在多个城市举办了数场研讨会，讨论建立怎样的融资机制，能让资本市场对扩大生产规模的投资更感兴趣。参与者包括银行、风险投资、私募股权和企业风险投资的专家。他们评估了将资本密集型技术转化为商业生产的方法，并讨论了联邦政府现有的资助方案。[39]为了增加资本接入，为具有创新想法的中小型制造商、初创公司提供更多的融资渠道，AMP 2.0 报告建议：

> 成立一个公私部门共同出资的规模化投资基金，向“一流”生产设施的私营投资者提供低息贷款，来激励对(新)生产设施的投资，确保新技术发明在美国制造。该基金向投资基金或财团提供项目成本总额一半的贷款，并至少投资 4 000 万美元，帮助那些真正在规模化生产方面遇到困难的企业。比如，激励美国设备供应基地采用新制造技术，如增材制造。由于要保持多样化的投资组合和规模化的制造项目(从 4 000 万美元到 1.5 亿美元以上)，公私投资基金需要与私人资金和公共贷款担保(通常 1 美元的公共资金可以创造相当于 10 美元的担保)一起，共同提供 50 亿至 100 亿美元的资金。[40]

此外，报告还建议修改现有的新市场开发税收抵免(New Markets Tax Credit)政策，对小型制造企业和初创公司扩大生产设施部分进行税收抵免。报告建议政府建立一个网上平台，公开小型制造商和初创公司技术相关的生产计划，让潜在的公司战略合作伙伴都能看到。[41]这些建议显然雄心勃勃，尽管白宫表示支持，但国会在资源稀缺时期不愿考虑所提议的新的融资工具。

上述讨论的各种新的融资渠道要么没有到位，要么在规模上仍无法抵消风投缺位的影响。制造业创新技术需要规模化生产，需要科研提供支撑，因此具有更高的风险。出于市场回报和风险管理考虑，作为创业公司最主要融资渠道的风险投资，主要关注的是软件和生物技术两个行业。它们是重要的行业，当然值得支持。但数据显示，软件、生物技术和服务行业以外的行业创新系统存在裂隙。

社会意义

如果技术和相关创新是美国历史上经济增长的主要原因，那么扩大创新型创业公司所覆盖的经济部门，对国家经济增长非常重要。支持创业和初创公司的原因，是为了提高社会创新水平，发展经济；如果我们把创新只限制在两个行业，将众多创新扼杀在摇篮，那么会产生严重的经济和社会结果。

一个基本规则是：我们投资创新，就会在创新领域获得回报。在哪里投资创新，就会哪里得到回报。如果出于经济和社会发展的考虑，我们需要让更多领域的创新——例如新能源技术——进入经济和社会，我们就应该拓宽我们的创新支持机制。

还有另外一个原因需要填补创新体系的裂隙。众所周知，制造业是国民经济最大的就业倍增器。[42]资本密集、基于科学研究的复杂技术产品需要制造业。这样，制造业会创造企业价值链，带来与之相匹配的就业，这涉及：在输入阶段，从资源、研发、供应商，到零部件制造商，再到生产本身；在生产输出阶段，从分销、零售，到维修，再到整个产品生命周期。[43]生产阶段本身带来的就业是整个系统就业的一部分。软件不需要大规模制造，生物技术则需要的更少。尤其是软件，不需要也不会创造堪比制造业的价值链和相应的就业。发明硬技术的创业公司数量减少了，就业机会和就业率就会下降。虽然软件和生物技术从其他角度看也很重要，但它们不能支撑起整座大厦。

近年来，美国出现了大衰退后所谓的“失业复苏”（非常缓慢的就业恢复率），收入差距日益扩大，加上前文所提到的，在 1990 年至 2013 年间，没有大学文凭的中年男性群体平均收入下降了 20%，因此，创造高质量就业对社会来说是个极大的挑战。[44]正如第九章所探讨的，主流经济学家都认为经济已经陷入“长期停滞”状态，即需求不足加上由此导致的增长缓慢、低通胀和低利率。[45]1961 年之后的 40 年间，美国人均 GDP 平均增长率为 2.4%，但过去 15 年仅为 0.9%。[46]麦肯锡的一项研究显示，81%的美国人在过去十年收入持平或出现下降。[47]虽然 2016 年失业率曾下降到 4.9%，但这只是归功于积极寻找工作的那些人；劳动力中工人数量比 2005 年预计的减少了约 500 万，约有一半是因为人口老龄化，另一半则原因不明。[48]尽管这些数字可以归咎于大萧条引起的经济急剧下降，但随后的复苏也差强人意——2010 年以来，人均 GDP 增长率远低于 2%。人们也越来越担心所谓的“失业创新”（jobless innovation）[49]——越来越多的创新在更少就业或取代工作的行业出现。[50]为了克服这些挑战，需要将创新创业公司扩展到更广的经济领域，包括能创造高就业机会的行业，如制造业。

经济学家罗伯特·戈登在 2000 年撰文，问道“新经济能否与过去的伟大发明相提并论？”（Does the New Economy Measure Up to the Great Inventions of the Past?）[51]。这是一个他不断追问的问题。他认为，互联网不会像早期电力和航空运输的创新浪潮那样，对生产率（每小时工作的经济产出）产生类似的变革性影响。这个理论在当时是有争议的，它出现在互联网泡沫破灭之前生产率快速增长的时期。但他的立足点很有意思：某些创新领域的经济影响可能会比另一些的更大。

德国持续重点关注的是"制造业主导"的创新，[52]包括弗劳恩霍夫研究所和劳动力培训项目等，这与美国的情况形成鲜明对比。如前所述，德国20%的劳动力从事制造业，而美国为8%，前者制造业工资比后者高出60%以上，却能在与中国等国家的制成品贸易中产生巨额顺差。德国没有实力雄厚的创业公司或风险投资，但它有强大的"中小企业"，配以不断提升它们生产创新能力的支持系统。与美国不同，德国创新体系围绕就业数量众多的制造业，更多地以创造就业为导向。我们投资创新，就在创新上得到回报：软件不是创造大量就业的行业，有时还会起反作用；而生物技术服务于卫生部门，对提升生产率作用不大。如果我们希望就业创新而不是"失业创新"，就不得不调整创新体系。软件和生物技术提供了重要的创新，但可能不是我们想要推向市场的唯一创新。

另一个例子来自埃隆·马斯克（Elon Musk），他卖掉创业公司PayPal，离开硅谷前往洛杉矶。[53]他改变的不仅是地点，而是用他在PayPal赚的钱作为初始融资，从软件公司转向需要技术攻坚的硬科技创业公司，致力于空间探索和解决能源问题。他成立了SpaceX，壮大了特斯拉（Tesla），投资了Solar Cities，这些正在进行规模化生产的公司非常重要，创新程度非常高，而且吸收了大量的就业。如今，硅谷软件初创公司陷入了困境，但马斯克是独特的例外。这表明，在硬技术、创造就业的技术领域是可以实现突破性创新的。

答案的一个重要部分可能是看创新系统的组织方式。尽管新古典经济学家在研究复杂的创新体系方面存在问题，认为创新是经济内生性的而非外生性的，[54]但经济学家都普遍认为创新是经济增长的关键点。这个系统并没有被锁在某种“看不见的手”操纵的经济自动驾驶仪上，而是一个灵活、动态的系统，并对一系列投入和组织方式作出反应。如果美国由于上述融资挑战而将创新投资限制在软件、生物技术和某些服务行业，那么美国将在这些行业而不是其他行业获得创新的回报。输入影响输出。如果美国想要解决“失业复苏”和“失业创新”的问题，就要调整创新系统，让创新进入更宽泛的经济行业。

“创新园圃”(Innovation Orchards)：用空间代替资本

2015 年 5 月，《华盛顿邮报》登载了一篇题为“向世界提供创新的更好方式”的述评。文中，麻省理工学院院长拉斐尔 · 赖夫提出了另一种解决方案。[55]他认为，目前美国的创新体系是基于风险投资支持初创公司的，并不适合“支撑复杂的、成长缓慢的概念，而这些概念可能最终变得非常重要。这包括从非“数字”领域的基础科学研究中诞生的、没有“市场准备”(Market ready)的颠覆性新技术。他称，如果新技术能在五年内获得回报，将会吸引人才和风险投资，最终会得到经常整体收购初创公司的大企业的关注。但这样的体系会让一种创新搁浅，即基于新科学的新概念。这些概念可能需要花费十年逐步完善，因此超出了大多数风险投资企业愿意等待的时间。结果呢？作为一个国家，我们太多的创新没有得以好好利用。

他提供了一个有趣的可能性方案解决裂隙问题，帮助加速“从概念到投资”的过程，即创造一种空间，让拥有大量技术、先进设备和专业知识的初创公司能够进行先进原型制造、论证、测试和试产。其实这就是“用空间替代资本”。这个技术丰富的空间可以帮助赖夫所谓的“有形创新”——更复杂、资本更密集、周期更长的硬技术，也称“有形-数字混合体”（tangible-digital hybrids）——弥补它所面临风险投资缺失。他建议建立一个“来自公共部门、盈利性部门和非盈利性部门的资助者”联合体来支持这个空间，并邀请创业公司入驻。他认为，地区性企业将越来越关注新发明，有些能被说服来支持这种他称之为“创新园圃”的新模式。这种新的支持性社区为创新者提供资源、设施和指导，架起资金之桥，以填补裂隙，降低技术风险，将技术商业化。一旦创业技术降低了风险，并得到论证和验证，就有机会进入传统融资渠道，比如与现有公司、企业风险投资和风险投资基金合作。

与“创新园圃”相关的模型：回旋加速器之路（Cyclotron Road）、技术桥（TechBridge）和引擎（The Engine）

所提议的“创新园圃”将根植于现有的创新集群，充分利用大小企业及其能力的混合优势。它在“集群理论”上增加了一个新的制度要素。[56]“创新园圃”也能利用现有机制帮助初创公司：越来越多的为初创公司早期提供服务的地区性技术孵化器、小企业创新研究项目（SBIR）、为大学研究的新技术提供专利保护的《拜杜法案》、培训大学科研人员成立创业公司的国家科学基金会创新公司项目，以及各州和大学推出的帮助技术实现商业化的项目。[57]但“创新园圃”模式是围绕初创公司的规模化问题，填补现有机制的裂隙。

有些模式与拉斐尔·赖夫提出的“创新园圃”理念相似。以下详细讨论的有两种，每个都解释了该模式是如何操作的。[58]第三种最近刚刚在麻省理工学院诞生。

回旋加速器之路

2014 年 7 月，加州大学的国家能源部劳伦斯伯克利国家实验室提出了”回旋加速器之路”，将之作为清洁能源技术早期孵化器。该项目得到美国能源部能源效率和可再生能源办公室的先进制造办公室的支持，由美国能源部先进研究计划署储能、太阳能和先进材料项目负责人伊兰·古尔（Ilan Gur）创立。“回旋加速器之路”自定义为“钻研先进技术的顶级创业者的家园，辅助他们，直到他们成功跳出研究实验室。”[59]

劳伦斯伯克利实验室是一个年预算达 8.2 亿美元的能源实验室，拥有 4 200 名员工，以及毗邻加州大学伯克利分校的六个大型国家设施。[60]“回旋加速器之路”旨在将实验室及其技术、设施和知识基础与一群富有竞争力的、想创业的能源技术人员在早期建立联系。目前有 16 个这样的初创小组，在实验室附近办公，他们可自由出入实验室并分享实验室资源。美国能源部提供种子基金和两年薪水，以研究符合技术任务的新能源技术。美国能源部约翰娜·沃尔夫森所说：

> 他们的想法是，“回旋加速器之路”项目的创新者可以继

> 续研究所需的核心科技，来证明他们所设想的“硬”技术产品是可行的，同时学习未来产品的商业模式。重要的是，这在其他地方都做不到。大学做不到，科学家所在的国家实验室也不行，因为没有商业思维，也没有特别的动力去实现创业的飞跃。孵化器也不行——缺乏攻坚科技所需的设备和专业背景，而且可能已经接受过天使投资或风险投资，到了企业自行承担研发资金的阶段。企业研究实验室也不行，因为这些实验室不（再也不）支持颠覆性、突破性的研发。真的没有其他地方可以了——事实上，不再有人真正在进行艰苦的创新，并试图将它发展成为一个商业化产品，因为没有一个地方或一种机制让创业者具备相关条件。这就是”回旋加速器之路”诞生的原因。[61]

“回旋加速器之路”与实验室一起，提供支持性指导和专业知识，帮助验证初创技术的可行性。初创公司不是“孤立无援”——它们除了可以利用实验室的先进设备和知识来完善技术之外，还得到实验室和加州大学伯克利分校强大的网络资源支持，同时与附近的硅谷和潜在的行业伙伴建立联系。它们的目标之一是验证商业和技术模型，让技术走向规模化生产。

“回旋加速器之路”采用五要素方法找寻和开发有前景的能源技术；[62]这不是固定步骤，可以不按顺序并行操作。

（1）招聘出色的创新者。“回旋加速器之路”表示：“没有顶尖人才，就没有顶尖创新。我们寻找愿意全力推动能源技术从实验室走向市场的优秀人才。”他们的目标对象是希望在融资前就开始创业的创新者。符合标准的已有两批，共 16 组，每组有超过一百人申请。可以看出，“回旋加速器之路”以人才为导向，寻找能力卓越并在早期就有合理的、令人兴奋的技术想法的创业者。

（2）选择注重商业化、可规模化的技术，以求最大化对能源市场的影响。“回旋加速器之路”关注有潜在市场、能进行规模化的突破性能源技术，帮助创新者甄别市场，论证市场规模、技术可行性。评估技术、市场的可行性，以及能否以较低成本进行规模化生产是这个过程的重要组成部分。

（3）与劳伦斯伯克利实验室合作，利用现有研发资产。对于进行硬技术领域研究的创业公司来说，成立研究实验室、购置先进设备、接受使用设备的相关培训以及建立安全协议所需的成本和时间是很大的挑战，但这些恰恰是开发和测试先进原型的关键。“回旋加速器之路”通过与劳伦斯伯克利实验室合作解决了这个问题。创业公司负责人直接与伯克利实验室专家合作，从他们加入该计划开始就可以使用尖端设备。这种对研发设施的直接访问大大降低了硬技术项目的启动成本。丰富的技术获取方式是“回旋加速器之路”与大多数科技孵化器的主要区别。

（4）通过种子资金、导师和创新网络来支持创新人员。在能源部和劳伦斯伯克利实验室的支持下，“回旋加速器之路”提供两年的薪资和种子基金，让创新者能专注于他们的项目。该计划聘请高科技企业家、研发管理人员、投资者和政府研究人员作为创业公司的导师，提供必要的技术和业务建议，帮助创业公司将项目提升到一个新的层次。同时，组织技术活动，加强与其他企业家和行业的交流，也是该计划的一部分。

（5）连接创新者与商业合作伙伴。“回旋加速器之路”认为，“硬技术没有通用的业务模式，我们的目标是保证从技术创新到规模化生产是可行的。“回旋加速器之路”旨在帮助初创公司找到最佳的商业化途径和融资渠道，并拓展合作伙伴，包括：

• 其他政府来源——“回旋加速器之路”计划和能源部还能利用其他的资助，帮助初创公司将技术商业化，例如来自能源效率和可再生能源办公室、能源高级研究计划署、美国国防高级研究计划局和小型企业创新研究（SBIR）的各类项目，以及州政府的资助，例如加利福尼亚州能源委员会（CEC）。

• 企业——企业可以与创业者共同开发项目，部分持股或完全收购。

• 风险投资公司——风险投资在早期硬技术阶段提供的资金是有限的，但随着技术风险的降低，会追加资金。风险投资还可以在非稀释性投资上发挥杠杆作用，帮助创新者在技术得到验证和市场成熟时进行扩张。

• 家族财富管理办公室（Family Office）——这些机构对收购清洁技术企业的股权和债务融资越来越感兴趣，也越发具有创造性。

• 非营利组织——可以通过非营利或开源发展模式有效地实现创新技术的规模化。

“回旋加速器之路”首批创业团队已经毕业，现举例如下，从中可以看出其所支持的企业类型：

• Mosaic Materials，研究新的金属有机吸附剂，降低生产各种化学品所需的化学分离的成本和排放影响；

• Visolis，关注碳负极、高性能聚合物的生物基生产，这种聚合物比石油基工艺更有效，成本更低，排放的温室气体更少；

• Spark Thermionics，借助紧凑型微热电子能量转换器，将热量直接转换为电，取代传统的热机；

• CalWave，将海浪转化为电，用于基载电力（baseload power）和海水淡化的动力；

• PolySpectra，研究所谓的"功能性光刻，即能一步打印的具有量身定制形态的功能性材料，例如，用于节能窗户的可涂敷光子晶体。

• OPUS 12，采用电化学工艺将二氧化碳在化学品和燃料中进行循环再利用。

第一梯队获得了非凡的早期成功。[63] 100％的团队建立了第一个原型或筹得资金来实现这个目标；由"回旋加速器之路"创新者创立的新公司已经创造了了 30 个高科技制造创新工作岗位。第一梯队筹集了超过 1 500 万美元的基础研究经费和初始私人投资，并且所有团队都在该计划之外获得了下一个阶段的发展资金。劳伦斯伯克利实验室资助第一梯队的费用不到 400 万美元。

"回旋加速器之路"擅长为创新者提供研究、初步论证和生产设计方面的帮助。但是，国家实验室并不擅长工业级论证或制造设计，这不是他们的使命。"回旋加速器之路"正在使用强大的咨询委员会和导师来优化这些输入。

有趣的是，"回旋加速器之路"也许可以代表能源部技术转化的新路径。该部门几十年来致力于技术的商业转化。但对于实验室科学家来说，他们享受着高薪，就业有保证，工作内容是自己感兴趣的科研，他们带着技术走出实验室，成立一家高风险公司的动力并不足。虽然现有企业可以从实验室获得技术许可，但它们所感兴趣的许可只是适合于现有技术和商业计划书的增量式进步。在能源部实验室之外成立初创公司，同时有权使用实验室技术和专业知识，这样的模式可能是一种实现技术转化更有效的新方法。

能源部对“回旋加速器之路”模式无疑是感兴趣的。芝加哥附近的阿贡国家实验室(Argonne National Lab)采用一种与之类似的名为“连锁反应创新”(Chain Reaction Innovations)的项目，“帮助企业家跨越商业化死亡之谷”;[64]橡树岭国家实验室(Oakridge National Lab)创立了“创新十字路口”项目，让其他人可以利用它的实验室设备和专业知识。[65]

技术桥

2013年，这项能源技术计划开始在波士顿弗劳恩霍夫中心(Boston Fraunhofer Center)推行，该中心是一个非盈利研究机构，也是德国弗劳恩霍夫网络的成员单位。[66]这个计划由麻省理工学院物理化学家博士乔安娜·沃尔夫森发起，后来她进入能源部开展模式比较研究。目前该计划由应用数学博士杰奎琳·阿什莫尔(Jacqueline Ashmore)负责，她在科学分析和创新合作伙伴关系方面拥有丰富的经验。尽管该计划获得了能源部的启动资金，但它采取了与“回旋加速器之路”截然不同的方式[67]：它根据大公司所感兴趣的技术来识别初创公司潜在行业合作伙伴，为双方建立联系，然后对创业公司进行详细的技术评估和验证，帮助它们设定合适的规模化路径。“回旋加速器之路”关注的是创新者，“技术桥”关注的是与创新者紧密联系的行业需求和技术验证。“技术桥”的核心，是通过弗劳恩霍夫研究中心执行的、产业驱动的验证和论证项目，为新技术背书；它并没有像“回旋加速器之路”那样关注创新者本身。作为受尊重和值得信赖的第三方，弗劳恩霍夫中心的工作对于想要创新却想规避风险的现有公司来说很有帮助。实验室可以以独立机构身份去验证、论证可商业化的产品，通过这样一个验证机制，为行业和公司合作伙伴降低了初创公司技术的风险。[68]这是硬币的另一面，采用了另一种操作模式。

“技术桥”制定了四步走的“方法”，明确了自身定位，以为新能源创新企业吸引合作伙伴、资金和客户铺平道路。[69]

定义：“技术桥”与项目赞助方一起工作，确定每个项目的范围和目标，特别关注那些符合赞助方战略利益的特定主题（通常是与大公司合作的情况下），或针对特定地区的创新（通常是与政府赞助机构合作的情况下）。这是“技术桥”模式的关键——发现赞助商有浓厚兴趣的具体的创新，然后将这种兴趣与一种发展中技术联系起来。

识别：随着赞助商需求的确定，“技术桥”开展广泛的搜寻，选择一家能满足技术需要的初创公司。这家初创公司必须同时具备强大的技术能力和商业知识。

设计：弗劳恩霍夫研究中心作为独立第三方，请自己的专家设计一套客制化技术验证或论证流程，整合赞助商目标与所选的初创公司目标。弗劳恩霍夫以技术验证能力和专业度闻名——该创业公司的新兴技术是否有效？如何实现？是否所融资金能解决挑战？“技术桥”试图根据赞助商的时间进度和财务要求，设计出一个最合适技术发展的实施流程。最重要的是，该项目把技术放在行业赞助商面前，让它们做出“行或不行”的决策。

执行：技术环节在弗劳恩霍夫研究的设施[70]和现实论证环境中执行。内容包括优化和测试原型，在现实条件进行现场论证，执行系统集成工作，规模化评估，并考虑技术维护、操作和安装等实际问题。对于赞助商和初创公司而言，弗劳恩霍夫研究中心是独立的第三方评估机构，并帮助初创公司做好技术规模化的准备。这个过程通常需要四个月的时间，其间“技术桥”为双方提供了关于创新的独立的、可信赖的信息。

技术验证过程在步骤4中完成，通过弗劳恩霍夫实验室这个权威的、独立的第三方来实现。这对创业公司和大企业来说都是具有独特的价值。创业公司受益于对技术的全面评估，以及针对生产设计和工艺流程的详细建议。反过来，大公司可以通过验证环节得到保障，获得针对初创公司问题的生产解决方案。它为双方降低了风险。

正如娜塔莉·波克尔特（Nathalie Bockelt）所说，“回旋加速器之路”采用的是自下而上的方式，关注具有创意的创业研究人员，让他们获得技术，然后将其与可能的融资渠道联系起来，“技术桥”采用的则是自上而下的方式。它发现重要的支持者（通常是大公司）对创新技术的需求，然后寻找能解决这些创新挑战的初创公司，连接它们，并提供技术支持和验证。[71]

目前已经能检验并改善“技术桥”的商业理念，验证这种技术模式是否有市场价值。已有数据显示，在处于相似发展阶段和具有相似质量的公司中，接受了弗劳恩霍夫验证服务的公司，在两年内从私营部门获得后续资助的概率是那些未受验证公司的两倍。[72]

“回旋加速器之路”和“技术桥”为初创公司进行规模化生产提供了指导。[73]那么，这些模式能够推广吗？高校能采纳这些模式吗？

引擎

2016年10月26日，麻省理工学院院长赖夫领衔成立了另外一个类似“创新园圃”的名为“引擎”的项目，位于麻省理工学院肯德尔广场校区附近。他说：

在听了该地区众多企业家的心声后有些担心，因为很多能解决人类最严重挑战的潜在新科技都在市场化道路上陷入了困境。为什么？因为一种新科技经过优化、测试、规模化生产，变成能改变世界的技术，可能需要十年以上，这比风险资本理性等待的时间要长。结果是现有社会融资和将新理念商业化的机制对能够快速市场化的数字产品非常有效，却让许多"艰难技术"解决方案永远搁置。[74]

麻省理工学院在肯德尔广场的创新孵化中心开辟了26 000平方英尺的空间，配备丰富的技术、足够的设备和专业的知识，为60多家创业公司提供服务，帮助早期创业公司(特别是来自麻省理工学院的企业)尽快起步。其实该地区已有多个创业孵化器。但"引擎"可以为区域内初创公司提供类似创业学院的服务，在它们制定商业计划和原型时协助它们，推动生产设计进入先进原型、论证、测试和试生产阶段。无论本地的，还是非本地的初创公司，都可以使用这里的设备和资源，以一年为期，可以延长。麻省理工学院教授和外部专家将成立一系列咨询小组，在不同技术和领域提供协助。

"引擎"也充当集结区的角色。当初创公司准备转向生产时，帮助初创公司连接到一系列二级节点，其中包括实力雄厚的地区性公司，它们有兴趣与各种技术领域——从医疗设备到能源领域——的创业公司建立联系。林肯实验室是美国麻省理工学院管理的知名防务研究工程实验室，也是其中的节点机构，贡献其备受推崇的快速原型制造能力。尽管"引擎"明显遵循了赖夫的关于

“用空间替代资本”的概念，但也会提供桥梁资金（bridge funding）（在高校学术预算和捐赠基金之外筹集的），帮助初创公司规模化生产。麻省理工学院出资 2 500 万美元启动了“引擎”项目。“引擎”与一群更有兴趣加强该地区的创新而不是关心收益的地区投资者合作，更大规模地集中资源，并建立了 1.5 亿美元的桥梁基金。[75]这些投资者具有公众精神，认识到科学创业公司的高风险，并不期望风险投资的利润。因此，该项目具有高风险但不逐利的投资特征。

所有这些工具都可以加速技术规模化，帮助创业企业降低风险。如今，创业企业有多种融资渠道，从风险投资、企业风投到与现有企业联盟。“引擎”独立于麻省理工学院，不但对该学院的初创公司开放，也对其他地区的同类型公司开放。

麻省理工学院希望，自己创建的“引擎”能帮助填补“硬”技术初创公司所在区域创新生态系统中面临的日益扩大的裂隙，也希望它成为其他大学和地区参考的范例。正如赖夫院长说的：

> 谈到人类需要解决的最重要问题——气候变化、清洁能源、为世界提供淡水和食物、癌症、自闭症、老年痴呆症、传染病——至今尚未有解决方案。相信“引擎”将为这些棘手的问题提供重要的解决方案——如果不伸出援手助推一把，将永远埋没在实验室的解决方案。由于这些解决方案中很多都依赖于有形技术，所以我们非常希望项目最后不只是培育了新公司，还能产生新的行业、新的制造业和就业机会。如果“引擎”真的发挥了作用，我们希望，它也能为其他生态系统提供价值。[76]

将创业公司与小型制造商连接：Greentown Lab-MassMEP

如今大多数新技术初创公司都来自大学研究机构，并由研究人员、博士后和研究生创立。这些创业公司熟悉研究，但不懂生产。创业公司和小制造商之间的 Greentown Lab-MassMEP 合作关系[77]试图让创业公司跨越这条创新鸿沟。它在“创新园圃”基础上又增加了另一种功能。

Greentown Lab 是一家能源科技创业孵化器，位于萨默维尔，毗邻马萨诸塞州剑桥市，MassMEP 是国家标准与技术研究院赞助的“制造业扩展合作伙伴关系”在马萨诸塞州的分支机构。“制造业扩展合作伙伴关系”项目诞生于 20 世纪 80 年代与日本的制造业竞争时期，给美国各州小型制造商带来了领先的制造技术和工艺流程。25 万家小制造商，每家雇佣不到 500 人，却生产了美国大部分的商品；它们是原始设备制造商（OEM）——大型制造商的供应商和零部件制造商。“制造业扩展合作伙伴关系”关注的一直是小型制造商，而非制造业创业公司。

2014 年 11 月，Greentown 和 MassMEP 合作开展了为期一年的 Greentown Labs-MassMEP 制造项目试点，将创业公司与当地制造商联系起来，为新技术的规模化生产做准备。该项目由 Greentown Labs 的项目总监米克拉·莫丽尔（Micaelah Morrill）和 MassMEP 的发展与创新项目总监彼得·拉索（Peter Russo）创立并运营。

Greentown Lab 的莫里尔看到，即使有启动资金和初始原型，创业公司仍然很难进入生产阶段。为期一年的试点，让莫丽尔和拉索发现了阻碍初创公司与现有中小制造商合作的因素，并开发了一套解决这些问题的系统。该系统有助于连接准备向生产转移的初创公司和制造商，并将原型制造转换为可进行生产的设计。

双方的障碍

Greentown Labs 最初的调查发现，创业公司和制造商不仅彼此不认识，也不知道如何找对方，还存在文化和沟通障碍。它们使用不同世界的不同语言。

创业公司通常认为必须在亚洲制造；如果足够幸运，它们获得风险投资支持，风险投资也往往也会让它们这么做。[78]它们常常不知道周边附近有多少制造能力——实际上，按产量算，美国仍然是第二大制造业国家；也不知道要和附近生产商协作，共同解决现有的设计问题。虽然初创公司都进行了深入调研，但在生产工艺方面的经验还是很少，甚至没有。小型制造商是硬币的另一面——它们没有研发，但熟悉生产工艺和技术。创业公司通常喜欢通过互联网联系，小型制造商则倾向于通过口头、电话或面对面交流。但两者都是愿意交流的。

设计生产环节往往超出了初创公司的能力范围：它们不确定对产品的需求是什么，不知道该问哪些问题。双方的交流方式、时间表和激励机制都不同。同时，初创公司并不了解开发先进可生产原型所需的开销和成本，以及如何向大多数小型制造商保证在更长生产周期内创造利润。小批量生产通常不适用于大多数复杂的创新产品。

然而，双方互为需要。初创公司必须了解生产，并通过生产取得成功，它们需要专家盟友站在自己身旁。小型制造商不从事研发，但对通过规模化生产创新产品扩大其现有供应商网络的可能性感兴趣。还有的希望通过扶助初创公司来帮助它们的社区，以及通过与初创公司合作来激励员工。

试点项目

为了克服这些障碍，Greentown Labs 和 MassMEP 制定了一个多维度计划，组织了关于生产问题的会议，帮助初创公司与地区制造商建立合作。因为双方之间存在的种种障碍，项目不得不主要以面对面的方式进行——在线并不会奏效。该项目包括调查、数场“办公时间”会议和研讨会，以及面对面的会议。通过这些会议，初创公司获得了有关如何与制造商有效沟通的一对一咨询和指导，以及关于制造设计的大体信息。

- 调查：两项必要的调查，一是针对创业公司，二是针对感兴趣的制造商，帮助双方聚焦和思考对方的期待。

- “办公时间”：这对 Greentown Labs 的初创公司以及该地区的其他高科技初创公司都是开放的，由来自 MassMEP 经验丰富的制造商彼得·拉索主持，与制造业专家和 Greentown Labs 员工一起，帮助初创公司确定它们所需要的制造能力类型，理解生产流程并考虑生产设计。当初创公司觉得自己几乎为生产做好准备时，拉索会在 30 至 40 分钟的会议中审查它们的计划，并帮助完成设计。纳入拉索的反馈意见后，创业公司再次回来进行短暂的第二次会议。设计快要成熟时，拉索和莫丽尔会帮助它们与制造商取得联系。

- 研讨会：为了让初创公司了解制造流程，Greentown Labs 为创业公司举办研讨会和“午餐学习会”（lunch and learns）。制造商也来到 Greentown Labs 参加这些半天的讨论会。会后，初创公司与制造业代表开始建立一对一的联系。研讨会侧重生产过程，比如注塑成型或材料类型。

帮助双方建立第一次联系后，Greentown Labs 的任务正式结束；谈判和缔结合同的过程留给制造商和创业公司。项目不提供补贴，创业公司必须自筹资金。但莫丽尔和拉索为创业公司和制造商继续提供指导和建议。

结果

在这为期一年的试点项目中，32 家创业公司表达了参与该项目的兴趣，83 家制造商表示有兴趣与创业公司合作。项目促成了约 140 家创业公司和制造商之间的连接，19 家正式缔结合同。与当地制造商合作意味着生产设计问题和挑战的迅速解决。Greentown Labs 和 MassMEP 将继续开展它们的试点，培育连接关系。从 Greentown-MassMEP 模型中取得经验后，能源部又启动了一项有关制造业企业家的培训项目：Build2scale。[79]

Greentown Labs-MassMEP 将创业公司和小制造商连接的模式是“创新园圃”模式的补充。一个是通过技术规模化来完成整个创新过程，另一个是让初创公司与创新过程的初始生产阶段相联。这个初始生产阶段显然是创新过程的一部分，少了它意味着创新体系存有裂隙。这些方法的组合能将制造过程整合到初创公司的创新中，确保其原型能够商业化。

互补模型——来自“回旋加速器之路”、“技术桥”、“引擎”、Greentown Labs-MassMEP 的经验

以上探索的每个模型都在“创新园圃”之外提供了不同的选择，并且每种都具有潜在的互补性。[80] 虽然“引擎”、“回旋加速器之

路”、“技术桥”和 Greentown Labs-MassMEP 还刚刚启动，但每一个都提供了相关经验。

“回旋加速器之路”为处于早期的创新者创建了有关技术、设备和专业知识的家园。利用能源部的实验室，由杰出的科学家和工程师领导，选择出类拔萃的初创公司。这些企业可以使用先进的研发设备，接受商业导师的指导。从经济角度来说，“回旋加速器之路”代表了对现有资产——强大的能源实验室——的有效部署。尽管创新者对风险投资在清洁技术领域投资的急剧减少感到气馁，但“回旋加速器之路”创造了一个很好的家园，支付他们两年的薪水，为他们消除诸多产品设计障碍。之所以认为“回旋加速器之路”获得了成功，是因为无论初创公司本身如何，“回旋加速器之路”都会在清洁技术领域保持强大的人才储备。它表明，顶尖的创新者将密集涌向“一应俱全”的、提供强大支持的环境。同时，将实验室科学家与创业公司联系起来分享专业知识是奏效的。此外，将一定数额的资金与实验室这个现有技术资产相结合，能吸引来自其他渠道的外部资金。“回旋加速器之路”面临的主要挑战是，让创业公司显示出与潜在行业合作伙伴的相关性，这些合作伙伴能帮助创业公司把“回旋加速器之路”期限内开发的技术规模化。但能源实验室在商业制造设计和规模化方面缺乏专业知识，需要弥补这个缺憾。总而言之，“回旋加速器之路”表明了技术、设施和专业知识丰富的空间对转型初创公司来说很关键。“回旋加速器之路”刚刚确定了第二批初创公司，前景一片光明。

“技术桥”则提供了不同的经验。“技术桥”试图解决的问题是，如果没有丰富的行业应用知识和支持，创业公司很难向投资者、客户以及潜在的行业合作伙伴展示其新技术产业化的可能性。

“技术桥”的运作方式与“回旋加速器之路”不同。它走近现有制造企业，向它们征询所需要和愿意投资的创新，然后将这些需求发送给合格的、可以承担该创新的创业公司。“技术桥”是独立专家的角色，是高质量的配对人，也是各方的保护人——特别是从帮助创业公司管理其知识产权角度来看。“技术桥”的弗劳恩霍夫实验室随后对创业公司的技术创新进行验证，验证该技术如何实现最优和投入生产——这是关键的第三方验证角色，能助力双方朝着合作伙伴的关系更近一步。“技术桥”组织双方进行现场论证，降低技术在后续实施中可能的风险。“技术桥”的主要功能是技术验证、论证、改善原型，发展技术生产的可行性。它与“回旋加速器之路”的功能不同，但有很强的互补性——你可以把它的这个功能放到类似“回旋加速器之路”的空间里。有意思的是，在通过“技术桥”流程的17家创业公司中，95%已经存活下来，并获得9 400万美元的后续资金，建立了13个新的行业合作伙伴关系。

Greentown Labs-MassMEP项目将创业公司与有能力的小制造商联系起来，是第三个补充性模式。来自大学实验室的创业公司精通研究，但缺乏生产知识。该项目帮助初创公司掌握基本的制造知识，提醒它们在制造设计中的缺憾和问题，然后促成一个高度个性化的、面对面的交流系统，让区域小型制造商和区域孵化器中的创业公司之间建立联系并产生信任，以逐步进行规模化生产——创建先进原型和初始产品试产。这种把创业公司与当地制造商联系起来进行生产的模式，是可以融入“创新园圃”模式的补充做法。

“引擎”仍处于初始阶段，是一种吸取了其他模式经验的方式。特别是它代表了大学可以参与创业挑战的一种方式。大学研究已成为技术进步的基石，在区域经济发展中承担了越来越多除了教授历史和开展研究之外的角色。虽然许多大学都推出技术转移计划，帮助初创公司超越校园研究，与支持初创公司的孵化器建立联系，但很少有人关注规模化的阶段。“引擎”在现阶段可能是有兴趣大学可以操作的一种模式。

总 结

初创公司代表了下一代技术，如果它们选择离岸生产，会影响整个创新体系的实力。因为生产，特别是新技术的初始生产是创新体系的一部分。离岸生产，最终将意味着重要的创新能力随着生产转移到国外。因此，需要制造业创新创业公司弥补创新体系的这个裂隙。

但是，这些创新硬技术创业公司到了制造阶段，会遇到越来越多的障碍。风险投资融资一直是美国开创的创业启动系统的关键。在20世纪80年代，它们曾为计算机信息处理技术、半导体和生物技术的进步做出了贡献。但如今，风险投资越来越集中于软件、生物技术和服务行业，因为这些行业的风险相对较低，且很少涉及长周期、高风险和高难度的技术。虽然初创公司还有其他融资渠道，但都不成规模或不能提供重要支持。

尽管创新对经济增长具有重要意义，但美国正在将其缩小到某几个行业，影响了经济的潜在发展。我们投资创新，就会从创新获益。如果无法进行广泛的技术投资，将无法获取创新的回报。此外，美国目前不关心能显著增加就业的部门的创新。制造业作为有最明显就业倍增效应的行业，其创新型创业公司需要得到关注。“失业复苏”、“长期性经济停滞”和“失业创新”问题，其实都与创新体系中这种日益扩大的裂隙息息相关。

有没有办法让硬件科技初创公司走出这个困境中，走上规模化生产之路？麻省理工学院院长拉斐尔·赖夫提出“创新园圃”的理念很有价值。大学-产业-政府伙伴关系可以为有前景的初创公司提供技术、设施和专业知识等资源充盈的空间，其实就是用空间代替资本。该理念的初始模型包括：美国能源部劳伦斯伯克利实验室的“回旋加速器之路”和波士顿弗劳恩霍夫研究所的“技术桥”。麻省理工学院的“引擎”项目，虽然刚被推出，却提供了另一个解决方案。在波士顿地区出现的 Greentown Labs-MassMEP，是“创新园圃”模式的补充，它帮助希望进入原型制作、产品设计和试产的初创公司与小型制造商建立起联系。

扭转“失业创新”的问题需要我们调整创新体系，将创新渗透到除软件和生物技术以外的更广泛的经济领域。上述的“创新园圃”试验项目也许可以提供借鉴。

注释

1. Jonathan Huebner, A Possible Declining Trend in Worldwide Innovation, *Journal of Technological Forecasting and Social Change* 72(2005): 980-986, http://accelerating.org/articles/InnovationHuebnerTFSC2005.pdf.
2. Ibid., 981.
3. Ibid., 983,985.
4. See, for example, John M. Smart, Measuring Innovation in an Accelerating World, *Technological Forecasting and Social Change* 72(2005): 988-995, Acceleration Studies Forum, http://accelerating.org/articles/huebnerinnovation.html; Robert Adler, Entering a Dark Age of Innovation, *New Scientist*, July 2, 2005, https://www.newscientist.com/article/dn7616-entering-a-

dark-age-of-innovation/. Compare Tyler Cowen, *The Great Stagnation* (New York: Dutton Penguin, 2011).

5. As discussed in chapters 4 and 9, and as noted later in this chapter, Gordon has argued that the IT innovation wave did not lead to the enduring productivity gains of prior innovation waves. See Robert Gordon, *The Rise and Fall of American Growth* (Princeton, NJ: Princeton University Press, 2015).
6. Peter Theil, What Happened to the Future, Founder's Fund, 2011, http://foundersfund. com/the-future/; Pascal Goby, Facebook Investor Wants Flying Cars, Not 140 Characters, *Business Insider*, July 30, 2011, http://www. businessinsider. com/founders-fund-the-future-2011-7.
7. Lewis M. Branscomb and Philip E. Auerswald, Between Invention and Innovation, NIST Report GCR 02 - 841 (Gaithersburg, MD: National Institute of Standards and Technology, November 2002). See also Lewis M. Branscomb and Philip E. Auerswald, *Taking Technical Risks: How Innovators, Executives and Investors Manage High Tech Risks* (Cambridge, MA: MIT Press, 2001).
8. Branscomb and Auerswald preferred the term "Darwinian Sea" to "Valley of Death," arguing that the concept of a valley suggested a linear model of innovation, whereas innovation was instead an inherently more complex system. See Branscomb and Auerswald, Between Invention and Innovation, 35 - 37.
9. Ibid., 1.
10. Martin Weitzman, Recombinant Growth, *Quarterly Journal of Economics* 113, no. 2 (May 1998): 333.
11. Branscomb and Auerswald, Between Invention and Innovation, 4 - 5.
12. Robert E. Litan, Inventive Billion Dollar Firms: A Faster Way to Grow, SSRN Working Paper No. 1721608, *Social Science Research Network (SSRN)*, December 1, 2010, https://papers. ssrn. com/sol3/papers. cfm?abstract_id = 1721608. The authors draw on, for ideas that appear in this chapter from this point forward, Peter S. Singer and William B. Bonvillian, "Innovation Orchards:" Helping Tech Start-Ups Scale, Washington, D. C.: Information Technology and Innovation Founda-tion (ITIF) March 2017,

http://www2. itif. org/2017-innovation-orchards. pdf? _ga = 1. 205014288. 1283359406. 1491740117.

13. Arnobio Morelix, E. J. Reedy, and Joshua Russell, 2016 Kauffman Index of Growth Entrepreneurship, National Trends (Kansas City, MO: Kauffman Founda-tion, May 2016), 14, http://www. kauffman. org/~/media/kauffman_ org/microsites/kauffman _ index/growth/kauffman _ index _ national _ growth _entrepreneurship_2016_report. pdf.
14. Ian Hathaway and Robert Litan, Declining Business Dynamism in the United States: A Look at States and Metros, paper (Washington, DC: Brookings Institution Economic Studies, May 2014), 1, 2, http://www. brookings. edu/~/media/research/files/papers/2014/05/declining%20business%20dynamism%20litan/declining_business_dynamism_hathaway_litan. pdf.
15. Morelix, Reedy, and Russell, 2016 Kauffman Index of Growth Entrepreneurship, 14.
16. Ibid. , 15, 17.
17. Ibid. , 20.
18. Jorge Guzman and Scott Stern, The State of American Entrepreneurship: New Estimates of the Quantity and Quality of Entrepreneurship for 15 U. S. States, 1998 – 2014, NBER Working Paper 22095, National Bureau of Economic Research, Cambridge, MA, March 2016, http://jorgeg. scripts. mit. edu/homepage/wp-content/uploads/2016/03/Guzman-Stern-State-of-American-Entrepreneurship-FINAL. pdf.
19. Ibid. , 6.
20. Ibid. , 7 – 8.
21. Ibid. , 32 – 33.
22. Catherine Fazio, Jorge Guzman, Fiona Murray, and Scott Stern, A New View of the Skew: A Quantitative Assessment of the Quality of American Entrepreneurship (paper, MIT Laboratory for Innovation Science and Policy, February 2016), 15, http://innovation. mit. edu/assets/A-New-View_Final-Report_5. 4. 16. pdf.
23. Elizabeth Reynolds, Hiram Semel, and Joyce Lawrence, Learning by Building: Complementary Assets and Migration of Capabilities in U. S. Innovative Firms, in *Production in the Innovation Economy*, ed. Richard

Locke and Rachel Wellhausen (Cam-bridge, MA: MIT Press, 2014),81 - 108.

24. Gaddy, Benjamin, Varun Sivaram, Timothy Jones, and Libby Wayman. Ven-ture Capital and Cleantech: The Wrong Model for Energy Innovation. *Social Science Research Network* (*SSRN*), June 2, 2016. https://ssrn.com/abstract = 2788919. See also Benajmin Gaddy, Varun Sivaram, and Francis O'Sullivan, Venture Capital and Clean-tech, Working Paper, MIT Energy Initiative, July 2016, http://energy.mit.edu/wp-content/uploads/2016/07/MITEI-WP-2016-06.pdf.
25. Gaddy, Sivaram, and O'Sullivan, Venture Capital and Cleantech, July 2016, 1.
26. Ibid., 7.
27. Ibid., 5.
28. Benjamin E. Gaddy, Sivaram, Jones, and Wayman, Venture Capital and Cleantech, June 2,2016,20.
29. Price Waterhouse Coopers (PwC) with the National Venture Capital Association, Investment by Industry, PwC MoneyTree Report, Data, Q1 1995 - Q2 2016.
30. Gaddy, Sivaram, and O'Sullivan, Venture Capital and Cleantech, July 2016, 10 - 12.
31. See PwC with the National Venture Capital Association, Investment by Industry. In the 2016 PwC MoneyTree Report Q4 2016 sectors were reclassified. While the same trends as before hold, the data (which is revised in every report) and sector definitions for older reports are no longer posted on the main PwC MoneyTree web page. The most recent report can be accessed at http://www.pwc.com/us/en/technology/moneytree.html.
32. National Venture Capital Association (NVCA), *Yearbook* 2016 (Washington DC: NVCA, 2016),63.
33. Ibid., 66.
34. David Braun, Mergers and Acquisitions: 2015 a Record Breaking Year, January 22,2016, https://successfulacquisitions.net.
35. NVCA, *Yearbook 2016*,69 - 70.
36. Jumpstart Our Business Startups (JOBS) Act, H. R. 3606,112th Cong., 2nd Sess. (2012). See Securities and Exchange Commission, JOBS Act,

https://www.sec.gov/spotlight/jobs-act.shtml. For a general discussion, see Chance Barnett, Crowdfunding Sites in 2014, *Forbes*, August 29, 2014; Stuart Dredge, Kickstarter's Biggest Hits — Why Crowdfunding Now Sets the Trends, *The Guardian*, April 17, 2014.

37. Ruth Simon, Few Businesses Take Advantage of Mini-IPOs, *Wall Street Journal*, July 6, 2016.

38. President's Council of Advisors on Science and Technology (PCAST), Advanced Manufacturing Partnership 2.0 Steering Committee, Report to the President on Accelerating U.S. Advanced Manufacturing (Advanced Manufacturing Partnership AMP2.0 Report) (Washington, DC: PCAST, October 2014), 38 - 43, 77 - 87, https://www.whitehouse.gov/sites/default/files/microsites/ostp/PCAST/amp20_report_final.pdf.

39. For a summary of potential federal financing mechanisms for start-ups or smaller firms for production scale-up, see Peter Singer, Manufacturing Scale-up: Summary of 14 Relevant Federal Financing Programs, report (Washington, DC: MIT Washington Office, May 27, 2014), http://dc.mit.edu/resources/policy-resources.

40. PCAST, Accelerating U.S. Advanced Manufacturing, 41 - 42.

41. Ibid., 42.

42. See discussion and sources cited in William B. Bonvillian and Charles Weiss, *Technological Innovation in Legacy Sectors* (New York: Oxford University Press, 2015), 44.

43. William B. Bonvillian, Donald Trump's Voters and the Decline of American Manufacturing, *Issues in Science and Technology* 32, no. 4 (Summer 2016): 37 - 38. For a general discussion, see Bonvillian and Weiss, *Technological Innovation in Legacy Sectors*, 37 - 54, 87 - 95, 215 - 239.

44. Bonvillian, Donald Trump's Voters and the Decline of American Manufacturing.

45. Lawrence Summers, Speech to IMF Economic Forum, November 8, 2013, https://www.youtube.com/watch?v=KYpVzBbQIX0.

46. World Bank, GDP Growth Per Capita (Annual Percentage) — United States, 1960 - 2015, http://data.worldbank.org/indicator/NY.GDP.MKTP.KD.ZG?locations=US.

47. McKinsey Global Institute, Poorer than Their Parents? A New Perspective on Income Inequality, July 2016, http://www.mckinsey.com/global-themes/employment-and-growth/poorer-than-their-parents-a-new-perspective-on-income-inequality.
48. Jason Furman, Chairman, Council of Economic Advisors, Trends in Labor Force Participation, presentation, National Press Club, August 6, 2015, https://obamawhitehouse.archives.gov/sites/default/files/docs/20150806_labor_force_participation_retirement_research_consortium.pdf.
49. Bonvillian and Weiss, *Technological Innovation in Legacy Sectors*, ix, 2-5, 7, 197, 253.
50. Erik Brynjolfsson and Andrew McAfee, *The Second Machine Age: Work, Progress, and Prosperity in a Time of Brilliant Technologies* (New York: Norton, 2014); Eric Brynjolfsson and Andrew McAfee, *Race against the Machine* (Lexington, MA: Digital Frontier, 2011). Compare David Autor, Why Are There Still So Many Jobs? The History and Future of Workplace Automation, *Journal of Economic Perspectives* 29, no. 3 (Summer 2015): 3-30.
51. Robert J. Gordon, Does the "New Economy" Measure Up to the Great Inventions of the Past? NBER Working Paper 7835, National Bureau of Economic Research, Cambridge, MA, August 2000, http://www.nber.org/papers/w7833, published in *Journal of Economic Perspectives* 14, no. 4 (Fall 2000): 49-74.
52. Bonvillian and Weiss, *Technological Innovation in Legacy Sectors*, 25, 184.
53. Ashlee Vance, *Elon Musk: Tesla, SpaceX and the Quest for a Fantastic Future* (New York: Ecco, HarperCollins, 2015).
54. This debate stems from Paul Romer, Endogenous Technological Change, *Journal of Political Economy* 98, no. 5 (1990), http://pages.stern.nyu.edu/~promer/Endogenous.pdf.
55. L. Rafael Reif, A Better Way to Deliver Innovation to the World, op-ed, *Washington Post*, May 28, 2015, https://www.washingtonpost.com/opinions/a-better-way-to-deliver-innovation-to-the-world/2015/05/22/35023680-fe28-11e4-8b6c-0dcce21e223d_story.html.
56. Cluster theory began with economist Alfred Marshall, who noted the impor-

tance of specialized industry sectors in particular regions, which he called "industrial districts." See Alfred Marshall, *Principles of Economics* (London: Macmillan, 1890). See, for example, Michael Porter, *Competitive Advantage of Nations* (New York: Free Press, 1990); Adrian T. H. Kuah, Cluster Theory and Practice: Advantages for the Small Business Locating in a Vibrant Cluster, *Journal of Research in Marketing and Entrepreneurship* 4, no. 3(2002): 206 – 228 (sources on cluster theory).

57. The range of available programs is summarized in Joseff Kolman, Summary of Federal, State, University, and Private Programs for Supporting Emerging Technology, MIT Washington Office, Washington, DC, July 10, 2015, http://dc. mit. edu/resources/policy-resources. See also William B. Bonvillian, The New Model Innovation Agen-cies: An Overview, *Science and Public Policy* 41, no. 4(2014): 429 – 430 (programs from the 1980s to bridge the technology "Valley of Death").

58. This section draws on Nathalie Bockelt, Bridging the Innovation Gap in the U. S. Energy System (paper, MIT Washington Office, Washington, DC, February 2016), http://dc. mit. edu/resources-links.

59. Cyclotron Road website, http://www. cyclotronroad. org/home.

60. Cyclotron Road, in addition to getting support from Lawrence Berkeley Lab and DOE, has formed a 501c3 nonprofit called Activation Energy, which is mission aligned with CR but not associated with DOE. Through this entity, CR has received funds from the state of California's Clean Energy Commission (CEC) and corporate partners. See Johanna Wolfson, Director, Tech to Market (T2M), Department of Energy, Office of Energy Efficiency and Renewable Energy (EERE), communication, November 19, 2016.

61. Ibid.

62. Cyclotron Road, 2015 Report — A New Pathway for Hard Technology: Supporting Energy Innovators at Cyclotron Road, 2015, 10, http://static1. squarespace. com/static/543fdfece4b0faf7175a91ec/t/55efcf96e4b0fe570119a737/1441779606809/Cyclotron_Road_A_New_Pathway_final. pdf.

63. Cyclotron Road, Building a Home for Hard Science Innovators — The Cyclotron Road Pilot, 2016 Annual Report, Berkeley CA. : Cyclotron Road March 2016, https://static1. squarespace. com/static/543fdfece4b0faf7175a9

1ec/t/58cad7399de4bb7b62b0750f/1489688386385/2016-Cycloton-Road-Annual-Report-Online. pdf.

64. Argonne National Laboratory, Argonne Launches First Tech Incubator, May 20, 2016, http://www. anl. gov/articles/argonne-launches-first-tech-incubator. See also Chain Reaction Innovations website, http://chainreaction. anl. gov.
65. The Lab-Embedded Entrepreneurship program is a generalized model inspired by Cyclotron Road that has been developed at DOE's Advanced Manufacturing Office, along with EERE's Tech-to-Market office. This framework is being applied at two other labs — the Chain Reaction Innovations (CRI) program at Argonne National Lab and the Innovation Crossroads program at Oak Ridge National Lab (ORNL). Innovators selected to participate receive a fellowship, seed funding, and access and support at the lab. One aim of CRI is to make use of Argonne's expertise in battery storage capability, while Innovation Crossroads intends to leverage ORNL's strengths in additive manufacturing. Approximately $4 million will fund the first cohort of entrepreneurs at CRI through joint efforts between DOE and Argonne, and a similar figure will fund the first cohort for Innovation Crossroads through joint funding from DOE and ORNL. See Wolfson, communication, November 19, 2016.
66. According to Johanna Wolfson, Fraunhofer's headquarters in Munich has recently adopted the TechBridge model at a corporate level and is working to grow it across the Fraunhofer Institutes in Germany. It is an interesting development — Fraunhofer came over to the United States, U. S. staff there created TechBridge to fill a U. S. need, and perhaps only in the United States could something like TechBridge have been developed. But then the TechBridge concept crossed back over the Atlantic; ironically, the model's success over time might be not in the United States but in Germany, depending on U. S. commitments to "hard"-technology start-ups. See Wolfson, communication, November 19, 2016.
67. TechBridge leverages the extensive resources of Fraunhofer CSE and the greater Fraunhofer network (including the Fraunhofer Energy Alliance of over 15 Fraunhofer Institutes) to perform industry-driven validation and demonstration projects that derisk disruptive technologies developed out of start ups. While TechBridge did obtain some initial funding from venture capital firms,

most venture capital investors proved very hesitant to fund the derisking of technologies until the model was proven. Specifically, TechBridge found that a rigid venture capital investing framework tended to create barriers to spending management funds on such derisking work. TechBridge, however, gained traction from an award from the Department of Energy in 2010, which provided $1 million in funding over three years. The investment helped TechBridge test out and refine its business concept and verify that the model could provide real value. See Wolfson, communication, November 19, 2016.

68. Ibid.

69. Fraunhofer Center for Sustainable Energy Systems, TechBridge website, http://www.cse.fraunhofer.org/techbridge/method.

70. Fraunhofer CSE Research Facilities website, http://www.cse.fraunhofer.org/about-fraunhofer-cse/labs-and-facilities.

71. Bockelt, Bridging the Innovation Gap, 16.

72. Johanna Wolfson, discussion with Nathalie Bockelt, MIT Washington Office, November 24, 2015.

73. Other models relevant to the "innovation orchard" concept include Case Western Reserve Sears [thinkbox], Invent NMU, and Otherlab, summarized in Benjamin J. Chazen, Venture Capital and Research Centers, MIT Washington Office, Washington, DC, August 2016, http://dc.mit.edu/resources/policy-resources. See also Dragon Innovation website, https://dragoninnovation.com (firm with facilities in Cam-bridge, MA, San Francisco, CA, and Shenzhen, China, which advises on and certifies manufacturing design and production costs for new firms, and links start-ups with contract manufacturers for prototyping and initial production; originally organized to support crowdfunding but has broadened its mission).

74. Rafael Reif, Introducing The Engine, op-ed, *Boston Globe*, October 26, 2016. For disclosure, the authors of this book were involved for MIT in analyzing the "innovation orchard" models that contributed to The Engine.

75. Rob Matheson, The Engine closes its first fund for over $150 million, *MIT News*, April 6, 2017, http://news.mit.edu/2017/the-engine-closes-first-fund-150-million-0406.

76. Reif, Introducing The Engine.

77. This section draws on Katherine W. Nazemi, From Startup to Scale-Up: How Connecting Startups with Local Manufacturers Can Help Move New Technologies from Prototype to Production (paper, MIT Washington Office, Washington, DC, July 2016), http://dc.mit.edu/sites/default/files/doc/Connecting%20Startups%20to%20Small%20Manufacturers%20Nazemi%20July%202016.docx.
78. Reynolds, Semel, and Lawrence, Learning by Building.
79. In part because of the successful work at Greentown Labs and MassMEP, DOE has focused on the manufacturing knowledge gap that prevents entrepreneurs from being ready to scale their hardware products. In September 2016, DOE announced that it would work with public and private sector partners to create a set of training materials to educate energy entrepreneurs on manufacturing fundamentals. This initiative, called Build4-Scale, focuses on teaching entrepreneurs basics of manufacturing processes, core design-for-manufacturing principles, material selection tradeoffs, and more. The intent is not to create manufacturing experts out of technical entrepreneurs but rather to provide a window into the manufacturing decisionmaking landscape so that entrepreneurs are better able to engage with experts and are better prepared for scale-up. Because this awareness can help avoid costly mistakes later, DOE believes that a small investment in training will yield greater economic return on its sizable research and development investments. See Wolfson, communication, November 19, 2016. See also Department of Energy (DOE), Office of Energy Efficiency and Renewable Energy, Build4Scale, http://energy.gov/eere/articles/build4scale-training-cleantech-entrepreneurs-manufacturing-success; Department of Energy (DOE), Office of Energy Efficiency and Renewable Energy website, http://energy.gov/eere/technology-to-market/build4scale-manufacturing-training-cleantech-entrepreneurs.
80. This section draws on Johanna Wolfson, Director of Tech-to-Market, DOE EERE, Emerging Models for a Better Innovation Pathway, DOE Office of Energy Efficiency and Renewable Energy, August 25, 2016 (presentation slides), and further discussions with Dr. Wolfson, August 25, 2016.

第八章

劳动力教育和先进制造业

首先，我们来看一些事实。目前美国有 1 230 万制造业工人，占美国劳动力总就业人数的 8.1%。根据美国全国制造商协会的数据，2014 年制造业工人的平均薪酬为 79 553 美元，较全行业平均工资 64 204 美元高出 20%；92%的制造业工人能获得雇主提供的健康福利，较全行业的平均水平 79%高出 13%。制造业员工主要在小公司就业。[1] 2013 年，制造业拥有 251 857 家公司，其中只有 3 702家的员工超过 500 人，三分之二公司的员工人数不足 20 人。尽管制成品贸易逆差巨大，但美国生产的商品在国际市场上的交易额日益上升；2014 年，美国制造商出口了 1.4 万亿美元的商品，几乎是 2000 年出口额的两倍，而且复杂的高附加值商品占据的比重越来越高，也带来了更多的高薪工作。2014 年"贸易最密集型行业"中顶层生产员工的平均薪酬为 94 000 美元，比贸易一般密集型产品生产商的员工薪酬高出 56%。但如前所述，由于制造业就业能够串联起经济体中诸多的经济活动，因此产生了最大的乘数效应：对制造商的 1 美元最终需求可在其他服务和运营中产生 1.48 美元的收益。[2] 相反，诸如零售和批发贸易行业的乘数较低，只能分别产生 54 美分和 58 美分的收益。

从中我们可以得到有关制造业劳动力的什么结论？制造业仍然是一个庞大的经济部门，能够获得高于其他部门的薪酬和福利，特别是在高附加值的出口部门。这些劳动力主要在小公司就业，由此增加了人力培训的难度。制造业也日益面临激烈的全球竞争。

制造业劳动力供给

公众对制造业的观点会影响到劳动力的供给。公众如何评价制造业工作？2014 年由制造研究所和德勤进行的一项民意调查结果显示，绝大多数人都看好制造业：90％的受访者认为制造业对美国的经济繁荣非常重要或重要，89％的受访者认为制造业对于保持美国生活质量非常重要或重要，72％的受访者认为制造业对于美国国家安全非常重要或重要。82％的受访者认为美国应该更多地投资于制造业。但 75％的受访者认为制造业就业岗位会首先被转移到其他国家，只有 37％的人表示他们会鼓励他们的孩子从事制造业。尽管上面提到制造业存在工资优势，但考虑到 2000 年以后生产离岸外包的历史以及制造业岗位的流失，这个结论并不令人意外。在受访者中，84％的人将工作保障和稳定列为重要的工作选择标准，但只有 41％的人认为，与其他行业相比，制造业工作更加稳定并有保障。[3] 这些公众担忧反过来已转化为行业领导者对劳动力短缺的担忧。

德勤 2015 年的一份报告调研了行业高管对未来制造业劳动力需求的看法。[4] 这些受访者非常重视现有生产相关工作岗位中技术工人短缺的问题，而且更加关注如何满足未来需求。德勤在报告中指出，管理层预计，到2020年之前制造业将新增60万个就业岗位，另外还有300多万工人将退休。绝大多数这些岗位都需要具备技术学位和接受过相关培训的技能工人。这些岗位的劳动力缺口预计将超过100万人，从而会影响生产能力。

如果当前和未来的技能劳动力供应都面临不足，这对先进制造业意味着什么？先进制造业面临的一个基本问题是，如果要实现其目标，就需要在这些新的先进生产技术和流程领域拥有训练有素的劳动力队伍。如果现有的生产系统面临技能劳动力短缺的窘境，那么如何取得进展？

2014年韦弗（Weaver）和奥斯特曼（Osterman）所做的研究[5]稍微调和了德勤报告的结论。他们调研了工厂经理层而非高层管理人员，具体询问了填补空缺工作所需的时间，而非劳动力缺口。实际上，他们正在寻求劳动力短缺观点背后的供应数据。他们发现当前并不存在严重的劳动力短缺——约75％的制造业空缺工作会在一个月内得到填补。他们还发现，虽然制造业的工资普遍高于其他部门，但并不存在因劳动力短缺而导致的显著工资水平差异。韦弗和奥斯特曼的调查结果与德勤的调查结果形成了对比，表明了制造业劳动力市场的复杂性。

制造业的就业范围非常宽泛。如上所述，制造业工人的总体薪酬存在溢价。[6]这是因为制造业属于资本密集型行业，制造商需要技能员工来开发先进的流程，运行复杂而精密的设备。[7]即使是在特定的制造业部门，员工之间也存在广泛的工资差异。正如经济学家苏珊·黑尔珀所说：

> 制造商利用截然不同的"生产配方"相互竞争。即使在细分行业中，按薪酬水平衡量的前25%的企业支付的工资比后25%的高出两倍以上。高薪公司往往可以保持盈利，因为它们致力于提高生产率——利用熟练和积极的员工队伍。做法包括提高自动化程度，同时让所有员工参与设计和解决问题。几十年来，工会帮助确保技能工人的供应和公平分配他们所创造的价值；工会的衰落是导致一些雇主采用低工资战略的重要因素。[8]

在最低技能领域，制造业工人的工资很低；一项研究估计，有惊人数量的生产工人接受公共援助，主要是在南方[9]。德勤调查中一些制造商抱怨的目的可能是想以较低的工资招募到技能员工加入。实际上，一些人可能是在抱怨，售价1万美元的凯迪拉克汽车存在短缺。自衰退以来，制造业工资整体上一直在缓慢反弹；[10]一般而言，劳动力短缺通常以工资增长为标志，但事实并非如此。尽管2015年公布的收入中位数增长了5.2%，可能意味着出现了某种变化[11]，但2015年的收入中值仍较2007年的收入中值水平低1.6%，较1999年的低2.4%[12]。韦弗和奥斯特曼的研究结果表明，制造业劳动力市场显然非常复杂，具有区域性，包含宽泛的雇主和工作领域。

然而，韦弗和奥斯特曼确实发现，有18%到25%的受调查企业在填补生产职位方面存在困难，包括需要高级技能的公司和高科技小公司。他们发现，12%的企业由于无法找到工人而不得不降低生产水平。[13]这意味着担忧并非杞人忧天。

劳工统计局的数据有助于我们理解"制造业工人"这个术语中

的要素[14]。我们基本上可以将美国制造业工人分为三类：生产水平工人（低技能人才）[15]，机械师、技术员、焊工和其他技工（高技能人才），以及工程师、研究人员和科学家（极高技能人才）。这些类别正在发生变化：第一类员工——装配工和基本生产工人——仍然占据主导地位，但是第二类技能水平——高技能人才或称为“中级技术人员”[16]——正在快速增长，而且已经持续了20年。生产工人——蓝领工作——现在只占制造业就业岗位的40%左右[17]。这可以从制造业劳动力的发展趋势中看出：在2008—2011年的复苏期，整体生产职位的平均小时工资增长为5.5%，而机械制造业更高技能工作岗位同期工资增长水平为7.4%。[18]这有助于我们理解有关制造业技能短缺的不同观点；相较于低技能类别，劳动力供应短缺状况似乎在高技能类别中显得更为突出。

经合组织的一项研究比较了发达国家的劳动力技能，发现美国劳动力技能薄弱。这项对千禧一代——年龄在16岁至34岁之间的青年人——进行的“PIAAC”研究结果显示，美国千禧一代的水平在所有受调查的技能领域均远低于经合组织的平均水平[19]，这可能是雇主寻求更高技能的另一个因素。

所需技能稳步上升，是美国劳动力市场总体趋势的一部分。如果将中等技能工作定义为包括某种程度的大学教育，那么劳工统计局发现这些工作现在包括3 770万名工人，2012年占劳动力人口的比例从28.7%上升到的33.4%。同时，低技能工人下降7.5%，高技能工人增长了2.7%。[20]艾丽西亚·莫德斯蒂诺（Alicia Modestino）的一项研究辨识了272种中等技能职业，其中三分之一以上的雇员需拥有大专或副学士学位。她发现，2006年至2012年间，低技能工作岗位的劳动力需求下降了5.4%，高技能工作岗位需求增加了6.6%，中等技能岗位的比例稳定在近三分之一的水平。[21]哈利霍尔(Harry Holzer)认为，这些职业类别中的大多数已经从人数众多的低技术工作岗位转向人数较小的高技术岗位。[22]

一项研究发现，到2018年年底的10年间，新职位和退休员工补充职位中有78%需要中高级技能，只有22%要求低技能；这些新的中高级技能工作需要高中以上的教育。[23]另一种观察角度是，21世纪的大部分新工作都需要当前仅由少数员工掌握的技能。乔治敦教育与劳动力中心最近的一项研究显示，在2007年至2016年的大衰退及其复苏期间，860万个就业机会被学士及以上学位的人员占据，130万个就业机会被副学士或大专学历的人员占据，高中或以下学历的职位减少了550万个。[24]经济衰退后的几乎所有新增工作——1 160万个中的1 150万个——都至少要求大专学历教育。[25]美国联邦储备委员会的一项研究发现，美国劳动力总体上正在经历"就业两极分化"，低技能和普通手工工作岗位不断减少，需要较高技能和非常规手工技能的工作岗位则在不断增长。[26]技术的上升趋势也在制造业中蔓延，1985年至2014年期间，生产部门中拥有学士学位的员工比例增加了70%。[27]制造业新老员工必须随着时间的推移提升自己的技能。技能升级是实现先进制造的先决条件。

制造业技能培训体系的基本问题

为什么美国的劳动力培训体系不能应对这个挑战？劳动经济学家理查德·弗里曼(Richard Freeman)认为：

> 美国有一个特殊的劳动力市场。与任何其他主要发达国家相比，机构监管较少，依靠分散式工资管理来确定工资，给工人提供较低的安全网来处理失业、残疾和健康问题。它给了管理人员丰厚的回报和巨大的权力……一些人认为美国市场与“无形之手”的市场经济理论最为接近……[28]

正如第一章所述，他也担心“不平等现在处于第三世界的水平”，而且实际工资一直停滞不前。

经济学家加里·贝克尔（Gary Becker）在他著名的人力资本著作中认为，美国劳动力市场通常提供次优水平的技术培训[29]，这是因为企业之间的劳动力市场竞争会导致技能培训投资不足，培训公司无法充分享用培训的收益。换句话说，公司不愿意投资于工人技能，因为竞争对手公司经常会挖走这些接受过培训的员工，不去投资培训自己的员工，由此阻止了培训公司获得投资回报。因此，雇主通常只围绕对于本公司而言比其他公司更有价值的“特定”技能进行培训。[30]这种做法可避免员工流失。对于“常用”技能，公司往往要求员工在加入公司之前先行获取。因此，员工必须承担获得一般技能培训的费用，这是获得公司特定技能的先决条件。许多潜在员工根本无力投资获取一般技能，这限制了技能工人的数量，进而损害了劳动力市场的所有参与者。

正如麻省理工学院创新经济研究报告中所指出的那样，美国制造业生态系统的“薄弱化”加剧了这种情况。[31]报告发现，来自金融市场的最大化短期回报的压力导致大型公司剥离垂直资产，关注“核心能力”。相应地，企业避免投资于直接收益较少的领域，包括在职培训。因此，大公司被迫减少了对生态系统支持，而这些生态系统有助于增强它们的小型供应商群体。反过来，“本地银行”业务这种传统金融支持来源的下滑，导致小型企业也面临着财务压力。区域性银行与该地区制造商之间具有传统的私人面对面客户关系，但全国性，甚至是国际银行业务的回归使得“本地银行”业务下降。所以，无论是大公司还是小公司都日益被迫避免投资于收益会外溢到全行业的所谓“制造业公共部门”，其中包括对员工培训的投资。培训下滑是制造业生态系统“薄弱化”的一个后果。联邦政府的就业培训资金占 GDP 的份额从 20 世纪 80 年代中期到现在下降了一半，加剧了这个现象。[32]

德国模式的经验

如前所述，与美国不同的是，德国的创新体系采用“制造业引领”模式，其制造业企业的劳动力工资比美国制造业工人工资高出60％以上，在整体制成品以及与中国的商品贸易中都拥有着巨额的贸易顺差。美国公众认为，面对低成本和低工资的竞争对手，高工资和高成本的美国必然会失去制造业；德国的经验证明，这个观点并不正确。维持竞争优势的关键在于高技能员工队伍。正如观察家所指出的那样，当生产创新需求到达德国工厂时，所有员工都会进入工厂车间；从技术人员到设计工程师，整个劳动力团队倾向于共同合作解决问题。美国的主要制造商从未这么做过。从 19 世纪末开始，寻求提升专业地位的工程师倾向于在楼上/楼下安排中将自己与工厂的工人分隔开。由于创新日益趋向于需要集体参与，所以分级架构可能是致命的。当日本的质量革命迫使美国重新考虑生产流程时，美国建立了一些流程，但德国工厂的集体参与形式在美国的工厂车间并不常见。

中小型企业

德国拥有全球知名的重要公司，但其制造业的主要支柱是中小企业，它们产生了超过一半的经济产出。[33]尽管这些企业（定义为拥有不超过500名员工和年收入不到5 000万欧元的企业）通常由家族拥有，而且已有数十年历史，但它们找到了持续创新和更新自己的方法。虽然美国倾向于依靠创业公司和企业家来促进创新，但德国建立了一套包括劳动力培训在内的创新系统，帮助传统公司不断更新其能力。德国的中小企业以出口为导向，受益于强大的出口融资体系。这些公司的数量占到德国所有公司的96.6%，雇用了近60%的工人，增加值占56.5%，特别是，拥有的德国学徒数量占到82.2%。[34]虽然劳动力培训费用对于德国和其他地方的小企业来说是昂贵的，但德国小企业采用以学徒制为基础的培训体系，培训的人数占全国学徒的五分之四。正如德国经济事务和能源部所指出的，中小企业正在“培训整个国家”。[35]与美国的小公司不同，德国的中小企业非常重视研发：员工人数少于250人的公司的研发投入是拥有250至499名员工的公司研发投入的两倍多。员工人数不足20人的公司中超过70%与多个伙伴合作进行研究。[36]它们倾向于长期雇佣员工——企业投资于培训，为技能提高提供额外奖励，这有助于留住员工，增强公司的技术实力，从而进一步促进和加强研发，提高其创新能力和竞争力。这是一个良性循环。它是如何运转的？

双重教育体系

德国的工作/教育体系[37]已经演变为大学教育的主要替代方案，美国则缺少此类体系。德国教育体系中四分之三的学生，能获得大学学位或技术证书——后者确保了他们具有高度适应市场需求的技能。学徒制度是大学教育的主要替代选项。这被称为“双重教育”，因为它要求公司、地方政府和学员自身分担大量成本。地方政府资助职业学校系统，重点放在基础教育和技能培训上；学徒们每周一至两天或全职参加培训，政府全额支付学费。公司支付在他们的工厂和设施里的现场培训费用。这些课程提供了相当复杂的“动手”培训计划。学徒工的工资很低，作为接受职业学校培训和现场培训的成本，他们的工资通常是正常工资的五分之一。培训体系在很大程度上减少了德国公司对外部劳动力市场的需求依赖。

公司无论大小都与职业学校有密切联系，并且在确定学校的课程方面发挥着重要作用。这些课程会被定期评估，以更新教授的技术和技能。培训体系与工作紧密相关，因此培训证书具有市场竞争力。中小型公司通常在工厂车间进行培训，大公司则用专门的培训设施进行现场教学。企业通过共享培训和设施来抵消成本和分享专业知识，小企业还能获得培训补贴。学徒们愿意以低工资换取接受多年培训，这有助于降低企业成本。同时，具有强大市场竞争力的证书和技能会给他们带来丰厚的回报。

在完成学徒训练之前，学生必须参加考试，以评估其从职业学校教育和公司现场“实践”中获得的知识。德国境内的所有公司都认可这些证书。

有趣的是，虽然国家可以处罚表现不佳和不合规的培训机构，但这些培训机构并非由国家控制，而是私人(虽然有补贴)机构，因此具有更大的灵活性，使得企业更愿意与其合作。工会主宰德国的制造业就业，他们对学徒制度的支持以及对于跨部门集体谈判工资的参与可以稳定工资水平，从而降低公司互相挖角高技能学徒的能力。总之，德国建立了一个能够解决贝克尔所强调的经济抑制因素的系统。这些抑制因素造成了美国培训系统的结构性问题。[38]该系统每年提供20多万名技能生产工人。[39]

弗劳恩霍夫学院

德国系统的另一个关键要素来自弗劳恩霍夫组织。弗劳恩霍夫学院附属于弗劳恩霍夫研究所。[40]德国大约有60个弗劳恩霍夫研究所，专门研究特定的技术领域。虽然学徒们可以继续接受公司提供的现场培训，但弗劳恩霍夫学院可以替代职业学校的角色，每周提供一天或两天的教育或一段时间的教育。例如，弗劳恩霍夫学院在先进能源技术、大数据或复合纤维技术等新兴复杂工业领域的教育方面发挥了重要作用。通过这种方式，先进的制造技术被带入培训体系。弗劳恩霍夫学院越来越多地通过iAcademie提供在线课程和内容。通过弗劳恩霍夫学院课程考试的学徒可以将新技能带回他们的工作场所——这是一种有效的新技能传播工具。技术思想和技能通过人，而非技术方案进行转移具有更好的效果，因为人能传播所有的隐性知识，而技术方案却不能。弗劳恩霍夫研究所通过弗劳恩霍夫学院在先进生产相关技术的教育和培训中发挥着重要作用，成为传播技术进步的重要途径。这为美国的新的先进制造研究所提供了一个可资借鉴的模式：教育和培训计划不是旁观者，而是技术开发和传播过程中的重要组成部分。

AMP 2.0 报告提出了美国学徒制模式和其他选项

美国不是德国，其工会化程度要低得多，劳动力市场也更为分散。德国的两级劳动力队伍——学徒和长期工人——在美国不成规模。德国学徒制模式在美国是否可行？

2014 年 10 月公布的 AMP 2.0 报告提出了一系列关于建立先进制造业所需技能劳动力的建议，包括新的学徒制。美国对学徒制并不完全陌生。报告指出，根据劳工部的估计，2014 年通过工会或个别公司开展的项目，美国在一系列领域（包括制造业）拥有39.8万名注册学徒。[41]然而，相较于 21 世纪初的 49 万名，学徒数量正在急剧下降，远低于德国所有行业（包括制造业）的 150 万名学徒。

为了重振学徒模式，AMP2.0 通过与社区学院和劳动力市场中介机构合作的公司联盟提出了一种新模式。AMP 参与者发起了一个由三家主要生产公司和两所社区学院领导的试点项目，以开发可在更宽泛基础上实施的可行、可验证和可复制的模型。这个项目是一个为期两年的项目，通过互联的社区学院颁发副学士学位，同时获得劳工部技能的平行认证。试点方案包括一本详细的“使用指南”手册，用以指导雇主和学院的实施和开发。[42] AMP 还推出了由明尼苏达州社区学院、就业中心和超过 25 家制造商组成的全州联盟所制定的“生活—工作—赚钱”模式，将培训和岗位空缺匹配起来。该模式包括“雇主驱动的基于能力的学徒制、与国家（技能）认证系统衔接的课程，以及针对退伍军人和其他代表性不足群体的桥接模块”。[43]

思想拥有丰富的历史。这种联盟方法建立在先前国家科学基金会支持的 AMTEC 所开发的框架上。[44]这个框架确立于 2005 年，因为各州的社区学院担心，主要汽车制造工厂的培训无法跟上该行业的发展。AMTEC 现在包括五个州的 12 个社区学院和 18 家汽车公司及供应商。AMTEC 的创始董事安妮特·帕克(Annette Parker)去明尼苏达州南中央社区学院担任主席，为 AMP2.0 作出了重要贡献。AMP 发现"生活-工作-赚钱"是一个可以在全国范围内推广的模式。它纳入 AMP2.0 为公私合作学徒项目和培训提出的重要概念和建议，它也可以基于现有的工会学徒计划进行开发或与其合作。

AMP2.0 认为，学徒制在美国具有良好的发展前景。它认为先进制造业对技能的需求会鼓励雇主越来越多地依靠学徒制，因此它开发了一种在社区学院(通过公共投资)和雇主之间共享的模型方法。美国的 25 万家小型制造企业是否会参与——它们是否拥有财务资源？根据德国的经验，由于所有的雇主事实上都参与了学徒项目，因此学徒制发挥了重要作用，几乎没有雇主会脱离这个系统。与德国高度工会化的劳动力队伍不同，美国的工会化程度正在下降，因此工会批准的学徒培训数量也一直在下降。相反，美国实施更大规模的学徒制需要整合区域供应链，将包括竞争对手在内的各种规模的公司全部纳入，并与公共财政支持的社区学院合作，以避免贝克尔所提出的劳动力市场对培训的抑制因素。最初会遇到很多困难，因为许多小雇主并没有准备提供额外的培训成本。

国家也许能在鼓励和推广学徒制方面发挥一定作用。南卡罗来纳州恰好是一些拥有大型生产工厂的德国公司的驻扎地。这些公司理解这一模型，并采取了全面的学徒模式。通过向雇主提供适中的每个学徒 1 000 美元的税收抵免，以及成立一个州办公室来推广学徒制，帮助雇主利用州立社区和技术学院体系实施学徒制，2014 年该州拥有超过 5 000 名正在接受培训的学徒。[45]这些项目可以根据特定的公司需求在一定区域内进行定制。

除了学徒模式，AMP2.0 还在推动其他劳动力提案。它呼吁推广国家承认的分级通用证书，为雇主在招聘和晋升决策中提供参考。[46]这种体系通过提供通用证书提高员工的流动性。这种模式也为培训项目提供了鼓励，因为受认可的证书将更清楚地表明培训的价值，能帮助雇主和员工对接技能需求。他们可以通过提高技能获取更高薪酬，降低招聘成本，通过提高工人流动性来实现更加灵活的劳动力市场，促进受过更好培训、质量更高的劳动力的供应。目前，许多技能领域缺乏认证体系，相关证书随着地域的不同而变化，所代表的技能水平也高低不同。在已有认证体系的区域，许多雇主尚不能充分理解或认可这些认证。

全美制造商协会和其他组织一直在制定新的制造业认证项目，包括识别不同技能中的关键工作相关学习要素。识别这些要素有助于学员从学习模块中获得技能，指导构建教育和培训项目。AMP2.0 报告指出，成功的认证方法应该：确保在整个制造业生涯中轻松进入、退出和重新进入；确保证书培训以模块形式组织，可以长时间累积，以帮助员工不断建立自己的技能；确保证书项目与社区学院的信贷教育计划以及相应的教育补助计划（如 Pell 和劳动力投资法案计划）接轨。[47]AMP 呼吁要进行系统性构建：提高雇主和教育机构对资质认证系统的认识、展示基于事实和数据的成功认证项目、资助认证项目，以解决在全州范围内系统采用这些项目的能力。[48]

该报告还呼吁建立“职业发展路径”。这是一种劳动力发展方法，试图把诸如中学、社区学院或大学课程等教育项目中的学员转变为劳动力。这种方法把学术能力和证书与技术能力——特别是那些需求增加的技能——之间关联起来。报告要求在社区学院、中学、劳动力、经济发展组织、雇主和劳工组织之间建立伙伴关系。目前已经有相关项目正在运作。佛罗里达州的 FLATE 计划就是一个知名的类似项目。[49]佛罗里达州教育部制定了一个针对制造业的大学预科教育学院框架。[50]虽然在所有教育层面都需要进行协调，但将社区学院与区域雇主所需技能的教学联系起来显得尤为重要。报告指出，创建在线项目有助于实现这些职业发展路径，包括利用联邦就业培训计划使这些项目有资格获得联邦政府的支持。

技能生产员工是先进制造业的一个要素，而技能工程师是另一个要素。新的先进制造工程教育似乎是一个先决条件。如果生产设施中的工程团队不了解先进制造业——要素、实施方式及其创造的机遇——先进制造业就不会变成现实。这个问题不仅影响到在工程学校中培育的新工程师，也会影响到对现有劳动力的重新培训。其他大学或社区学院培训的制造业技术人员也存在类似问题。面对这种问题，与终身学习密切相关的在线教育可能是一个关键工具。训练有素的工程师需要基于他们旧有的知识体系更新和增加他们的技能。AMP 报告呼吁努力开发与先进制造技术相关的课程，并开发“在线培训和认证项目”。[51]

国家科学基金会的先进技术教育(ATE)计划

美国国家科学基金会的概念始于1945年万尼瓦尔·布什著名的战后科学组织动员文章《科学：无尽的前沿》。[52]布什认为，科学教育是他所设想和后来出现的联邦政府进行科学支持的四大支柱之一。美国国家科学基金会长期以来一直强调大学级别的科学教育，但1992年国会通过立法[53]，创建了一个侧重于社区学院和技术教育的新国家科学基金会计划，即先进技术教育计划，为国家科学基金会和教育带来了新的元素。

社区学院可以说是当前和未来美国劳动力教育的焦点，是该领域不可缺少的机构。美国国家科学基金会的高级技术教育项目将两年制社区学院与行业需求联系起来，以应对技术人员层面的技能差距。[54]它为全国38个中心提供支持，为7大技术领域的技术人员岗位提供培训，提供教育资料、职业发展、学生招聘和留用以及项目改进服务。这是国家科学基金会最大的社区学院项目。该项目大约6000万美元预算中有40%投入这些中心，其余资金用于中心的支持要素和系统建设。7大技术重点领域之一是先进制造业，7个中心（总共38个）为高端技术提供支持，例如：机电一体化、机器人技术、控制系统、IT驱动的物流、生物制造、微米和纳米制造、光学设备、医疗设备、高级焊接、增材制造、化学加工，以及船舶和汽车制造所需的高级技能。ATE中心通常包括行业参与的社区学院区域联盟，以及一个强大的可以帮助联盟开发技能课程的研究型大学。行业是一个重要的合作伙伴，该项目被设计成可以触及小型制造企业。

这些中心从事什么？它们的工作并非只是与其合作的特定社区学院的教室。例如，宾夕法尼亚州的东北生物制造中心（未被正式确定为先进制造业中心之一，但其角色与制造业高度重叠）开发了三分之二以上的国家生物技术学位课程（包括两年制和四年制）。[55]它在六个州举办的讲习班每年培训100多名高中教师，通过这些教师再培训数千名高中学生。中心的在线实验室、在线教育、行业开发的教科书、广泛使用的实验室手册以及中心的外联网站，都是其努力的成果。中心还支持细胞培养、纯化和微生物学质量控制技能；所服务的行业包括生物制药公司，现在还包括生物燃料、生物塑料、工业酶、替代组织和器官等行业。

佛罗里达州的ATE（FLATE）作为将国家技能标准整合到全州技术人员两年期学位课程中的典范得到了广泛的认可。它创建了一个由行业定义并得到其认可的两年期工程技术学位，将其整合到佛罗里达系统中，为15个不同的社区学院证书和8个专业学位开发了18个框架。它是全州范围内的重要协调者，与12所合作院校、44家佛罗里达州制造业公司、佛罗里达州教育部、佛罗里达州劳工部、制造商技术标准委员会、佛罗里达制造商协会和地区制造业协会共同开发该项目。2013年共有14个社区学院开设了工程技术学位课程。[56]2013年，社区学院多学科学位课程的入学人数超过1 100人。它还制定了高中课程与社区学院课程的衔接课程，支持佛罗里达州职业学院法，呼吁建立一个新的州制造业劳动力培训中心——其行业和社区学院合作伙伴为这个项目募集了7 500多万美元的资助。它开展了一项旨在改变制造业形象的大型宣传计划，2014年约有4 400名学生和近500名教师和家长参与其与合作伙伴共同推出的209“佛罗里达制造”行业旅游活动，其

“制造日合作伙伴”项目已覆盖23个县的67所佛罗里达学校。[57]像FLATE这样的ATE计划已成为AMP2.0报告所提出各种建议的具体实施者。[58]

ATE的先进制造业项目有意思的地方,还在于它们连接了许多没有能力支持真正学徒项目的小型制造公司。如上所述,尽管大部分美国生产是通过小公司进行的,但这些公司通常没有资金提供学徒培训。ATE提供了一种混合方式——一种联合了行业、社区学院和研究型大学的机制,虽然不是真正的学徒制,但一样有助于培养技能员工。虽然这与实际的学徒制之间有些竞争,但它创造出把实习生项目整合到所有ATE项目和中心的空间,可以直接促进就业,推动建立技能型员工队伍所需的整套战略。

ATE还努力推动其他项目的发展。它与先进制造研究所建立了联系,通过国家科学基金会与国防部和能源部之间的谅解备忘录整合技术人员培训,将ATE中心与制造研究所的工作相结合。它还参与了美国国家标准技术研究院的制造扩展合作伙伴关系项目。该项目为全国小型制造商、美国国家标准技术研究院工业与大学合作研究项目中标者,以及劳工部贸易改善社区学院和职业培训项目(TAACCCT)及其中标者提供咨询服务。例如,五个ATE国家中心为TAACCCT中标者提供技术支持和最佳实践分享协助。[59]

就业和培训管理课程

当然,ATE并不是唯一的联邦项目。美国劳工部的就业和培训管理部门开展着更大和更宽泛的工作,但往往侧重于不同的需求。它为成年人、青年人和失业工人提供多种方案[60]。基于1998

年劳动力投资法案[61]及2014年修订案的成年人和失业工人项目[62]，通过一站式就业中心提供求职和就业援助以及劳动力市场信息等核心服务。其他服务包括全面评估和辅助个人就业计划以及职业规划。培训服务将工人与就业机会、基本技能和职业训练联系起来。劳动力投资委员会在州和地方层面开展业务活动，为这些项目提供区域指导，评估雇主并与其合作。劳动力投资网络（WIN）是一个在线网络，旨在帮助工人提升技能。[63]多数项目关注未就业工人或因贸易失衡而失业的工人。低收入者和接受公共援助者是优先考虑对象。

虽然这些服务很重要，很多人可从中受益，但大多数服务与先进制造业的新培训和教育制度的发展并不匹配。国会在2009年的经济刺激立法中设立了一个20亿美元的计划，为贸易改善社区学院和职业培训（TAACCCT）项目提供资金，帮助社区学院开发职业培训课程。[64]这个项目通常与高级技能培训联系在一起，持续了三年。其短期性质使得培训交付模式难以持续改进。当局认识到持续技能培训的需求，于2014年推出了由副总统主持的一个推广"工作驱动"培训的项目，并提出了大量建议。[65]

这使我们开始思考先进制造研究所的作用——它们是否可以弥补差距，推动先进制造技能的发展？这可能成为一种新的交付模式吗？

未来轻金属创新研究所劳动力教育模式——针对制造研究所角色的案例研究

未来轻金属创新研究所一直是制造研究所中教育和培训方面

的领导者。[66]它是第一个将大部分联邦资助(10%或700万美元)用于劳动力教育的制造研究所。它也是第一个,也许是唯一一个承认教育在创建变革推动者社区中起中心作用的制造研究所。这些社区有助于促进主要工业部门向先进制造业升级。该研究所的所长埃米莉·德罗科是前劳工部就业和培训项目副秘书长,她推动首创了美国全境通用且受到行业认可的制造技能证书。

未来轻金属创新研究所认为,没有可在技术和工程层面随时准备实施的劳动力,就不会有新的金属科技范式。它认为,虽然技术开发任务需要很长时间,但教育和培训是制造研究所可以立即满足的需求,将为制造研究所带来立竿见影的成效,帮助它们与各州、地区政府和行业建立密切的联系。尽管技能发展滞后于技术进步,但是有一些关键的"技术使能"技能需要立刻得到重视。

刚刚成立两年多的未来轻金属创新研究所为自己的教育项目制定了一项战略,包括四个可复制和规模化的基本步骤。第一步涉及关注技能员工劳动力市场,尤其是与运输、国防和商业部门所用轻金属开发任务相关的领域。它描绘了一幅深度场景,首先是对这些雇员的需求,然后是供给状况,以及核心区域(密歇根州、俄亥俄州、印第安纳州、肯塔基州和田纳西州)工作所需的技能缺口。虽然大多数制造研究所都倾向专注于工程师层面,但未来轻金属创新研究所考察从设计到生产(包括金属加工和焊接等技术人员类别)的142种职业类别,同时也考虑了工程师以及营销和销售等辅助岗位。它评估劳动力需求,以及这些类别劳动力的实际供应情况,包括该地区的行业认证和学位课程的可获得性。通过比较工作需求和供应数据,可以充分掌握技能需求。所有这些努力都旨在理解未来轻金属创新研究所潜在新生产技术所需劳动力的状况。确定了技能缺口就能够创建培训和教育交付计划，并且构建未来轻金属创新研究所任务所需的新技能。与此同时，它们也致力于满足相关参与未来轻金属创新研究所的公司的迫切需求。

将劳动力数据输入未来轻金属创新研究所劳动力团队是第二步。未来轻金属创新研究所召集了行业和公司领袖，以及来自各参与州地方政府、大学、社区学院和 K－12 教育、经济发展和劳动力投资项目、社区组织的代表。未来轻金属创新研究所劳动力团队中有来自密歇根州、俄亥俄州、田纳西州、印第安纳州和肯塔基州的大约 120 名公职人员。[67]他们着手定义技能缺口，并开发伙伴关系项目来弥补这些缺口。未来轻金属创新研究所提供种子资本来支持这些项目。这些项目都是可复制、可规模化和可持续的，而且资金来源不局限于未来轻金属创新研究所基金。在未来轻金属创新研究所成立后的 16 个月中，联邦政府提供了 360 万美元，各州、地方和行业也提供了配套资金，使得总金额达到 1 130 万美元。虽然资源和行动能力有限，但这些团队在应对技能挑战方面“精明、敏捷”，成为有效赋能的团队。

第三步，教育和培训提供机制，主要依托州内可扩展的已有项目。中学的 STEM 课程面向基本的 STEM 技能需求。基础项目帮助员工获得基本技能，为进一步升级做好铺垫。社区学院和技术学院提供加强版课程。劳动力发展计划辅以“工作和学习”的机会，将理论和基于工作的应用学习相结合。此外，还有大学水平的工程项目，以及工程学生实习项目。未来轻金属创新研究所的测试平台使用这些项目。例如，虚拟在线教育与巴特勒公司(Battelle)主办的“学习刀片项目”(Learning Blade program)协作，目前在 32 个州的学校游戏环境中提供任务背景。未来轻金属创新研究所的各州团队还与州内的制造业扩展伙伴关系项目一起，在小型公司的工作场所开展新的"工作和学习"合作。未来轻金属创新研究所的八个中心与美国国家科学基金会的先进科技教育(ATE)计划合作，为社区学院供强大的技术技能教育。未来轻金属创新研究所和教育部项目也有合作。

截至2016年秋季，未来轻金属创新研究所已经承担了23个交付项目和2个重复项目，范围从高中阶段的STEM教育到技术人员培训，以及工程师培训等：[68]

- 借助"学习刀片项目"，在一个交互式平台上创建了轻型飞机的在线教育课程，目前已经在32个州招收了10万名STEM学生。
- 支持六所高中的学生团队使用GrandPrix电动车在印第安纳波利斯赛道同台竞赛。
- 通过ASM扩大和加强材料科学营，培训了1 000名先进材料领域的教师，后者又教授了1万名学生。
- 为100名学生实习生在38家公司参与印第安纳Conexus"工作和学习"计划提供支持。
- 在印第安纳州通过NIMS对70名退伍军人进行了"适当技能"快速培训。
- 与域内福特、通用电气和UAW合作，每年为100名学生制定包括一系列技能认证的"制造科技技术员发展路径"肯塔基州高中计划。该计划的首轮有40名学生接受了工作或后续培训。
- 支持俄亥俄州的"工作与学习"计划，为80名实习生提供在工业现场实践轻金属技能的机会。
- 与田纳西技术公司合作开发交互式汽车装配线虚拟现实体

验课程，将学生放在轻组件虚拟工厂车间中，底特律地区的学生均可参与该课程。

• 其他地区的项目包括“Makerminded”门户网站。该门户网站将成千上万的高中学生与世界级的STEM和先进制造活动联系起来，通过导师培训缩短工业技术维护方面的技能差距，以机器人锻造竞赛推动金属加工领域的创新。

未来项目还包括位于底特律总部的未来轻金属创新研究所学习实验室和军事制造培训中心。后者在军人离开军队的过渡期间为他们提供获得民用制造业证书的培训，帮助他们在离开部队后立即投身制造业。未来轻金属创新研究所是一个新生事物，其项目和课程刚刚启动，还处于试验阶段。它努力开发可在全地区和全国范围内复制和扩展的教育和劳动力培训项目。例如，培训体系包括：制造业职业生涯起步项目、自我评估项目、社区学院和大学项目、自定义进度培训和模拟实践学习、实际应用和技能评估、行业证书。[69]

未来轻金属创新研究所的联邦监督人员，包括海军研究办公室和国防部曼德技术公司在内，都高度赞赏这些项目，并为其提供支持。国家标准与技术研究院、制造业扩展伙伴关系、国家科学基金会ATE和教育部予以支持。这些联邦项目的代表成为未来轻金属创新研究所教育和劳动力委员会的顾问。[70]拥有大量培训资产但尚未加入联盟的政府机构是劳工部，联邦官员应当鼓励他们加入。[71]

未来轻金属创新研究所提供区域劳动力供应、需求和技能检查流程，来自行业、政府和教育系统的各州团队评估区域需求，对接多种交付机制。下一步是什么？未来轻金属创新研究所开发的新技术正在进入管道。现在可以开始了解需要哪些新技能组合，这就是第四步。未来轻金属创新研究所制定了2016年总体规划，力求使教育规划匹配技术发展。[72]它与大学合作伙伴共同努力，由工程院长牵头，确定新的技能要求，并将其转化为课程组成部分。公共和赠地大学协会（APLU）的成员包括未来轻金属创新研究所直接布局的5个州中的28所大学。未来轻金属创新研究所与公共和赠地大学协会建立了合作关系，共同建立由国家制造科学中心支持的专家教育团队，以系统性定义新技能，并推荐教育和劳动力发展协同项目。未来轻金属创新研究所正面临联邦支持五年期满的局面，预计研究所的教育和培训项目将成为其可持续发展计划的重要组成部分。

未来轻金属创新研究所的劳动力教育体系的培训规模，能支持该研究所开发和部署的新技术、流程和材料的商业化运作。这意味着新技术的实施将成为可能，因为员工队伍将具备技术能力，而非落后于技术。未来轻金属创新研究所正在开发与技术进步平行发展的新技能相关的培训和教育计划。未来轻金属创新研究所认为，需要提前建设劳动力队伍，以免5年后拖累研究所项目进展。劳动力将成为促进行业增长和区域经济发展的重要推动力和资产。许多制造研究所不重视劳动力教育，将第一资源集中在技术开发上。但随着技术成熟，对技能劳动力的需求阻碍了它们的发展。这些制造研究所需要将劳动力教育工作理解为核心技术传播系统。未来轻金属创新研究所提供了可复制的模式，能帮助它们迎头赶上。

未来轻金属创新研究所并不是唯一有趣的制造研究所模式。虽然金属新材料和新技术也可能具有变革性，但未来轻金属创新研究所合作的对象仍是现有部门。AIM Photonics 则正在努力创造一个尚未真正存在的新兴部门。虽然未来轻金属创新研究所可以高效地为现有员工提供升级服务，并与州和其他项目合作，但 AIM Photonics 计划创建新的员工队伍。这需要一个不同的策略。AIM 学院正在与社区学院合作开发新的在线和混合教育课程。特别是，它开发了一个非常有趣的机制，让其光子技术开发小组与制定并行劳动力路线图的劳动力教育小组密切合作。这种组合旨在确保从工程师到技术人员等训练有素的员工能够在既定时间框架内实施每个阶段的技术路线图。由于一些制造研究所将创造新的领域，因此这是一个值得关注的模型。将技术路线图与并行劳动力路线图联系起来的方法值得所有制造研究所借鉴。

制造研究所也应关注劳动力需求侧

麻省理工学院斯隆商学院研究就业和劳动力问题的托马斯·科汉审视了制造研究所劳动力教育项目并提出了一系列优化建议：[73]

（1）考虑应用流程中因素：不仅仅关注预期所需的劳动者技能，而且关注技术设计如何与劳动力的能力和技能相整合。这将形成一个整合的社会技术发展过程，使得劳动力问题提前得到解决。

（2）不间断的劳动力评估：各制造研究所应持续审查自己及合作者的设计和方案能否创造高质量的工作。因为企业总会面临将其参与的先进制造业项目外包给承包商或离岸供应商的诱惑，需要考虑“对工作数量和质量（包括预期的工资和福利水平以及所需技能)的预测”,并检查结果。

(3) 专家评估:作为持续评估的一部分,各制造研究所需要聘请了解该研究所专业知识的专家。这些专家可以构建新先进制造工作系统通过相应的技能岗位来推动高绩效制造的模型;大多数行业都有一些可比较的模型供选择。“每家制造研究所都应通过将高绩效工作系统纳入其计划和决策体系来制定一个模型,以提高生产率/绩效。”

他指出,这种评估将使制造研究所的劳动力教育角色脱离仅关注培训数量的“供应方”,进入“需求方”——“如何将工作纳入技术发展过程和组织战略规划和实施中。”当然,供应方面也需要确立衡量标准和计划,以及跟踪制造研究所的培训计划、绩效、成果和就业情况。总的来说,将在很大程度上根据它们帮助创造的工作——尤其是高质量的工作——来对制造研究所进行评估,并且需要鼓励它们采用复杂和可行的方法。

结　论

数据表明,升级制造业员工技能水平是当务之急,是发展先进制造业的先决条件。仔细观察可能是全球同类最佳的德国系统化劳动力培训体系,可以发现学徒计划的优势。但是,在美国推广学徒制并不简单,原因在于:雇主提供培训的激励机制存在结构性问题,工会化率较低,过去20年间美国制造业生态系统逐渐薄弱化,占据主导地位小型制造商无力负担。然而,国家可以通过雇主激励措施并将其与国家支持的社区学院联系起来来推广学徒制。德国的另一个经验是它的弗劳恩霍夫研究所支持企业和工程相关社会机构在生产创新方面的全系统协作，从而为高级培训项目提供支持。

"先进制造业伙伴关系"(AMP)报告非常重视技术工人和工程师层面的劳动力培训和教育。它推荐学徒制，并设计了试点项目，同时为全国范围的技能证书制度提供培训课程，通过分步培训为熟练技术人员打通职业上升路径，促进先进制造业的发展。

社区学院是美国体系中的重要机构。美国国家科学基金会的ATE项目与这些学院联合体合作，有时还会得到区域研究型大学的技术支持，以开发与行业协调的新高技能培训体系。它的一些中心还通过连接中学课程与社区学院、四年制大学课程和行业，建立职业发展路径。ATE项目似乎与AMP报告中的培训建议密切相关。

制造研究所有助于填补美国劳动力市场中高技能培训的空白。未来轻金属创新研究所似乎特别关注发展劳动力培训模式，系统地将其核心运营州的企业纳入新的培训项目，连接中学、社区学院、参与雇主和地区大学。像德国的弗劳恩霍夫学院一样，未来轻金属创新研究所认为劳动力培训项目不仅仅是培训，而且对于先进制造技术的传播至关重要。这是制造研究所拓展其新技术应用范围的重要方式。

科汉认为，除了供应角色之外，制造研究所在设计员工培训项目时还需要考虑"需求方"。换句话说，精心设计的员工培训项目是在新型先进制造技术和流程中实现高性能生产的重要保证。应将这些项目嵌入新的生产设计流程中，而不应简单将其视为间接投入。如果技能劳动力培训项目能够与技术开发紧密结合，那么它们将成为新产品的关键推动者，而不仅仅是贡献者。

现在还有一种新的培训工具可供使用。与 AMP 报告同步的新在线高等教育项目开始大规模实施，而且这种模式似乎更有利于终身学习。[74]根据 AMP 报告的建议，在线项目可以成为一种新的技能培训工具。那么应该如何实施？

AMP1.0 报告的技术联合负责人马丁·施密特（Martin Schmidt）在 2011 年首次推荐了一种所谓的"ManufacturingX"方法。这种方法鼓励参与特定制造研究所的大学就其关注的重点技术为工程师和熟练技术人员提供先进技术的在线培训课程。他们可以与参与项目的雇主以及社区学院合作开发课程。通过社区学院或州立大学提供的在线课程可以学习到很多知识，但同时也需要"动手"学习新技术。参与者可以按照自己的进度在网上学习基础课程，但像陆军预备队一样，每个周末都可以参加一个高强度"动手"学习环节，地点也许就在制造研究所的参与公司的工厂里。这种设置使那些从 9 点工作到 5 点的人能够有时间参与进来。出于经济上的考虑，社区学院需要招满 30 人后，才能开设课程。由于先进制造技能起初带来的收益有限，因此在线课程使得大学能够合作提供通用课程，实现财务平衡。制造研究所和雇主应该能够合作提供可供实践的技术培训场所，以改善学习流程。假以时日，可以通过新的在线平台在全国范围内开发并提供先进制造业课程——这是制造研究所网络的潜在角色。

可相提并论的工作已在进行中。如前所述，包括未来轻金属创新研究所在内的多家制造研究所正在开发在线培训课程。国家标准与技术研究院和国家科学基金会资助的一家先进制造业智库 MForesight 创建了"制造 101——清洁硬技术企业家的教育和培训课程"，包括了材料选择、生产工艺、制造设计、供应链、标准、制造合作伙伴关系等模块。[75] 2016 年底，国会通过立法，在年度国防授权法案中纳入"制造业大学"项目，以鼓励大学和非营利组织与工业界合作开发新的先进制造业培训项目，采用在线和混合学习方式的有资格获得资助。[76]麻省理工学院在它的 MITx 和 edX 平台上线了一个新的在线课程——"制造过程基础"，涵盖热成型和 3D 打印，价格、质量、成本和可持续性原则，生产设计原则的应用，以及机器人技术和机器互联等新兴技术。[77]由于供应链的衔接组织在衰落的制造系统中至关重要，因此供应链也得到关注。麻省理工学院在供应链管理方面创立了一个新的"微型硕士学位"，包括为期 10 个月的在线课程，以及流行的混合式学习机会。[78]国家科学基金会 ATE 计划赞助了一个提供教育项目的国家供应链技术中心，后者开发了一本电子新书和大量培训视频[79]。能源部能源效率和可再生能源办公室创建了在线教育项目 Build4Scale，重点关注向企业家传授制造流程的基础知识、核心制造设计原则以及材料选择中的权衡。[80]其他项目也在朝着这个方向发展。这些在线工具允许采用"混合式学习"方法，能帮助先进制造培训达到所需要的规模。

创新的劳动力培训项目和技术开启了新的创新解决方案的大门，以满足日益增长的制造业技能劳动力需求。最近的发展表明，先进制造业不能单靠技术创新来发展，而是需要整个生态系统——从各种规模的企业、供应商到员工——的参与，才能够蓬勃发展。新的制造技术不能局限于大学实验室的工作台，它必须进入工厂车间。劳动力教育等同于技术传播。

注释

1. Statistics compiled in National Association of Manufacturers, Top 20 Facts

about Manufacturing (2016), http://www. nam. org/Newsroom/Facts-About-Manufacturing/(from Bureau of Economic Analysis, Census Bureau, Commerce Department, and Bureau of Labor Statistics data).

2. Stephen Gold, The Competitive Edge: Manufacturing's Multiplier Effect — It's Big-ger than You Think, *Industry Week*, September 2, 2014, http://www. industryweek. com/global-economy/competitive-edge-manufacturings-multiplier-effect-its-bigger-you-think (citing ESA data). Compare, Robert Z. Lawrence, Does Manufacturing Have the Largest Employment Multiplier for the Domestic Economy? (blog) (Washington, D. C.: Peterson Institute of International Economics March 22, 2017, https://piie. com/blogs/realtime-economic-issues-watch/does-manufacturing-have-largest-employment-multiplier-domestic (argues multiplier effect includes foreign as well as domestic jobs).
3. The Manufacturing Institute and Deloitte, Overwhelming Support: U. S. Public Opinions on the Manufacturing Industry (report, 2014), 1, http://www2. deloitte. com/content/dam/Deloitte/us/Documents/manufacturing/us-mfg-public-perception-manufacturing-021315. PDF.
4. Craig Giffi, Ben Dollar, Jennifer McNelly, and Gardner Carrick, The Skills Gap in U. S. Manufacturing: 2015 and Beyond (Deloitte LLC, 2015).
5. Andrew Weaver and Paul Osterman, The New Skill Production System: Policy Challenges and Solutions in Manufacturing Labor Markets, in *Produ-ction in the Inno-vation Economy*, ed. Richard Locke and Rachel Wellhausen (Cambridge, MA: MIT Press, 2014), 17 - 50; Paul Osterman and Andrew Weaver, Skills and Skill Gaps in Manufacturing, in ibid., 51 - 80.
6. Jessica Nicholson and Regina Powers, The Pay Premium for Manufacturing Workers as Measured by Federal Statistics, ESA Issue Brief #05 - 15 (Was-hington, DC: U. S. Department of Commerce, Economics and Statistics Administration, October 2, 2015), http://www. esa. doc. gov/sites/default/files/the-pay-premium-for-manufacturing-workers-as-measured-by-federal-statistics. pdf.
7. Susan Helper, Timothy Krueger, and Howard Wial, Why Does Manu-facturing Matter? Which Manufacturing Matters? (paper, Metropolitan Policy Program, Brook-ings Institution, Washington, DC, February 2012), 4 - 5, https://www. brookings. edu/wp-content/uploads/2016/06/0222_manufact

uring_helper_krueger_wial. pdf.

8. Susan Helper, How to Make American Manufacturing Great Again: Real Clear Pol-icy, *The Mark-Up*, September 15, 2016.
9. Ken Jacobs, Zohar Perla, Ian Perry, and Dave Graham-Squire, *Producing Poverty: The Public Cost of Low Wage Production Jobs in Manufacturing* (Berkeley, CA: UC Berkeley Center for Labor Research and Education, May 2016), 3 (eight of the ten states with the highest participation of production workers in public assistance programs are in the South).
10. Catherine Ruckelhaus and Sarah Leberstein, Manufacturing Low Pay (report National Employment Law Project [NELP], New York, November 2014), 6–7.
11. Nick Timiraos and Janet Adamy, U. S. Household Incomes Surged 5.2% in 2015, First Gain since 2007, *Wall Street Journal*, September 13, 2016, http://www.wsj.com/articles/u-s-household-incomes-surged-5-2-in-2015-ending-slide-1473776295 (based on Census Bureau data); Census Bureau, Income, Poverty and Health Insur-ance Coverage in the United States 2015, CB16–158, September 13, 2016, http://www.census.gov/newsroom/press-releases/2016/cb16-158.html (2015 median U. S. household income increases 5.2%). See earlier discussion of this data in chap-ter 4, including another survey reporting a somewhat lower number. Concerning the slow wage recovery, see National Employment Law Project, The Low Wage Recovery, Data Brief, April 2014, http://www.nelp.org/content/uploads/2015/03/Low-Wage-Recovery-Industry-Employment-Wages-2014-Report.pdf.
12. Kevin Finneran, Middle Class Muddle, *Issues in Science and Technology* 33, no. 1 (Fall 2016): 40.
13. Osterman and Weaver, Skills and Skill Gaps in Manufacturing.
14. Bureau of Labor Statistics (BLS), Occupational Employment Statistics, 51–0000 Production Occupations, May 2015, http://www.bls.gov/oes/current/oes_stru.htm#51–0000 (can compare wages for higher-and lower-skill manufacturing occupations).
15. See Bureau of Labor Statistics (BLS), Concepts and Methodology, http://www.bls.gov/cps/documentation.htm#concepts. For a more general discussion, see Elka Tor-pey, Got Skills, Think Manufacturing, *BLS Career*

Outlook, June 2014, http://www. bls. gov/careeroutlook/2014/article/manufacturing. htm.

16. The difficulty of defining these categories is discussed in Jonathan Rothwell, Defining Skilled Technical Work, *Issues in Science and Technology* 33, no. 1 (Fall 2016): 47 – 51; Andrew Reamer, Better Jobs Information Benefits Everyone, *Issues in Science and Technology* 33, no. 1 (Fall 2016): 58 – 63.
17. Osterman and Weaver, Skills and Skill Gaps in Manufacturing, 17.
18. Ibid. , 25, citing BLS Occupational Employment Statistics. For a more general discussion, see Patricia Panchak, Manufacturing's Wage and Job Security Problem, *Industry Week*, May 12, 2015, http://www. industryweek. com/compensation-strategies/manufacturings-wage-and-job-security-problem; Ruckelshaus and Leber-stein, Manufacturing Low Pay, 5 – 8.
19. Madeline J. Goodman, Anita M. Sands, and Richard J. Coley, *America's Skills Challenge*: *Millennials and the Future* (Princeton, NJ: Educational Testing Service, 2015), https://www. ets. org/s/research/29836/.
20. Alicia Sasser Modestino, The Importance of Middle-Skill Jobs, *Issues in Science and Technology* 33, no. 1 (Fall 2016): 42.
21. Ibid.
22. Harry Holzer, Higher Education Workforce Policy: Creating More Skilled Workers (and Jobs for Them to Fill) (Washington, DC: Brookings Institution, 2014).
23. Achieve, The Future of the U. S. Workforce: Middle Skills and the Growing Importance of Postsecondary Education, September 2012, http://www. achieve. org/files/MiddleSkillsJobs. pdf; Harry J. Holzer and Robert I. Lerman, The Future of Middle-Skills Jobs (paper, Brookings Institution, Washington, DC, 2009), www. brookings. edu/～/media/Files/rc/papers/2009/02_ middle _ skill _ jobs _ holzer/02 _ middle _ skill _ jobs _ holzer. pdf; Anthony P. Carnevale, N. Smith, and J. Strohl, Help Wanted: Projections of Jobs and Education Requirements through 2018 (Washington, DC: Georgetown University Center on Education and the Workforce, 2010), https://cew. georgetown. edu/wp-content/uploads/2014/12/fullreport. pdf.
24. Anthony P. Carnevale, Tamara Jayasundera, and Artem Gulish, America's Divided Recovery: College Haves and Have-Nots (Washington, DC:

Georgetown University Center on Education and the Workforce, 2016), 2, https://cew.georgetown.edu/wp-content/uploads/Americas-Divided-Recovery-web.pdf.

25. Ibid., 3.

26. Maximiliano Dvorkin, Jobs Involving Routine Tasks Aren't Growing, Federal Reserve Bank of St. Louis, January 4, 2016, https://www.stlouisfed.org/on-the-economy/2016/january/jobs-involving-routine-tasks-arent-growing.

27. Carnevale, Jayasundera, and Gulish, America's Divided Recovery, 4.

28. Richard B. Freeman, *America Works: The Exceptional U. S. Labor Market* (New York: Russell Sage Foundation, 2007), 3.

29. Gary S. Becker, *Human Capital: A Theoretical and Empirical Analysis, with Special Reference to Education* (New York: National Bureau of Economic Research, 1975).

30. Pedro Nuno Teixeira, Gary Becker's Early Work on Human Capital, *IZA Journal of Labor Economics* 12, no. 3 (November 2014), section 4. 2.

31. Suzanne Berger and the MIT Task Force on Production in the Innovation Economy, *Making in America* (Cambridge, MA: MIT Press, 2013), 18 - 20, 45 - 64, 115 - 120.

32. Robert Atkinson, Restoring Investment in America's Economy (report, Information Technology and Innovation Foundation [ITIF], Washington, DC, June 13, 2016), 8, http://www2.itif.org/2016-restoring-investment.pdf?_ga=1.113675271.1482316035.1476207219.

33. German Federal Ministry for Economic Affairs and Energy, Make It in Germany: Introducing the German Mittelstand, http://www.make-it-in-germany.com/en/for-qualified-professionals/working/mittelstand. This section draws on Dylan Binnie, Designed in California, Built in Oregon — Important Lessons for America to Learn from the German Workforce Education System (paper, Georgetown University, Washington, DC, May 10, 2016).

34. German Federal Ministry for Economic Affairs and Energy, The German Mittelstand: Facts and Figures about German SMEs, SME-shares in Germany in % (table), 2016, http://www.bmwi.de/English/Redaktion/Pdf/wirtschaftsmotor-mittelstand-zahlen-und-fakten-zu-den-deutschen-kmu, property=pdf, bereich=bmwi2012, sprache=en, rwb=true.pdf.

35. German Federal Ministry for Economic Affairs and Energy, The German Mittelstand.
36. Ibid.
37. The discussion here draws on Heike Solga, Paula Protsch, Christian Ebner, and Christian Brzinsky-Fay, The German Vocational Education and Training System: Its Institutional Configuration, Strengths, and Challenges, Discussion Paper SP I 2014 - 502 (WZB Berlin Social Science Center, 2014), https://bibliothek.wzb.eu/pdf/2014/i14-502.pdf; David Soskice, Reconciling Markets and Institutions: The German Apprenticeship System, in *Training and the Private Sector*, ed. Lisa Lynch (NBER and University of Chicago Press, January 1994), 25 - 60, http://www.nber.org/chapters/c8776; Binnie, Designed in California, 6 - 9.
38. Soskice, Reconciling Markets and Institutions, 29 - 30.
39. Solga et al., The German Vocational Education and Training System, 13.
40. Fraunhofer Academy, Leitbild Der Fraunhofer Academy, 2016, http://www.academy.fraunhofer.de/de/ueber-uns/profil-selbstverstaendnis/leitbild.html.
41. President's Council of Advisors on Science and Technology (PCAST), Advanced Manufacturing Partnership 2.0 Steering Committee, Report to the President on Accelerating U.S. Advanced Manufacturing (Advanced Manufacturing Partnership AMP2.0 Report) (Washington, DC: PCAST, October 2014), 34.
42. Ibid., Appendix 2, 71 - 73.
43. Ibid., 35.
44. Automotive Manufacturing Technical Education Collaborative (AMTEC), http://autoworkforce.org/about-amtec/.
45. White House, Ready to Work: Job-Driven Training and American Opportunity, July 2014, 13, https://www.whitehouse.gov/sites/default/files/docs/skills_report.pdf.
46. Discussion drawn from PCAST, Report to the President on Accelerating U.S. Advanced Manufacturing, 33 - 34.
47. Ibid., 34.
48. Ibid.

49. Florida Advanced Technology Education（FLATE）website，http://fl-ate.org/about-us/impact/. See also Infographic of Pathways（Which Are Not Linear），FLATE，http://fl-ate.org/wp-content/uploads/2014/12/10_2016-ET-Highlights.pdf.
50. Florida Department of Education，2015 - 2016 Frameworks，Manufacturing（precollege through college framework for manufacturing education）website，http://www.fldoe.org/academics/career-adult-edu/career-tech-edu/curriculum-frameworks/2015-16-frameworks/manufacturing.stml.
51. PCAST，Report to the President on Accelerating U.S. Advanced Manufacturing，36.
52. Vannevar Bush，*Science，the Endless Frontier：A Report to the President on a Program for Postwar Scientific Research*（Washington，DC：U.S. Government Printing Office，July 1945；reissued by the National Science Foundation on NSF's tenth anniversary，July 1960），https://archive.org/stream/scienceendlessfr00unit/scienceendlessfr00unit_djvu.txt.
53. The Scientific and Advanced Technology Act of 1992，Pub. L. No. 102 - 476（1992）（created the Advanced Technical Education program at NSF），summarized at https://www.congress.gov/bill/102nd-congress/senate-bill/1146/all-info.
54. This summary draws from Maggie Lloyd，Review of the NSF's Advanced Technological Education（ATE）Program：ATE's Role in Advanced Manufacturing Education and Training，report（Washington，DC：MIT Washington Office，February 2013），http://dc.mit.edu/sites/default/files/pdf/MIT%20Review%20of%20NSF%20ATE%20Program.pdf.
55. Ibid.，5.
56. See Florida Advanced Technology Education（FLATE），Regional and Statewide Impacts，http://fl-ate.org/about-us/impact/；Florida Advanced Technology Education（FLATE），Regional and Statewide Impacts，http://fl-ate.org/about-us/impact/#sthash.N2cKo2c5.dpuf.
57. FLATE，Regional and Statewide Impacts；http://fl-ate.org/about-us/impact/#sthash.N2cKo2c5.dpuf.
58. Lloyd，Review of the NSF's Advanced Technological Education（ATE）Program，6 - 12.

59. National Convergence Technology Center (NSF ATE-supported), Centers for Collaborative Technical Assistance website, http://www.connectedtech.org/ccta.html.
60. Department of Labor (DOL), Employment and Training Administration, Workforce Investment Act — Adult and Dislocated Workers Program, https://www.doleta.gov/programs/general_info.cfm.
61. Workforce Investment Act of 1998, Public Law 105 - 220, 29 U.S.C. §2810 et seq. (1998), summarized at https://en.wikipedia.org/wiki/Workforce_Investment_Act_of_1998.
62. The Workforce Innovation and Opportunity Act of 2014, Pub. L. No. 113 - 128(2014), aimed to streamline the process of receiving services in core, intensive, and training areas into a more centralized process. See summary at https://en.wikipedia.org/wiki/Workforce_Innovation_and_Opportunity_Act.
63. See, for example, Workforce Investment Network, Tennessee Career Centers, http://www.workforceinvestmentnetwork.com/about-us/introduction.
64. Department of Labor (DOL), Employment and Training Administration, TAACCCT, https://www.doleta.gov/taaccct/. The Community-Based Job Training Grants program was designed to support workforce training for high-growth and emerging industries through community colleges, but the program ended after grants made in 2007. See Department of Labor (DOL), Employment and Training Administration, Business, Industry and Key Sector Initiatives, Community-Based Job Training Grants, https://www.doleta.gov/business/Community-BasedJobTrainingGrants.cfm.
65. White House, Ready to Work.
66. This section is drawn from a discussion with Emily DeRocco, LIFT Education and Workforce Director, September 1, 2016; Lightweight Innovations for Tomorrow (LIFT), 2016 Education and Workforce Development programs, http://lift.technology/education-workforce-development/; Lightweight Inno vations for Tomorrow (LIFT), Education and Workforce slide presentation, 2016; the summaries Lightweight Inno-vations for Tomorrow (LIFT), Workforce Profile 2016; Lightweight Innovations for Tomorrow (LIFT), 2016 Education and Workforce Roadmap and Master Plan; Light-weight Innovations for Tomorrow (LIFT), Investments as of May 2016;

Lightweight Innovations for Tomorrow (LIFT), Workforce Metrics and Data; Lightweight Innova-tions for Tomorrow (LIFT), Talent Research; and from reports on its programs in Indiana, Ohio, Kentucky, Tennessee, and Michigan.

67. LIFT, 2016 Education and Workforce Development, 4 - 9.
68. Ibid. , 17 - 45.
69. Ibid. , 46.
70. Ibid. , 3.
71. Government Accountability Office (GAO), Advanced Manufacturing: Commerce Could Strengthen Collaboration with Other Agencies on Innovation Institutes, GAO - 17 - 320, Washington, DC April 6, 2017, http://www.gao.gov/products/GAO-17-320? source= ra (Department of Labor identified, in particular, as a non-participant).
72. Ibid. , 12 - 14.
73. Communication from Thomas A. Kochan, September 7, 2016; also, Thomas A. Kochan, memo to author Bonvillian, Suggestions for Strengthening Workforce Components of NNMI Projects, Sept. 20, 2016.
74. William B. Bonvillian and Susan Singer, The Online Challenge to Higher Education, *Issues in Science and Technology* 29, no. 4 (Summer 2013), http://issues.org/29-4/the-online-challenge-to-higher-education/.
75. Alliance for Manufacturing Foresight (MForesight), Manufacturing 101 — An Education and Training Curriculum for Hardware Entrepreneurs, Report MF-RR-2016 - 0103, : Alliance for Manufacturing Foresight, Ann Arbor, MI, September 2016, http://mforesight.org/download-reports/.
76. National Defense Authorization Act for FY2017 (S. 2943), 114th Cong. , 2nd Sess. , section 215, amending 10 U. S. C. § 2196. (Conference Report, Pub. L. No. 114 - 840(2016); became law December 23, 2016. It created the "Manufacturing Engineering Education Grant Program.")
77. John Hart, Syllabus, Fundaments of Manufacturing Process, MITx and edX online education platforms, 2016, https://www.edx.org/course/fundamentals-manufacturing-processes-mitx-2-008x. See also MIT Innovation Initiative, Advancing Manufacturing Innovation on Campus and Online, *MIT News*, October 7, 2016, http://news.mit.edu/2016/advancing-manufacturing-

innovation-campus-and-online-1007.

78. MIT，Supply Chain Management，Micromasters Credential website，http://scm.mit.edu/micromasters/faqs.

79. National Center for Supply Chain Technology Education（NSF/ATE supported）eTextbook website，http://www.supplychainteched.org/etext-book.html.

80. Department of Energy（DOE），Office of Energy Efficiency and Renewable Energy，Build4Scale，http://energy.gov/eere/articles/build4scale-training-cleantech-entrepreneurs-manufacturing-success；Department of Energy（DOE），Office of Energy Efficiency and Renewable Energy website，http://energy.gov/eere/technology-to-market/build4scale-manufacturing-training-cleantech-entrepreneurs.

第九章 制造业和工作前景

本书中，我们谈到了就业、不平等、创新和技术等问题。这些趋势会继续下去吗？如果是，对工人意味着什么？在过去几年中，大量学者参与了讨论，并提出了一系列问题。技术会取代大量工人吗？制造业工作是否将依然存在？如果是的话，哪些行业将会增加就业？不平等会加剧吗？这些问题并不新鲜，但我们仍要问：技术进步是否已经达到颠覆历史经验的一个极点？二百多年来，工人们担忧技术进步，认为自动化将使他们失业。我们确信未来的经济会有所不同，自动化将逐渐取代工人，但也会创造新的就业机会。制造业已经并将继续成为这场新兴辩论的中心。

自动化和就业摧毁

1811 年 11 月 18 日，星期一，《伦敦时报》报道：

> 一段时间以来，在诺丁汉郡拥有编织厂的袜子商不得不缩减人手，工人因此产生了相当大的不满。他们的愤怒因为引

> 入了某种宽幅框架来编制长袜和绑腿而增加了，因为这种框架节省了许多手工劳动，进而减少了所用人手。在最近的一个周日，许多纺织工人聚集在诺丁汉附近的不同地方，并强行进入使用框架的人的房屋以示他们的愤怒。[1]

这场骚乱弥散到中部地区，英国纺织工人破坏了新的、更高效的纺织机。拿破仑战争给英国经济带来沉重负担，加强了纺织工业工人的愤怒，后者正因为低工资和食品成本上涨而痛苦不堪。[2]据称，这场运动由内德·卢德（Ned Ludd）领导——这可能只是多位运动领导人的一个化名。不同职业的卢德分子继续零星地破坏机器，一直持续到 1817 年运动停止。[3]1833 年，约五分之四的纺织业工人是儿童和妇女，这有助于抑制劳动力的崩解。[4]罗杰·卢克赫斯特（Roger Luckhurst）指出，18 世纪，随着诸如沃尔夫冈·冯·坎比林（Wolfgang von Kempelen）设计的后来被证明是恶作剧的象棋自动机 Turk，以及雅克·德·沃坎森（Jacques de Vaucanson）设计的由 400 个零件组成的鸭子等机械装置开始进入公众视野，民众对自动化的焦虑日益高涨。18 世纪沮丧的工人开始零星地破坏纺织机，19 世纪的卢德分子则开始有组织地反对技术导致失业的现象。[5]卢德主义反映了就业和阶级政治之间的复杂关联。保罗·林德霍尔特（Paul Lindholdt）认为，应将这种破坏视为美国和法国革命背景下的反叛运动。这有助于解释，为什么在拿破仑战争和与美国关系日益紧张的情况下，英国依然在 1812 年 5 月派遣了 14 400名士兵来平息这场运动。[6]卢德分子的出现表明了技术变革的复杂性，以及将其从同时期的社会和政治变化中剥离出来的难度。

对技术的焦虑由来已久，但这超出了本书的研究范畴。值得注意的是，早在1765年，威廉·米尔德梅（William Mildmay）就谈到了机器可能会在未来消除对劳动力需求的可能性。但是，他认为，为了确保英国保持领先地位，不应阻止进步。[7] 历史上，技术摧毁了旧的工作，同时创造了新的就业机会，创造的新就业机会总是比被摧毁的要多。[8] 技术进步更新了全部工作类别。电冰箱消灭了对刨冰工和牛奶工的需求，收音机消灭了对于为工人提供新闻和娱乐的诵读者的需求，而电力消灭了对于打火机的需求。[9] 当然，从事这些工作的人数并不多，但它凸显了过去160年来工作模式的变化。美国最大规模的工作变迁发生在1810年至1960年间，当时农业部门就业人口的比例从80.9%下降到8.1%[10]。技术替代并不新鲜。

截至19世纪末，由于技术创造了更多就业，对于技术变革导致大规模失业的担忧并不普遍。[11] 著名的约翰·梅纳德·凯恩斯（John Maynard Keyne）在文章《我们后代的经济前景》中提出了一个观点，即生产率增长会减少对劳动的需求。回顾经济史，凯恩斯认为："因此，为了解决经济问题，我们一直在天性——人类一切冲动和最深刻的本能——的驱动下进化。如果经济问题得到解决，生产的传统目的就会丧失。"[12] 是否存在能够足人们需求并限制人们工作需求的绝对经济繁荣程度？可能有，但至今我们还没有达到这一点。根据盖洛普的数据，2014年，美国普通全职员工平均每周工作47小时。[13] 那么，这次有何不同？

当前关于技术替代的争论

埃里克·布林霍夫森（Erik Brynjolfsson）、安德鲁·迈克菲

(Andrew McAfee)和马丁·福特(Martin Ford)给出的答案是,与历史上的所有其他技术相比,信息技术革命截然不同。1965 年,戈登·摩尔大致观察到,每一年半(后来修改为每两年)计算能力会翻一番。计算能力实质上在以指数速度增长。布林霍夫森和迈克菲表示,这是信息技术独一无二的地方,汽车的燃油效率或火车的载重量从没有出现过类似的高增长率[14]。历史上,工程师可通过迂回和修补打破物理定律的限制[15]。指数级速度提高已经适用于整个信息技术领域,而非仅仅是微芯片[16]。从智能手机的迅速发展中可以看出这个趋势。21 世纪初,黑莓手机设备允许人们使用电子邮件、拨打电话、发短信甚至浏览互联网。十多年后,三星和苹果的流行手机仍然具备这些功能。但是,当前的手机不仅速度更快,功能更强大,而且其他 IT 基础架构也在同步改进。现在全国各地都可以通过手机传输高清视频。

除了特有的指数式增长之外,信息技术另外一个经常被提到的特点是,软件的边际成本几乎为零,并且是非竞争的。最流行的手机应用程序证明了这一点。完成程序设计后,创建副本的成本可以忽略不计。本质上,无论是 100 个人还是 10 000 个人下载,软件副本之间的成本差异可以忽略不计——尤其是与几乎所有其他产品相比。[17]数字商品的廉价可复制性与网络效应相结合的一个例子是脸书(Facebook),加入的人越多,每个消费者的价值就越高。这导致了马丁·福特称之为“赢者通吃”的效应[18]。这意味着,数字商品易于在市场上走向垄断,表明熊彼特对垄断的分析可能特别适用于这个行业。微软在尝试利用其软件产品的网络效应方面显得过于激进。因此,21 年来,微软一直在反击美国和欧盟政府的反垄断指控[19]。就垄断性而言,软件类似于公用事业,但低进入门槛保持了软件行业的竞争力。

诸如埃里克·布林霍夫森、安德鲁·迈克菲、马丁·福特布林霍夫森、和泰勒·考恩(Tyler Cowen)等作者，总是举出同样的新兴或开创性技术的例子来证明他们关于经济将如何发展的观点。IBM深蓝计算机在1997年击败加里·卡斯帕罗夫(Garry Kasparov)，证明了按照既定的游戏规则，强力计算能力可能会超越人类的最佳思维。到2005年，人机国际象棋竞争已经到了尾声，排名最高的人类选手除了一场平局外输掉了其他所有的比赛。[20]当IBM的沃森在智力竞赛节目"危险"(Jeopardy)中击败了两位前世界冠军时，它又迈出了向前的另一步。在节目中，沃森不得不分解问题，以便知道在数据库中搜索什么。它对发现的可能答案进行排名，排名居首的答案具有足够高的确定度。[21]这是14年来向前迈出的重要一步。福特认为，这些进步将危及金融和其他领域的白领工作。[22]

有一些工作已经受到IT自动化的影响。自动交易或算法交易额已经占到市场总规模的75%。尽管如此，2000年到2016年金融部门的就业人数仍从780万增加到820万。然而，金融自动化也带来风险。2014年10月某日的15分钟内，10年期国债价格先突然下跌33个基点，随后又反弹了27个基点，较日平均值有7个标准差的偏差。这种事件发生的概率为16亿年一次。两年后，美国财政部公布了关于这次事件的报告，但没有找到明确的原因，仅表示这可能是算法交易的结果。[25]另一个正在被软件取代，且不太可能引发市场恐慌的职业是新闻业。除了互联网对报纸收入的负面影响外，软件目前可以自行创作固定类型的文章。自动洞察和写作科技(Automated Insights and Narrative Science)

公司为美联社、福克斯和雅虎等新闻机构提供能够创建财务报告和体育报道的软件。[26]这些算法的发展速度和适用范围仍有待观察。

关于大规模工作替代的争论焦点集中在机器学习上。马丁·福特认为,“如果只有一个关于计算机技术的虚构应该被扔入垃圾箱,那么就应该是认为计算机只能按照程序行事的普遍认知”。[27]作为机器学习更高形式的深度学习快速发展,范围涉及识别字迹、人脸、一般物体、语音,以及自然语言处理、目标识别和机器人。[28]布林霍夫森和迈克菲列出了一系列技术,如 Rethink 公司开发的可训练机器人 Baxter,波士顿动力公司制造的一种能够穿越崎岖地形的四足机器人 BigDog,以及亚马逊仓库中使用的 Kiva 机器人,来证明我们正处于重要拐点。[29]他们的观点与福特一样,认为现在这些技术能够执行非常规任务。

对布林霍夫森、迈克菲、福特和考恩来说,机器能力的提高将会导致经济上的更大不平等。中产阶级将被新技术所取代,数量变少,但对低工资、低技能和高工资、高技能工作的需求仍将保持旺盛。[30]这个预测基于戴维·奥特尔等人提出的劳动力市场两极分化的观点(如前所述),而且在可预见的未来不会改变。考恩认为,美国社会可能会分化为两个泾渭分明的阶层,但由于网络教育的进步,会有廉价的教育体系,以确保社会的精英治理。由于大多数城市的房产价格太高,因此将设立单独的低收入社区。他说:“事实上,我们将在美国的部分地区重建类似墨西哥或巴西的环境,但会增加技术含量,提高安全性。”[31]经济学家彼得·特明(Peter Temin)认为,一种基于种族和阶层不平等的二元经济,已经存在于美国。[32]考恩指出,医疗保健费上涨会造成赤字恶化,但由于富裕阶层的避税措施和政治力量增强，税收水平很难提高。[33]未来会诞生新的封建主义吗？布林霍夫森和迈克菲提供了一个不那么宿命的观点；他们认为不断上升的不平等现象更加易于管理。短期内，对土地或超级明星征收庇古税[34]、碳税和经济租金税可以缓解这个问题。长期而言，他们主张将负所得税作为保证基本收入，同时维持工作动力的最佳方式。[35]

马丁·福特的观点最为激进。考恩和福特都使用关于国际象棋的例子来展示机器学习的进展。在卡斯帕罗夫被深蓝击败后，一种新的国际象棋形式引起了人们的关注。棋手和电脑合作在所谓的自由式国际象棋中与对手对抗。人力/电脑团队的表现持续胜过电脑自身。令人惊讶的是，最优秀的自由式国际象棋棋手并不是传统国际象棋的精英。[36]这种技术是人类劳动的辅助。在福特看来，虽然存在辅助性技术的实例，却不足以阻止不断上升的技术失业现象。失业率将会上升，这将进一步加剧竞争并降低工资。假以时日，不平等会扩大到足以动摇消费型经济的程度。消费者需求不足会导致经济增长放缓。[37]对于福特而言，教育回报递减意味着保证基本收入是唯一可行的解决方案。[38]福特似乎对资本主义市场的未来充满疑虑。

对技术替代理论家的回应

经济学家戴维·奥特尔提出了不同观点。他在一篇题为“为什么还有这么多工作岗位”的文章中指出，大多数评论家倾向于高估取代劳动力而非辅助劳动力的自动化的规模。[39]他的观点是，自动化总体上可以辅助工作，增加创造高质量就业的机会。[40]他指出，人们对新产品和服务的渴望似乎永不满足，所以工作机会层出不穷。然而，这里有经济不平等问题："杠铃"的两端正在变大，一边是收入急剧增加的高收入上层中产阶级，另一边是越来越多的低端和低薪服务工作。中间的技能型中等工作岗位则在持续下降，例如制造业。虽然杠铃故事的一部分是自动化和电脑化，它们取代了一部分传统的工作，但总的来说，提高生产率会创造更多的社会收入和技能机遇。美国社会目前面临的最大问题是生产率低增长，这会影响可用于解决社会福利的收入。然而，低生产率意味着自动化的应用受到了限制。迈克尔·汉德尔（Michael Handel）对此予以认同。他认为，尽管人工智能、高级机器人和专家系统未来可能会取代部分工作，但迄今为止这些技术的进展有限。电子商务、互联网服务以及在线和移动交付在持续发展，它们需要新的技能，并没有造成大规模的工作消失。[41]

技术史学家戴维·米德尔（David Mindell）支持这种观点。他深入研究了四个主要机器人技术进步领域内的人机交互——海底作业、空间探索、无人驾驶飞机和无人驾驶汽车。[42]在每一个领域中，他都发现了机器人和人之间的深层互补性——双方都拥有可提升对方能力的技能。这与互联网和个人计算理论家 J. C. R. 利克里德 1960 年有关计算的著名论文观点一致。他从计算中看到了人机连续体，一种"人机共生"体（Cobotics），通过密切协作使得整体的综合性能得到了大幅提升[43]，这确实是该领域迄今为止的所有历史。即使是 Rethink Robotic 公司设计的 Baxter（一个可遵循声音指令的机器人，与"星球大战"中的 C－3PO 有相似之处，被视为是跨出了替代人类工作的最激进一步）仍离替代人类工作距离甚远。Baxter 的目标是协助制造业工人，承担普通和重复性的工作，使得员工有精力做更多的事情——它可以在人类的直接控制和指导下辅助人类，但不能取代人类。这又是一种人机交互，一种新工具，一种"cobot"（协作机器人）[44]。

易受自动化影响的工作类型仍然存在争议。制造业显然是焦点。如前所述，制造业的生产率提高会带来较高的收益，同时就业率下降。机器学习或深度学习可能会影响生产层面的制造，但也有可能消除一些白领工作。卡尔·贝内迪克特·弗雷（Carl Benedikt Frey）和迈克尔·奥斯本（Michael A. Osborne）考察了702种职业，预测其可被自动化取代的概率。他们发现，47%的美国就业机会有很高的自动化风险。[45]

罗伯特·阿特金森阿特金森指出了弗雷和奥斯本研究中存在的问题。首先，他们所预测的失业率最高的工作恰好是最近生产率增长有限的工作。其次，他们认为，近20多年的劳动力生产率每年增加3%[46]，目前的增长率在1%以内。这些进步发生的时间范围至关重要。19世纪和20世纪的生产率增长速度惊人，比过去十年快得多。从历史上看，更快的技术增长总是与较低的失业率相关联。如果技术在未来几十年内以更快的速度增长，我们预计财富也会大幅增加，而且这些财富不太可能从经济中剥离，而是会以某种方式再投资于经济。这是另一个影响技术短期替代效应的因素。

另一个用于批判技术性失业的经济命题是就业总量谬误。正如阿特金森指出的，这个谬误在于假设工作是固定不变的，一旦原有工作消失，不会出现新的工作。[47]例如，早期对于计算机的担忧只看到了计算机技术对某些现有工作类别产生的影响，而没有看到还需要大量的信息技术专业人员来操作、维护、改进和扩展计算机系统。重要的是记住，就业总量谬误理论在过去一直受政治操纵而分化。正如汤姆·沃克(Tom Walker)指出的那样,就业总量谬误首先是在19世纪末反对向8小时工作日过渡的争论中开始流行起来的。[48]路易吉·帕西内蒂(Luigi Pasinetti)提出了一个有趣的有关技术进步的观点:可以通过将新产品或更多商品引入市场,缩短工作日,或者将两者结合起来降低失业率,具体方式由社会来决定。[49]本质上,社会可以选择如何处理其生产率增益,这些选择会导致经济增长和生活水平的提高,或者维持当前的生活水平,但人们会有更多的闲暇时间。可以肯定地说,在20世纪的美国,增长比闲暇更重要。

经合组织的一项研究发现,在分析具有自动化风险的职业数量时,更好的方法是分析具体工作的任务内容,而非每个职业的平均任务内容[50],这是因为特定职业内的任务差异很大。这种更有针对性的方法发现,在较长时期内面临潜在自动化风险的工作数量要低得多。该研究使用了经合组织的成人技能调查(PIACC)数据,其中包括员工具体的工作内容。该研究估计,在22个受调查国家(包括美国)中,仅有9%的工作面临着很高的自动化风险。发达国家的水平介于6%至12%之间;美国是10%。高风险工作被定义为那些至少有70%的任务是可通过自动化完成的工作。可部分自动化(50%)的工作占比较高,约为25%,但更可能的情况是,工作本身将发生变化和重构。一般而言,受教育程度较低的工人被技术替代的风险最高。[52]

当前是否存在技术性替代的有力证据?

对于在不久的未来将出现大规模失业的预测应该引导我们去询问,当前技术对就业有何影响?一项针对1970年到2000年之间经合组织成员的研究发现，技术采用率高的国家的失业率仅略有上升，而技术落后国家的就业状况则严重恶化。[53]一项细分研究着眼于70年代到90年代之间大型计算机、个人电脑和互联网的引入，发现受影响部门的失业工人在寻找工作时更加困难。[54]詹姆斯·贝森(James Bessen)发现，虽然没有证据表明自动化对美国的就业产生了重大影响，但有证据表明自动化加剧了不平等。[55]这与经济学家克劳迪娅·戈尔丁、劳伦斯·卡茨和戴维·奥特尔在前几章讨论的调查结果是一致的，即面对工业经济中技术知识需求的不断增长，教育水平需要不断提高以领先这种曲线，对于那些无法跟上技术技能和教育曲线的人来说，会有负面的经济影响和不断加剧的不平等。

就技术净就业当前是否已经是经济中的一个重要因素，还是会在不久的未来发生，似乎还没有任何共识。例如，制造业中使用的机器人数量不断增加并不是什么秘密，但看起来机器人在生产中的应用速度已经显著放缓，制造业就业人数的下降似乎与这种放缓相一致(见图9-1)。格奥尔格·格雷茨(Georg Graetz)和盖伊·迈克尔斯(Guy Michaels)的一项研究考察了1993年至2007年间17个发达国家中机器人的影响。他们发现，在这段时间内，随着越来越多的机器人投入使用，劳动生产率和GDP增长分别提高了2%和3.14%，这与19世纪英国最初引入蒸汽动力所带来的影响相当。此外，他们还发现了一些在统计学上并不显著的证据，证明中低技能工人的工作时间可能有所下降，而高技能工人似乎并没有受到影响。格雷茨和迈克尔斯还发现了一些机器人具有“拥挤效应”的证据，这导致边际收益递减。[56]汽车行业比任何其他制造业都更广泛地使用机器人，估计占所有工业机器人的39%；[57]

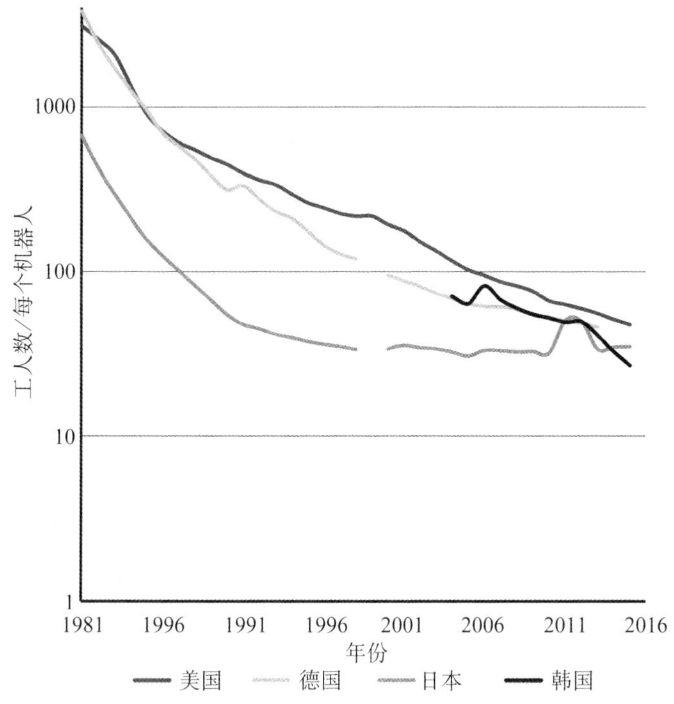

图 9-1　制造员工数量与工业机器人的数量比

资料来源：Compiled by P. L. Singer, September 2016, from Federal Reserve Economic Data, Employment by Economic Activity, https://fred.stlouisfed.org; D. Comin and B. Hohij, Cross-Country Technological Adoption: Making the Theories Face the Facts, Journal of Monetary Economics, January 2004; International Federation of Robotics and United Nations Economic Commission for Europe, World Robotics: 2015, 2014, 2013, 2010, 2009, 2005, 2004, https://ifr.org/worldrobotics.

汽车行业的"拥挤效应"可能有助于解释整体制造业中机器人安装速度的下降。

达龙·阿西莫格鲁和帕斯奎尔·雷斯特雷波（Pascual

Restrepo)最近主要使用与格雷茨和迈克尔斯相同的数据，研究了1990年至1990年美国通勤区(美国农业部经济研究局在20世纪80年代划分的经济区域)19个行业增加机器人产生的影响。他们发现，每千名工人每增加一名机器人，全国就业人口比例下降约0.34%，工资下降约0.5%。目前，每千名美国工人中有大约1.5—1.75台工业机器人。由于商品价格下降和其他行业的新就业，一些通勤区的就业损失部分被补偿。有趣的是，在机器人采用率最高的行业，他们发现就业人口比率和工资分别仅下降0.18%和0.25%，这意味其他行业的损失必然是其他因素，如负需求溢出的结果。[58]阿西莫格鲁和雷斯特雷波承认补偿就业的有限增长有些令人惊讶。然而，如果新机器人引入能节省50%以上的成本，就会增加就业。[59]阿西莫格鲁和雷斯特雷波指出，由于方法学限制，这种分析只是第一步，但他们确实发现机器人对工资和就业有负面影响。他们预计，在所研究的17年中，美国已经因机器人失去了36万—67万个工作岗位。这个数字相对温和。[60]这种趋势是继续，还是如布林霍夫森、迈克菲和福特预测的机器人快速扩张，还有待观察。

各种各样的新信息技术走向工作场所。它们包括先进的机器人技术、物联网、嵌入式传感器、大数据和分析、云基础设施、人工智能和机器学习。如果制造研究所取得成功，一系列新技术可以创造未来工厂。这些技术必须集成到一个系统中，但人们可以设想，一个未来工厂包括数字生产、辅助机器人、3D打印、先进材料、纳米加工、光子学、电力电子和其他新的生产技术。但这个新工厂会有很多员工吗？看看当今最先进的制造商之一，可以有所了解。

先进的半导体晶圆厂是当代最自动化的工厂——它近似一个

“熄灯”工厂，看起来像是没有人。这是先进制造可能看起来像什么的一个例子。但那里仍有工作。2013 年，GlobalFoundries 在纽约州北部建立了一个先进的晶圆厂，用于生产 300 mm 晶圆。[61]这个耗资数十亿美元的设施大小相当于六个美式足球场，并且能够全天 24 小时运营。GlobalFoundries 雇用了一系列技术工人，包括晶圆操作员、技术人员（这些人员占绝大多数）、工程师和管理人员。截至 2013 年底，共有 2 200 人受雇。通过工厂的经济活动间接雇用了更多的人。支持或间接就业与直接现场工作的比例估计约为 5 比 1——GlobalFoundries 统计的间接工作总数约为 11 000。尽管工厂提供了所有自动化，但就业仍然很重要——工厂的大型停车场有很多员工私家车。

根据第三章引用的资本投资和生产率下降数据，美国经济中提升生产率技术的应用似乎在放缓而非上升。这是否表明，正如马丁·福特所提出的那样，技术导致的消费需求疲软正在发生？或者，经济学家所谓的“长期停滞”是其他形式经济萎靡的结果？上述理论家预测的基于技术的大规模就业替代浪潮当前似乎还没有更多的发生迹象。它可能会出现，但至少它在某些领域是渐进的，短期内难以大规模爆发。

由于对自动化的投资没有激增，我们明天不太可能看到这种技术产生颠覆，尽管未来的颠覆可能是不可避免的。上面设想的未来工厂还有一段距离，因为制造研究所关注的组件技术是有五到十年的开发周期。然后它们将被整合，试验并放入系统。

即便如此，仍然会有现场、互补和间接的工作，正如先进的半导体工厂的例子所示。机器人专家吉尔·普拉特（Gil Pratt）和约翰·伦纳德（John Leonard）指出，丰田自动驾驶汽车项目的领导者提供了另一个有益的例子：他们认为城市区域驾驶的复杂性，例如左转问题，意味着完全无人驾驶可能需要十年的时间。[62]他们现在专注于让汽车更安全。因此，工作替代似乎是一个在十年后才会展开的问题，而不是立即，我们有足够的时间考虑必要的调整。例如，劳动力培训已经成为提升技能的优先事项，因此很少人将被留在后面，如第八章所述。

相反，经济和制造业似乎进入低增长和低生产率阶段，而非技术繁荣阶段。正如丹麦工会联合会副主席诺纳·海吉隆德（Nauna Hejlund）所说："新技术不是工人的敌人，旧技术才是。"[63]

长期停滞

大衰退以来，就像大萧条以后几乎所有的经济衰退一样，长期经济停滞的概念重新浮出水面。长期经济停滞的概念最初由阿尔文·汉森（Alvin Hansen）在1938年向美国经济协会发表的讲话中提出。汉森认为，长期经济停滞可以概括为"在襁褓时期已夭折的病态复苏，只能实现自我维持的经济萧条，会导致几乎不可克服的失业问题"。[64]在最基本的层面上，由于投资不足，经济最终陷入低增长和高失业率的窘境。汉森认为，投资渠道有三个：技术进步、人口增长和新的土地或资源。与19世纪相比，20世纪前十年人口增长显著放缓，外国投资机会或待开垦的疆域日益变少。技术创新是使经济恢复充分就业的最佳投资渠道，但汉森同时也承认技术失业发生的可能性。[65]克服经济萧条的唯一出路是大规模的新增投资，但需要投资于新兴行业或技术。[66]但是，如果技术进步不足，那么就有必要出台提振消费的政策。[67]美国在第二次世界大战期间的公共投资提供了汉森所谈及的刺激措施，结束了长达十年的停滞。

汉森 1938 年首次提出的长期经济停滞的概念得到了广泛关注。1950 年，本杰明·希金斯（Benjamin Higgins）推出了一个关于长期经济停滞的模型。正如希金斯指出的那样，到 1950 年，美国已经连续 7 年实现充分就业。尽管如此，20 世纪 30 年代的创伤仍然在经济学家心头挥之不去，并影响到美国经济研究局的研究，他们试图确定经济停滞是否仍然是潜伏在表面之下的怪兽。[68]战后，有人质疑长期停滞在理论上的合理性，甚至是否存在经济停滞的历史案例。然而，到了 20 世纪 60 年代，长期经济停滞几乎完全从经济话语中消失了。[69]20 世纪 60 年代的经济政策和越南战争助推了十年多的高通胀，以及 70 年代中期相应的高失业率。毫不奇怪，随着另一场经济危机迫在眉睫，长期经济停滞再度浮出水面。20 世纪 70 年代末，安东尼·斯卡珀兰达（Anthony Scaperlanda）认为，美国经济正在进入长期和日益加剧的就业不足阶段。斯卡珀兰达采用了希金斯开发的模型，该模型将经济停滞概念定义为完全没有增长，而非低增长。[70]对于凯恩斯主义经济学家来说，长期停滞一直是有效的经济衰退分析方法。

在 2008 年经济崩溃和缓慢复苏之后，长期停滞话题重新出炉可能只是时间问题。如果现在出现长期的经济停滞，那么起因是什么，有什么应对措施？特别是在历史上作为生产率增长引擎的制造业还能否发挥作用？

萨默斯公式

从 2013 年开始，劳伦斯·萨默斯（Lawrence Summers）使汉森的理论成为当前美国政策讨论的重要内容。萨默斯的需求方长期停滞理论主要围绕名义利率零下限(ZLB)的概念展开。应当指出，中央银行可以实施负的名义利率；瑞士、瑞典、丹麦和日本已经这样做了。国际清算银行(Bank for International Settlements)对负利率，特别是零售存款利率为负值时的不确定性表示担忧。[71]如果试图通过将储蓄转化为投资来恢复均衡时，储蓄超过投资导致利率下降，可能会导致更高的负实际利率(见图 9－2)。萨默斯的观点

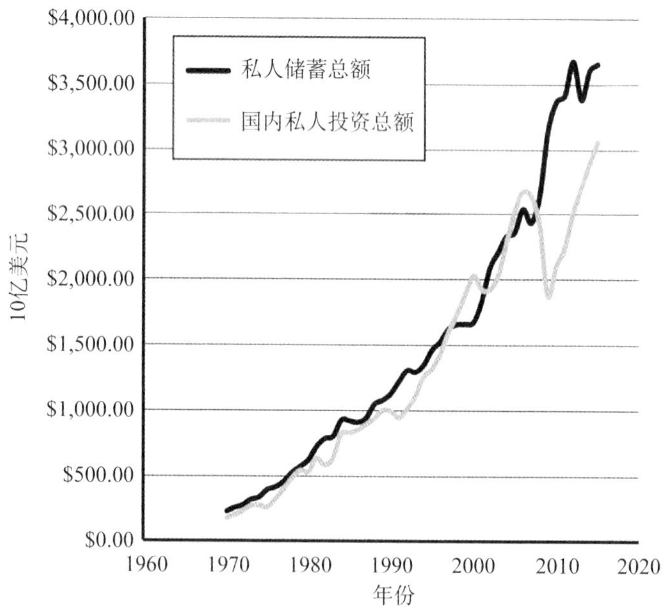

图 9－2　储蓄和投资

资料来源：Federal Reserve Bank of St. Louis. US Bureau of Economic Analysis (BEA), Gross Private Saving [GPSAVE]. https://fred. stlouisfed. org/series/GPSAVE; US Bureau of Economic Analysis (BEA), Gross Private Domestic Investment [GPDI]. https://fred. stlouisfed. org/series/GPDI.

是，当利率在零附近时，一个国家的产出不足以支持充分就业。[72]萨默斯列举了多个阻碍投资需求的因素：人口增速下滑、生产资料成本相对下降、大公司储备现金。在储蓄方面，萨默斯列举的不利因素包括发展中国家过度储蓄、危机后的金融监管、不平等以及中介费用增加。[73]储蓄超过投资导致增长速度放缓，增加了失业率。萨默斯的观点与萨伊定律（Say's Law）相反：不是供给创造自己的需求，而是需求无法创造足够的供给。[74]长期停滞的观点认为，除非有财政刺激措施，否则低增长将持续存在。由于零利率下限，单独的货币政策作用不大。

长期停滞的其他原因

并非所有人都同意萨默斯的观点。美联储前主席本·伯南克（Ben Bernanke）对这种长期停滞的构想持怀疑态度，因为他认为实际利率不太可能在长期内一直为负，而且这些发展的国际层面未被评估。[75]

罗伯特·戈登提出了不同的观点。他认为，目前的低增长和长期停滞状况不是需求不足的结果，而且供给侧的问题。正如本书所指出的那样，自 20 世纪 70 年代以来，美国整体全要素生产率的增速一直在下降（有阶段性的例外）。戈登指出，1972—1996 年和 2004—2014 年间全要素生产率增长率分别为 0.52%和0.54%。在 IT 革命期间，全要素生产率提高到 1.43%，仍低于 1970 年以前的水平。[76]因此，问题是 IT 革命是否正在退潮，技术进步收益的下降是暂时的，还是如戈登所说是持续性的。戈登认为，IT 带来的收益微不足道，零售业已经基本完成了从小规模向大规模的转变，供应链、分销和库存管理也取得了相应的进展。[77]对于戈登而言，解决一些"逆风"问题是改善增长的最佳选择，包括受教育程度、收入不平等、人口分布变化、政府债务和社会崩溃。[78]戈登认为，我们已经收获了技术发展带来的唾手可得的成果，未来的改善前景有限。这个观点具有高度的争议性，难以获得认同。国际货币基金组织最近的一份报告表明，技术进步并没有放缓，只是技术应用效率不足。[79]然而，本章开头所述的技术乐观主义者可能在这个反方向上走得太远。

另一个解释当前低利率和低增长经济状况的理论与安全资产短缺有关。大衰退之后，全球投资者都在试图购买低风险资产。货币泛滥逐步将利率推低至零下限，导致产出为恢复均衡而下降。拥有最安全资产的国家首当其冲面临大量资本流入，导致其货币升值。这正是美国的状况。在这种情况下，货币政策失效。根据里卡多·卡巴雷罗（Ricardo J. Caballero）、伊曼纽尔·法尔希（Emmanuel Farhi）和皮埃尔-奥利弗·古兰沙（Pierre-Olivier Gourinchas）的说法，在这种情况下最有效的政策是基于债务融资的财政扩张，即政府提高安全资产存量。[80]如前所述，事实上，直到2016年大部分发达国家的利率仍然接近甚至低于零。对美国国债（价格和收益率成反比）需求的上升以及美元的升值证明了安全资产的稀缺性。这是一个强有力的指标，表明政府债券需求充足，基于债务融资的财政扩张仍然可以以较低的利率实施。

应对长期停滞的替代政策

正如对经济衰退以来的经济复苏缓慢有多种解释一样，政策建议也各不相同。在2008年和2009年金融危机最严重的时候采用了债务融资方法，全世界的国家都采取了大规模的货币和财政刺激措施。最初的反应是协调一致的，以防止国际金融体系崩溃。2008 年 9 月 18 日至 10 月 29 日，美联储与 12 个国家开通货币互换业务。[81] 2007 年至 2009 年间，凯恩斯主义经济学短暂复苏。[82] 这个过程中的救助方式主要是将私人债务转移到公共资产负债表上；2007 年底，美国的债务占 GDP 的比例约为 63%，到 2012 年底增长到 101%。[83]

然而，与 20 世纪 30 年代一样，紧缩随后成为首选政策，因为主权债务被视为不稳定力量。[84] 许多经济学家，包括卡门・莱因哈特(Carmen Reinhart)和肯尼思・罗格夫(Kenneth Rogoff)的著作《今日不同：八个世纪的金融闹剧》，为紧缩政策提供了学术上的可信度。[85] 最近，由于有证据表明紧缩减缓了经济复苏并加剧了经济衰退，紧缩政策作为不利经济形势下的首选，再度遭到质疑。[86] 希腊成为紧缩政策产生反效果的一个例子，对国家经济造成了破坏性影响。[87]

财政刺激及其乘数

如果关于财政整顿的记录是如此少，是否有证据表明财政刺激实际上促进了增长？市场普遍认为，在经济衰退期间，财政政策是一种更重要的政策工具，特别是在货币政策达到极限时。[88] 数十年来对于以财政乘数为核心的财政政策的效率一直争论不休。财政乘数是公共支出增加或减少 1%所导致的 GDP 变动量。2013 年奥利弗・布兰查德(Olivier Blanchard)和丹尼尔・利(Daniel Leigh)在其撰写的国际货币基金组织(IMF)工作报告中认为，财政乘数被低估。布兰查德和丹尼尔指出，曾有学者估计过在利率达到零下限时的财政乘数，但唯一的实证数据来源于 20 世纪 30 年代。[89] 他们发现，在危机开始时，计算中使用的乘数约为 0.5，不到实际乘数的一半。[90]这会造成很大的影响：如果公共支出占 GDP 的比例减少 1%，就意味着经济萎缩超过 1%。根据所应用模型的不同，估计的乘数差别会很大。这些模型包括新凯恩斯主义、新古典和旧凯恩斯主义等假定市场不会出清的模型。艾伦·奥尔巴赫（Alan J. Auerbach）和尤里·戈罗德尼琴科（Yuriy Gorodnichenko）评估了其中的一些模型，发现财政刺激措施可能是有效的，在经济衰退期间不太可能会导致排挤私人投资或通货膨胀的潜在不良后果。[91]世上并不存在一个通用乘数，不同的国家和地区很可能有不同的乘数。

基础设施刺激措施

最常见的刺激政策建议之一是大规模的基础设施投资。这种投资属于经济学所谓的"公共产品"类别（传统上是道路、桥梁、下水道等），这也正是萨默斯提出的通过激发需求，使国家摆脱经济长期停滞的措施。支持增加基础设施投资的原因有很多。首先是美国基础设施状况恶化。美国土木工程师学会（ASCE）最近对美国基础设施给出了 D+ 评级，这意味着到 2020 年需要投资 3.6 万亿美元。[92]虽然这个结论的合理性尚有疑问，但确实表明了美国道路和桥梁的状况。根据世界经济论坛的数据，美国基础设施的排名落后于香港、新加坡和阿联酋等地[93]。基础设施投资的另一大吸引力是潜在工人的释放。2016 年 9 月，高中或以下文凭人员的失业率分别为 5.2% 和 8.5%。大学或以上学历人员的失业率为 2.5%。[94]此外，从 1994 年到 2014 年，24 岁至 54 岁男性的劳动力参与率从 91.7%下降到 88.2%。在此期间，女性的劳动力参与率下降了一半[95]。基础设施项目将为过去十多年来面临最大压力的人口创造就业机会，这是一个相当有力的理由。

基础设施支出的实际效果如何？萨默斯建议，十年内通过债务融资筹集的基础设施支出增加 GDP 的百分之一，约 2.2 万亿美元。萨默斯指出，如果实际利率保持在低水平，经济增长和更大的税基带来的回报将会高于借贷成本。[96]十年期债务融资项目具有很多问题。在过去的半个世纪里，基础设施方面的公共支出一直在缓慢下降。1959 年，基础设施投资占 GDP 的 3.0%，2014 年已下降到 2.4%。[97]2003 年至 2014 年，联邦基础设施支出下降了 19%[98]，部分原因在于公路信托基金主要由国家燃油税资助，但自 1993 年以来由于国会无法就加税达成一致，即使燃油效率和建筑成本已经大幅上涨，燃油税也一直冻结在 18.4 美分的水平。[99]如果考虑通货膨胀指数，那么到 2016 年燃油税应为约 45 美分。一项主要的交通基础设施投资面临长期融资的难题，假以时日，维护一定会出现困境，进而影响到运输业本身。[100]因此，对于基础设施的债务融资一直存在担忧。

与财政乘数相同，对于基础设施投资的经济收益也有不同观点。2014 年，国际货币基金组织支持增加公共基础设施，指出有效管理的项目可以在不增加债务与 GDP 比率的情况下进行债务融资。[101]毫不奇怪，也有其他不同的观点。例如，卡拉米・亚努谢夫斯基(Camilla Yanushevsky)发现，基础设施刺激无法降低债务占国内生产总值的比例。[102]阿穆布・钱德拉(Amitabh Chandra)和埃里克・汤普森(Eric Thompson)就新建州际公路对农村地区影响进行的研究发现，新建道路所经过的地区会出现经济增长，但增量基本上被相邻地区的经济衰退所抵消。[103]吉乐斯・杜兰顿(Gilles Duranton)和马修・特纳(Matthew Turner)对城市地区的研究以及弗劳梅尼在国家层面进行的分析发现，除了能促进短期就业以外，高速公路建设带来的收益微不足道。[104]这些观点没有削弱基础设施投资的必要性，基础设施对经济的良性运行至关重要，但债务融资可能是一种错误的融资类型。

2009年在金融危机高峰期通过的《美国复苏与再投资法案》（*ARRA*）可视为一个基础设施刺激案例。《美国复苏与再投资法案》的整个规模超过8 000亿美元。在2009年4月至2011年3月期间，交通运输部将全部支出的9.6％，即252亿美元用于基础设施建设。[105]截至2011年，这笔投资创造的工作岗位数量估计介于120万到360万个之间。[106]《美国复苏与再投资法案》成功地阻止了经济的螺旋式下滑，但是它也表明，短期内对基础设施的额外投资在金额方面会面临限制。在两年内投资了252亿美元的同时，产生了另外需要偿还的175亿美元。[107]这表明在十年内投资的2.2万亿美元很可能会大幅缩水。类似地，每年2 200亿美元的投资不会长期在经济中运转。《美国复苏与再投资法案》的案例显示，“铲子准备好了”的项目数量可能远远低于预期。此外，2016年秋季的失业率为5％，经济疲软的幅度远低于预期，没有太大必要刺激短期就业需求。我们预计基础设施的财政乘数将远低于几年前，随着大部分刺激资金的落实，这个乘数可能会更低，经济持续缓慢改善。

解释重要创新生命周期的一个通用模型基于康德拉耶夫波浪理论。技术经历研发、论证和试验阶段并最终为经济应用做好准备通常需要数十年时间。随后这种技术会经历大约十年的快速增长、普及应用，并导致相应生产率的提高。这是一种基于增量的渐进式增长，可以持续数十年，直至全面技术成熟。[108]罗伯特·戈登指出,重大进展只会发生一次,例如 1906 年到 1940 年之间汽车发动机性能的改善再也没有出现过。[109]州际交通体系的发展也遵循了类似的过程。第二次世界大战之前,美国高速公路一直发展缓慢,但伴随着内燃机技术的成熟,在艾森豪威尔时期开始大规模扩张,并一直持续到 20 世纪 70 年代。20 世纪六七十年代,州际交通建设领域的生产率收益开始显著下降。[110]

重要的是,公共工程项目对于生产率的显著改善似乎与促进或扩大主要新技术的使用有关。对于内燃机技术来说,这些公共工程项目就是道路建设。20 世纪 30 年代,农村电气化管理局提供的贷款促进了农业生产率的提高。[111]毫无疑问,投资于美国的大坝、桥梁、饮用水、港口和道路死有意义的。然而,这些项目的投资与重大的新技术浪潮无关——这些基础设施投资所需要的技术已经基本实现。因此,基础设施投资所带来的长期生产率提高和对应的增长虽然很重要,但可能相当小。

正如前面几章所讨论的那样,持续低迷的生产率增长似乎是一种趋势。基础设施刺激不是解决这个问题的良方。回顾戈登和萨默斯关于长期经济停滞的理论,可以认为,美国同时面临着需求和供给方面的问题。过去 15 年来,如何为未受过大学教育的工人阶级提供高质量工作的问题一直是关注焦点,持续的长期经济停滞进一步加剧了这个问题。

还有一个问题尚未得到充分解决。随着越来越多的婴儿潮一代退休,众所周知的人口结构变化即将到来,这将带来更多的挑战。2015 年,美国的抚养比与 1982 年几乎相同。[112]但问题看起来完全相反。越来越多处于黄金工作年龄的美国人没有工作,而 55 岁以上的美国人则更多地参与工作。制造业岗位的减少是部分原因，这个趋势在经济衰退之前就已开始。正如科尔温·查尔斯（Kerwin Charles）、埃里克·赫斯特（Erik Hurst）和马修·诺托维迪都（Matthew J. Notowidigdo）指出的那样，在经济衰退之前，制造业就业的下降部分被房地产泡沫所造成的就业增加而掩盖。[113]这进一步提出了疑问，即基础设施刺激措施是否会比房地产泡沫期间的建筑热潮更能帮助解决潜在的结构性问题。

总而言之，像大萧条时期那样通过刺激短期就业无法解决经济长期停滞的问题；我们已经走过了那个阶段。相反，经济面临着低生产率和低增长率问题，相应的收入不平等和创造高质量就业的问题，以及就业的年龄分布问题。这些都是更深层次的结构性问题，无法通过只能产生有限生产率收益，以促进短期就业和投资为重点的刺激方案来解决。[114]

先进制造在解决长期经济停滞中的作用

制造业的衰退已得到广泛认可和讨论。如第四章所述，在主流经济学中，这被解释为经济发展中的自然过程，是一次结构转型，从制造业经济转到服务经济。像农业一样，制造业的生产率水平很高，因此即使就业率下降，产出也可能继续增加。从历史上看，制造业生产率一直保持高增长。根据经济分析局的资料，1997年至2015年期间，制造业的实际增加值约为40%。[115]尽管在这个估计中存在计量问题，但它表明制造业可以为一个经济体提供生产率比例因子。[116]

这并不是说美国有可能恢复到1979年的制造业就业水平，即1 950万个岗位，但2000年之后的十年中制造业就业人数令人难以置信地持续下降也不一定代表制造业的未来。正如第三章所讨论的那样，先进制造业的实际就业收益并不在工厂生产本身——沙漏的狭窄中心——而是在沙漏的顶部和底部，生产的投入和产出部分。因此，主要收益在过沙漏连通的企业价值链中，从投入（资源、组件、研发）到产出（分销、零售、产品生命周期支持）这个过程中。如上所述，从工厂角度衡量制造业就业机会忽略了制造业在经济中的连接作用，先进制造业的真正收益在整个沙漏中。而且，正如第三章所讨论的那样，未来的公司可能会融合产品与服务，增加附加服务可交易性的流程也提高了服务部门的生产率。

对先进制造业的大量投资有助于直接解决工人失业、工资和黄金年龄工人未就业等潜在问题。这不是短期刺激措施，而需要很长的实施时间。但是，目前的经济问题是结构性而非周期性的，这种方法确实能够解决一些最关键的问题。此外，有别于上文讨论的与技术驱动的新创新浪潮无关的传统基础设施投资，先进制造业与一系列主要技术进步相关（详见第五章和第六章）。虽然针对的是成熟的传统部门，即制造业，但先进制造业致力于遵循规模化生产和高质量制造等技术驱动型创新浪潮的模式。通过对先进制造基础设施的支持推动具有重大影响的技术进步，生产率提高的潜在幅度将远远超出预期。

对先进制造业的支持不能采用传统基础设施的“公共品”运营方式。制造基础设施（战时或经济危机时除外，例如联邦政府在大衰退时期接管大部分汽车业）传统上一直为私人持有。经济学家长期以来一直反对“产业政策”，抗议政府对市场的低效干预。[117]先进制造业项目将设计为由行业，而非政府主导的产业。政府应继续扮演由于市场失灵而长期以来获得市场认可且历史悠久的研发和教育角色，为先进制造业提供传统的“公共产品。

把两年制和四年制大学与制造商联盟和政府研发机构联合起来，为制造技术进步以及帮助工人回归制造业价值链提供了一条真实路径。正如第四章所讨论的那样，这是政府重组劳动力培训计划，建立比贸易调整援助计划更有效系统的机会。这是一项重要投资的另一个原因在于，制造业，特别是新技术生产在美国创新体系中占有重要位置。尽管主流经济学难以区分不同经济部门的生产率属性，但制造业确实非常重要。[118]短期内，制造业刺激计划的效果可能低于投资于传统基础设施，但由于包括了供应因素，更有利于长期增长。我们会面对福特、布莱恩霍夫森和迈克菲所描述的那种世界吗？除非目前的趋势逆转，否则短期内不会发生。目前仍然需要寻找解决方案，比如通过制造业的高就业乘数解决已经存在的严重不平等问题。投资于先进制造可能是适应21世纪的关键一步。

注释

1. Riots at Nottingham, *Times* (London, England), November 18, 1811, *The Times Digital Archive*.
2. Roger Luckhurst, Automation, in *The Oxford Handbooks Online* (Oxford: Oxford University Press, November 2014). http://www.oxfordhandbooks.com/view/10.1093/oxfordhb/9780199838844.001.0001/oxfordhb-9780199838844-e-17.
3. John Beckett, Luddites, The Nottingham Heritage Gateway website, http://www.nottsheritagegateway.org.uk/people/luddites.htm.
4. Paul Lindholdt, Luddism and Its Discontents, *American Quarterly* 49, no. 4 (1997): 866.
5. Luckhurst, Automation.
6. Lindholdt, Luddism and Its Discontents, 868.
7. Joel Mokyr, Chris Vickers, and Nicolas L. Ziebarth, The History of

Technological Anxiety and the Future of Economic Growth: Is This Time Different?, *Journal of Economic Perspectives* 29, no. 3(2015): 34.

8. Susan Helper, Timothy Krueger, and Howard Wial, Why Does Manufacturing Matter? Which Manufacturing Matters? (paper, Brookings Institution, Washington, DC, February 22, 2016), 9 - 10.
9. Chester Levine, Laurie Salmon, and Daniel H. Weinberg, Revising the Standard Occupational Classification System, *Monthly Labor Review* (May 1999): 43 - 44.
10. Stanley Lebergott, Labor Force and Employment, 1800 - 1960, in *Output, Employment, and Productivity in the United States after 1800*, ed. Dorothy S. Brady (New York: National Bureau of Economic Research, 1966), 119.
11. Ibid., 36.
12. John Maynard Keynes, *Essays in Persuasion* (New York: Classic House Books, 2009), 197.
13. Lydia Saad, The 40-Hour Workweek Is Actually Longer — by Seven Hours, *Gallup*, August 29, 2014.
14. Erik Brynjolfsson and Andrew McAfee, *The Second Machine Age: Work, Progress, and Prosperity in a Time of Brilliant Technologies* (New York: Norton, 2014), 41.
15. Ibid., 42.
16. Ibid., 49.
17. Ibid., 62.
18. Martin Ford, *Rise of the Robots: Technology and the Threat of a Jobless Future* (New York: Basic Books, 2015), 77.
19. Sharon Pian Chan, Long Antitrust Saga Ends for Microsoft, *Seattle Times*, May 12, 2011.
20. Tyler Cowen, *Average Is Over: Powering America beyond the Age of the Great Stagnation* (New York: Plume, 2014), 69.
21. Ford, *Rise of the Robots*, 100 - 101.
22. Ibid., 113.
23. Atul Prakash, Rocky Markets Test the Rise of Amateur "Algo" Traders, Reuters, January 28, 2016.
24. Bureau of Labor Statistics (BLS), Employment, Hours, and Earnings,

Current Employment Statistics, October 15, 2016. https://www.bls.gov/ces/.

25. Robin Wigglesworth, Banks Deflect Attempts to Bring Sunlight to Bond Dealing, *Financial Times*, October 10, 2016; Tracy Alloway and Michael MacKenzie, Bonds: Anatomy of a Market Meltdown, *Financial Times*, November 17,2014.
26. Klint Finley, This News-Writing Bot Is Now Free for Everyone, *Wired*, October 20,2015.
27. Ford, *Rise of the Robots*, 107.
28. Ben-Bright Benuwa, Yongzhao Zhan, Benjamin Ghansah, Dickson Keddy Wornyo, and Frank Banaseka Kataka, A Review of Deep Machine Learning, *International Journal of Engineering Research in Africa* 24(2016): 132.
29. Brynjolfsson and McAfee, *The Second Machine Age*, 30 - 33.
30. Cowen, *Average Is Over*, 39 - 40.
31. Ibid., 244 - 245.
32. See Peter Temin, *The Vanishing Middle Class: Prejudice and Power in a Dual Economy* (Cambridge, MA: MIT Press, 2017).
33. Cowen, *Average Is Over*, 233.
34. A "Pigovian tax" is a fee imposed against private individuals or businesses for engaging in a specific activity. It is designed to discourage activities that create negative externalities (such as pollution) by bringing in line private and social costs. It was named after British economist Arthur C. Pigou, a leading early contributor to externality theory.
35. Brynjolfsson and McAfee, *The Second Machine Age*, 225 - 227,237 - 238.
36. Cowen, *Average Is Over*, 77 - 80.
37. Ford, *Rise of the Robots*, 194 - 198.
38. Ibid., 257.
39. David H. Autor, Why Are There Still So Many Jobs? The History and Future of Workplace Automation, *Journal of Economic Perspectives* 29, no. 3 (Summer 2015): 5.
40. David Autor, presentation on the Future of Work, roundtable discussion, MIT, January 9,2016.
41. Michael J. Handel, presentation on Skills, Job Creation and Labour Markets,

Conference on Smart Industry: Enabling the Next Production Revolution, OECD and Sweden Ministry of Enterprise and Innovation, Stockholm, September 18, 2016.

42. David Mindell, *Our Robots, Our Selves: Robotics and the Myths of Autonomy* (New York: Penguin Random House, 2015).
43. J. C. R. Licklider, Man-Computer Symbiosis, *IRE Transactions on Human Factors in Electronics* 1 (March 1960): 4 - 11, http://groups.csail.mit.edu/medg/people/psz/Licklider.html.
44. Rethink Robotics, company website, http://www.rethinkrobotics.com.
45. Carl Benedikt Frey and Michael A. Osborne, The Future of Employment: How Susceptible Are Jobs to Computerization? Working Paper, Oxford Martin Programme on Technology and Employment, September 17, 2013, 44. http://www.oxfordmartin.ox.ac.uk/downloads/academic/future-of-employment.pdf.
46. Robert D. Atkinson, "It's Going to Kill Us!" and Other Myths about the Future of Artificial Intelligence, Information Technology and Innovation Foundation, Washington, DC, June 2016, 13 - 14.
47. Ibid., 14.
48. Tom Walker, Why Economists Dislike a Lump of Labor, *Review of Social Economy* 65, no. 3 (September 2007): 281 - 282.
49. Ibid., 285.
50. Melanie Arntz, Terry Gregory, and Ulrich Zierahn, Risk of Automation for Jobs in OECD Countries, a Comparative Analysis, OECD Social, Employment and Migration Working Paper 189, OECD, Paris, June 16, 2016.
51. David Autor and Michael Handel, Putting Tasks to the Test: Human Capital, Job Tasks, and Wages, *Journal of Labor Economics* 31, no. 2 (2013): S59 - S96.
52. Organization for Economic Cooperation and Development (OECD), Automation and Independent Work in a Digital Economy, Policy Brief, OECD, Paris, May 2016, 2, http://www.oecd.org/employment/Policy%20brief%20-%20Automation%20and%20Independent%20Work%20in%20a%20Digital%20Economy.pdf.
53. Georg Duernecker, Technology Adoption, Turbulence, and the Dynamics of

Unemployment (paper, University of Mannheim, 2009).

54. Constantine Alexandrakis, Sectoral Differences in the Use of Information Technology and Matching Efficiency in the U. S. Labour Market, *Applied Economics* 46, no. 29(2014).

55. James Bessen, How Computer Automation Affects Occupations: Technology, Jobs, and Skills, *Vox*, *CEPR Economic Policy Portal*, September 22, 2016. http://voxeu.org/article/how-computer-automation-affects-occupations.

56. Georg Graetz and Guy Michaels, Robots at Work, Centre for Economic Performance Discussion Paper 1335, Centre for Economic Performance, London, England, March 2015, 4 - 5.

57. Daron Acemoglu and Pascual Restrepo, Robots and Jobs: Evidence from US Labor Markets, NBER Working Paper No. 23285, National Bureau of Economic Research, March 2017, 2; Council of Economic Advisors to the President, Economic Report of the President Together with the Annual Report of the Council of Economic Advisors (Washington, DC: White House, February 2016), 234 - 235.

58. Acemoglu and Restrepo, Robots and Jobs, 1 - 5 and 36 - 37.

59. Ibid., 28.

60. Ibid., 36 - 37.

61. Michael A. Russo, Director of Government Relations, Regulatory Affairs & Strategic Initiatives — GlobalFoundries, GlobalFoundries Update, slide presentation, Nov. 27, 2013. See also, Charles W. Wessner and Thomas R. Howell, New York's Nanotechnology Initiative: Best Practices and Challenges (paper), March 12, 2017, 8 (jobs at the GlobalFoundries Malta, New York fab subsequently grew to 4000 direct and 20,000 indirect).

62. Hiawatha Bray, Teaching a driverless car to turn left, *The Boston Globe*, April 22, 2017, http://apps.bostonglobe.com/business/graphics/2017/04/driverless/series/teaching-a-driverless-car-to-turn-left/.

63. Nauna Hejlund, presentation on Skills, Job Creation and Labour Market, Conference on Smart Industry: Enabling the Next Production Revolution, OECD and Sweden Ministry of Enterprise and Innovation, Stockholm, September 18, 2016.

64. Population Council, Alvin Hansen on Economic Progress and Declining

Population Growth, *Population and Development Review* 30, no. 2 (June 2004): 333.

65. Ibid., 338 - 339.
66. Ibid., 340.
67. Ibid., 341.
68. Benjamin Higgins, The Concept of Secular Stagnation, *American Economic Review* 40, no. 1 (March 1950): 160.
69. W. Robert Brazelton, Alvin Harvey Hansen: Economic Growth and a More Perfect Society: The Economist's Role in Defining the Stagnation Thesis and in Popularizing Keynesianism, *American Journal of Economics and Sociology* 48, no. 4 (October 1989): 437.
70. Anthony Scaperlanda, Hansen's Secular Stagnation Thesis Once Again, *Journal of Economic Issues* 11, no. 2 (June 1977): 225.
71. Morten Bech and Aytek Malkhozov, How Have Central Banks Implemented Negative Policy Rates? *BIS Quarterly Review*, March 2016.
72. Lawrence H. Summers, Demand Side Secular Stagnation, *American Economic Review: Papers and Proceedings* 105, no. 5(2015): 61.
73. Ibid., 62.
74. Ibid., 63.
75. Ben S. Bernanke, Why Are Interest Rates So Low? Part 2: Secular Stagnation, Brookings Institution, March 30, 2015. Summers, Eggertsson, and Mehrotra released a paper that included an international dimension after Bernanke made this critique. In an open market, there must be similar conditions throughout the world. Bernanke proposes another explanation, deemed the global savings glut. Since the Fed's Paul Volcker raised interest rates to 15% in 1981, there has been a steady and continual decline in rates. The driver of this decrease is excessive savings in a number of emerging markets. Increasing capital outflows from these countries to the United States drive down the long-term interest rate. The dollar appreciates, and the U. S. saw current account balances grow. Unlike secular stagnation, monetary policy, mostly in developing countries, can correct the problem. This lack of balance is very evident in the current account number: in 2015, the United States had a deficit of $462 billion, while Germany had a surplus of $285

billion and China a surplus of ＄293 billion. Much of the appeal for this explanation likely lies in the fact that the burden of monetary and fiscal policy falls on developing countries. See Gauti B. Eggertsson, Neil R. Mehrotra, and Lawrence H. Summers, Secular Stagnation in the Open Economy, *American Economic Review*: *Papers and Proceedings* 106, no. 5(2016); Ben S. Bernanke, Why Are Interest Rates So Low? Part 3: The Global Savings Glut, Brookings Institution, April 1, 2015; World Bank, Current Account Balance (BoP, current US ＄) http://data. worldbank. org/indicator/BN. CAB. XOKA. CD; Sean Miner, China's Cur-rent Account in 2015: A Growing Trade Surplus, Peterson Institute for International Economics, Washington, DC, February 8, 2016.

76. Robert J. Gordon, Secular Stagnation: A Supply-Side View, *American Economic Review*: *Papers and Proceedings* 105, no. 5(2015): 55.
77. Ibid., 56.
78. Robert Gordon, *The Rise and Fall of American Growth* (Princeton, NJ: Princeton University Press, 2016), 607.
79. Roberto Cardarelli and Lusine Lusinyan, U. S. Total Factor Productivity Slowdown: Evidence from the U. S. States, IMF Working Paper, International Monetary Fund, Washington, DC, May 2015, 5.
80. Ricardo J. Caballero, Emmanuel Fari, and Pierre-Olivier Gourinchas, Safe Asset Scarcity and Aggregate Demand, January 26, 2016, 1, 10, later released as NBER Working Paper 22044, National Bureau of Economic Research, Cambridge, MA, February 2016. One piece of evidence supporting this theory is that between December 2009 and December 2015, the tradeweighted U. S. dollar index exchange value compared against major currencies apprecia ted from about 72 to 94. This was an increase of over 30% — with close to no change in interest rates. The yield on the ten-year Treasury note decreased from a range between 3. 28% and 3. 85% in December 2009 to between 2. 13% and 2. 33% in December 2015. See Federal Reserve System Board of Governors, Trade Weighted U. S. Dollar Index: Major Currencies [DTWEXM]. https://fred. stlouisfed. org/series/DTWEXM. ; Department of the Treasury, Daily Trea-sury Yield Curve Rates. https://www. treasury. gov/resource-center/data-chart-center/interest-rates/Pages/TextView. aspx? data= yield

Year&year = 2015.

81. Michael J. Fleming and Nicholas J. Klagge, The Federal Reserve's Foreign Exchange Swap Lines, *Federal Reserve Bank of New York Current Issues in Economics and Finance* 16, no. 4 (April 2010).

82. Chan Sewell, The 2010 Campaign: Democrats Are at Odds on Relevance of Keynes, *New York Times*, October 19, 2010.

83. Federal Reserve Bank of St. Louis and U. S. Office of Management and Budget, Federal Debt: Total Public Debt as Percent of Gross Domestic Product [GFDEGDQ188S]. https://fred.stlouisfed.org/series/GFDEGDQ188S.

84. See Mark Blyth, *Austerity: The History of a Dangerous Idea* (Oxford: Oxford University Press, 2013).

85. Carmen M. Reinhart and Kenneth S. Rogoff, *This Time Is Different: Eight Centuries of Financial Folly* (Princeton, NJ: Princeton University Press, 2009).

86. Christopher L. House, Christian Proebsting, and Linda Tesar, Austerity in the Aftermath of the Great Recession, NBER Draft, National Bureau of Economic Research, Cambridge, MA, November 24, 2015.

87. While Greece is a unique case because of its place in the Eurozone, it highlights the potentially devastating impact of austerity. In 2007, the GDP in Greece was around € 63 billion (in chained 2010 euros), but by midway through 2016, it had fallen to € 46 billion. About 27% of the country's GDP was lost, with poverty increasing from 2.2% to 15% between 2009 and 2015. The shortcomings of austerity are now more widely acknowledged, with the IMF, which had participated in the Greek bailout with its stringent conditions, changing tack in 2012. It is important to remember this episode in the wake of the crisis because in essence this delay likely contributed to the slow recovery.

88. Olivier Blanchard, Giovanni Dell'Ariccia, and Paolo Mauro, Rethinking Macroeconomic Policy, *Journal of Money, Credit and Banking* 42, no. 5 (September 2010): 205.

89. Olivier Blanchard and Daniel Leigh, Growth Forecast Errors and Fiscal Multipliers, IMF Working Paper, International Monetary Fund, Washington, DC, January 2013, 3.

90. Ibid., 19.
91. Alan J. Auerbach and Yuriy Gorodnichenko, Fiscal Multipliers in Recession and Expansion, in *Fiscal Policy after the Financial Crisis*, ed. Alberto Alesina and Francesco Giavazzi (Chicago: University of Chicago Press, 2013), 91–92.
92. American Society of Civil Engineers, 2013 Report Card for America's Infrastructure, http://www.infrastructurereportcard.org/.
93. Elena Holodny, The 11 Countries with the Best Infrastructure around the World, *Business Insider*, October 2, 2015.
94. Bureau of Labor Statistics (BLS), Table A–4. Employment Status of the Civilian Population 25 Years and Over by Educational Attainment, October 7, 2016. http://www.murraylax.org/eco120/fall2016/bls20161007_short.pdf.
95. Bureau of Labor Statistics (BLS), Table 3.3. Civilian Labor Force Participation Rate by Age, Gender, Race, and Ethnicity, 1994, 2004, 2014, and projected 2024 (in percent), December 8, 2015. https://www.bls.gov/emp/ep_table_301.htm.
96. Lawrence H. Summers, Building the Case for Greater Infrastructure Investment, *Financial Times*, September 11, 2016.
97. Congressional Budget Office (CBO), Public Spending on Transportation and Water Infrastructure, 1956 to 2014, March 2015, 10.
98. Ibid., 14.
99. Chris Mooney, The Gas Tax Has Been Fixed at 18 Cents for Two Decades. Now Would Be a Great Time to Raise It, *Washington Post*, December 3, 2014.
100. Governor of Connecticut's Transportation Finance Panel, Final Report, January 15, 2016, 7–8, http://portal.ct.gov/uploadedFiles/Departments_and_Agencies/Office_of_the_Governor/Learn_More/Working_Groups/2016.01.15%20TFP%20 final%20report.pdf.
101. International Monetary Fund (IMF), World Economic Outlook 2014: Legacies, Clouds, Uncertainties (Washington, DC: International Monetary Fund, October 2014), 75.
102. Camilla Yanushevsky and Rafael Yanushevsky, Is Infrastructure Spending an Effective Fiscal Policy?, *Metroeconomica* 65, no. 1(2014): 134–135.

103. Amitabh Chandra and Eric Thompson, Does Public Infrastructure Affect Economic Activity? Evidence from the Rural Interstate Highway System, *Regional Science and Urban Economics* 30(2000): 459 - 460.

104. Barbara M. Fraumeni, The Contribution of Highways to GDP Growth, NBER Working Paper 14736, National Bureau of Economic Research, Cambridge, MA, February 2009; Gilles Duranton and Matthew A. Turner, Urban Growth and Transportation, *Review of Economic Studies* 1 (2012).

105. Daniel J. Wilson, Fiscal Spending Jobs Multipliers: Evidence from the 2009 American Recovery and Reinvestment Act, *American Economic Journal: Economic Policy* 4, no. 3(2012): 258 - 259.

106. Ibid. , 278.

107. Ibid. , 258 - 259.

108. Robert D. Atkinson, *The Past and Future of America's Economy: Long Waves of Innovation That Power Cycles of Growth* (Cheltenham: Edward Elgar, 2004); Carlota Perez, *Technological Revolutions and Financial Capital: The Dynamics of Bubbles and Golden Ages* (Cheltenham: Edward Elgar, 2002).

109. Gordon, *The Rise and Fall of American Growth*, 170.

110. Ibid. , 390 - 391.

111. Carl Kitchens and Price Fishback, Flip the Switch: The Impact of the Rural Electrification Administration 1935 - 1940, *Journal of Economic History* 75, no. 4 (December 2015).

112. World Bank, Age Dependency Ratio (% of Working-Age Population): United States. http://data. worldbank. org/indicator/SP. POP. DPND? locations = US.

113. Kerwin Kofi Charles, Erik Hurst, and Matthew J. Notowidigdo, The Masking of the Decline in Manufacturing Employment by the House Bubble, *Journal of Economic Perspectives* 30, no. 2 (Spring 2016): 181.

114. Peter L. Singer, Investing in "Innovation Infrastructure" to Restore U. S. Growth (Washington, DC: Information Technology and Innovation Foundation [ITIF], January 3, 2017), http://www2. itif. org/2017-innovation-infrastructure. pdf? _ga = 1. 198109420. 2108411368. 1483563653.

115. Bureau of Economic Analysis (BEA), Real Value Added by Industry, April 21, 2016. https://fred.stlouisfed.org/release/tables?rid=331&eid=245.
116. This rise in real value added, according to the Bureau of Economic Analysis, was primarily driven by a 699% increase in the computer and electronic products sector. Only the petroleum and motor vehicles sectors increased by more than manufacturing as a whole, about 61% and 67%, respectively. Eight of the 19 sectors actually saw a decrease in value added, according to the government statistics. These very high increases in value added and output can distort analyses of the manufacturing industry as a whole. An ITIF study shows the distortion that measurement problems in computing and energy sector data introduce into manufacturing data. See Robert D. Atkinson, Luke A. Stewart, Scott M. Andes, and Stephen Ezell, Worse than the Great Depression: What the Experts Are Missing about American Manufacturing Decline (Washington, DC: Information Technology and Innovation Foundation [ITIF], March 19, 2012), http://www2.itif.org/2012-american-manufacturing-decline.pdf. Houseman, Bartik, and Sturgeon note that when the computer industry is dropped from measures, the data shows that an increase in demand for manufactured goods increases employment. See Susan N. Houseman, Timothy J. Bartik, and Timothy J. Sturgeon, Measuring Manufacturing: How the Computer and Semiconductor Industries Affect the Numbers and Perceptions, Upjohn Institute Working Paper 14-209, Upjohn Institute, Kalamazoo, MI, January 2014, 4.
117. Perhaps the best articulation of this concern was in Charles L. Schultze, Industrial Policy: A Dissent, *Brookings Review* 2, no. 1 (Fall 1983): 3-12, http://www.brookings.edu/~/media/Files/rc/articles/1983/industrial_policy_schultze.pdf. For a conservative perspective on the industrial policy debates in the 1980s, see also Richard B. McKenzie, Industrial Policy, in *Concise Encyclopedia of Economics*, 2nd ed., 2007 (Library of Economics and Liberty), http://www.econlib.org/library/Enc1/IndustrialPolicy.html.
118. Helper, Krueger, and Wial, Why Does Manufacturing Matter? See also Stephen S. Cohen and John Zysman, *Manufacturing Matters: The Myth of a Post-industrial Economy* (New York: Basic Books, 1987).

第十章

结论：制造业从未如此重要

21 世纪的前十年对美国制造业来说痛苦不堪。生产岗位下降了三分之一，制造业产出、投资和生产率下降，制成品贸易逆差达到令人担忧的水平。出现了一系列的市场失灵问题：在需求方面，太多生产企业，尤其是中小企业缺乏信息、资源和知识来部署新模式和新技术，以跟上国外低成本竞争对手的步伐。在供应方面，大型企业在“轻资产”金融模式的驱动下，未能为其供应链中的小企业提供支持。随着制造生态系统日益薄弱，小公司越来越“孤独”。[1] 在此期间，约有 6 万家工厂关闭。这直接导致社会动荡，严重打击了美国工人阶级。后来行业状况有所好转，但称不上健康，仍然面临着深层的结构性问题。如果要解决经济不平等和创造高质量就业等挑战，就需要持续改进，其中的关键是驱动制造业强力创新，这有助于逆转停滞的生产率水平，提高效率，提高该行业应对国外低工资和低生产制造商的竞争力。

本书的核心思想是可通过建立新的生产范式来改革制造业。历史上有过先例：美国规模化生产的发展和日本优质制造业的出现是两个最好的例子。这些生产范式源自技术进步，并转化为新的生产流程和商业模式。美国能否开发出新的生产范式来提高生产效率并降低成本，以便更好地与低成本生产商竞争，尤其是亚洲的生产商？技术专家现在告诉我们，一系列与生产相关的重要技术正在浮现，这些技术可以帮助我们创造新的生产范式，从而极大改变复杂高价值商品的生产方式。这正是先进制造业的核心理念。这些技术进步也由新的流程和商业模式相伴。目前已经成立了先进制造研究所来开发和应用新的生产范式。

但是这项工作还需要纳入更多的内容。

来自美国制造业历史的经验

仔细研究美国制造业历史上的关键事件（第二章），可以了解到很多有关生产的经验教训。早期的工业革命历史告诉我们“思维和行动”的重要性——创新不是简单通过学习来实现的，而是依靠“做中学”。生产和贯彻技术的开发和应用，使创新落地，是创新的关键部分。创新流程本身也给我们提供了不少经验教训：只有经过多年的“专业实践”——多年的研究和测试——才能实现重大突破。此外，仅靠研发是不够的，只有在经历了无休止的工程和工程再造、测试和论证，才能实现创新在制造业的规模化应用。创新需要以上两个条件。批量生产本身就是一个考验，它不仅仅显示了生产技术进步的重要性，而且显示了相关生产流程和商业模式改进的重要性。所有这三个领域都需要创新。

19 世纪上半叶美国通过开发通用机器制造部件实现了规模化生产，并示范出政府的作用。数十年来，在政府提供的长期和耐心的资本扶持下，才最终开发出能生产可互换部件的早期机床；私营部门很难承担这种长期风险。当前经济中仍然存在长期资本不足问题，风险资本仍然集中于短期增量式增长，而不是长期的重大进步。20 世纪下半叶的主要技术进步——航空、航天、电子、核电、计算机和互联网——都属于后者，而且都源于国防部的“连接”创新体系。该体系承担了研究、开发、论证、测试和创造市场的任务。美国政府在这个创新体系中扮演了重要角色。20 世纪八九十年代，美国半导体技术联盟努力恢复美国在半导体制造行业的技术领先地位。在这一过程中，美国国防高级研究计划局通过与行业、政府和大学合作的方式分担了部分成本。这是政府参与高级制造业协作的早期路径。所有这些尝试都源于“挑战”模式——为重大进展设定技术挑战，并组织项目助其实现。这为当前重振先进制造业提供了经验。

从中得到的另一个经验是，美国的创新体系，就像它在战后时期所演变的那样，是围绕着制造业以外的技术挑战而组织起来的。战争结束后，美国制造业的领先地位已经确立，主宰了世界生产，所以制造业不是问题。当时的问题是如何建立一个强大的“前端”研发体系，延续战争期间已经启动的工作。因此，主要在战中和战后建立的美国创新体系从未专注于生产创新，而是侧重于一系列其他技术挑战。如上所述，其他国家并未采用这种方式，德国、日本、韩国和中国已经围绕制造业组织了创新体系。美国为未能更好地组织生产创新体系付出了代价。

建设先进制造业的尝试

在 2010 年至 2015 年大衰退的余震期间（详见第三章），制造业新政策开始出现。最初，出现了一系列倡导新政策的文章。美国政府首次将创新政策应用于制造业，在美国总统的直接领导下，白宫制定了一项基于创新的战略，试图重振美国的制造业。

这个战略基于一系列重要报告（请参见第五章）。麻省理工学院"创新经济中的生产"研究发现，制造业生态系统的弱化不仅会危害制造业，而且会危及作为美国重要比较优势的创新体系本身。美国总统提名了一个由制造业公司首席执行官和大学校长组成的特别工作组，即先进制造业合作伙伴（AMP）小组，以仿效德国的弗劳恩霍夫研究所，组建先进制造研究所，开发一系列先进制造业技术范式。在2012年发布AMP1.0报告之前，政府开始实施该计划。2014年的第二份报告"AMP 2.0"补充了制造业创新政策建议，倡导围绕先进制造技术和流程的公私合作技术战略，促进政府研发机构与新建制造研究所的交流，建立共享学习和最佳实践网络以及新的员工培训模式。创新政策当然不是制造业复苏所需的唯一政策，但它是一个核心节点，也是一种重要的新理念。

2015年的美国国家工程院报告提供了更宽的视角：先进制造业将融合服务和生产，建立新的经济"价值"模型，成为未来经济的核心。最终，国会通过了制造业法规，批准了制造研究所和先进制造业项目。与此同时，多个竞争国也开始制定自己的先进制造业发展战略，美国别无选择，只能继续推动新的先进制造业发展。

这些报告中提出，需要政府参与来帮助克服一系列的结构性障碍。[2] 存在的不利因素包括：（1）资本和劳动力技能获得渠道不畅。这个问题对于构成美国制造业主体的小型企业来说尤为严重。（2）信息不透明。小公司资本薄弱，无法进行研发，缺乏有关新技术、流程和商业模式的知识，无法提高竞争力。(3)技术锁定。因为所有公司都对既定的程序、系统和嵌入式生产技术存在路径依赖，因此抗拒改变，导致无法实现最优化。企业，特别小企业，对可以改善其竞争态势的新技术和新知识的吸收能力日益下降。在许多生产企业在竞争中被淘汰的同时，许多进化幸存者仍然缺乏通过创新获得领先地位所需的资金和专有技术。

经济学和制造业

需要新制造业创新政策的部分原因在于历史上主导美国国内政策制定的经济学对于制造业存在许多误读。如第三章所述，一些经济学观点认为，制造业下滑将被其他经济收益所抵消。国家失去制造业工作并不是因为制造业的落后，而是整体生产率改善的结果。以制造业为中心经济将自然而然地被服务经济所取代；低工资、低成本的海外生产者必然会取代国内的高成本生产商；商品生产的损失不足惧，国家的创新优势将永远使其保持在高价值和先进技术领域的领先地位；自由贸易的好处总是超过短期的贸易不利影响；创新不同于生产，所以即使生产在全球范围内分布，创新能力依然存在。不幸的是，实践证明，这些观点无一正确。

第四章深入研究了经济学如何对待制造业，包括主流经济学的发展是如何使制造业深陷泥潭的。早期的经济学与工业革命同步发展，亚当·斯密明确指出了工业革命的经济意义，但近几十年来，这个观点日益沉寂。虽然增长经济学让我们理解了技术创新(及其相关的进步)对于经济增长的重要性，但基于测量的新古典经济学在以经济学术语处理围绕技术创新的复杂系统时存在很大困难——技术很重要，但是是“外生的”。“新增长理论”的经济学家试图将创新重新放回“内生”经济模型中，但是这个理论并不完整。这意味着经济学家迄今还不能对创新体系进行建模，更遑论作为其中组成部分的制造业。生产率思维有所帮助；有证据表明，低生产率部门，尤其是服务业，可能会拖累经济的全面增长，即鲍莫尔的成本疾病。减缓这个拖累的有效方式是通过强大的创新体系来提高生产率。没有健康的制造业，可以说，创新体系会崩溃。信息技术革命只是创新相互依存的一个例子，其生产率增益表现在制造和服务部门中；“硬”技术是服务交付的赋能者。

从李嘉图开始，经济学家认定自由贸易会导致普遍获益，但近期的新贸易理论将生产率作为贸易的核心竞争因素。以保罗·萨缪尔森(Paul Samuelson)为首的经济学家指出了贸易输家将面临潜在的长期不利后果。戴维·奥特尔及其同事对制造业受到的影响进行了追踪。新贸易理论已经从国家视角转移到更聚焦的产业层面，考虑异质企业(规模不同的企业)。所发现的是，随着竞争的加剧，创新型企业往往会比大公司更加蓬勃发展，而规模较小、生产率较低的企业无法承担研发成本，会逐步衰退。为了提高不同规模企业的生产效率而组织的先进制造创新等政策可以理解为有助于解决这个问题。然而，这些政策似乎是基于主流新古典经济学理论，并没有充分考虑新增长理论、生产率观点以及新贸易理论及其对制造业新经济的可能影响。主流经济学似乎还没有超越当前的概念，因此无法真实地反映诸如制造业等特定经济部门的重要性。

新模型：制造研究所

经济的发展无法等待经济概念迎头赶上，创新政策的新兴领域试图弥补这个差距，理解制造业的影响，防止美国制造业的衰落。如上所述，基于 AMP 的建议，政府（如第六章所述）制定了一项雄心勃勃的创新方案：利用新的制造研究所在一系列生产领域创造新的生产范式，使各行业和各种规模公司的供应链都能够共享。这个方案的目标是提高生产效率，使得美国能够生产高价值产品，能够与亚洲低成本和低工资的生产商竞争。这些研究所将美国的创新优势应用于上述从未成为创新体系焦点的生产。新的生产范式旨在实现变革，就像规模化生产和高质量制造背后的技术和工艺曾经实行变革并实现制造业领先地位一样。上述的 AMP 研究证明这是一个可以实现的目标：科学家和工程师表示，一系列重大的新生产进展正在浮现。

制造研究所旨在克服第三章中提出的一系列深层次的行业问题。由于小型制造商越来越脱离此前的支持网络，这些研究所的目标是恢复生产生态系统，通过跨供应链的合作来推动先进生产技术和工艺的应用。从分布式生产切断生产—创新链接所带来的问题中汲取了教训，制造研究所试图重新将两者联系起来，将创新融入生产系统。由于制造业下滑损害了劳动力队伍，这些研究所计划实施新的教育计划，以培养先进制造业所需的劳动力技能，为工人提供就业机会。

除了少数几个例外，15 个制造研究所大多仍处于早期阶段，因此现在是评估制造研究所的一些经验教训，并对其进行相应改进的好机会。正如第八章所述，我们学习到的要点包括：

• 现在看来，在这些制造研究所起步的前五年，联邦必须继续分摊成本。无法在短期内修复美国创新体系中这样一个明显的结构性问题。制造研究所雄心勃勃的技术成果开发和规模化应用于生产体系所需的时间表将不止五年。政府应考虑延长期限，以帮助制造研究所获得成功。

• 研究所需要同时强调技术实施和技术开发，这意味着要与供应链和小公司建立密切关系。

• 为了分享最佳管理和组织实践以及促进现有技术和工艺的应用，显然需要在制造研究所之间建立一个强大的网络。

• 如果这些制造研究所想要获得长期发展，它们的技术就不能仅关注国家层面，而是要在区域经济中能应用。为了维持制造研究所运转和促进技术落地，需要得到州政府和小公司持续不断的支持。

• 需要评估最佳制造研究所和网络治理方式；需要比较和发展实现这一点的最佳方式。

• 也许最重要的是，联邦研发机构需要与制造研究所深度融合，因为研究所的技术研发更侧重于后期阶段，需要不断涌现的新技术思想和进步，否则其技术努力无法取得效果。

虽然多个技术部门承诺超过将建立更多的新研究所，但当前的优先事项应该是让研究所吸取历史经验，建立研究所网络，把政府研究项目与制造研究所连接起来。

特朗普政府自 2017 年上任以来，尚未就制造研究所的未来发展明确的立场。国会为 2017 财年的 14 个机构提供了全额资金。

政府继续支持强大的美国制造业和新的学徒制，但它对制造研究所的支持不一致。政府2018财年的预算继续包括由国防部支持的研究所项目，但作为削减能源部预算的一部分，建议削减能源部支持的研究所数量。为了生产创新项目继续产生影响，需要对制造研究所的持续支持和更强的参与。贯彻各制造研究所的经验教训应该是一个优先事项。

作为传播模式的劳动力教育

如果缺乏具有实操经验的技能员工，那么制造研究所开发的先进制造技术和工艺根本就无法投入应用。缺少工程技术人员也是如此。由于美国可能拥有发达国家中最为分散的劳动力市场，这是一项特别艰巨的任务。制造研究所的工作之一是针对它们正在开发的技术提供所需的劳动力教育和培训，这将成为美国的新培训提供系统，需要连接大学以进行课程开发，连接社区学院以进行课程交付，连接在线和混合学习方案以最大化成效，连接现有行业、州和联邦培训项目以获取支持。虽然大多制造研究所在这个领域的发展滞后，更加专注于其主要的技术开发任务，但也有一些制造研究所正在努力开发创新系统。这些制造研究所的领导人（如德国弗劳恩霍夫学院）认为，劳动力和工程培训是重要的先进制造业传播模式——这是先进制造得以实施和规模化的关键方式。先进的制造知识在很大程度上属于隐性知识，隐性知识需要“师传徒授”。因此培训是技术传播，这是先进制造业必须承担的关键任务。

培育制造业初创公司

本书的另一个核心思想（第七章的主题）有关未来生产。美国的创业系统越来越倾向于通过风险投资支持创建创业公司，以支持其新技术的发展。该系统围绕着计算和半导体领域的“硬”技术，为20世纪80年代和90年代的信息技术创新浪潮立下汗马功劳。然而，近年来，它显著地转向了软件。这个领域对于资本或基础设施要求较低，不需要生产，成功或失败的速度很快。除了生物技术以及诸如媒体和娱乐等服务行业之外，软件现在主宰了风险投资行业。该行业现在完全不支持需要制造的技术，因为它们需要更长期和更高风险的投资，与当前风险资本的时间表和风险组合不符。如上所述，这意味着下一代创新制造技术和产品可能无法在美国生产，这对美国创新和生产的长期未来具有重大影响。进一步的含义是，美国将（随着时间的推移）获得它所投资的创新，如果它投资于就业水平较低的软件和生物技术等行业，将大大限制其就业创造潜力。这种新兴的“失业创新”体系有可能进一步破坏社会稳定。

有没有其他风险资本愿意推动非软件等“硬”技术的发展呢？虽然麻省理工学院的拉斐尔·赖夫认为当前并没有类似的融资体系，但他提出了一个另辟蹊径的解决方案：以空间替代资本。也就是说，为初创公司提供拥有大量技术、设备和专业知识的空间，也就是他所谓的“创新园圃”，帮助进入产品设计的公司顺利通过先进原型、论证、测试和试产阶段。总之，这就是风投所提供的服务。当然，仍然需要一些过桥资金，但相较于目前的创业孵化器，这些创新空间能够更有力地推动技术的应用和创新的实施。这个模型正在不断进化。麻省理工学院正在创建一个名为“引擎”的产业园。能源部不能依赖化石燃料公司进行技术创新，它必须通过有创意的创业公司来培育所需的新能源技术。但在 2008 年至 2016 年期间，由于风险投资对能源技术的支持下降了 80%，能源部必须寻找其他方法。因此，能源部利用三大能源实验室的技术资源为能源初创公司创建了三个这样的产业园。这种创新的产业园方式可能是获得下一代技术创新创业公司的关键——这些公司将制造复杂和高价值的商品。

工作的未来和长期经济停滞

大约每四分之一个世纪，就会出现自动化将大规模、系统性消灭工作的警告。正如第九章所讨论的那样，一些作者预测，IT 革命以及人工智能和机器人技术的不断进步使得技术工作岗位的普遍消失成为必然。在过去，一旦出现提高生产率的自动化，就会涌现更多工作。历史会就此终结吗？现在会有所不同吗？迄今为止，似乎没有更多证据支持技术降低就业的观点。而且，低生产率水平，以及低水平的工厂和设备投资，表明这种状况不会很快发生。即使在机器人领域，发展方向也似乎更像是利克里德早期所设想的“人机共生”。

当前的发展趋势似乎是“人机共生”，即机器人辅助，并由人类指导，而非完全替代劳动力。

未来的工作问题似乎与经济学家称之为“长期停滞”的经济状况关系更为密切——这是一个 GDP 和生产率低增长的时期，无法提供足够的高质量就业机会来改善经济不平等。虽然主流经济学家们正在就通过资助像道路和桥梁这样的传统基础设施来扭转经济停滞等经济刺激方案争论不休，但我们认为，尽管这些方案很重要，但它们可能无法产生过去带来的生产率增长。先进制造业是一种与技术创新经济收益相关联的新型基础设施，能提供更有效的发展途径。

克服传统行业壁垒

第一章假设制造业是一个复杂的、成熟的“传统”部门，拥有诸多传统行业壁垒，限制了该部门应用创新的能力。之前的内容也讨论了克服这些壁垒的方法，识别出进入新生产技术的一系列路径，以及相关的支持政策。新的先进制造研究所正在尝试诸如从3D打印到数字化生产，从先进复合材料到光子学等新技术，如果它们与相应流程和商业模式相结合，就能创造新的生产范式。

正如第六章所述，还需要将政府研发部门的研究成果与主要承担后期工作的各制造研究所进行连接。否则，没有新的输入，这些制造研究所的技术寻求可能枯萎。应制定行业、大学和政府专家之间的技术协作战略，并定期更新，以指导政府研发和制造研究的工作，并且逐步演化为技术路线图。如第八章所述，由于劳动力培训是一项关键的技术传播和实施方法，这些制造研究所需要与其他教育行动体一起朝着这个方向努力。总之，需要变革推动者将技术进步转化为规模生产，也许制造研究所的参与公司可以合作承担这一角色。

制造业创新体系还存在需要填补的裂隙。制造研究所本身就是一个试图填补该体系空白的尝试，有助于将中小企业和大企业共同纳入一个新的创新协作生产生态系统。第八章讨论的“创新园圃”模式也填补了一个裂隙，有助于创业公司专注于“硬”技术和制造业，克服融资缺口，特别是风险资本缺失，以实现规模化生产。

制造业依然重要

总而言之，美国面临的最大问题是，社会混乱不会消失。如上所述，2000 年至 2010 年间，美国制造业消失了 580 万个工作岗位，从 1 730 万个下降到 1 150 万个，五年后仅恢复到 1 230 万个。[3] 戴维·奥特尔及其同事撰写的一份名为“中国震撼”的经济研究报告告诉我们，从 1999 年到 2011 年，从中国进口的增长造成了约 240 万个就业机会的丧失。[4] 在对 700 个城市化地区的研究中，受中国商品竞争影响最大的前四分之一地区的工人人均收入损失为 549 美元，而联邦政府提供的援助只有 58 美元。另一项研究发现，在经历了 2000 年代的大衰退后是就业和收入下降的“失去的十年”，而且其影响将延续到 2020 年代；[5] 制造业是受影响最严重的部门。

如上文所述，过去制造业是受过高中教育的男性中产阶级的重要就业途径，尤其是白人男性。然而，1996 年至 2014 年期间，白人男性高中毕业生的人均收入下降了 9%，白人男性大学毕业生的收入则增长了 22%。[6]2014 年，白人男性高中毕业生的年收入仅为 36 787 美元，而大学毕业生则为 94 601 美元。制造业岗位也是非裔美国人在中西部和东北部城市中心，以及通过南部纺织和家具等部门步入中产阶级的关键。制造业衰退对这些社区的影响尤其严重。这些地方显著出现了中等收入阶层受损和社会不平等的征象。工人阶级发展滞后。高中毕业但没有大学学历的男性的全年就业率从1990年的76%下降到2013年的68%。[7]完全不工作的男性的比例从1990年的11%上升到2013年的18%。重要的是，这些男性的平均收入在1990年至2013年间下降了20%。在2016年激烈的总统选举中，重振制造业成为重要话题并非偶然。美国梦意味着给予所有人越来越多的经济福利。制造业衰退是传播社会失望情绪，并导致社会动荡的重要因素。2016年总统大选的结果反映了这一现实——它在很大程度上是后工业时代的反弹。

美国可以无视制造业并允许其继续衰落，但它似乎会影响到美国的创新能力和经济增长，甚至是社会结构和民主价值。斯蒂芬·科恩(Stephen Cohen)和约翰·齐斯曼(John Zysman)在1987年美国和日本之间的制造业竞争达到高峰时撰写了一本书，名为《制造业很重要》[8]——现在的制造业变得更加重要。新的创新驱动的先进制造业战略提供了一条可行的途径。

注释

1. Suzanne Berger and the MIT Task Force on Production and Innovation, *Making in America* (Cambridge, MA: MIT Press, 2013), 17–20, 44–64.
2. Discussed in Philip Shapira and Jan Youtie, Next Production Revolution: Institu-tions for Technology Diffusion, Conference on Smart Industry: Enabling the Next Production Revolution, OECD and Sweden Ministry of Enterprise and Innovation, Stockholm, September 18, 2016, 5.
3. Robert E. Scott, Manufacturing Job Loss: Trade Not Productivity Is the Culprit, report (Economic Policy Institute, August 11, 2015), http://www.epi.org/publication/manufacturing-job-loss-trade-not-productivity-is-the-culprit/(citing BLS data).

4. David Autor, David Dorn, and Gordon H. Hanson, The China Shock: Learning from Labor Market Adjustment to Large Changes in Trade, NBER Working Paper 21906, National Bureau of Economic Research, Cambridge, MA, January 2016, http://www. nber. org/papers/w21906. See also, Andrew Foote, Michel Grosz, and Ann Huff Stevens, Locate Your Nearest Exit: Mass Layoffs and Local Labor Market Response, NBER Working Paper No. 21618, National Bureau of Economic Research, Cambridge, MA, October 2015, http://www. nber. org/papers/w21618.
5. Danny Yagan, The Enduring Employment Impact of Your Great Recession Loca-tion (working paper, University of California — Berkeley, April 2016), https://sites. google. com/site/dannyyagan/greatdivergence.
6. Jon Coder and Gordon Green, Comparing Earnings of White Males by Education, for Selected Age Cohorts, High School vs College Graduates (Annapolis, MD: Sentier Research, October 2016), 1, charts 1 and 2 on 7, http://www. sentierresearch. com/StatBriefs/Sentier_Income_Trends_WorkingClassWages_1996to2014_Brief_10_05_16. pdf (based on Census Bureau data).
7. Melissa S. Kearney, Brad Hershbein, and Elisa Jacome, Profiles of Change: Employ-ment, Earnings and Occupations from 1990 - 2013 (Washington, DC: Brookings Insti-tution, 2015).
8. Stephen S. Cohen and John Zysman, *Manufacturing Matters: The Myth of a Post-industrial Economy* (New York: Basic Books, 1987).

参考文献

Acemoglu, Daron, and David Autor. Skills, Tasks and Technologies: Implications for Employment and Earnings. In *Handbook of Labor Economics*, vol. 4b, edited by David Card and Orley Ashenfelter, 1043–1171. Amsterdam: Elsevier, 2011.

Acemoglu, Daron, and Veronica Guerrieri. Capital Deepening and Nonbalanced Economic Growth. *Journal of Political Economy* 116, no. 3(2008): 467–498.

Acemoglu, Daron, and Pascual Restrepo. Robots and Jobs: Evidence from US Labor Markets, NBER Working Paper No. 23285, National Bureau of Economic Research, Cambridge, MA March 2017. http://www.nber.org/papers/w23285.

Achieve. The Future of the U. S. Workforce: Middle Skills and the Growing Importance of Postsecondary Education. September 2012. http://www.achieve.org/files/MiddleSkillsJobs.pdf.

Adler, Robert. Entering a Dark Age of Innovation. *New Scientist*, July 2, 2005. https://www.newscientist.com/article/dn7616-entering-a-dark-age-of-innovation/.

AFFOA website. join.affoa.org.

Aghion, Philippe, Ufuk Akcigit, and Peter Howitt. What Do We Learn from Schumpeterian Growth Theory? NBER Working Paper 18824, National

Bureau of Economic Research, Cambridge, MA, February 2013. http://www.nber.org/papers/w18824.

Aghion, Philippe, and Rachel Griffith. *Competition and Growth: Reconciling Theory and Evidence*. Cambridge, MA: MIT Press, 2005.

Aguayo, Rafael. *Dr. Deming: The American Who Taught the Japanese about Quality*. New York: Simon and Schuster Fireside, 1991.

Alexandrakis, Constantine. Sectoral Differences in the Use of Information Technology and Matching Efficiency in the U. S. Labour Market. *Applied Economics* 46, no. 29(2014): 3562 - 3571.

Alliance for Manufacturing Foresight (MForesight). Manufacturing 101 — An Education and Training Curriculum for Hardware Entrepreneurs. Report MF-RR-2016-0103.

Ann Arbor, MI: Alliance for Manufacturing Foresight, September 2016. http://mforesight.org/download-reports/.

Alloway, Tracy, and Michael MacKenzie. Bonds: Anatomy of a Market Meltdown. *Financial Times*, November 17, 2014.

Alvaredo, Facundo, Anthony B. Atkinson, Thomas Piketty, Emmanuel Saez, and Gabriel Zucman. The World Wealth and Income Database. http://www.wid.world/.

America Makes website. https://www.americamakes.us/about/overview.

American Society of Civil Engineers. 2013 Report Card for America's Infrastructure. http://www.infrastructurereportcard.org/.

Anand, Aneesh. Survey of Selected Federal Manufacturing Programs at NIST, DOD, DOE, and NSF. MIT Washington Office, Washington, DC, September 2014, http://dc.mit.edu/resources/policy-resources.

Argonne National Laboratory. Argonne Launches First Tech Incubator. May 20, 2016. http://www.anl.gov/articles/argonne-launches-first-tech-incubator.

Arntz, Melanie, Terry Gregory, and Ulrich Zierahn. Risk of Automation for Jobs in OECD Countries: A Comparative Analysis. OECD Social, Employment and Migration Working Paper 189, OECD, Paris, June 16, 2016.

Arrow, Kenneth J. The Economic Implications of Learning by Doing. *Review of Economic Studies* 29, no. 3 (June 1962): 155 - 173.

Atkinson, Robert. Restoring Investment in America's Economy. Report.

Washington, DC: Information Technology and Innovation Foundation (ITIF), June 13, 2016. http://www2. itif. org/2016-restoring-investment. pdf? _ga = 1.11 3675271. 1482316035. 1476207219.

Atkinson, Robert. *Think Like an Enterprise: Why Nations Need Comprehensive Productivity Strategies*. Washington, DC: Information Technology and Innovation Foundation (ITIF), May 2016. http://www2. itif. org/2016-think-like-an-enterprise. pdf? _ga = 1. 141453106. 1482316035. 1476207219. (ebook).

Atkinson, Robert D. Enough Is Enough: Confronting Chinese Innovation Mercantilism. Report. Washington, DC: Information Technology and Innovation Foundation (ITIF), February 2012. http://www2. itif. org/2012-enough-enough-chinese-mercantilism. pdf.

Atkinson, Robert D. "It's Going to Kill Us!" and Other Myths about the Future of Artificial Intelligence. Washington, DC: Information Technology and Innovation Foundation (ITIF), June 2016.

Atkinson, Robert D. *The Past and Future of America's Economy — Long Waves of Innovation That Power Cycles of Growth*. Cheltenham: Edward Elgar, 2004.

Atkinson, Robert D., Luke A. Stewart, Scott M. Andes, and Stephen Ezell. Worse than the Great Depression: What the Experts Are Missing about American Manufacturing Decline. Washington, DC: Information Technology and Innovation Foundation (ITIF), March 19, 2012. http://www2. itif. org/2012-american-manufacturing-decline. pdf.

Auerbach, Alan J., and Yuriy Gorodnichenko. Fiscal Multipliers in Recession and Expansion. In *Fiscal Policy after the Financial Crisis*, edited by Alberto Alesina and Francesco Giavazzi, 63 - 98. Chicago: University of Chicago Press, 2013.

Automotive Manufacturing Technical Education Collaborative (AMTEC) website. http://autoworkforce. org/about-amtec/.

Autor, David. Presentation on the Future of Work. Roundtable discussion, MIT, January 9, 2016.

Autor, David. Why Are There Still So Many Jobs? The History and Future of Workplace Automation. *Journal of Economic Perspectives* 29, no. 3 (Summer 2015): 3 - 30.

Autor, David H. , and David Dorn. The Growth of Low-Skill Service Jobs and the Polarization of the US Labor Market. *American Economic Review* 103, no. 5(2013): 1553 - 1597.

Autor, David H. , David Dorn, and Gordon H. Hanson. The China Shock: Learning from Labor Market Adjustment to Large Changes in Trade. NBER Working Paper 21906, National Bureau of Economic Research, Cambridge, MA, January 2016. http://www. nber. org/papers/w21906.

Autor, David, David Dorn, and Gordon Hanson. The China Syndrome: Local Labor Market Effects of Import Competition in the United States. MIT Economics paper, August 2011. http://economics. mit. edu/files/6613.

Autor, David, David Dorn, Gordon Hanson, and Kaveh Majlesi. Importing Political Polarization? The Electoral Consequences of Rising Trade Exposure. NBER Working Paper 22637, National Bureau of Economic Research, Cambridge, MA, September 2016. http://www. nber. org/papers/w22637.

Autor, David, David Dorn, Gordon H. Hanson, Gary Pisano and Pian Shu. Foreign Competition and Domestic Innovation: Evidence from U. S. Patents, NBER Working Paper 22879, National Bureau of Economic Research, Cambridge, MA, December 2016. http://www. nber. org/papers/w22879.

Autor, David, and Michael Handel. Putting Tasks to the Test: Human Capital, Job Tasks, and Wages. *Journal of Labor Economics* 31, no. 2(2013): S59 - S96.

Baicker, Katherine, and M. Marit Rehavi. Policy Watch: Trade Adjustment Assistance. *Journal of Economic Perspectives* 18, no. 2 (Spring 2004): 239 - 255.

Ballandonne, Matthieu. Creating Increasing Returns: The Genesis of Arrow's "Learning by Doing" Article. *History of Political Economy* 47, no. 3 (2015): 449 - 479.

Banister, Judith. China's Manufacturing Employment and Hourly Labor Compensation, 2002 - 2009. Bureau of Labor Statistics (BLS), June 7, 2003.

Barnett, Chance. Crowdfunding Sites in 2014. *Forbes*, August 29, 2014.

Baumol, William, and William Bowen. *Performing Arts, the Economic Dilemma: A Study of Problems Common to Theater, Opera, Music, and Dance*. New York: Twentieth Century Fund, 1966.

Bech, Morten, and Aytek Malkhozov. How Have Central Banks Implemented Negative Policy Rates? *BIS Quarterly Review*, March 2016.

Becker, Gary S. *Human Capital: A Theoretical and Empirical Analysis, with Special Reference to Education*. New York: National Bureau of Economic Research, 1975.

Beckett, John. Luddites. The Nottingham Heritage Gateway website. http://www.nottsheritagegateway.org.uk/people/luddites.htm.

Bennis, Warren, and Patricia Ward Biederman. *Organizing Genius*. New York: Basic Books, 1997.

Benuwa, Ben-Bright, Yongzhao Zhan, Benjamin Ghansah, Dickson Keddy Wornyo, and Frank Banaseka Kataka. A Review of Deep Machine Learning. *International Journal of Engineering Research in Africa* 24(2016): 124 - 136.

Berger, Suzanne, and the MIT Industrial Performance Center. *How We Compete: What Companies around the World Are Doing to Make It in Today's Global Economy*. New York: Doubleday Currency, 2006.

Berger, Suzanne, and the MIT Task Force on Production and Innovation. *Making in America*. Cambridge, MA: MIT Press, 2013.

Berlin, Leslie. *The Man behind the Microchip: Robert Noyce and the Invention of Silicon Valley*. New York: Oxford University Press, 2005.

Bernanke, Ben S. Why Are Interest Rates So Low? Part 2: Secular Stagnation. Brookings Institution, Washington, DC, March 30, 2015.

Bernanke, Ben S. Why Are Interest Rates So Low? Part 3: The Global Savings Glut. Brookings Institution, Washington, DC, April 1, 2015.

Bernstein, Jared, Melissa Boteach, Rebecca Vallas, Olivia Golden, Kali Grant, Indivar Dutta-Gupta, Erica Williams, and Valerie Wilson. 10 Solutions to Fight Economic Inequality. Talkpoverty.org, June 10, 2015. https://talkpoverty.org/2015/06/10/solutions-economic-inequality/.

Bessen, James. How Computer Automation Affects Occupations: Technology, Jobs, and Skills. *Vox, CEPR Economic Policy Portal*, September 22, 2016. http://voxeu.org/article/how-computer-automation-affects-occupations.

Bhagwati, Jagdish. The Computer Chip vs. Potato Chip Debate. *Moscow Times*, September 2, 2010. https://themoscowtimes.com/articles/the-computer-chip-vs-potato-chip-debate-1075.

Bhagwati, Jagdish. The Manufacturing Fallacy. *Project Syndicate*, August

27,2010.

Binnie, Dylan. Designed in California, Built in Oregon — Important Lessons for America to Learn from the German Workforce Education System. Paper, Georgetown University, Washington, DC, May 10,2016.

Blanchard, Olivier, Giovanni Dell'Ariccia, and Paolo Mauro. Rethinking Macroeconomic Policy. *Journal of Money, Credit and Banking* 42 Supplement 1 (September 2010): 199 - 215.

Blanchard, Olivier, and Daniel Leigh. Growth Forecast Errors and Fiscal Multipliers. IMF Working Paper, International Monetary Fund, Washington, DC, January 2013.

Blyth, Mark. *Austerity: The History of a Dangerous Idea*. Oxford: Oxford University Press, 2013.

Bockelt, Nathalie. Bridging the Innovation Gap in the U. S. Energy System. Paper, MIT Washington Office, Washington, DC, February 2016. http://dc.mit.edu/resources-links.

Boeing. Everett Production Facility: Overview. http://www.boeing.com/company/about-bca/everett-production-facility.page.

Bonvillian, William B. Advanced Manufacturing: A New Policy Challenge. *Annals in Science and Technology* 1, no. 1(2017): 1 - 131.

Bonvillian, William B. Advanced Manufacturing Policies and Paradigms for Innovation. *Science* 342, no. 6163 (December 6,2013): 1173 - 1175.

Bonvillian, William B. The Connected Science Model for Innovation: The DARPA Model. In *21st Century Innovation Systems for the U. S. and Japan*, eds. Sadao Nagaoka, Masayuki Kondo, Kenneth Flamm, and Charles Wessner, 206 - 237. Washington, DC: National Academies Press, 2009.

Bonvillian, William B. Donald Trump's Voters and the Decline of American Manufacturing, *Issues in Science and Technology* 32, no. 4 (Summer 2016): 27 - 39. http://issues.org/32-4/donald-trumps-voters-and-the-decline-of-american-manufacturing/.

Bonvillian, William B. The New Model Innovation Agencies: An Overview. *Science and Public Policy* 41, no. 4(2014): 425 - 437.

Bonvillian, William B. The Problem of Political Design in Federal Innovation Organization. In *The Science of Science Policy*, edited by Kaye Husbands

Fealing, Julia Lane, John Marburger, and Stephanie Shipp, 302 - 326. Stanford, CA: Stanford University Press, 2011.

Bonvillian, William B. Reinventing American Manufacturing. *Innovations* 7, no. 3(2012): 97 - 125.

Bonvillian, William B., and Susan Singer. The Online Challenge to Higher Education. *Issues in Science and Technology* 29, no. 4 (Summer 2013): 23 - 30. http://issues. org/29-4/the-online-challenge-to-higher-education/.

Bonvillian, William B., and Richard Van Atta. ARPA-E and DARPA: Applying the DARPA Model to Energy Innovation. *Journal of Technology Transfer* 36, no. 5 (October 2011): 469 - 513.

Bonvillian, William B., and Charles Weiss. *Technological Innovation in Legacy Sectors*. New York: Oxford University Press, 2015.

Boris, Paul. The Industrial Internet of Things (IoT) at Work in Heavy Industry. General Electric Digital White Paper, General Electric Company, Fairfield, CT, September 22, 2016.

Branscomb, Lewis, and Philip E. Auerswald. *Taking Technical Risks: How Innovators, Executives and Investors Manage High Tech Risks*. Cambridge, MA: MIT Press, 2001.

Branscomb, Lewis M., and Philip E. Auerswald. Between Invention and Innovation. NIST Report GCR 02 - 841. Gaithersburg, MD: National Institute of Standards and Technology (NIST), November 2002.

Braun, David. Mergers and Acquisitions: 2015 a Record Breaking Year, January 22, 2016, https://successfulacquisitions. net.

Bray, Hiawatha. Teaching a driverless car to turn left. *The Boston Globe*, April 22, 2017. http://apps. bostonglobe. com/business/graphics/2017/04/driverless/series/teaching-a-driverless-car-to-turn-left/.

Brazelton, W. Robert. Alvin Harvey Hansen: Economic Growth and a More Perfect Society: The Economist's Role in Defining the Stagnation Thesis and in Popularizing Keynesianism. *American Journal of Economics and Sociology* 48, no. 4 (October 1989): 427 - 440.

Breznitz, Dan. Why Germany Dominates the U. S. in Innovation. *Harvard Business Review*, May 27, 2014. https://hbr. org/2014/05/why-germany-dominates-the-u-s-in-innovation/.

Breznitz, Dan, and Peter Cowhey. America's Two Systems of Innovation: Recommendations for Policy Changes to Support Innovation, Production and Job Creation. Report. San Diego, CA: Connect Innovation Institute, February 2012.

Breznitz, Daniel, and Michael Murphree. *Run of the Red Queen: Government, Innovation, Globalization and Economic Growth in China*. New Haven, CT: Yale University Press, 2011.

Browning, Larry D., and Judy C. Shetler. *Sematech: Saving the U. S. Semiconductor Industry*. College Station: Texas A&M Press, 2000.

Bryant, Randal E., Kwang-Ting Cheng, Andrew B. Kahng, Kurt Keutzer, Wojciech Maly, Richard Newton, Lawrence Pileggi, Jan M. Rabaey, and Alberto Sangiovanni-Vincentelli. Limitations and Challenges of Computer-Aided Design Technology for CMOS VLSI. *Proceedings of the IEEE* 89, no. 3 (March 2001): 341 - 365.

Brynjolfsson, Eric, and Andrew McAfee. *Race against the Machine*. Lexington, MA: Digital Frontier, 2011.

Brynjolfsson, Erik, and Andrew McAfee. *The Second Machine Age: Work, Progress, and Prosperity in a Time of Brilliant Technologies*. New York: Norton, 2014.

Bureau of Economic Analysis (BEA), Economic Industry Accounts, Percent Changes in Chain-Type Quantity for Value Added by Industry 2008 - 2013, Table E. 1, July 2014, (and prior year tables), https://www.bea.gov/scb/pdf/2014/07%20July/Dpages/0714dpg_e.pdf.

Bureau of Economic Analysis (BEA). Fixed Assets Accounts Tables, Investment in Private Fixed Assets by Industry, Table 3. 7ESI, revised Sept. 7, 2016, https://www.bea.gov/iTable/iTable.cfm?ReqID=10&step=1#reqid=10&step=3&isuri=1&1003=138&1004=2000&1005=2010&1006=a&1011=0&1010=x.

Bureau of Economic Analysis (BEA). Foreign Trade, Exports, Imports and Balance of Goods by Selected NAICS-Based Product Code, Exhibit 1 in FT-900 Supplement for 12/15, February 5, 2016. https://www.census.gov/foreign-trade/Press-Release/2015pr/12/ft900.pdf.

Bureau of Economic Analysis (BEA), Frequently Asked Questions, What Is Industry Value Added, March 2006, https://www.bea.gov/faq/index.cfm?.

faq_id = 184.

Bureau of Economic Analysis (BEA). Gross Private Domestic Investment [GPDI]. https://fred.stlouisfed.org/series/GPDI.

Bureau of Economic Analysis (BEA). Gross Private Saving [GPSAVE] https://fred.stlouisfed.org/series/GPSAVE.

Bureau of Economic Analysis (BEA). Personal Saving Rate [PSAVERT] https://fred.stlouisfed.org/series/PSAVERT.

Bureau of Economic Analysis (BEA). Real Personal Consumption Expenditures: Durable Goods [PCEDGC96]. FRED, Federal Reserve Bank of St. Louis. https://fred.stlouisfed.org/series/PCEDGC96.

Bureau of Economic Analysis (BEA). Real Personal Consumption Expenditures: Nondurable Goods [PCNDGC96]. FRED, Federal Reserve Bank of St. Louis. https://fred.stlouisfed.org/series/PCNDGC96.

Bureau of Economic Analysis (BEA). Real Value Added by Industry, April 21, 2016. https://fred.stlouisfed.org/release/tables? rid = 331&eid = 245.

Bureau of Economic Analysis (BEA). Shares of Gross Domestic Product: Gross Private Domestic Investment [A006RE1Q156NBEA]. https://fred.stlouisfed.org/series/A006RE1Q156NBEA.

Bureau of Economic Analysis (BEA). Shares of Gross Domestic Product: Personal Consumption Expenditures [DPCERE1A156NBEA]. https://fred.stlouisfed.org/series/DPCERE1A156NBEA.

Bureau of Economic Analysis (BEA). Trade in Goods with Advanced Technology Products, 2015, Exhibit 16. https://www.census.gov/foreign-trade/balance/c0007.html.

Bureau of Economic Analysis (BEA). U. S. International Trade in Goods and Services, Exhibit 1, February 5, 2016. https://www.census.gov/foreign-trade/Press-Release/2015pr/12/ft900.pdf.

Bureau of Economic Analysis (BEA). Value Added by Industry Group by Percentage of GDP (Table 5a) (Washington, DC: BEA 2013 data). https://www.bea.gov/iTable/iTable.cfm? ReqID = 51&step = 1 # reqid = 51&step = 2&isuri = 1.

Bureau of Economic Analysis (BEA). News Release BEA 17 - 02, Value Added by Industry Group as a Percentage of GDP (Table 5a), January 19, 2017

(2017 data). https://www.bea.gov/newsreleases/industry/gdpindustry/2017/pdf/gdpind316.pdf.

Bureau of Economic Analysis (BEA). Value Added by Industry, Manufacturing Sector (2014 data). http://www.bea.gov/iTable/iTable.cfm?ReqID=51&step=1#reqid=51&step=51&isuri=1&5114=a&5102=1.

Bureau of Economic Analysis (BEA). Value Added by Private Industries: Manufacturing as a Percentage of GDP [VAPGDPMA]. FRED, Federal Reserve Bank of St. Louis. https://fred.stlouisfed.org/series/VAPGDPMA.

Bureau of Economic Analysis (BEA) and the Census Bureau. Trade Balance: Services, Balance of Payments Basis [BOPSTB]. FRED, Federal Reserve Bank of St. Louis. https://fred.stlouisfed.org/series/BOPSTB.

Bureau of Labor Statistics (BLS). All Employees: Manufacturing [MANEMP]. FRED, Federal Reserve Bank of St. Louis. https://fred.stlouisfed.org/series/MANEMP.

Bureau of Labor Statistics (BLS). All Employees: Total Nonfarm Payrolls [PAYEMS]. FRED, Federal Reserve Bank of St. Louis. https://fred.stlouisfed.org/series/PAYEMS.

Bureau of Labor Statistics (BLS). Civilian Unemployment Rate [UNRATE]. FRED, Federal Reserve Bank of St. Louis. https://fred.stlouisfed.org/series/UNRATE.

Bureau of Labor Statistics (BLS). Concepts and Methodology. http://www.bls.gov/cps/documentation.htm#concepts.

Bureau of Labor Statistics (BLS). Current Labor Statistics (CES) (Manufacturing Employment). https://www.bls.gov/ces/#tables.

Bureau of Labor Statistics (BLS). Databases, Tables & Calculators, Quarterly Census, Manufacturing Establishments 2001 - 2015. http://data.bls.gov/pdq/SurveyOutputServlet.

Bureau of Labor Statistics (BLS). *The Economics Daily*, December 8, 2009. http://www.bls.gov/opub/ted/2009/ted_20091208.htm.

Bureau of Labor Statistics (BLS). Employment, Hours, and Earnings, Current Employment Statistics, October 15, 2016. https://www.bls.gov/ces/.

Bureau of Labor Statistics (BLS). Industries at a Glance, Manufacturing, NACIS 31 - 33, Workforce Statistics, March 2016. http://www.bls.gov/iag/

tgs/iag31-33. htm# workforce.

Bureau of Labor Statistics (BLS). Labor Force Statistics from the Current Population Survey, Unemployment Rate 2006 - 2016, October 2016. http://data. bls. gov/timeseries/LNS14000000.

Bureau of Labor Statistics (BLS). Labor Productivity and Costs, Productivity Change in the Manufacturing Sector. http://www. bls. gov/lpc/prodybar. htm.

Bureau of Labor Statistics (BLS). Occupational Employment Statistics, 51 - 0000 Production Occupations, May 2015. http://www. bls. gov/oes/current/oes_stru. htm# 51-0000.

Bureau of Labor Statistics (BLS). The Recession of 2007 - 2009. Spotlight on Statistics, Bureau of Labor Statistics (BLS), Washington, DC, February 2012. http://www. bls. gov/spotlight/2012/recession/pdf/recession_bls_spotlight. pdf.

Bureau of Labor Statistics (BLS). Table A - 4. Employment Status of the Civilian Population 25 Years and Over by Educational Attainment, October 7, 2016. http://www. murraylax. org/eco120/fall2016/bls20161007_short. pdf.

Bureau of Labor Statistics (BLS). Table 3. 3. Civilian Labor Force Participation Rate by Age, Gender, Race, and Ethnicity, 1994,2004,2014, and projected 2024 (in percent), December 8,2015. https://www. bls. gov/emp/ep_table_301. htm.

Bush, Vannevar. *Science, the Endless Frontier: A Report to the President on a Program for Postwar Scientific Research*. Washington, DC: U. S. Government Printing Office, July 1945; reissued by the National Science Foun-dation on NSF's tenth anniversary, July 1960). https://archive. org/stream/scienceendlessfr00unit/scienceendlessfr00unit_djvu. txt.

Butler, Willem, and Ebrahim Rahbari. The "Strong Dollar" Policy of the U. S.: Alice in Wonderland Semantics vs. Economic Reality. *Vox, CEPR Economic Policy Portal*, July 28,2011. http://voxeu. org/article/strong-dollar-policy-us.

Caballero, Ricardo J., Emmanuel Farhi, and Pierre-Olivier Gourinchas. Safe Asset Scarcity and Aggregate Demand, January 26,2016, later released as NBER Working Paper 22044, National Bureau of Economic Research, Cambridge, MA, February 2016.

Cardarelli, Roberto, and Lusine Lusinyan. U. S. Total Factor Productivity

Slowdown: Evidence from the U. S. States. IMF Working Paper, International Monetary Fund, Washington, DC, May 2015.

Carlaw, Kenneth I. , and Richard G. Lipsey. Does History Matter? Empirical Analysis of Evolutionary versus Stationary Equilibrium Views of the Economy. *Journal of Evolutionary Economics* 22, no. 4(2012): 735 - 766.

Carlino, Gerald, and William R. Kerr. Agglomeration and Innovation. NBER Working Paper 20367, National Bureau of Economic Research, Cambridge, MA, August 2014.

Carnevale, Anthony P. , Tamara Jayasundera, and Artem Gulish. America's Divided Recovery: College Haves and Have-Nots. Washington, DC: Georgetown University Center on Education and the Workforce, 2016. https://cew.georgetown.edu/wp-content/uploads/Americas-Divided-Recovery-web.pdf.

Carnevale, Anthony P. , N. Smith, and J. Strohl. Help Wanted: Projections of Jobs and Education Requirements through 2018. Washington, DC: Georgetown University Center on Education and the Workforce, 2010. https://cew.georgetown.edu/wp-content/uploads/2014/12/fullreport.pdf.

Catapult. High Value Manufacturing Centres. https://hvm.catapult.org.uk/hvm-centres/.

Census Bureau. 2014 Statistics of U. S. Businesses Annual Data Tables by Establishment, U. S. , NAICS sectors, larger employment sizes up to 10,000+, September 29, 2016. https://www.census.gov/data/tables/2014/econ/susb/2014-susb-annual.html.

Census Bureau. Foreign Trade Statistics, Trade in Goods with Advanced Technology Products, 2015. https://www.census.gov/foreign-trade/balance/c0007.html#2015.

Census Bureau. Income, Poverty and Health Insurance Coverage in the United States 2015. CB16 - 158, September 13, 2016. http://www.census.gov/newsroom/press-releases/2016/cb16-158.html.

Census Bureau. New American Community Survey Statistics for Income, Poverty and Health Insurance. CB16 - 159, September 16, 2016. http://www.census.gov/newsroom/press-releases/2016/cb16-159.html.

Census Bureau. Real Median Family Income in the United States [MEFAINUSA672N]. FRED, Federal Reserve Bank of St. Louis. https://fred.stlouisfed.

org/series/MEFAINUSA672N.

Census Bureau. U. S. Trade in Goods and Services — Balance of Payments (BOP) Basis, February 7, 2017. https://www.census.gov/foreign-trade/statistics/historical/gands.pdf.

Chain Reaction Innovations website. http://chainreaction.anl.gov.

Chan, Sharon Pian. Long Antitrust Saga Ends for Microsoft. *Seattle Times*, May 12, 2011.

Chandra, Amitabh, and Eric Thompson. Does Public Infrastructure Affect Economic Activity? Evidence from the Rural Interstate Highway System. *Regional Science and Urban Economics* 30, no. 4(2000): 457 - 490.

Charles, Kerwin Kofi, Erik Hurst, and Matthew J. Notowidigdo. The Masking of the Decline in Manufacturing Employment by the House Bubble. *Journal of Economic Perspectives* 30, no. 2 (Spring 2016): 179 - 200.

Chazen, Benjamin J. Venture Capital and Research Centers, MIT Washington Office, Washington, DC, August 2016. http://dc.mit.edu/resources/policy-resources.

Chernow, Ron. *Titan*. New York: Vintage, 1997.

China Passes U. S. as Largest Manufacturer. *Wall Street Journal*, March 14, 2011. http://247wallst.com/2011/03/14/china-passes-the-us-as-largest-manufacturer/.

China Unveils Internet Plus Action Plan to Fuel Growth. Xinhua, July 4, 2015. http://english.cntv.cn/2015/05/22/VIDE1432284846519817.shtml.

Christensen, Clayton. *The Innovator's Dilemma*. Cambridge, MA: Harvard Business School Press, 1997.

Chu, Jessica. American Made? MIT Forum Examines the Role of Manufacturing in Rebuilding the Economy. MIT News Office, September 16, 2011. http://news.mit.edu/2011/manufacturing-event-pie-0916.

Coder, Jon, and Gordon Green. Comparing Earnings of White Males by Education, for Selected Age Cohorts, High School vs College Graduates. Annapolis, MD: Sentier Research, October 2016. http://www.sentierresearch.com/StatBriefs/Sentier_Income_Trends_WorkingClassWages_1996to2014_Brief_10_05_16.pdf.

Cohen, Stephen S., and John Zysman. *Manufacturing Matters: The Myth of a Post-industrial Economy*. New York: Basic Books, 1987.

Cohen, Wesley M. and Daniel A. Levinthal. Absorptive Capacity: A New Perspective on Learning and Innovation. *Administrative Science Quarterly* 35, 1990, 128 - 152.

Comin, D. , and B. Hohij. Cross-Country Technological Adoption: Making the Theories Face the Facts. *Journal of Monetary Economics* 51(2004): 39 - 83.

Congressional Budget Office (CBO). Public Spending on Transportation and Water Infrastructure, 1956 to 2014. Washington, DC: Congressional Budget Office, March 2015.

Council of Economic Advisors to the President, Economic Report of the President Together with the Annual Report of the Council of Economic Advisors. Washington, DC: White House, February 2016.

Cowen, Tyler. *Average Is Over: Powering America beyond the Age of the Great Stagnation*. New York: Plume, 2014.

Cowen, Tyler. *The Great Stagnation*. New York: Dutton Penguin, 2011.

Cross, Tim. After Moore's Law. *The Economist* (Technology Quarterly), March 12, 2016. http://www.economist.com/technology-quarterly/2016-03-12/after-moores-law.

Cummings, Jonathan, James Manyika, Lenny Mendonca, Ezra Greenberg, Steven Aronowitz, Rohit Chopra, Katy Elkin, Sreenivas Ramaswamy, Jimmy Soni, and Allison Watson. Growth and Competitiveness in the United States: The Role of Its Multinational Companies. McKinsey Global Institute, June 2010.

Cyclotron Road. 2016 Annual Report, Building a Home for Hard Science Innovators — The Cyclotron Road Pilot. March 2016. https://static1.squarespace.com/static/543fdfece4b0faf7175a91ec/t/58cad7399de4bb7b62b0750f/1489688386385/2016-Cycloton-Road-Annual-Report-Online.pdf.

Cyclotron Road. 2015 Report — A New Pathway for Hard Technology: Supporting Energy Innovators at Cyclotron Road, 2015. http://static1.squarespace.com/static/543fdfece4b0faf7175a91ec/t/55efcf96e4b0fe570119a737/1441779606809/Cyclotron_Road_A_New_Pathway_final.pdf.

Cyclotron Road website. http://www.cyclotronroad.org/home.

Dahlman, Carl J. *The World under Pressure; How China and India Are Influencing the Global Economy and Environment*. Stanford, CA: Stanford

University Press, 2012.

Davis, Donald R., and Prachi Mishra. Stolper-Samuelson Is Dead and Other Crimes of Both Theory and Data. In *Globalization and Poverty*, edited by Ann Harrison. Chicago: University of Chicago Press, 2007, 87 - 107.

Davis, Donald R., David E. Weinstein, Scott C. Bradford, and Kazushige Shimpo. Using International and Japanese Regional Data to Determine When the Factor Abundance Theory of Trade Works. *American Economic Review* 87, no. 3 (June 1997): 421 - 446.

Defense Advanced Research Projects Agency (DARPA). Adaptive Vehicle Make (AVM) website. http://www.darpa.mil/program/adaptive-vehicle-make.

Defense Production Act, Pub. L. No. 81 - 774, 50 U. S. C. § 2061 et seq. (1950).

Deloitte Ltd. Manufacturing USA: A Third-Party Evaluation of Program Design and Progress. Report. Washington, DC: Deloitte Ltd., January 2017. https://www2.deloitte.com/content/dam/Deloitte/us/Documents/manufacturing/us-mfg-manufacturing-USA-program-and-process.pdf.

Deloitte Ltd. and the Manufacturing Institute. Boiling Point? The Skills Gap in U. S. Manufacturing (2011). www.themanufacturinginstitute.org/~/media/A07730B2A798437D98501E798C2E13AA.ashx.

Deloitte Ltd. and the Manufacturing Institute. The Skills Gap in U. S. Manufacturing: 2015 and Beyond (2015). http://www2.deloitte.com/us/en/pages/manufacturing/articles/boiling-point-the-skills-gap-in-us-manufacturing.html.

Department of Defense (DOD). DOD Announces Award of New Advanced Robotics Manufacturing (ARM) Innovation Hub in Pittsburgh, Pennsylvania. Release NR - 009 - 17, January 13, 2016. https://www.defense.gov/News/News-Releases/News-Release-View/Article/1049127/dod-announces-award-of-new-advanced-robotics-manufacturing-arm-innovation-hub-i.

Department of Defense (DOD) Mantech, Robots in Manufacturing Environments Manufacturing Innovation Institute, Proposers Day, slide presentation, August 15, 2016, https://s3.amazonaws.com/sitesusa/wp-content/uploads/sites/802/2016/08/RIME_Proposers_Day_final.pdf.

Department of Defense (DOD), Office of the Assistant Secretary for Research and Engineering. Technology Readiness Levels Guidance, updated May 13, 2011.

http://www. acq. osd. mil/chieftechnologist/publications/docs/TRA2011. pdf.

Department of Energy (DOE), Office of Energy Efficiency and Renewable Energy. Build4Scale. http://energy. gov/eere/articles/build4scale-training-cleantech-entrepreneurs-manufacturing-success.

Department of Energy (DOE), Office of Energy Efficiency and Renewable Energy website. http://energy. gov/eere/technology-to-market/build4scale-manufacturing-training-cleantech-entrepreneurs.

Department of Labor (DOL), Employment and Training Administration. Business, Industry and Key Sector Initiatives, Community-Based Job Training Grants. https://www. doleta. gov/business/Community-BasedJobTrainingGrants. cfm.

Department of Labor (DOL), Employment and Training Administration. TAACCCT. https://www. doleta. gov/taaccct/.

Department of Labor (DOL), Employment and Training Administration. Workforce Investment Act — Adult and Dislocated Workers Program. https://www. doleta. gov/programs/general_info. cfm.

Department of the Treasury, Daily Treasury Yield Curve Rates. https://www. treasury. gov/resource-center/data-chart-center/interest-rates/Pages/TextView. aspx? data=yieldYear&year=2015.

Dertouzos, Michael, Robert Solow, Richard Lester, and the MIT Commission on Industrial Production. *Made in America: Regaining the Productive Edge*. Cambridge, MA: MIT Press, 1989.

DG Trade Statistics. World Trade in Goods, Services, FDI, January 2016. http://trade. ec. europa. eu/doclib/docs/2013/may/tradoc_151348. pdf.

Dimitri, Carolyn, Anne Effland, and Neilson Conklin. The 20th Century Transformation of U. S. Agriculture and Farm Policy. Economic Information Bulletin No. 3, USDA Economic Research Service, June 2005.

Dizikes, Peter. A Manufacturing Renaissance for America? At an MIT Forum Experts Examine New Ways to Pursue a Good Old Idea: Making Things. MIT News Office, March 31, 2010. http://news. mit. edu/2010/future-manufacture-0331.

Dizikes, Peter. Reif Briefs Obama in White House — Advanced Manufacturing Partnership 2. 0 Delivers Report on Developing Innovation Based Growth. MIT News Office, October 28, 2014. http://news. mit. edu/2014/reif-briefs-obama-innovation-economy-1028.

Dragon Innovation website. https://dragoninnovation.com.

Dredge, Stuart. Kickstarter's Biggest Hits — Why Crowdfunding Now Sets the Trends. *The Guardian*, April 17, 2014.

Driskell, James E., Paul H. Radtke, and Eduardo Salas. Virtual Teams: Effects of Technological Mediation on Team Performance, *Group Dynamics: Theory, Research and Practice* 7, no. 4 (December 2003): 297 - 323.

Duernecker, Georg. Technology Adoption, Turbulence, and the Dynamics of Unemployment. Paper, University of Mannheim, 2009.

Duranton, Gilles, and Matthew A. Turner. Urban Growth and Transportation. *Review of Economic Studies* 79, no. 4(2012): 1407 - 1440.

Dvorkin, Maximiliano. Jobs Involving Routine Tasks Aren't Growing. Federal Reserve Bank of St. Louis, January 4, 2016. https://www.stlouisfed.org/on-the-economy/2016/january/jobs-involving-routine-tasks-arent-growing.

Economic Development Administration. Investing in Manufacturing Communities Partnership (IMCP). https://www.eda.gov/challenges/imcp/.

Economic Development Board of Singapore. Future of Manufacturing in Singapore. Presentation, March 2015. http://www.smartindustry.com/assets/Uploads/SI-PS-Singapore-Inofpack.pdf.

Eddison, Eliza. Survey of Federal Manufacturing Efforts. MIT Washington Office, Washington, DC, September 2010. http://dc.mit.edu/resources/policy-resources.

Eggertsson, Gauti B., Neil R. Mehrotra, and Lawrence H. Summers. Secular Stagnation in the Open Economy. *American Economic Review: Papers and Proceedings* 106, no. 5(2016): 503 - 507.

Eli Whitney Museum and Workshop. Arms Production at the Whitney Armory, Mechanization in the Early Period, The Factory. https://www.eliwhitney.org/7/museum/eli-whitney/arms-production, and https://www.eliwhitney.org/7/museum/about-eli-whitney/factory.

ERC Association website. http://erc-assoc.org.

Ezell, Stephen. Our Manufacturers Need a U. S. Competitiveness Strategy, Not Special Treatment. The Innovation Files, Information Technology and Innovation Foundation (ITIF), February 9, 2016. http://www.innovationfiles.

org/our-manufacturers-need-a-u-s-competitiveness-strategy-not-special-treatment/.

Fazio, Catherine, Jorge Guzman, Fiona Murray, and Scott Stern. A New View of the Skew: A Quantitative Assessment of the Quality of American Entrepreneurship. Paper, MIT Laboratory for Innovation Science and Policy, February 2016. http://innovation. mit. edu/assets/A-New-View_Final-Report_5. 4. 16. pdf.

Federal Reserve Bank of St. Louis and U. S. Office of Management and Budget. Federal Debt: Total Public Debt as Percent of Gross Domestic Product [GFDEGDQ188S]. https://fred. stlouisfed. org/series/GFDEGDQ188S.

Federal Reserve Bank of St. Louis, Economic Research. Manufacturing as a Percentage of GDP, Q3 2015, citing BEA data. https://research. stlouisfed. org/fred2/series/VAPGDPMA.

Federal Reserve Bank of St. Louis, Economic Research. Trade Weighted U. S. Dollar Index: Major Currencies. https://research. stlouisfed. org/fred2/series/DTWEXM.

Federal Reserve Economic Data. Employment by Economic Activity for: Manufacturing: All Persons for the Republic of Korea, Persons, Monthly, Seasonally Adjusted; Employment by Economic Activity: Manufacturing: All Persons for Japan, Persons, Monthly, Not Seasonally Adjusted; All Employees: Manufacturing Vintage: 2016-08-05, Thousands of Persons, Monthly, Seasonally Adjusted; All Employees: Manufacturing Vintage: 2016-09-02, Thousands of Persons, Monthly, Seasonally Adjusted; Employment by Economic Activity: Manufacturing: All Persons for Germany, Persons, Quarterly, Not Seasonally Adjusted. https://fred. stlouisfed. org/.

Federal Reserve System Board of Governors. Trade Weighted U. S. Dollar Index: Major Currencies [DTWEXM]. https://fred. stlouisfed. org/series/DTWEXM.

Fink, Yoel. Slide presentation in webinar for AFFOA participants on July 15,2016.

Finley, Klint. This News-Writing Bot Is Now Free for Everyone. *Wired*, October 20,2015.

Finneran, Kevin. Middle Class Muddle. *Issues in Science and Technology* 33, no. 1 (Fall 2016): 39-40.

$500m/5 year plan announced by the Deputy Prime Minister, Budget Speech in 2013. http://www.smartindustry.com/assets/Uploads/SI-PS-Singapore-Inof pack.pdf.

Fleming, Michael J., and Nicholas J. Klagge. The Federal Reserve's Foreign Exchange Swap Lines. *Federal Reserve Bank of New York Current Issues in Economics and Finance* 16, no. 4 (April 2010): 1 - 7.

Florida Advanced Technology Education (FLATE). Infographic of Pathways Which Are Not Linear. http://fl-ate.org/wp-content/uploads/2014/12/10_2016-ET-Highlights.pdf.

Florida Advanced Technology Education (FLATE). Regional and Statewide Impacts. http://fl-ate.org/about-us/impact/.

Florida Department of Education. 2015 - 2016 Frameworks, Manufacturing. http://www.fldoe.org/academics/career-adult-edu/career-tech-edu/curriculum-frameworks/2015-16-frameworks/manufacturing.stml.

Fong, Glenn R. ARPA Does Windows: The Defense Underpinning of the PC Revolution. *Business and Politics* 3, no. 3(2001): 213 - 237.

Fong, Glenn R. Breaking New Ground or Breaking the Rules — Strategic Reorientation in US Industrial Policy. *International Security* 25, no. 2 (Fall 2000): 152 - 162.

Fong, Glenn R. Follower at the Frontier: International Competition and Japanese Industrial Policy. *International Studies Quarterly* 42, no. 2(1998): 339 - 366.

Foote, Andrew, Michel Grosz, and Ann Huff Stevens. Locate Your Nearest Exit: Mass Layoffs and Local Labor Market Response. NBER Working Paper 21618, National Bureau of Economic Research, Cambridge, MA, October 2015. http://www.nber.org/papers/w21618.

Ford, Martin. *Rise of the Robots: Technology and the Threat of a Jobless Future*. New York: Basic Books, 2015.

Forschungsunion and Acatech (National Academy of Science and Engineering). Securing the Future of German Manufacturing Industry, Recommendations for Implementing the Strategic Initiative Industrie 4.0. Final report of the Industrie 4.0 Working Group, April 2013. http://docplayer.net/254711-Securing-the-future-of-german-manufacturing-industry-recommendations-for implementing-the-strategic-initiative-industrie-4-0.html.

Fraumeni, Barbara M. The Contribution of Highways to GDP Growth. NBER Working Paper 14736, National Bureau of Economic Research, Cambridge, MA, February 2009.

Fraunhofer Academy. Leitbild Der Fraunhofer Academy, 2016. http://www.academy.fraunhofer.de/de/ueber-uns/profil-selbstverstaendnis/leitbild.html.

Fraunhofer Center for Sustainable Energy Systems (CSE) website. http://www.cse.fraunhofer.org/about.

Fraunhofer Center for Sustainable Energy Systems (CSE) Research Facilities website. http://www.cse.fraunhofer.org/about-fraunhofer-cse/labs-and-facilities.

Fraunhofer Center for Sustainable Energy Systems (CSE) TechBridge website. http://www.cse.fraunhofer.org/techbridge/method.

Fraunhofer Gesellschaft, Fraunhofer Institutes and Research Establishments website. http://www.fraunhofer.de/en/institutes-research-establishments/.

Fraunhofer Gesellschaft. Statute, as revised in 2010, Section 20, The Institutes; Section 21, Institute Management. http://www.izm.fraunhofer.de/content/dam/izm/en/documents/Institut/Statute-of-the-Fraunhofer-Gesellschaft_tcm63-8090.pdf.

Freeman, Christopher. Formal Scientific and Technical Institutions in the National System of Innovation, in B.-Å. Lundvall, ed., *National Systems of Innovation: Towards a Theory of Innovation and Interactive Learning*. London, New York: Pinter, 1992, 169–187.

Freeman, Richard B. *America Works: The Exceptional U.S. Labor Market*. New York: Russell Sage Foundation, 2007.

Frey, Carl Benedikt, and Michael A. Osborne. The Future of Employment: How Susceptible Are Jobs to Computerization? Working Paper, Oxford Martin Programme on Technology and Employment, September 17, 2013. http://www.oxfordmartin.ox.ac.uk/downloads/academic/future-of-employment.pdf.

Fuchs, Erica, and Randolph Kirchain. Design for Location? The Impact of Manufacturing Offshore on Technology Competitiveness in the Optoelectronics Industry. *Management Science* 56, no. 12 (December 2010): 2323–2349.

Furman, Jason. Trends in Labor Force Participation. Presentation, National Press Club, August 6, 2015. https://www.whitehouse.gov/sites/default/files/

docs/20150806_labor_force_participation_retirement_research_consortium. pdf.

Gaddy, Benjamin, Varun Sivaram, Timothy Jones, and Libby Wayman. Venture Capital and Cleantech: The Wrong Model for Energy Innovation. *Social Science Research Network* (*SSRN*), June 2,2016. https://ssrn. com/abstract=2788919.

Gaddy, Benajmin, Varun Sivaram, and Francis O'Sullivan. Venture Capital and Cleantech. Working Paper, MIT Energy Initiative, July 2016. http://energy. mit. edu/wp-content/uploads/2016/07/MITEI-WP-2016-06. pdf.

German Federal Ministry for Economic Affairs and Energy. The German Mittelstand: Facts and Figures about German SMEs, SME-shares in Germany in % (table), 2016. http://www. bmwi. de/English/Redaktion/Pdf/wirtschaftsmotor-mittelstand-zahlen-und-fakten-zu-den-deutschen-kmu, property = pdf, bereich = bmwi2012, sprache= en, rwb= true. pdf.

German Federal Ministry for Economic Affairs and Energy. Make It in Germany: Introducing the German Mittelstand. http://www. make-it-in-germany. com/en/for-qualified-professionals/working/mittelstand.

Germany Trade and Invest. Industrie 4. 0 — Smart Manufacturing for the Future. Germany Trade and Invest, Berlin, July 2014. http://www. gtai. de/GTAI/Content/EN/Invest/_SharedDocs/Downloads/GTAI/Brochures/Industries/industrie4. 0-smart-manufacturing-for-the-future-en. pdf.

Giffi, Craig, Ben Dollar, Jennifer McNelly, and Gardner Carrick. The Skills Gap in U. S. Manufacturing: 2015 and Beyond. Deloitte LLC, 2015.

Gini, Al. Work, Identity and Self: How We Are Formed by the Work We Do. *Journal of Business Ethics* 17(1998): 707 - 714.

Glaeser, Edward L. Introduction. In *Agglomeration, Organization and Entrepreneurship, Agglomeration Economics*, edited by Edward L. Glaeser, 7. Chicago: University of Chicago Press, 2010,1 - 14.

Global Macro Monitor. Chart, U. S. Employment in Manufacturing, using BLS data. https://www. creditwritedowns. com/2012/05/chart-of-the-day-us-manufacturing-unemployment-1960-2012. html.

Goby, Pascal. Facebook Investor Wants Flying Cars, Not 140 Characters. *Business Insider*, July 30, 2011. http://www. businessinsider. com/founders-fund-the-future-2011-7.

Goddard, John, Douglas Robertson, and Paul Vallance. Universities, Technology and Innovation Centres and Regional Development: The Case of the North-East of England. *Cambridge Journal of Economics* 36, no. 3(2012): 609 – 627.

Gold, Stephen. The Competitive Edge: Manufacturing's Multiplier Effect — It's Bigger Than You Think. *Industry Week*, September 2, 2014. http://www.industryweek.com/global-economy/competitive-edge-manufacturings-multiplier-effect-its-bigger-you-think.

Goldin, Claudia, and Lawrence F. Katz. *The Race between Education and Technology*. Cambridge, MA: Harvard University Press, 2008.

Goldin, Claudia, and Lawrence F. Katz. The Race between Education and Technology: The Evolution of U. S. Educational Wage Differentials, 1890 to 2005. NBER Working Paper 12984, National Bureau of Economic Research, Cambridge, MA, March 2007.

Goodman, Madeline J., Anita M. Sands, and Richard J. Coley. *America's Skills Challenge: Millennials and the Future*. Princeton, NJ: Educational Testing Service, 2015. https://www.ets.org/s/research/29836/.

Gordon, Robert J. Does the "New Economy" Measure Up to the Great Inventions of the Past? NBER Working Paper 7835, National Bureau of Economic Research, Cambridge, MA, August 2000. http://www.nber.org/papers/w7833, published in *Journal of Economic Perspectives* 14, no. 4 (Fall 2000): 49 – 74.

Gordon, Robert J. *Productivity Growth, Inflation, and Unemployment: The Collected Essays of Robert J. Gordon*. Cambridge: Cambridge University Press, 2004.

Gordon, Robert. *The Rise and Fall of American Growth*. Princeton, NJ: Princeton University Press, 2016.

Gordon, Robert J. Secular Stagnation: A Supply-Side View. *American Economic Review: Papers and Proceedings* 105, no. 5(2015): 54 – 59

Gordon, Robert J. U. S. Productivity Growth: The Slowdown Has Returned after a Temporary Revival. *International Productivity Monitor* 23 (Spring 2013): 13 – 19.

Government Accountability Office (GAO). Advanced Manufacturing: Commerce Could Strengthen Collaboration with Other Agencies on Innovation Institutes. GAO – 17 – 320. Washington, DC: Government Accountability Office,

April 6,2017. http://www.gao.gov/products/GAO-17-320? source=ra.

Government Accountability Office (GAO). Defense Additive Manufac-turing — DOD Needs to Systematically Track Department-wide 3D Printing Efforts. GAO 16-56. Washington, DC: Government Accountability Office, October 2015.

Governor of Connecticut's Transportation Finance Panel. Final Report, January 15,2016. http://portal.ct.gov/uploadedFiles/Departments_and_Agencies/Office_of_the_Governor/Learn_More/Working_Groups/2016.01.15%20TFP%20final%20report.pdf.

Graetz, Georg, and Guy Michaels. Robots at Work. Centre for Economic Performance Discussion Paper 1335 Centre for Economic Performance, London, England, March 2015.

Grossman, Gene M., and Elhanan Helpman. Growth, Trade, and Inequality. Working Paper, Princeton University, Princeton, NJ, June 30,2016. https://www.princeton.edu/~grossman/Growth_Trade_and_Inequality_063016.pdfgr.

Guzman, Jorge, and Scott Stern. The State of American Entrepreneurship: New Estimates of the Quantity and Quality of Entrepreneurship for 15 U.S. States, 1998-2014. NBER Working Paper 22095, National Bureau of Economic Research, Cambridge, MA, March 2016, http://jorgeg.scripts.mit.edu/homepage/wp-content/uploads/2016/03/Guzman-Stern-State-of-American-Entrepreneurship-FINAL.pdf.

Hagemann, Harald. Solow's 1956 Contribution in the Context of the Harrod-Domar Model. Annual supplement, *History of Political Economy* 41(2009): 67-87.

Handel, Michael J. Presentation on Skills, Job Creation and Labour Market, Conference on Smart Industry: Enabling the Next Production Revolution, OECD and Sweden Ministry of Enterprise and Innovation, Stockholm, September 18,2016.

Hart, John. Syllabus, Fundaments of Manufacturing Process, MITx and edX online education platforms, 2016. https://www.edx.org/course/fundamentals-manufacturing-processes-mitx-2-008x.

Hartwig, Jochen. Has "Baumol's Disease" Really Been Cured? KOF Working Paper 155, Swiss Institute for Business Cycle Research, Zurich, Switzerland, November 2006.

Hatch, Nile W., and David C. Mowery. Process Innovation and Learning by Doing in Semiconductor Manufacturing. *Management Science* 44, no. 11, pt 1 of 2 (November 1998): 1461 - 1477.

Hathaway, Ian, and Robert Litan. Declining Business Dynamism in the United States: A Look at States and Metros. Paper, Brookings Institution Economic Studies, Washington, DC, May 2014. http://www.brookings.edu/~/media/research/files/papers/2014/05/declining% 20business% 20dynamism% 20litan/declining_business_dynamism_hathaway_litan.pdf.

Hauser, Herman, for Lord Mandelson, Secretary of State. The Current and Future Roles of Technology and Innovation Centres in the UK. https://interact.innovateuk.org/documents/1524978/2139688/The + Current + and + Future + Role + of + Technology + and + Innovation + Centres + in + the + UK/e1b5f4ae-fec8-495d-bbd5-28dacdfee186.

Heilbroner, Robert. The Embarrassment of Economics. *Challenge*, November-December 1996, 47 - 49.

Hejlund, Nauna. Presentation on Skills, Job Creation and Labour Market, Conference on Smart Industry: Enabling the Next Production Revolution, OECD and Sweden Ministry of Enterprise and Innovation, Stockholm, September 18, 2016.

Helper, Susan. How to Make American Manufacturing Great Again. Real Clear Policy, September 15, 2016. http://www.realclearpolicy.com/blog/2016/09/15/how_to_make_american_manufacturing_great_again.html.

Helper, Susan, and Timothy Kruger. Supply Chains and Equitable Growth. Report. Washington Center for Equitable Growth, Washington, DC, September 2016. http://cdn.equitablegrowth.org/wp-content/uploads/2016/09/30134051/092816-supply-chains.pdf.

Helper, Susan, Timothy Krueger, and Howard Wial. Why Does Manufacturing Matter? Which Manufacturing Matters? Paper, Metropolitan Policy Program, Brookings Institution, Washington, DC, February 22, 2016. https://www.brookings.edu/wp-content/uploads/2016/06/0222_manufacturing_helper_krueger_wial.pdf.

Helper, Susan, and Howard Wial. Strengthening American Manufacturing: A New Federal Approach. Paper, Metropolitan Policy Program, Brookings

Institution, Washington, DC, September 2010.

Helpman, Elhanan. Increasing Returns, Imperfect Markets, and Trade Theory. In *Handbook of International Economics*, vol. 1, edited by R. W. Jones and P. B. Kenen, 325 - 365. Amsterdam: Elsevier Science Publishers, 1984.

Helpman, Elhanan. *The Mystery of Economic Growth*. Cambridge, MA: Belknap, 2004.

Helpman, Elhanan. *Understanding Global Trade*. Cambridge, MA: Harvard University Press, 2011.

Hennigan, Michael. Germany's Record Trade Surplus in 2015. *finfacts*, February 10, 2016. http://www.finfacts.ie/Irish_finance_news/articleDetail.php?Germany-s-record-trade-surplus-in-2015-US-UK-France-in-deficit-520.

Herrendorf, Berhold, Richard Rogerson, and Akos Valentinyi. Growth and Structural Transformation. In *Handbook of Economic Growth*, vol. 2B, edited by Philippe Aghion and Steven N. Durlauf, 855 - 941. Amsterdam: Elsevier, 2014.

Higgins, Benjamin. The Concept of Secular Stagnation. *American Economic Review* 40, no. 1 (March 1950): 160 - 166.

High Performance Computing Act of 1991. Pub. L. No. 102 - 194, 105 Stat. 1594(1991), 15 U. S. C. § 5501(1991).

Hiltzik, Michael A. *Dealers of Lightning: Xerox PARC and the Dawn of the Computer Age*. New York: HarperCollins, 1999.

Hockfield to Co-chair U. S. Manufacturing Partnership. MIT News Office, June 24, 2011. http://news.mit.edu/2011/hockfield-obama-manufacturing-0624.

Holodny, Elena. The 11 Countries with the Best Infrastructure around the World. *Business Insider*, October 2, 2015.

Holzer, Harry J. Higher Education Workforce Policy: Creating More Skilled Workers (and Jobs for Them to Fill). Washington, DC: Brookings Institution, 2014.

Holzer, Harry J., and Robert I. Lerman. The Future of Middle-Skills Jobs. Paper, Brookings Institution, Washington, DC, 2009. www.brookings.edu/~/media/Files/rc/papers/2009/02_middle_skill_jobs_holzer/02_middle_skill_jobs_holzer.pdf.

House, Christopher L., Christian Proebsting, and Linda Tesar. Austerity in the Aftermath of the Great Recession. NBER Draft, National Bureau of Economic

Research, Cambridge, MA, November 24,2015.

Houseman, Susan N. , Timothy J. Bartik, and Timothy J. Sturgeon. Measuring Manufacturing: How the Computer and Semiconductor Industries Affect the Numbers and Perceptions. Upjohn Institute Working Paper 14 - 209 Upjohn Institute, Kalamazoo, MI, January 2014.

Houseman, Susan, Christopher Kurz, Paul Lengermann, and Benjamin Mandel. Offshoring Bias in U. S. Manufacturing. *Journal of Economic Perspectives* 25, no. 2(2011): 111 - 132. http://pubs. aeaweb. org/doi/pdfplus/10. 1257/jep. 25. 2. 111.

House of Commons (UK), Committee on Science and Technology. Technology and Innovation Centres, 2011. http://www. publications. parliament. uk/pa/cm201011/cmselect/cmsctech/619/619. pdf.

Howells, Jeremy, Intermediation and the role of intermediaries in innovation. *Research Policy* 35,2006,715 - 728.

Huebner, Jonathan. A Possible Declining Trend in Worldwide Innovation. *Journal of Technological Forecasting and Social Change* 72(2005): 980 - 986. http://accelerating. org/articles/InnovationHuebnerTFSC2005. pdf.

Hughes, Kent H. *Building the Next American Century — The Past and Future of American Economic Competitiveness*. Washington, DC: Woodrow Wilson Center Press, 2005.

IACMI. Composites Workforce 2015. http://iacmi. org/wp-content/uploads/2016/04/IACMI_OnePager_FINAL_2015_UPDATE. pdf.

IACMI website. http://iacmi. org.

Indiana Economic Development Corporation. Indiana Adds Chief Innovation Officer to Economic Development Corporation. August 16, 2016. http://iacmi. org/2016/08/16/indiana-adds-chief-innovation-officer-economic-development-corporation/.

Innovation 25 Council. Innovation 25 — Creating the Future, Challenging Unlimited Possibilities. Interim Report, February 26,2007. http://japan. kantei. go. jp/innovation/interimbody_e. html.

International Federation of Robotics and United Nations Economic Commission for Europe. World Robotics: 2015,2014,2013,2010,2009,2005,2004. https://ifr. org/worldrobotics/.

International Monetary Fund (IMF). World Economic Outlook 2014: Legacies, Clouds, Uncertainties. Washington, DC: International Monetary Fund, October 2014.

International Trade Administration (ITA). Trading Companies, One third of goods trade (by value) came from SMEs. http://www.trade.gov/mas/ian/build/groups/public/@tg_ian/documents/webcontent/tg_ian_005369.pdf.

International Trade Commission. Antidumping and Countervailing Duty Investigations, as of March 30, 2017. https://www.usitc.gov/trade_remedy/731_ad_701_cvd/investigations.htm.

Ishikawa, Kaoru. *What Is Total Quality Control? The Japanese Way*. Englewood Cliffs, NJ: Prentice-Hall, 1985.

Jacobs, Ken, Zohar Perla, Ian Perry, and Dave Graham-Squire. *Producing Poverty: The Public Cost of Low Wage Production Jobs in Manufacturing*. Berkeley, CA: UC Berkeley Center for Labor Research and Education, May 2016.

Jamshidi, Mo, ed. *System of Systems Engineering*. Hoboken, NJ: John Wiley and Sons, 2009.

Jensen, Bradford, Dennis Quinn, and Stephen Weymouth. Winners and Losers in International Trade: The Effects on U.S. Presidential Voting. Paper, Georgetown University, Washington, DC, June 10, 2016. http://cmepr.gmu.edu/wp-content/uploads/2016/10/jqw_trade_voting.pdf.

Johnson, R. Colin. Samsung Breaks Ground on $14 Billion Fab. *EE Times*, May 8, 2015.

Jones, Larry E., and Rodolfo E. Manuelli. Neoclassical Models of Endogenous Growth: The Effects of Fiscal Policy, Innovation and Fluctuations. In *Handbook of Economic Growth*, vol. 1A, edited by Philippe Aghion and Steven N. Durlauf, 13 - 65. Amsterdam: Elsevier, 2005.

Jorgenson, Dale. U.S. Economic Growth in the Information Age. *Issues in Science and Technology* 18, no. 1 (Fall 2001): 42 - 50. http://www.issues.org/18.1/jorgenson.html.

Jumpstart Our Business Startups (JOBS) Act, H.R. 3606, 112th Cong., 2nd Sess. (2012).

Kalil, Thomas, and Jason Miller. Advancing U.S. Leadership in High

Performance Computing. White House Blog, July 29,2015. https://obamawhitehouse. archives. gov/blog/2015/07/29/advancing-us-leadership-high-performance-computing.

Kearney, Melissa S., Brad Hershbein, and Elisa Jacome. Profiles of Change: Employment, Earnings and Occupations from 1990 – 2013. Washington, DC: Brookings Institution, 2015.

Kennedy, Scott. Made in China 2025. Center for Strategic and International Studies (CSIS), June 1,2015. https://www. csis. org/analysis/made-china-2025.

Keynes, John Maynard. *Essays in Persuasion*. New York: Classic House Books, 2009.

Kharpal, Arjun. Apple plans two more R&D centers in China as its challenges in the country continue, CNBC, March 17,2017. http://www. cnbc. com/2017/03/17/apple-china-two-more-research-centers-as-challenges-continue. html.

Kitchens, Carl, and Price Fishback. Flip the Switch: The Impact of the Rural Electrification Administration 1935 – 1940. *Journal of Economic History* 75, no. 4 (December 2015): 1161 – 1195.

Kolman, Joseff. Summary of Federal, State, University, and Private Programs for Supporting Emerging Technology. MIT Washington Office, Washington, DC, July 10,2015. http://dc. mit. edu/resources/policy-resources.

KPMG. Innovated in China: New Frontier for Global R&D. *China 360*, August 2013.

Krafcik, John F. Triumph of the Lean Production System. *Sloan Management Review* 30, no. 1(1998): 41 – 52.

Krugman, Paul. Border Tax Two-Step (Wonkish). *The New York Times*, January 27, 2017, https://krugman. blogs. nytimes. com/2017/01/27/border-tax-two-step-wonkish/? _r=0.

Krugman, Paul. Domestic Distortions and the Deindustrialization Hypothesis. NBER Working Paper 5472, National Bureau of Economic Research, Cambridge, MA, March 1996.

Krugman, Paul. How Did Economics Get It So Wrong? *New York Times*, September 2,2009. http://www. nytimes. com/2009/09/06/magazine/06Economic-t. html.

Krugman, Paul. The Increasing Returns Revolution in Trade and Geography. Nobel Prize Lecture, December 8, 2008.

Kuah, Adrian T. H. Cluster Theory and Practice: Advantages for the Small Business Locating in a Vibrant Cluster. *Journal of Research in Marketing and Entrepreneurship* 4, no. 3(2002): 206 - 228.

Langlois, R. N., and David C. Mowrey. The Federal Government's Role in the Development of the U. S. Software Industry. In *The International Computer Software Industry*, edited by David C. Mowrey, 71. New York: Oxford University Press, 1996.

Lardy, Nicholas R. Manufacturing Employment in China. *PIE Realtime Economic Issues Watch*, December 21, 2015.

Lawrence, Robert Z. Does Manufacturing Have the Largest Employment Multiplier for the Domestic Economy? (blog) Washington, D. C.: Peterson Institute of International Economics March 22, 2017. https://piie.com/blogs/realtime-economic-issues-watch/does-manufacturing-have-largest-employment-multiplier-domestic.

Lebergott, Stanley. Labor Force and Employment, 1800 - 1960. In *Output, Employment, and Productivity in the United States after 1800*, edited by Dorothy S. Brady, 117 - 204. New York: NBER, 1966.

Levine, Chester, Laurie Salmon, and Daniel H. Weinberg. Revising the Standard Occupational Classification System. *Monthly Labor Review* (May 1999): 36 - 45.

Licklider, J. C. R. Man-Computer Symbiosis, *IRE Transactions on Human Factors in Electronics* 1 (March 1960): 4 - 11. http://groups.csail.mit.edu/medg/people/psz/Licklider.html.

Lightweight Innovations for Tomorrow (LIFT). Education and Workforce Development programs. http://lift.technology/education-workforce-development/.

Lightweight Innovations for Tomorrow (LIFT). Education and Workforce slide presentation, 2016.

Lightweight Innovations for Tomorrow (LIFT). Investments as of May 2016.

Lightweight Innovations for Tomorrow (LIFT). Talent Research.

Lightweight Innovations for Tomorrow (LIFT). 2016 Education and Workforce Roadmap and Master Plan. https://lift.technology/wp-content/uploads/

2014/07/2016-LIFT-Education-and-Workforce-Roadmap. pdf.

Lightweight Innovations for Tomorrow (LIFT). Workforce Metrics and Data.

Lightweight Innovations for Tomorrow (LIFT). Workforce Profile 2016. https://lift. technology/wp-content/uploads/2014/07/LIFT_WorkforceEducation-Overview2016. pdf.

Lindholdt, Paul. Luddism and Its Discontents. *American Quarterly* 49, no. 4(1997): 866 - 873.

Litan, Robert E. Inventive Billion Dollar Firms: A Faster Way to Grow. SSRN Working Paper 1721608, *Social Science Research Network* (*SSRN*), December 1,2010, https://papers. ssrn. com/sol3/papers. cfm? abstract_id = 1721608.

Liveris, Andrew. *Make It in America*: *The Case for Reinventing the Economy*. Hoboken, NJ: John Wiley and Sons, 2011.

Lloyd, Maggie. Review of the NSF's Advanced Technological Education (ATE) Program: ATE's Role in Advanced Manufacturing Education and Training. Report. Washington, DC: MIT Washington Office, February 2013. http://dc. mit. edu/sites/default/files/pdf/MIT%20Review%20of%20NSF%20ATE%20Program. pdf.

Locke, Richard M., and Rachel L. Wellhausen, eds. *Production in the Innovation Economy*. Cambridge, MA: MIT Press, 2014.

Lucas, Robert E., Jr. On the Mechanics of Economic Development. *Journal of Monetary Economics* 22(1988): 3 - 42.

Luckhurst, Roger. Automation. In *The Oxford Handbooks Online*. Oxford: Oxford University Press, November 2014. http://www. oxfordhandbooks. com/view/10. 1093/oxfordhb/9780199838844. 001. 0001/oxfordhb-9780199838844-e-17.

Luckowski, Stephen. AFFOA 2017: First Projects. Presentation to the American Fiber Manufacturers Association, Washington, DC, October 20,2016.

Lynn, Barry C. *End of the Line*. New York: Doubleday, 2005.

Maddison-Project website. http://www. ggdc. net/maddison/maddison-project/home. htm.

Majewska, Maria, and Urszula Szulczynska. Methods and Practices of Tacit

Knowledge Sharing within an Enterprise: An Empirical Investigation. *Oeconomia Copernicana* 2(2014): 35 - 48.

Make in India Initiative website. http://www. makeinindia. com/home.

Mandel, Michael. How Much of the Productivity Surge of 2007 - 2009 Was Real. *Mandel on Innovation and Growth* (blog), March 28, 2011. http://innovationandgrowth. wordpress. com/2011/03/28/how-much-of-the-productivity-surge-of-2007-2009-was-real/.

Mankiw, Greg. Is a VAT good for exports? *Greg Mankiw's Blog: Random Observations for Students of Economics*, May 18, 2010. http://gregmankiw. blogspot. com/2010/05/is-vat-good-for-exports. html.

Mankiw, Gregory. News Flash: Economists Agree. *Greg Mankiew's Blog*, February 14, 2009. http://gregmankiw. blogspot. com/2009/02/news-flash-economists-agree. html.

Mankiw, N. Gregory, David Romer, and David N. Weil. A Contribution to the Empirics of Economic Growth. *Quarterly Journal of Economics* 107, no. 2 (May 1992): 407 - 437.

Mann, Catherine L. Globalization of IT Services and White Collar Jobs. International Economics Policy Briefs PB03 - 11. Institute for International Economics, December 2003. http://www. iie. com/publications/pb/pb03-11. pdf.

Manufacturing Institute and Deloitte Ltd. Overwhelming Support: U. S. Public Opinions on the Manufacturing Industry. Report. 2014. http://www2. deloitte. com/content/dam/Deloitte/us/Documents/manufacturing/us-mfg-public-perception-manufacturing-021315. PDF.

Manufacturing Technology Centre. Challenging the Boundaries of Manufacturing. http://www. the-mtc. org.

Manufacturing to Get Boost from 3D Printing. *Straits Times* (Singapore), March 17, 2016. http://www. straitstimes. com/business/manufacturing-to-get-boost-from-3d-printing.

Markoff, John. Moore's Law Running Out of Room, Tech Looks for a Successor. *New York Times*, May 4, 2016.

Marshall, Alfred. *Principles of Economics*. London: Macmillan, 1890.

Matheson, Rob. The Engine closes its first fund for over $150 million. MIT News, April 6, 2017. http://news. mit. edu/2017/the-engine-closes-first-fund-

150-million-0406.

McCallum, John. National Borders Matter: Canada-U. S. Regional Trade Patterns. *American Economic Review* 85, no. 3 (June 1995): 615 – 623.

McCausland, W. David, and Ioannis Theodossiou. Is Manufacturing Still the Engine of Growth? *Journal of Post Keynesian Economics* 35, no. 1 (Fall 2012): 79 – 92.

McKenzie, Richard B. Industrial Policy. In *Concise Encyclopedia of Economics*, 2nd ed., 2007. Library of Economics and Liberty. http://www.econlib.org/library/Enc1/IndustrialPolicy.html.

McKie, Robin. James Watt and the Sabbath Stroll That Created the Industrial Revolution. *The Guardian*, May 29, 2015. http://www.theguardian.com/technology/2015/may/29/james-watt-sabbath-day-fossil-fuel-revolution-condenser.

McKinsey Global Institute. Poorer than Their Parents? A New Perspective on Income Inequality. McKinsey Global Institute, July 2016. http://www.mckinsey.com/global-themes/employment-and-growth/poorer-than-their-parents-a-new-perspective-on-income-inequality.

Meckstroth, Dan. China Has a Dominant Share of World Manufacturing. Paper, Manufacturers Association for Productivity and Investment (MAPI) Foundation, Arlington, VA, January 2014. https://www.mapi.net/blog/2014/01/china-has-dominant-share-world-manufacturing.

Meckstroth, Dan. The Manufacturing Value Chain Is Bigger than You Think. Report. Washington, DC: Manufacturers Association for Productivity and Investment (MAPI) Foundation, Arlington, VA, February 16, 2016. https://www.mapi.net/forecasts-data/manufacturing-value-chain-much-bigger-you-think.

MForesight (Alliance for Manufacturing Foresight) website. http://mforesight.org/about-us/#vision.

Mindell, David. *Our Robots, Ourselves: Robotics and the Myths of Autonomy*. New York: Penguin Random House, 2015.

Miner, Sean. China's Current Account in 2015: A Growing Trade Surplus. Peterson Institute for International Economics, Washington, DC, February 8, 2016.

Ministry of Economy, Trade and Industry (METI), Government of Japan.

Growth Strategy 2016, Establishment of Public-Private Council for the 4th Industrial Revolution, October 2016.

MIT Innovation Initiative. Advancing Manufacturing Innovation on Campus and Online. MIT News Office, October 7, 2016. http://news.mit.edu/2016/advancing-manufacturing-innovation-campus-and-online-1007.

MIT, Production in the Innovation Economy (PIE) website. http://web.mit.edu/pie/research/index.html.

MIT Roundtable on Developing National Innovation Policies, Summary, March 1, 2010. http://dc.mit.edu/sites/default/files/MIT%20Innovation%20Roundtable.pdf.

MIT Roundtable on The Future of Manufacturing Innovation — Advanced Technologies, Summary, March 29, 2010. http://dc.mit.edu/sites/default/files/Roundtable%20The%20Future%20of%20Manufacturing%20Innovation.pdf.

MIT Supply Chain Management Micromasters Credential website. http://scm.mit.edu/micromasters/faqs.

MIT Washington Office, MIT Reports to the President, 2009 - 10, MIT Efforts on Policy Innovation Challenges, (Cambridge, MA: Massachusetts Institute of Technology 2010), 1 - 32 - 1 - 34, http://dc.mit.edu/sites/default/files/pdf/2010%20MIT%20DC%20Annual%20Report.pdf.

Mita, Noriyuki. Manufacturing Industries Bureau, Ministry of Economy Trade and Industry (METI). Responding to the Fourth Industrial Revolution, presentation, October 2016.

Modestino, Alicia Sasser. The Importance of Middle-Skill Jobs. *Issues in Science and Technology* 33, no. 1 (Fall 2016): 41 - 46.

Mokyr, Joel, Chris Vickers, and Nicolas L. Ziebarth. The History of Technological Anxiety and the Future of Economic Growth: Is This Time Different? *Journal of Economic Perspectives* 29, no. 3(2015): 31 - 50.

Molnar, Michael. Presentation at MForesight National Summit 2016, Washington, DC, September 29, 2016.

Molnar, Michael (NIST), Steven Linder (DOD), and Mark Shuart (DOE). Building a New Partnership — The National Network for Manufacturing Innovation, presentation to the National Council for Advanced Manufacturing (NACFAM), April 29, 2016.

Mooney, Chris. The Gas Tax Has Been Fixed at 18 Cents for Two Decades. Now Would Be a Great Time to Raise It. *Washington Post*, December 3, 2014.

Morelix, Arnobio, E. J. Reedy, and Joshua Russell. 2016 Kauffman Index of Growth Entrepreneurship, National Trends. Kansas City, MO: Kauffman Foundation, May 2016. http://www.kauffman.org/~/media/kauffman_org/microsites/kauffman_index/growth/kauffman_index_national_growth_entrepreneurship_2016_report.pdf.

Morey, Mitchell. Preferences and the Home Bias in Trade. *Journal of Development Economics* 121(2016): 24 - 37.

Morris, Charles R. *The Dawn of Innovation*. New York: Public Affairs, 2012.

Mowery, David C. The Relationship between Intrafirm and Contractual Forms of Industrial Research in American Manufacturing, 1900 - 1940. *Explorations in Economic History*, 20, 1983, 351 - 374.

Mowrey, David C. The Computer Software Industry. In *Sources of Industrial Leadership: Studies of Seven Industries*, edited by D. C. Mowrey and R. R. Nelson, 145. Cambridge: Cambridge University Press, 1999.

Muro, Mark, Sid Kulkarni, Jacob Whiton, and David Hart. America's Advanced Industries: New Trends. Washington, DC: Brookings Institution, September 2016.

Nager, Adams. Calling Out Chinese Mercantilism. *International Economy* (Spring 2016): 62 - 64. http://www.international-economy.com/TIE_Sp16_Nager.pdf.

Nager, Adams B., and Robert D. Atkinson. The Myth of America's Manufacturing Renaissance: The Real State of U. S. Manufacturing. Washington, DC: Information Technology and Innovation Foundation (ITIF), January 2015. http://www2.itif.org/2015-myth-american-manufacturing-renaissance.pdf.

Nahm, Jonas, and Edward S. Steinfeld. The Role of Innovative Manufacturing in High-Tech Product Development: Evidence form China's Renewable Energy Sector. In *Production in the Innovation Economy*, edited by Richard M. Locke and Rachel L. Wellhausen, 139 - 174. Cambridge, MA: MIT Press, 2014.

Nahm, Jonas, and Edward Steinfeld. Scale-Up Nation: Chinese Specialization in Innovative Manufacturing. MIT working paper, March 12, 2012, later published in *World Development* 54(2013): 288 - 300. http://dx. doi. org/10. 1016/j. worlddev. 2013. 09. 003.

National Academies, Board on Science, Technology and Economic Policy. Innovation Policy Forum on Reinventing U. S. Advanced Manufacturing — A Review of the Advanced Manufacturing Partnership 2.0 Report, October 27, 2014. http://sites. nationalacademies. org/PGA/step/PGA_152473.

National Academy of Engineering (NAE). Making Value for America. Report. Washington, DC: National Academies Press, 2016). http://www. nap. edu/catalog/19483/making-value-for-america-embracing-the-future-of-manuf acturing-technology.

National Academy of Sciences, Science, Technology, and Economic Policy (STEP) Board. *21st Century Manufacturing: The Role of the Manufacturing Extension Partnership*. Washington, DC: National Academies Press, 2013.

National Association of Manufacturers. Top 20 Facts about Manufacturing (2016). http://www. nam. org/Newsroom/Facts-About-Manufacturing/.

National Center for Education Statistics, Fast Facts: Educational Attainment website. https://nces. ed. gov/fastfacts/display. asp? id = 27.

National Center for Supply Chain Technology Education (NSF/ATE supported) eTextbook website. http://www. supplychainteched. org/etextbook. html.

National Convergence Technology Center (NSF/ATE supported) Centers for Collaborative Technical Assistance website. http://www. connectedtech. org/ ccta. html.

National Defense Authorization Act for FY2017 (S. 2943), 114th Cong., 2nd Sess., section 215, amending 10 U. S. C. § 2196 [Conference Report, Pub. L. No. 114 - 840(2016)].

National Employment Law Project. The Low Wage Recovery. Data Brief, April 2014. http://www. nelp. org/content/uploads/2015/03/Low-Wage-Recovery-Industry-Employment-Wages-2014-Report. pdf.

National Governors Association. Making Our Future — What States Are Doing to Encourage Growth of Manufacturing through Innovation, Entrepreneurship and Investment, an NGA Policy Academy Report. National Governors

Association, Washington, DC, January 28, 2013. http://www.nga.org/cms/home/nga-center-for-best-practices/center-publications/page-ehsw-publications/col2-content/main-content-list/making-our-future.html.

National Governors Association. Seven States Selected to Develop Economic Strategies Focused on the Growth of Advanced Manufacturing Industries. Press statement, October 6, 2011.

National Institute of Standards and Technology (NIST). Advanced Manufacturing National Program Office, slide presentation, July 2016.

National Institute of Standards and Technology (NIST). Closing Tech Gaps Can Fortify Advanced Manufacturing. Gaithersburg, MD: National Institute of Standards and Technology (NIST), November 17, 2016. https://www.nist.gov/news-events/news/2016/11/closing-tech-gaps-can-fortify-advanced-manufacturing-and-save-100-billion.

National Institute of Standards and Technology (NIST). Guidance on Institute Performance Metrics: National Network for Manufacturing Innovation. NIST Advanced Manufacturing National Program Office, Gaithersburg, MD, August 2015. https://www.manufacturing.gov/files/2016/03/nnmi_draft_performance.pdf.

National Science and Technology Council (NSTC). Subcommittee on Advanced Manufacturing. Advanced Manufacturing — A Snapshot of Priority Technology Areas across the Federal Government. Washington, DC: White House, Office of Science and Technology Policy, April 2016. https://www.whitehouse.gov/sites/whitehouse.gov/files/images/Blog/NSTC%20SAM%20technology%20areas%20snapshot.pdf.

National Science Board (NSB). *Science and Engineering Indicators 2008*, Company and Other Nonfederal Funds for Industrial R&D Performance in the United States, by Industry and Company Size: 2001 - 2005. Washington, DC: National Science Board, January 2008.

National Science Board (NSB). *Science and Engineering Indicators 2008*, R&D Performed Abroad by Majority-Owned Foreign Affiliates of U. S. Parent Companies, by Selected Industry of Affiliate and Host Region/Country/Economy: 2002 - 2004. Washington, DC: National Science Board, January 2008.

National Science Board (NSB). *Science and Engineering Indicators 2012*,

R&D Performed Abroad by Majority-Owned Foreign Affiliates of U. S. Parent Companies, by Selected Industry of Affiliate and Host Region/Country/Economy: 2012. Washington, DC: National Science Board, January 2012.

National Science Board (NSB). *Science and Engineering Indicators 2016*, Funds Spent for Business R&D Performed in the United States, by Size of Company: 2008 – 2013. Washington, DC: National Science Board, January 2016.

National Science Board (NSB). *Science and Engineering Indicators 2016*, Funds Spent for Business R&D Performed in the United States, by Source of Funds and Selected Industry: 2013. Washington, DC: National Science Board, January 2016.

National Science Board (NSB). *Science and Engineering Indicators 2016*, International Comparisons of Gross Domestic Expenditures on R&D and R&D Share of Gross Domestic Product, 2013 or Most Recent Year, Table 4. 4. Washington, DC: National Science Board, January 2016.

National Science Board (NSB), *Science and Engineering Indicators 2016*, Table 4 – 7, Funds spent for business R&D performed in the U. S. : 2008 – 2013. Washington, DC: National Science Board Jan. 2016.

National Science Board (NSB). *Science and Engineering Indicators 2016*, U. S. R&D Expenditures, by Performing Sector and Source of Funds: 2008 – 2013. Washington, DC: National Science Board, January 2016.

National Science Board (NSB), *Science and Technology Indicators 2016*, Chap. 4, R&D: National Trends and International Comparisons, Highlights. Washington, DC: National Science Board, January 2016.

National Science Foundation/National Science Board. *Science and Technology Indicators 2016*, Figure 4. 3. http://www. nsf. gov/statistics/2016/nsb20161/#/downloads/chapter-4.

National Science and Technology Council (NSTC), Committee on STEM Education. Federal Science, Technology, Engineering, and Mathematics (STEM) Education: 5-Year Strategic Plan. Washington, DC: White House, Office of Science and Technology Policy, May 2013. https://www. whitehouse. gov/sites/default/files/microsites/ostp/stem_stratplan_2013. pdf.

National Science Foundation (NSF), Engineering Research Centers (ERC) website. https://www.nsf.gov/funding/pgm_summ.jsp? pims_id=5502.

National Science Foundation (NSF)/National Science Board (NSB). *Science and Technology Indicators 2016*, chap. 4. Washington, DC: National Science Foundation, January 2016. http://www.nsf.gov/statistics/2016/nsb20161/uploads/1/7/chapter-4.

National Venture Capital Association (NVCA). *Yearbook 2016*. NVCA, Washington, DC, 2016.

Nazemi, Katherine W. From Startup to Scale-Up: How Connecting Startups with Local Manufacturers Can Help Move New Technologies from Prototype to Production. Paper, MIT Washington Office, Washington, DC, July 2016. http://dc.mit.edu/sites/default/files/doc/Connecting%20Startups%20to%20Small%20Manufactur ers%20Nazemi%20July%202016.docx.

Nelson, Richard R. *National Systems of Innovation*. New York: Oxford University Press, 1993.

Nelson, Richard R., and Sidney G. Winter. *An Evolutionary Theory of Economic Change*. Cambridge, MA: Harvard University Press, 1982.

Nicholson, Jessica R., and Ryan Noonan. What Is Made in America? U.S. Department of Commerce, Economics and Statistics Administration (ESA), Washington, DC, 2014. http://www.esa.doc.gov/sites/default/files/whatismadeinamerica_0.pdf.

Nicholson, Jessica, and Regina Powers. The Pay Premium for Manufacturing Workers as Measured by Federal Statistics. ESA Issue Brief 05-15. Washington, DC: U.S. Department of Commerce, Economics and Statistics Administration (ESA), October 2, 2015. http://www.esa.doc.gov/sites/default/files/the-pay-premium-for-manufacturing-workers-as-measured-by-federal-statistics.pdf.

Nordhaus, William D. Baumol's Diseases: A Macroeconomic Perspective. *B.E. Journal of Macroeconomics* 8, no.1(2009): Article 9, 1-37.

Oak Ridge National Laboratory, DOE. Manufacturing Demonstration Facility website. http://web.ornl.gov/sci/manufacturing/mdf/.

Obama, Barack. Creating a National Strategic Computer Initiative. Executive Order, July 29, 2015. https://obamawhitehouse.archives.gov/the-press-office/2015/07/29/executive-order-creating-national-strategic-computing-initiative.

Obama, Barack. The Way Ahead. *The Economist*, October 8, 2016.

Obama, Barack. 2004 Democratic National Convention Keynote Address. Speech, Democratic National Convention, Boston, July 27, 2004.

Office of the United States Trade Representative, Indonesia. https://ustr.gov/countries-regions/southeast-asia-pacific/indonesia.

Omnibus Foreign Trade and Competitiveness Act of 1988, Pub. L. No. 100-418, 19 U. S. C. § 2901 et seq. (1988).

Organization for Economic Cooperation and Development (OECD). Automation and Independent Work in a Digital Economy. Policy Brief, Organization for Economic Cooperation and Development, Paris, May 2016. http://www.oecd.org/employment/Policy%20brief%20-%20Automation%20and%20Indepen-dent%20Work%20in%20a%20Digital%20Economy.pdf. Organization for Economic Co-operation and Development (OECD). Revenue Statistics — OECD countries: Comparative tables, *OECD. Stat*, April 10, 2017. https://stats.oecd.org/Index.aspx? DataSetCode = REV.

Panchak, Patricia. Manufacturing's Wage and Job Security Problem. *Industry Week*, May 12, 2015. http://www.industryweek.com/compensation-strategies/manufacturings-wage-and-job-security-problem.

Parente, Stephen. The Failure of Endogenous Growth. *Knowledge, Technology, and Policy* 13, no. 4 (Winter 2001): 49-58.

People's Republic of China, The State Council. China Establishes Fund to Invest in Advanced Manufacturing. Xinhua, June 8, 2016. http://english.gov.cn/news/top_news/2016/06/08/content_281475367382490.htm.

Perez, Carlota. *Technological Revolutions and Financial Capital: The Dynamics of Bubbles and Golden Ages*. Cheltenham: Edward Elgar, 2002.

Pisano, Gary, and Willy Shih. Restoring American Competitiveness. *Harvard Business Review*, 87, no. 7/8 (July-August 2009): 114-125. http://hbr.org/hbr-main/resources/pdfs/comm/fmglobal/restoring-american-competitiveness.pdf.

Pisano, Gary P., and Willy C. Shih. *Producing Prosperity*. Cambridge, MA: Harvard Business School Publishing, 2012.

Polanyi, Michael. *The Tacit Dimension*. Garden City, NY: Doubleday, 1966.

Population Council. Alvin Hansen on Economic Progress and Declining Population Growth. *Population and Development Review* 30, no. 2 (June 2004):

329 - 342.

Porter, Michael. *Competitive Advantage of Nations*. New York: Free Press, 1990.

Posey, Kirby G. Household Income 2015. American Community Survey Brief ACSBR/15 - 02. Washington, DC: Census Bureau, September 2016. https://www.census.gov/content/dam/Census/library/publications/2016/demo/acsbr15-02.pdf.

Prakash, Atul. Rocky Markets Test the Rise of Amateur "Algo" Traders. Reuters, January 28, 2016.

Preeg, Ernie. Farewell Report on U.S. Trade in Manufactures. Washington, DC: Manufacturers Association for Productivity and Investment (MAPI) Foundation, August 15, 2016. https://www.mapi.net/forecasts-data/my-farewell-report-us-trade-manufactures.

President's Council of Advisors on Science and Technology (PCAST). Report to the President on Ensuring American Leadership in Advanced Manufacturing. Washington, DC: PCAST, June 24, 2011. https://obamawhitehouse.archives.gov/sites/default/files/microsites/ostp/pcast-advanced-manufacturing-june2011.pdf.

President's Council of Advisors on Science and Technology (PCAST), Advanced Manufacturing Partnership Steering Committee. Report to the President on Capturing Domestic Competitive Advantage in Advanced Manufacturing. Washington, DC: PCAST, July 2012. https://obamawhitehouse.archives.gov/sites/default/files/microsites/ostp/pcast_amp_steering_committee_report_final_july_17_2012.pdf.

President's Council of Advisors on Science and Technology (PCAST), Advanced Manufacturing Partnership 2.0 Steering Committee. Report to the President on Accelerating U.S. Advanced Manufacturing. Washington, DC: PCAST, October 2014. https://obamawhitehouse.archives.gov/sites/default/files/microsites/ostp/PCAST/amp20_report_final.pdf.

President's State of the Union Address, Full Text. *Wall Street Journal*, February 12, 2012. http://blogs.wsj.com/washwire/2013/02/12/full-text-obamas-state-of-the-union-address/.

Rassekh, Farhad, and Henry Thompson. Factor Price Equalization: Theory and Evidence. *Journal of Economic Integration* 8, no. 1 (Spring 1993): 1 - 32.

Reamer, Andrew. Better Jobs Information Benefits Everyone. *Issues in Science and Technology* 33, no. 1 (Fall 2016): 58 - 63.

Reif, L. Rafael. A Better Way to Deliver Innovation to the World. Op-ed, *Washington Post*, May 28, 2015. https://www.washingtonpost.com/opinions/a-better-way-to-deliver-innovation-to-the-world/2015/05/22/35023680-fe28-11e4-8b6c-0dcce21e223d_story.html.

Reif, Rafael. Introducing The Engine. Op-ed, *Boston Globe*, October 26, 2016.

Reinhart, Carmen M., and Kenneth S. Rogoff. *This Time Is Different: Eight Centuries of Financial Folly*. Princeton, NJ: Princeton University Press, 2009.

Renwick, Trudi. How the Census Bureau Measures Income and Poverty. Census Bureau, September 8, 2016. http://blogs.census.gov/2016/09/08/how-the-census-bureau-measures-income-and-poverty-4/.

Rethink Robotics company website. http://www.rethinkrobotics.com.

Reynolds, Elizabeth, Hiram Semel, and Joyce Lawrence. Learning by Building: Complementary Assets and the Migration of Capabilities in U. S. Innovative Firms. In *Production in the Innovation Economy*, edited by Richard Locke and Rachel Wellhausen, 81 - 108. Cambridge, MA: MIT Press, 2014.

Reynolds, Kara M., and John S. Palatucci. Does Trade Adjustment Assistance Make a Difference? *Contemporary Economic Policy* 30, no. 1 (January 2012): 43 - 59.

Ricardo, David. *On the Principles of Political Economy and Taxation*, 1821. Library of Economics and Liberty. http://www.econlib.org/library/Ricardo/ricP2a.html.

Richardson, J. David. Trade Adjustment Assistance under the United States Trade Act of 1974: An Analytical Examination and Worker Survey. In *Import Competition and Response*, edited by Jagdish Bhagwati, 321 - 368. Chicago: University of Chicago Press, 1982.

Riley, Michael, and Ashlee Vance. It's Not Paranoia if They're Stealing Your Secrets. *Bloomberg Business Week*, March 19, 2012, 76 - 84.

Rodrik, Dani. *Economics Rules: The Rights and Wrongs of the Dismal Science*. New York: Norton, 2015.

Rogoff, Kenneth. Paul Samuelson's Contributions to International Economics. May 2005. http://scholar. harvard. edu/files/rogoff/files/samuelson. pdf.

Romer, Christina. Do Manufacturers Need Special Treatment? *New York Times*, February 4,2012. http://www. nytimes. com/2012/02/05/business/do-manufacturers-need-special-treatment-economic-view. html? _r = 0.

Romer, Paul. Endogenous Technological Change. *Journal of Political Economy* 98, no. 5(1990): 71 - 102. http://pages. stern. nyu. edu/～promer/Endogenous. pdf.

Romer, Paul. The Trouble with Macroeconomics. *American Economist* (forthcoming; initially delivered as the Commons Memorial Lecture of the Omicron Delta Epsilon Society, January 5, 2016). https://paulromer. net/wp-content/uploads/2016/09/WP-Trouble. pdf.

Romer, Paul M. Increasing Returns and Long-Run Growth. *Journal of Political Economy* 94, no. 5(1986): 1002 - 1037.

Rosen, William. *The Most Powerful Idea in the World*. New York: Random House, 2010.

Rosenberg, Nathan, ed. *The American System of Manufactures*. Edinburgh: University of Edinburgh, 1969.

Rosenthal, Stuart S., and William C. Strange. Small Establishments/Big Effects. In *Agglomeration, Organization and Entrepreneurship, Agglomeration Economics*, edited by Edward L. Glaeser, 277 - 302. Chicago: University of Chicago Press, 2007.

Rothwell, Jonathan. Defining Skilled Technical Work. *Issues in Science and Technology* 33, no. 1 (Fall 2016): 47 - 51.

Ruckelhaus, Catherine, and Sarah Leberstein. Manufacturing Low Pay. Report. New York: National Employment Law Project (NELP), November 2014.

Russo, Michael A., Director of Government Relations, Regulatory Affairs & Strategic Initiatives — GlobalFoundries, GlobalFoundries Update, slide presentation, Nov. 27,2013.

Ruttan, Vernon. *Technology Growth and Development: An Induced Innovation Perspective*. New York: Oxford University Press, 2001.

Ruttan, Vernon W. *Is War Necessary for Economic Growth? Military Procurement and Technology Development*. New York: Oxford University Press, 2006.

Rycroft, Robert W. and Don E. Kash. Innovation Policies for Complex Technologies. *Issues in Science and Technology*, 16, no. 1 (Fall 1999). http://issues.org/16-1/rycroft.

Saad, Lydia. The 40-Hour Workweek Is Actually Longer — by Seven Hours. *Gallup*, August 29, 2014.

Samuelson, Paul A. Where Ricardo and Mill Rebut and Confirm Arguments of Mainstream Economists Supporting Globalization. *Journal of Economic Perspectives* 18, no. 3 (Summer 2004): 135 - 146. http://www.nd.edu/~druccio/Samuelson.pdf.

Sandmo, Agnar. *Economics Evolving: A History of Economic Thought*. Princeton, NJ: Princeton University Press, 2011.

Sawyer, L. A., and W. H. Mitchell. *The Liberty Ships: The History of the "Emergency" Type Cargo Ships Constructed in the United States during the Second World War*, 2nd ed. London: Lloyd's of London Press, 1985.

Scaperlanda, Anthony. Hansen's Secular Stagnation Thesis Once Again. *Journal of Economic Issues* 11, no. 2 (June 1977): 223 - 343.

Schlefer, Jonathan. *The Assumptions Economists Make*, Cambridge, MA: Belknap Harvard, 2012.

Schultze, Charles L. Industrial Policy: A Dissent. *Brookings Review* 2, no. 1 (Fall 1983). http://www.brookings.edu/~/media/Files/rc/articles/1983/industrial_policy_schultze.pdf.

Schumpeter, Joseph A. *Capitalism, Socialism, and Democracy*. New York: Harper Perennial Modern Thought, 2008. First published 1942.

Schwartz, Nelson D. Small Factories Emerge as a Weapon in the Fight against Poverty. *New York Times*, October 28, 2016.

Scientific and Advanced Technology Act of 1992, Pub. L. No. 102 - 476 (1992), summarized at https://www.congress.gov/bill/102nd-congress/senate-bill/1146/all-info.

Scott, Robert E. Manufacturing Job Loss: Trade Not Productivity Is the Culprit. Report. Economic Policy Institute, August 11, 2015. http://www.epi.org/publication/manufacturing-job-loss-trade-not-productivity-is-the-culprit/.

Securities and Exchange Commission. JOBS Act. https://www.sec.gov/spotlight/jobs-act.shtml.

Semba，Hideshi. Innovation Policy of Japan. Presentation，June 15，2012. http://www.j-bilat.eu/documents/seminar/as_2/presentation_as2_hs.pdf.

Semiconductor Industry Association (SIA). *Factbook 2014*. Washington，DC：Semiconductor Industry Association，2014.

Sewell，Chan. The 2010 Campaign：Democrats Are at Odds on Relevance of Keynes. *New York Times*，October 19，2010.

Shapira，Philip，and Jan Youtie. Presentation on the Next Production Revolution：Institutions for Technology Diffusion，Conference on Smart Industry：Enabling the Next Production Revolution，OECD and Sweden Ministry of Enterprise and Innovation，Stockholm，September 18，2016.

Shipp，Stephanie S.，N. Gupta，B. Lal，J. Scott，C. Weber，M. Finin，M. Blake，S. Newsome，and S. Thomas. Emerging Global Trends in Advanced Manufacturing. Report P-4603. Arlington，VA：Institute for Defense Analysis，March 2012. https://www.wilsoncenter.org/sites/default/files/Emerging_Global_Trends_in_Advanced_Manufacturing.pdf.

Short，Doug. Household Incomes：The Decline of the Middle Class. *Advisor Perspectives*，September 16，2016. https://www.advisorperspectives.com/dshort/updates/2016/09/19/household-incomes-the-decline-of-the-middle-class.

Simoes，Alexander. United States Data. The Observatory of Economic Complexity website. http://atlas.media.mit.edu/en/profile/country/usa/.

Simoes，Alexander. U.S.-Kenya Bilateral Trade. The Observatory of Economic Complexity website. http://atlas.media.mit.edu/en/profile/country/ken/.

Simoes，Alexander. What Does Germany Export to the United States? The Observatory of Economic Complexity website. http://atlas.media.mit.edu/en/visualize/tree_map/hs92/export/deu/usa/show/2014.

Simoes，Alexander. What Does the United States Export to Germany? The Observatory of Economic Complexity website. http://atlas.media.mit.edu/en/visualize/tree_map/hs92/export/usa/deu/show/2014/.

Simon，Ruth. Few Businesses Take Advantage of Mini-IPOs. *Wall Street Journal*，July 6，2016.

Singer，Peter L. Federally Supported Innovations：22 Examples of Major Technology Innovations That Stem from Federal Research Support. Washington，

DC: Information Technology and Innovation Foundation (ITIF), February 2014. http://www2. itif. org/2014-federally-supported-innovations. pdf? _ ga = 1. 194445550. 2108411368. 1483563653.

Singer, Peter L. Investing in "Innovation Infrastructure" to Restore U. S. Growth. Washington, DC: Information Technology and Innovation Foundation (ITIF), January 3, 2017. http://www2. itif. org/2017-innovation-infrastructure. pdf? _ga= 1. 198109420. 2108411368. 1483563653.

Singer, Peter L. Manufacturing Scale-up: Summary of 14 Relevant Federal Financing Programs. Report. Washington, DC: MIT Washington Office, May 27, 2014. http://dc. mit. edu/resources/policy-resources.

Singer, Peter L., and William B. Bonvillian. "Innovation Orchards:" Helping Tech Start-Ups Scale. Washington, D. C.: Information Technology and Innovation Foundation (ITIF) March 2017. http://www2. itif. org/2017-innovation-orchards. pdf? _ga= 1. 205014288. 1283359406. 1491740117.

Small Business Administration (SBA), Frequently Asked Questions About Small Business, Small Businesses Comprise What Share of the U. S. Economy (SBA Sept. 2012). https://www. sba. gov/sites/default/files/FAQ_Sept_2012. pdf.

Smart, John M. Measuring Innovation in an Accelerating World. *Technological Forecasting and Social Change* 72(2005): 988 - 995. Acceleration Studies Forum. http://accelerating. org/articles/huebnerinnovation. html.

Smil, Vaclav. *Made in the USA: The Rise and Retreat of American Manufacturing*. Cambridge, MA: MIT Press, 2015.

Smith, Adam. *An Inquiry into the Nature and Causes of the Wealth of Nations*, edited by Edwin Cannan, 1904. Library of Economics and Liberty. http://www. econlib. org/library/Smith/smWN. html.

Smith, Douglas K., and Robert C. Alexander. *Fumbling the Future: How Xerox Invented, Then Ignored, the First Personal Computer*. New York: William Morrow, 1988.

Smith, Merritt Roe. Eli Whitney and the American System of Manufacturing. In *Technology in America: A History of Individuals and Ideas*, 2nd ed., edited by Carroll W. Pursell, Jr., 47 - 48. Cambridge, MA: MIT Press, 1990.

Smith, Merritt Roe. *Harpers Ferry Armory and the New Technology*. Ithaca, NY: Cornell University Press, 1977.

Smith, Merritt Roe. John H. Hall, Simeon North and the Milling Machine: The Nature of Innovation among Antebellum Arms Makers. *Technology and Culture* 14, no. 4 (October 1973): 573 - 591.

Smith, Merritt Roe. *Military Enterprise and Technology Change*. Cambridge, MA: MIT Press, 1985.

Solga, Heike, Paula Protsch, Christian Ebner, and Christian Brzinsky-Fay. The German Vocational Education and Training System: Its Institutional Configuration, Strengths, and Challenges. Discussion Paper SP I 2014 - 502, WZB Berlin Social Science Center, 2014. https://bibliothek. wzb. eu/pdf/2014/i14-502. pdf.

Solow, Robert M. A Contribution to the Theory of Economic Growth. *Quarterly Journal of Economics* 70, no. 1 (February 1956): 65 - 94.

Solow, Robert M. *Growth Theory: An Exposition*, 2nd ed. New York: Oxford University Press, 2000.

Solow, Robert M. Nobel Prize Lecture, December 8, 1987. http://nobelprize. org/nobel_prizes/economics/laureates/1987/solow-lecture. html.

Solow, Robert M. Technical Change and the Aggregate Production Function. *Review of Economics and Statistics* 39, no. 3 (August 1957): 312 - 320.

Song, Jae, David J. Price, Fatih Guvenen, Nicholas Bloom, and Till von Wachter. Firming Up Inequality. NBER Working Paper 21199, National Bureau of Economic Research, Cambridge, MA, May 2016.

Sonnenschein, Hugo. Do Walras' Identity and Continuity Characterize the Class of Community Excess Demand Functions? *Journal of Economic Theory* 6, no. 4(1973): 345 - 354.

Soskice, David. Reconciling Markets and Institutions: The German Apprenticeship System. In *Training and the Private Sector*, edited by Lisa Lynch, 25 - 60. NBER and University of Chicago Press, January 1994. http://www. nber. org/chapters/c8776.

Spector, David. Is It Possible to Redistribute the Gains from Trade Using Income Taxation? *Journal of International Economics* 55, no. 2 (December 2001): 441 - 460.

Spence, A. Michael. The Impact of Globalization on Income and Employment: The Downside of Integrating Markets. *Foreign Affairs* 90, no. 4 (July-August 2011): 28 - 41. http://www.viet-studies.info/kinhte/MichaelSpence_Globalization_Unemployment.pdf.

Statistisches Bundesamt (Destatis), Foreign Trade, Ranking of Germany's trading partners in foreign trade — 2016, Wiesbaden, April 12, 2016, https://www.destatis.de/EN/FactsFigures/NationalEconomyEnvironment/ForeignTrade/Tables/OrderRankGermanyTradingPartners.pdf? _blob = publicationFile.

Steinfeld, Edward S. *Playing Our Game: Why China's Rise Doesn't Threaten the West*. Oxford: Oxford University Press, 2010.

Stettner, A., J. Yudken, and M. McCormack. Why Manufacturing Jobs Are Worth Saving. Century Foundation, June 2017.

Stewart, Luke A., and Robert D. Atkinson. Restoring America's Lagging Investment in Capital Goods. Washington, DC: Information Technology and Innovation Foundation (ITIF) (October 2013). http://www2.itif.org/2013-restoring-americas-lagging-investment.pdf.

Stokes, Donald. *Pasteur's Quadrant, Basic Science and Technological Innovation*. Washington, D.C.: Brookings Institution Press, 1997.

Stolper, Wolfgang, and Paul A. Samuelson. Protection and Real Wages. *Review of Economic Studies* 9(1941): 58 - 73.

Sturgeon, Timothy J. The New Digital Economy — Innovation, Economic Development and Measurement. United Nations Conference on Trade and Development (UNCTAD) ICT Analysis Section report, March 25, 2017 — in draft, 15 - 17.

Summers, Lawrence. Speech to IMF Economic Forum, November 8, 2013. https://www.youtube.com/watch? v = KYpVzBbQIX0.

Summers, Lawrence H. Building the Case for Greater Infrastructure Investment. *Financial Times*, September 11, 2016.

Summers, Lawrence H. Demand Side Secular Stagnation. *American Economic Review: Papers and Proceedings* 105, no. 5(2015): 60 - 65.

Tan, Michael, and Jeffrey Chua. Industry 4.0 and Singapore Manufacturing. Opinion, *Straits Times* (Singapore), February 10, 2016. http://www.straitstimes.com/opinion/industry-40-and-singapore-manufacturing.

Tassey, Gregory. Beyond the Business Cycle: The Need for a Technology-Based Growth Strategy. Paper, National Institute of Standards and Technology (NIST) Economic Analysis Office, Washington, DC, February 2012. http://www.nist.gov/director/planning/upload/beyond-business-cycle.pdf.

Tassey, Gregory. Rationales and Mechanisms for Revitalizing U. S. Manufacturing. *Journal of Technology Transfer* 35, no. 3 (June 2010): 283 - 333. http://www.scienceofsciencepolicy.net/sites/default/files/attachments/Tassey%20on%20Manuf%20JTT%20June%202010.pdf.

Teixeira, Pedro Nuno. Gary Becker's Early Work on Human Capital. *IZA Journal of Labor Economics* 12, no. 3 (November 2014).

Temin, Peter, *The Vanishing Middle Class: Prejudice and Power in a Dual Economy*. Cambridge, MA: MIT Press, 2017.

Thaler, Richard H. *Misbehaving: The Making of Behavioral Economics*. New York: Norton, 2015.

Theil, Peter. What Happened to the Future? Founder's Fund, 2011. http://foundersfund.com/the-future/.

Thompson, Peter. How Much Did the Liberty Shipbuilders Learn? New Evidence for an Old Case Study. *Journal of Political Economy* 109, no. 1 (2001): 103 - 137.

Times. Riots at Nottingham, London, England. November 18, 1811, *The Times Digital Archive*.

Timiraos, Nick. Aid for Workers Untouched by Debate over Trade Deal. *Wall Street Journal*, May 10, 2015.

Timiraos, Nick, and Janet Adamy. U. S. Household Incomes Surged 5.2% in 2015, First Gain since 2007. *Wall Street Journal*, September 13, 2016. http://www.wsj.com/articles/u-s-household-incomes-surged-5-2-in-2015-ending-slide-1473776295.

Tocqueville, Alexis de. *Democracy in America*, translated by Gerald Bevan, introduction by Isaac Kramnick. London: Penguin, 2003. Originally published in 1835 and 1840.

Torpey, Elka. Got Skills, Think Manufacturing. *BLS Career Outlook*, June 2014. http://www.bls.gov/careeroutlook/2014/article/manufacturing.htm.

Trimble, William F. *William A. Moffett, Architect of Naval Aviation*.

Annapolis, MD: U. S. Naval Institute Press/Bluejacket Books, 2007.

Triplett, Jack E., and Barry P. Bosworth. "Baumol's Disease" Has Been Cured: IT and Multifactor Productivity in U. S. Services Industries. Paper presented at 3rd ZEW Conference on the Economics of Information and Communications Technologies, July 4 - 5, 2003.

University College London. Evidence Submission to the House of Commons Committee on Science and Technology, December 2010. http://www.publications.parliament.uk/pa/cm201011/cmselect/cmsctech/619/619vw22.htm.

University of Pennsylvania. Openness at Constant Prices for United States [OPENRPUSA156NUPN]. FRED, Federal Reserve Bank of St. Louis. https://fred.stlouisfed.org/series/OPENRPUSA156NUPN.

U. S. Department of Agriculture (USDA). Food Availability (Per Capita) Data System. USDA Economic Research Service, August 2016. http://www.ers.usda.gov/data-products/food-availability-(per-capita)-data-system/summary-findings.aspx.

U. S. House of Representatives. Revitalize American Manufacturing and Innovation Act, H. R. 2996, 113th Cong., 2nd Sess. https://www.congress.gov/bill/113th-congress/house-bill/2996/actions.

U. S. House of Representatives, Committee on Science, Space and Technology. Report on H. R. 2996, Revitalize American Manufacturing and Innovation Act, H. Rep. No. 113 - 599, 113th Cong., 2nd Sess., September 15, 2014.

U. S. Senate. S. 1468, 113th Cong., 2nd Sess., https://www.govtrack.us/congress/bills/113/s1468/text.

U. S. Senate, Senate Committee on Commerce, Science and Transportation. Report on S. 1468, Revitalize American Manufacturing and Innovation Act, S. Rep. No. 113 - 247, 113th Cong., 2nd Sess., August 26, 2014, Legislative History section. https://www.congress.gov/congressional-report/113th-congress/senate-report/247/1.

Vance, Ashlee. *Elon Musk: Tesla, SpaceX and the Quest for a Fantastic Future*. New York: Ecco, HarperCollins, 2015.

Walczak Jared, Location Matters: Effective Tax Rates on Manufacturers by State, Tax Foundation. Sept. 1, 2015. https://taxfoundation.org/location-matters-effective-tax-rates-manufacturers-state/.

Waldrop, M. Mitchell. *The Dream Machine*, Sloan Technology Series. New York: Viking, 2001.

Walker, Tom. Why Economists Dislike a Lump of Labor. *Review of Social Economy* 65, no. 3 (September 2007): 279 - 291.

Weaver, Andrew, and Paul Osterman. The New Skill Production System: Policy Challenges and Solutions in Manufacturing Labor Markets. In *Production in the Innovation Economy*, edited by Richard Locke and Rachel Wellhausen, 17 - 50. Cambridge, MA: MIT Press, 2014.

Weaver, Andrew, and Paul Osterman. Skills and Skill Gaps in Manufacturing. In *Production in the Innovation Economy*, edited by Richard Locke and Rachel Wellhausen, 51 - 80. Cambridge, MA: MIT Press, 2014.

Webb, Alex. Apple's Cook Announces New China R&D Center on Beijing Trip. *Bloomberg*, August 16, 2016.

Weiss, Charles, and William B. Bonvillian. *Structuring an Energy Technology Revolution*. Cambridge, MA: MIT Press, 2009.

Weitzman, Martin. Recombinant Growth. *Quarterly Journal of Economics* 113, no. 2 (May 1998): 331 - 360.

Wessner, Charles W. Presentation at MForesight National Summit 2016, Washington, DC, September 29, 2016.

Wessner, Charles W., and Thomas R. Howell. New York's Nanotechnology Initiative: Best Practices and Challenges (paper), March 12, 2017.

Whang, T., Y. Ahang, H. Yu, and F-Y. Wang, eds. *Advanced Manufacturing Technology in China: A Roadmap to 2050*. Berlin: Springer, 2012.

White House, Office of the Press Secretary. Fact Sheet: President Obama Announces Winner of New Smart Manufacturing Innovation Institute. June 20, 2016. https://www.obamawhitehouse.archives.gov/the-press-office/2016/06/20/fact-sheet-president-obama-announces-winner-new-smart-manufacturing.

White House, Office of the Press Secretary. Fact Sheet: President Obama Announces New Actions to Further Strengthen U. S. Manufacturing, Oct. 27, 2014, https://obamawhitehouse.archives.gov/the-press-office/2014/10/27/fact-sheet-president-obama-announces-new-actions-further-strengthen-us-m.

White House, Office of the Press Secretary. President Obama Launches

Advanced Manufacturing Partnership. Statement at Carnegie Mellon University, June 24, 2011. https://obamawhitehouse. archives. gov/the-press-office/2011/06/24/president-obama-launches-advanced-manufacturing-partnership.

White House, Office of the Press Secretary. Report to President Outlines Approaches to Spur Domestic Manufacturing Investment and Innovation. Press Release, July 12, 2012. https://obamawhitehouse. archives. gov/the-press-office/2012/07/17/report-president-outlines-approaches-spur-domestic-manufacturing-investm.

White House, Office of the Press Secretary. President Obama to Announce New Efforts to Support Manufacturing Innovation — Administration Proposed New National Network to Support Manufacturing, March 9, 2012. https://obamawhitehouse. archives. gov/the-press-office/2012/03/09/president-obama-announce-new-efforts-support-manufacturing-innovation-en; https://obamawhitehouse. archives. gov/photos-and-video/video/2012/03/09/president-obama-speaks-manufacturing#transcript.

White House. Office of the Press Secretary. Ready to Work: Job-Driven Training and American Opportunity, July 2014. https://www. whitehouse. gov/sites/default/files/docs/skills_report. pdf.

White House. Office of the Press Secretary. Remarks by the President in the State of the Union Address, February 12, 2013. https://obamawhitehouse. archives. gov/the-press-office/2013/02/12/remarks-president-state-union-address.

Whitney, Eli. The Manufacture of Firearms, 1812 memoir, Eli Whitney Collection, Yale University Archives. https://www. eliwhitney. org/7/museum/eli-whitney/arms-production.

Whitney, Eli. Letter to Treasury Secretary Oliver Wolcott, Jr., May 1, 1798, Eli Whitney Collection, Yale University Archives. https://www. eliwhitney. org/7/museum/eli-whitney/arms-production.

Whitney, Eli, III. Letter of March 20, 1890 from New Haven, CT, reprinted in Edward Craig Bates, The Story of the Cotton Gin, *New England Magazine*, May 1890, republished by Westborough, Massachusetts Historical Society, 1899. http://ebooks. library. cornell. edu/cgi/t/text/text-idx? c = newe; idno = newe0008-3.

Wigglesworth, Robin. Banks Deflect Attempts to Bring Sunlight to Bond Dealing. *Financial Times*, October 10,2016.

Wilson, Daniel J. Fiscal Spending Jobs Multipliers: Evidence from the 2009 American Recovery and Reinvestment Act. *American Economic Journal: Economic Policy* 4, no. 3(2012): 251－282.

Wolfson, Johanna. Emerging Models for a Better Innovation Pathway, DOE Office of Energy Efficiency and Renewable Energy, presentation slides, August 25, 2016.

Womack, James P., Daniel T. Jones, and Daniel Roos. *The Machine That Changed the World: The Story of Lean Production*. New York: Free Press, 1990.

Workforce Innovation and Opportunity Act of 2014, Pub. L. No. 113－128 (2014). Summarized at https://en.wikipedia.org/wiki/Workforce_Innovation_and_Opportunity_Act.

Workforce Investment Act of 1998, Pub. L. No. 105－220, 29 USC § 2810 et seq. (1998). Summarized at https://en.wikipedia.org/wiki/Workforce_Investment_Act_of_1998.

Workforce Investment Network. Tennessee Career Centers. http://www.workforce investmentnetwork.com/about-us/introduction.

Work Foundation. Technology Innovation Centres. Submission to the House of Commons, September 2010. http://www.theworkfoundation.com/assets/docs/knowledge economy%20newsletters/tics%20-%20applying%20the%20fraunhofer%20 model%20to%20create%20an%20effective%20innovation%20ecosystem%20in%20 the%20uk.pdf.

World Bank. Age Dependency Ratio (% of working-age population): United States. http://data.worldbank.org/indicator/SP.POP.DPND? locations=US.

World Bank. Current Account Balance (BoP, current US$). http://data.worldbank.org/indicator/BN.CAB.XOKA.CD.

World Bank. Data, Household Final Consumption Expenditure (% of GDP), table. http://data.worldbank.org/indicator/NE.CON.PETC.ZS.

World Bank. Foreign Direct Investment, Net Inflows (BoP, current US$). http://data.worldbank.org/indicator/BX.KLT.DINV.CD.WD.

World Bank. GDP Growth Per Capita (Annual Percentage) — United States, 1960－2015. http://data.worldbank.org/indicator/NY.GDP.MKTP.KD.ZG? locations=US.

World Bank. Historical GDP — GDP (current U. S. $) (United States and Japan totals for 1990 and 2005), http://data. worldbank. org/indicator/NY. GDP. MKTP. CD? locations = US; http://data. worldbank. org/indicator/NY. GDP. MKTP. CD? locations = JP.

Yagan, Danny. The Enduring Employment Impact of Your Great Recession Location. Working Paper, University of California — Berkeley, April 2016. https://sites. google. com/site/dannyyagan/greatdivergence.

Yanushevsky, Camilla, and Rafael Yanushevsky. Is Infrastructure Spending an Effective Fiscal Policy? *Metroeconomica* 65, no. 1(2014): 123 - 135.

Zachary, G. Pascal. *The Endless Frontier: Vannevar Bush, Engineer of the American Century*. Cambridge, MA: MIT Press, 1999.

Zhang, Yiliu, Daniel Kuhner, Kathryn Hewitt, and Queenie Chan. Future of U. S. Manufacturing — A Literature Review, Parts I - III, MIT Washington Office, Washington, DC, August 2011, January 2012, July 2012. http://dc. mit. edu/resources/policy-resources.

Zimmerman, David. *Top Secret Exchange: The Tizard Mission and the Scientific War*. Montreal: McGill-Queen's University Press, 1996.

译后记

制造业是国民经济的主体，是立国之本、兴国之器、强国之基。18 世纪中叶开启工业文明以来，世界强国的兴衰史和中华民族的奋斗史一再证明，没有强大的制造业，就没有国家和民族的强盛。打造具有国际竞争力的制造业，是我国提升综合国力、保障国家安全、建设世界强国的必由之路。

中华人民共和国成立尤其是改革开放以来，我国制造业持续快速发展，建成了门类齐全、独立完整的产业体系，有力推动工业化和现代化进程，显著增强综合国力，支撑世界大国地位。然而，与世界先进水平相比，中国制造业仍然大而不强，在自主创新能力、资源利用效率、产业结构水平、信息化程度、质量效益等方面差距明显，转型升级和跨越发展的任务紧迫而艰巨。

为了坚持创新驱动、质量为先、自主发展、开放合作来发展中国的制造业，通过“三步走”实现制造强国的战略目标，我们需要借鉴国外，特别是美国等发达国家的成功经验，也需要吸取这些国家在经济发展过程中因制造业空心化而导致的国内及全球经济危机教训，最终使中国的综合实力到 21 世纪中叶进入世界制造强国前列。

基于此，上海社会科学院经济研究所和上海社会科学院“社会主义政治经济学”创新学科团队一起通力合作，翻译了目前呈现在各位读者面前的《先进制造：美国的新创新政策》。该书通过对美国制造业的经济学史回顾，分析了国际竞争与美国制造业衰落的原因，分析了劳动力教育、工作前景与先进制造业的关联，并通过大量的实证案例，论证制造业特别是传统制造业的创新对于美国的重要性。这些案例包含了美国先进制造业在联邦层面的出现、美国先进制造创新研究所模式、初创公司在规模扩张期所遇到的制造方面问题的解决方案等。内容详尽、资料齐整、素材充实。

考虑到《先进制造：美国的新创新政策》是美国学者撰写的一本学术性专著，为了让国内专家能全面了解美国学界正在思考什么，如何应对制造业的创新局面，我们在翻译时未做删节，原汁原味保留了原文。因此文中在谈到中国问题时可能会带有一些偏见，比如美国经济学家戴维·奥特尔、戴维·多恩和戈登·H.汉森在一篇题为“中国冲击”的文章中考察了700个城市的贸易影响，认为许多城市因为受到中国进口直接影响而使得成年人的就业岗位减少，平均收入减少等。这些需要我们在阅读时加以甄别和取舍，并知晓译著中所有内容均不代表译者的观点和看法。

本书的翻译以上海社会科学院经济研究所科研人员为主，并适当吸收了所外、院外一些学者共同参与。分工如下：致谢部分及第一章、第二章译者为沈开艳、吴天予，第三章、第四章译者为国锋，第五章、第七章译者为张佳，第六章译者为汤蕴懿，第八章、第九章、第十章译者为王滢波。上海社会科学院创新工程办公室在选题、组织翻译过程中，上海社会科学院出版社在本译著的编校过程中投入了大量的时间和精力，在此一并感谢。

沈开艳
2018 年 11 月于上海

图书在版编目(CIP)数据

先进制造 ：美国的新创新政策 / (美)威廉姆・邦维利安，(美)彼得・辛格著 ；沈开艳等译 .— 上海 ：上海社会科学院出版社，2023

书名原文 ：Advanced Manufacturing ：The New American Innovation Policies

ISBN 978 - 7 - 5520 - 3987 - 0

Ⅰ. ①先… Ⅱ. ①威…②彼…③沈… Ⅲ. ①制造工业—研究—美国 Ⅳ. ①F471.264

中国版本图书馆 CIP 数据核字(2022)第 221547 号

先进制造：美国的新创新政策

著　　者：[美]威廉姆・邦维利安　[美]彼得・辛格
译　　者：沈开艳等
责任编辑：应韶荃
封面设计：璞茜设计
出版发行：上海社会科学院出版社
　　　　　上海顺昌路 622 号　邮编 200025
　　　　　电话总机 021 - 63315947　销售热线 021 - 53063735
　　　　　http：//www.sassp.cn　E-mail：sassp@sassp.cn
照　　排：南京前锦排版服务有限公司
印　　刷：上海颛辉印刷厂有限公司
开　　本：890 毫米×1240 毫米　1/32
印　　张：15.25
字　　数：341 千
版　　次：2023 年 3 月第 1 版　　2023 年 3 月第 1 次印刷

ISBN 978 - 7 - 5520 - 3987 - 0/F・722　　定价：78.00 元